AF533736

Prof. Dr. Gunther Schnabl

DEUTSCHLANDS FETTE JAHRE SIND VORBEI

Wie es dazu kam und wie wir ein neues Wirtschaftswunder schaffen können

Prof. Dr. Gunther Schnabl

DEUTSCHLANDS FETTE JAHRE SIND VORBEI

Wie es dazu kam und wie wir ein neues Wirtschaftswunder schaffen können

Bibliografische Information der Deutschen Nationalbibliothek
Die Deutsche Nationalbibliothek verzeichnet diese Publikation in der Deutschen Nationalbibliografie. Detaillierte bibliografische Daten sind im Internet über https://dnb.de abrufbar.

Für Fragen und Anregungen
info@m-vg.de

Wichtiger Hinweis
Ausschließlich zum Zweck der besseren Lesbarkeit wurde auf eine genderspezifische Schreibweise sowie eine Mehrfachbezeichnung verzichtet. Alle personenbezogenen Bezeichnungen sind somit geschlechtsneutral zu verstehen.

Originalausgabe
1. Auflage 2024

Türkenstraße 89
80799 München
Tel.: 089 651285-0

Redaktion: Dr. Daniel Bussenius
Umschlaggestaltung: Marc-Torben Fischer
Umschlagabbildung: Katharina Borgs
Autorenfoto: Studioline, Leipzig
Satz: Carsten Klein
Druck: GGP Media GmbH, Pößneck
Printed in Germany

ISBN Print 978-3-95972-733-4
ISBN E-Book (PDF) 978-3-98609-426-3
ISBN E-Book (EPUB, Mobi) 978-3-98609-427-0

Weitere Informationen zum Verlag finden Sie unter
www.finanzbuchverlag.de
Beachten Sie auch unsere weiteren Verlage unter www.m-vg.de

Inhalt

KAPITEL 1

Wie Ludwig Erhard die Fundamente unseres Wohlstands geschaffen hat

Die Volkswirtschaft ist kein Patient, den man pausenlos operieren kann.

Ludwig Erhard

Wirtschaftssystem und Wohlstand nach dem Zweiten Weltkrieg

Nach dem Zweiten Weltkrieg fand in Deutschland eine Art historisches Experiment statt, an dem sich beobachten lässt, welche Organisation der Wirtschaft zu mehr Produktivität und Wohlstand führt. Ein Land mit gleicher Kultur, gleicher Bildung und gleicher Wirtschaftsstruktur wurde von den Besatzungsmächten in zwei Teile – West- und Ostdeutschland – geteilt. Jeder Teil erhielt ein anderes Wirtschaftssystem. Unter dem Einfluss der sozialistischen Sowjetunion wurden in Ostdeutschland die Unternehmen verstaatlicht und die Produktion fortan zentral unter Beteiligung des SED-Politbüros geplant. In Westdeutschland setzte man unter dem Einfluss der kapitalistischen USA auf Privateigentum und Marktwirtschaft. Die Unternehmen durften selbst darüber entscheiden, was sie wie produzierten, um möglichst hohe Gewinne zu machen. Der Rolle des Staates in der Wirtschaft wurden Grenzen gesetzt.

Nachdem in den frühen Jahren der Bundesrepublik Deutschland (BRD) und der Deutschen Demokratischen Republik (DDR) das Ergebnis des Wettlaufs zwischen Ost und West zunächst offen war, zeichnete sich mit der Zeit ein klarer Ausgang ab. In Westdeutschland wuchs die Produktivität schnell und es entstand Wohlstand, während im Osten die Produktion stockte. An vielen Gütern und Dienstleistungen herrschte im Osten Mangel und viele Menschen waren unzufrieden. Schon früh wanderten die Menschen aus Ostdeutschland ab, weil viele im »goldenen Westen« für sich bessere Perspektiven sahen. Der Bevölkerungsverlust wurde so stark, dass sich die DDR gezwungen sah, eine Mauer zu bauen.

Doch auch der »antikapitalistische« Schutzwall konnte den Verfall von Produktionsanlagen und Infrastruktur in der DDR nicht aufhalten. Der Fall der Berliner Mauer am 9. November 1989 symbolisierte schließlich, dass der Systemwettbewerb zugunsten der Marktwirtschaft entschieden war. Die schwache ostdeutsche Mark wurde unter dem Jubel der Menschen durch die Westmark ersetzt, die die Menschen im Osten aufgrund ihrer großen Kaufkraft als Symbol des Wohlstands ansahen.

Das zeigt: Wohlstand fällt nicht vom Himmel! Er muss geschaffen werden. Der Wohlstand einzelner Länder wird heute immer noch mit dem Bruttoinlandsprodukt – das heißt dem Wert aller produzierten Güter und Dienstleistungen – gemessen und verglichen. Das Bruttoinlandsprodukt Deutschlands lag im Jahr 2023 bei etwas über 4100 Milliarden Euro. Dabei ist für den Lebensstandard entscheidend, wie hoch das Bruttoinlandsprodukt pro Kopf der Bevölkerung ist. Das sind in Deutschland rund 48 633 Euro (2023). Im Ranking des Internationalen Währungsfonds für das Jahr 2023 liegt Deutschland auf Rang 20, hinter Israel und vor Hongkong. Im europäischen Vergleich ist das deutlich weniger als Luxemburg (121 819 Euro) und deutlich mehr als

Albanien (7870 Euro). Das durchschnittliche Pro-Kopf-Einkommen in der Europäischen Union (27 Länder) lag im Jahr 2023 bei 37 610 Euro.

Zwar ist das Bruttoinlandsprodukt als Indikator für Wohlstand umstritten. Denn Geld allein macht nicht glücklich. Doch sind viele andere Indikatoren für Wohlstand wie die Gesundheitsversorgung, die Alterssicherung, die Lebenserwartung, die Qualität des Verkehrssystems oder das Bildungsniveau eng mit der wirtschaftlichen Leistungsfähigkeit eines Landes verbunden. Für Deutschland besteht der Wohlstand damit zum einen darin, dass die Menschen viele Güter und Dienstleistungen konsumieren können: gute Lebensmittel, schöne Konzertbesuche und spannende Urlaubsreisen. Zum anderen sind die Menschen in Deutschland aber auch sozial gut abgesichert und profitieren von einem guten Bildungssystem. Wer einmal in Indien gereist ist, schätzt die (immer noch) gute deutsche Infrastruktur.

Dass die wirtschaftliche Leistungsfähigkeit der deutschen Volkswirtschaft und damit auch des deutschen Staates (immer noch) so hoch ist, ist kein Zufall. Das Bruttoinlandsprodukt hängt davon ab, wie viele Menschen arbeiten, was sie arbeiten und wie sie arbeiten. Letzteres hat bereits im 18. Jahrhundert der Schotte Adam Smith, einer der Väter der Volkswirtschaftslehre, in seinem Buch *Der Wohlstand der Nationen* betont. Der Wohlstand hänge davon ab, wie viele Menschen einer nützlichen Arbeit nachgehen und wie viele nicht. Würden beispielsweise alle Köche aus deutschen Restaurants abgezogen, um einen großen Steg von der Insel Usedom in die schöne Ostsee zu bauen, dann bliebe das Bruttoinlandsprodukt zwar im Großen und Ganzen unverändert. Denn die Mahlzeiten, die in den Restaurants nicht gekocht würden, würden in der Wirtschaftsrechnung durch die zusätzliche Bauleistung in der Ostsee ersetzt. Trotzdem wären die verpassten Restaurantbesuche ein großer Wohlstandsverlust, insbesondere dann, wenn der riesige Steg in die Ostsee ungenutzt bliebe.

Und die Menge aller produzierten Güter und Dienstleistungen hängt auch davon ab, wie produktiv jeder Arbeitnehmer und jede Arbeitnehmerin ist. Wenn beispielsweise alle Arbeitnehmer in einer Autofabrik ihre volle Arbeitszeit an den Fließbändern sorgfältig Autos montieren, dann ist die Anzahl der am Ende des Tages fertiggestellten Autos hoch. Die Arbeiter sind produktiv. Stehen hingegen die Bänder still, weil Teile nicht rechtzeitig angeliefert werden oder weil viele Arbeiter krank sind, dann ist die Anzahl der produzierten Autos pro Arbeiter geringer und somit auch die Produktivität.

In den Industrieländern haben wir insbesondere durch den Einsatz von hoch entwickelten Maschinen eine hohe Produktivität erreicht. Eine Arbeiterin in einem modernen Mähdrescher erntet in einer Stunde ein Vielfaches an Korn als ein Arbeiter mit einer Sichel. Eine hohe Produktivität in Industrie und Landwirtschaft ist deshalb in Deutschland die Grundlage für ein hohes Lohnniveau, während eine geringe Produktivität unweigerlich niedrige Löhne nach sich zieht. Wer Wohlstand schaffen will, muss eine hohe Produktivität erreichen. Die Voraussetzungen dafür schufen nach dem Zweiten Weltkrieg in Westdeutschland insbesondere Walter Eucken und Ludwig Erhard.

Walter Euckens Plan für eine marktwirtschaftliche Ordnung

Deutschland hatte den Zweiten Weltkrieg verloren. Die Städte waren zerstört. Viele Menschen waren durch Krieg, Bomben, Flucht und Vertreibung entwurzelt. Die Wirtschaft war durch Monopole geprägt und wurde weitgehend zentral vom Staat gesteuert. Da der Krieg von der NS-Diktatur mit Hilfe der Reichsbank finanziert worden war, war Geld reichlich vorhanden, doch Waren wie Lebensmittel und Kleidung waren knapp. Um eine Inflation zu verhindern, hatten die NS-Machthaber Preiskontrollen verhängt.

Das wenige, was verfügbar war, konnte man nur gegen Bezugsscheine oder auf dem Schwarzmarkt durch Tausch erwerben. Meine Großmutter erzählte immer wieder, wie sie das wenige, das ihr geblieben war, gegen Lebensmittel getauscht hatte. Die Scheunen der Bauern seien voll von Klavieren und Grammofonen gewesen, während die Stadtbevölkerung verarmt gewesen sei. Die Arbeitslosigkeit war hoch.

Nur eine umfassende Wirtschafts- und Währungsreform konnte die Wirtschaft wieder in Gang bringen.

Die wissenschaftliche Grundlage für die westdeutsche Wirtschafts- und Währungsreform schuf der Ökonom Walter Eucken, der Professor an der Universität Freiburg war. Er war Mitbegründer der Denkschule des Ordoliberalismus, einer deutschen Variante des Liberalismus, die fortan die Wirtschaftspolitik in Westdeutschland lange Zeit prägte. Eucken war überzeugt, dass der Staat die Wirtschaftsordnung gestalten, also Regeln für das wirtschaftliche Handeln geben sollte, aber nicht die Wirtschaft lenken oder sogar einzelnen Unternehmen helfend unter die Arme greifen sollte.

In seinem 1940 veröffentlichten Buch *Die Grundlagen der Nationalökonomie* argumentierte Eucken, dass eine freiheitliche Wirtschaftsordnung – also eine Marktwirtschaft – einen freiheitlichen Rechtsstaat voraussetze. Wirtschaftliche und persönliche Freiheit seien eng miteinander verbunden. Eine Zentralverwaltungswirtschaft wie sie in Nazideutschland durchgesetzt worden war und nach dem Krieg in Ostdeutschland entstand, sei hingegen nur in einer Diktatur möglich. Euckens Hypothese wurde später durch den Bau der Mauer eindrucksvoll belegt.

Eucken formulierte sieben »konstituierende« Prinzipien, die nach seiner Ansicht erforderlich waren, um eine marktwirtschaftliche Ordnung zu schaffen (Ordnungspolitik):

1. Das Rückgrat sei eine **stabile Währung.** Nicht zuletzt die deutsche Hyperinflation zu Beginn der 1920er Jahre hatte gezeigt, dass hohe Inflation sowohl die Wirtschaft als auch die Gesellschaft destabilisiert. Der russische Revolutionär Wladimir Iljitsch Lenin hatte einst sogar argumentiert, dass man ein kapitalistisches System am besten dadurch zerstören kann, indem man seine Währung zerstört. Denn die Regierung könne durch Inflation unbemerkt das Vermögen der Bürger konfiszieren. Während manche von einer Inflation profitierten, würden die meisten schleichend enteignet. Das schafft Konflikte. Das Wachstum geht bei Inflation zurück, weil die Menschen

aufgrund schmerzhafter Kaufkraftverluste nicht mehr konsumieren können und die Unternehmen aufgrund der hohen Unsicherheit nicht mehr investieren.

2. Eucken plädierte für ein **funktionsfähiges Preissystem**, in dem sich Preise frei verändern können und deshalb Informationen übermitteln, wie knapp Güter sind. Das ist wichtig, damit genau das produziert wird, was gerade gebraucht und gewünscht wird. Trinken beispielsweise die Menschen lieber mehr Wein, dann steigt der Preis in den Läden. Die höheren Gewinne verleiten die Winzer dazu, mehr Wein anzubauen. Das stellt auch sicher, dass die Weinpreise trotz höherer Nachfrage nicht in den Himmel steigen.
   Wenden sich die Menschen gleichzeitig vom Bier ab, dann wird das Bier zum Ladenhüter. Die Preise sinken wie auch die Gewinne der Brauereien. Die eine oder andere Brauerei muss schließen, so dass nicht Bier produziert wird, das keiner trinken möchte. Da sich die Präferenzen der Konsumenten ständig verändern, sorgen flexible Preise dafür, dass sich die Produktion ständig anpasst. Warteschlangen und Überproduktion, wie sie in den sozialistischen Planwirtschaften an der Tagesordnung waren, gibt es selten.
3. Im Gegensatz zur Planwirtschaft, die nach 1945 in Ostdeutschland entstand, sollten nach der Ansicht von Eucken die Unternehmen privat sein (**Privateigentum**). Denn nur, wenn dem Unternehmer ein Unternehmen gehört und er selbst die Gewinne einbehalten kann, wird er die Kosten möglichst gering halten.
4. Die Unternehmer sollten dazu – im Rahmen der gesetzlichen Grenzen in einem freien Rechtsstaat – ihre Verträge frei gestalten können (**Vertragsfreiheit**).
5. Eucken betonte das **Haftungsprinzip** als zentralen Bestandteil einer Marktwirtschaft. Es sollten nicht nur die Gewinne einbehalten werden können, auch die Verluste mussten selbst getragen werden. Das führt dazu, dass die Unternehmen stets bedacht sind, Ressourcen wie Arbeit, Kapital und Rohstoffe möglichst sparsam einzusetzen. Macht ein Unternehmen keinen Gewinn, muss es schließen. In der ostdeutschen Planwirtschaft galt hingegen das Haftungsprinzip

nicht. Verluste von Unternehmen wurden vom Staat getragen. Die Betriebe horteten überflüssige Arbeitskräfte, Rationalisierungen blieben aus und die Produktivität war gering.

6. Eucken hatte auch einen Mechanismus vorgesehen, der die privaten Unternehmen daran hindern sollte, auf Kosten der Konsumenten die Preise zu hoch zu setzen. Während in der Planwirtschaft Ostdeutschlands die Preise für lebensnotwendige Güter vom Staat auf niedrigem Niveau gehalten wurden, lautete Euckens Zauberformel »Wettbewerb durch **offene Märkte**«. Wenn neue Unternehmen leicht in einen Markt eintreten können, dann ist der Wettbewerb hoch. Je mehr Konkurrenten es gibt, desto kleiner ist der Spielraum, die Preise zu erhöhen. In der stark durch Monopole und Kartelle gekennzeichneten deutschen Nachkriegswirtschaft spielte deshalb deren Zerschlagung eine wichtige Rolle für die Wirtschaftspolitik.
7. Die sechs genannten Prinzipien sollten ein Regelwerk für das wirtschaftliche Handeln der Unternehmen schaffen. Der Staat sollte nur die Rahmenbedingungen für wirtschaftliches Handeln bestimmen. Zwar sollte der Staat wichtige Kollektivgüter wie ein funktionierendes Rechtssystem, eine Monopolkontrolle, die Verteidigung, die soziale Sicherung und den Umweltschutz zur Verfügung stellen. Er sollte aber nicht die wirtschaftliche Entwicklung zugunsten bestimmter Unternehmen oder Branchen lenken, indem er beispielsweise Subventionen für die Stahlindustric oder Steuervorteile beim Autokauf gewährt.

   Dabei war sich Walter Eucken bewusst, dass der Staat ein großer Akteur im Wirtschaftsgeschehen ist, wenn er in den Wirtschaftskreislauf eingreift. Indem er beispielsweise die Finanzierungsbedingungen der Unternehmen verbessert oder große Konjunkturpakete – die heute den Namen »Wumms« oder »Doppelwumms« tragen – schnürt, kann er schnell die wirtschaftliche Lage verbessern. Auch Regulierungen – wie beispielsweise das im Sommer 2023 kontrovers diskutierte Heizungsgesetz – können große Veränderungen bewirken und ein immenses Konjunkturprogramm für einzelne Branchen sein.

Der Nachteil staatlicher Eingriffe in den Wirtschaftsprozess ist jedoch, dass diese unerwünschte Nebeneffekte haben können. Starke Zinssenkungen können zu Inflation oder steigenden Immobilienpreisen führen. Große Konjunkturpakete können verzögert wirken, sodass sie, statt eine Rezession zu bekämpfen, den folgenden Aufschwung verstärken und der Arbeitsmarkt dadurch überhitzt wird. Der Staat kann den Wettbewerb zugunsten einer Branche verzerren, wenn sich Ausgaben und Förderungen beispielsweise auf die Autoindustrie konzentrieren. Basieren Regulierungen auf falschen Annahmen, Berechnungen und Prognosen, müssen diese später revidiert werden, was kostspielig für den Steuerzahler ist.
Sind staatliche Eingriffe häufig, umfassend und erratisch oder werden diese von Lobbyisten beeinflusst, dann wird es für Unternehmen schwierig, die Zukunft zu planen. Man kann die Wirtschaft mit einem großen Bus vergleichen, dessen Passagiere wild durcheinandergerüttelt werden, wenn der Fahrer immer wieder plötzlich das Steuer herumreißt. Die Fahrgäste fahren dann möglicherweise in Zukunft nicht mehr mit. Steigt die Unsicherheit aufgrund zahlreicher staatlicher Interventionen, dann investieren die Unternehmen nicht mehr. Da Investitionen eine der wichtigsten Bestimmungsgrößen von Wirtschaftswachstum sind, forderte Eucken Zurückhaltung bei Eingriffen des Staates, also eine »**Konstanz der Wirtschaftspolitik**«.

Eucken stellte auch klar, dass die sieben konstituierenden Prinzipien einer marktwirtschaftlichen Ordnung nicht als eine Speisekarte zu betrachten seien, von der sich die politischen Entscheidungsträger das eine oder andere Prinzip nach Gusto auswählen können. Es müssten vielmehr alle Prinzipien gleichzeitig erfüllt sein, damit eine Marktwirtschaft ihre volle Wirkung entfalten kann. Gelten beispielsweise das Privateigentum und die Vertragsfreiheit, ohne dass es Wettbewerb zwischen den Unternehmen gibt, dann kann ein Monopolist die Preise auf Kosten der Konsumenten nach oben treiben. Ist die Währung nicht stabil, dann spiegeln die Preise nicht mehr die Präferenzen der Konsumenten wider. Die Unternehmen investieren möglicherweise in die Produktion von Gütern, die später nicht nachgefragt werden.

In der Preisstabilität sah Walter Eucken eine zentrale Voraussetzung für das Funktionieren der Marktwirtschaft. Er nannte dies das »**Primat der Währungspolitik**«. Ohne Preisstabilität würden auch alle anderen konstituierenden Prinzipien der Marktwirtschaft ins Wanken geraten. Wenn beispielsweise in Krisen mithilfe der Notenpresse verlustreiche Unternehmen oder überschuldete Banken gerettet werden, dann ist das Haftungsprinzip außer Kraft gesetzt.

Kann der Staat dank des Ankaufs von Staatsanleihen durch die Notenbank mehr Geld ausgeben, dann können politisch einflussreiche Unternehmen die Subventionen in ihre Richtung lenken. Der Wettbewerb ist dann gestört. Führt Inflation dazu, dass die Preise von Energie und Lebensmitteln staatlich begrenzt werden, dann ist die Funktionalität des Preissystems außer Kraft gesetzt. Energie wird nicht eingespart, obwohl das nötig wäre. Aus diesem Grund spielte die Währungsreform im Jahr 1948 eine Schlüsselrolle für die zukünftige wirtschaftliche Ordnung Westdeutschlands.

Währungs- und Wirtschaftsreform unter Ludwig Erhard

Ob die Väter der Marktwirtschaft sich mit Walter Euckens wissenschaftlichen Werken in der Hand an die Arbeit machten, ist nicht bekannt. Eucken war zumindest Berater der US-amerikanischen und französischen Besatzungsmächte. Seine Prinzipien einer marktwirtschaftlichen Ordnung wurden in Westdeutschland nicht vollkommen, aber doch in einem beträchtlichen Umfang umgesetzt. Der CDU-Politiker Ludwig Erhard war hierfür nicht allein verantwortlich, spielte aber eine zentrale Rolle.

Die USA hatten bereits im August 1946 ihren Plan für eine neue Währung im Alliierten Kontrollrat eingebracht. Der Name Deutsche Mark soll die Idee des US-Reserveoffiziers Edward Tenenbaum gewesen sein. Er war das Bindeglied zwischen der US-amerikanischen Besatzungsmacht und der *Sonderstelle Geld und Kredit*, die von deutscher Seite mit der Währungsreform betraut war. Die Währungsreform vom 20. Juni 1948 war unvermeidbar, da das nationalsozialistische Deutschland den Krieg mit Hilfe der Reichsbank finanziert hatte und so sehr viele Reichsmark in Umlauf gebracht hatte.

Während die Geldmenge (das Bargeld und die Einlagen bei den Banken) zwischen 1935 und 1945 um 500 Prozent gestiegen war, ging die Wirtschaftsleistung in diesem Zeitraum um mehr als 40 Prozent zurück. Sehr viel Geld stand wenigen produzierten Gütern gegenüber. Strikte Preiskontrollen sorgten zwar dafür, dass keine Inflation entstand. Die lebensnotwendigen Güter mussten dann aber mithilfe von Bezugsscheinen zugeteilt werden. In Museen sind solche Lebensmittelkarten heute noch zu sehen. Butter, Brot, Fleisch, alles war kontingentiert. Da das Geld praktisch wertlos war, war der Anreiz gering, für Geld zu arbeiten. Die Unternehmen hatten aufgrund der fixierten Preise keinen Anreiz, mehr zu produzieren.

Hätte man die Preise freigegeben, dann wären sie stark angestiegen. Viele Menschen erinnerten sich damals noch lebhaft an die schrecklichen Folgen der Hyperinflation in den 1920er Jahren, die große Teile der deutschen Mittelschicht enteignet hatte. Das könnte ein Grund gewesen sein, warum man sich gegen eine Freigabe der Preise zum Ausgleich des versteckten Inflationsdrucks und für die Währungsreform entschied. Ab Ende 1947 wurden die neuen Geldscheine in den USA gedruckt und unter höchster Gemeinhaltung in der Operation »Bird Dog« mit Schiffen nach Bremerhaven und von dort nach Frankfurt am Main gebracht.

Am 1. März 1948 hatten die Amerikaner und die Briten in Frankfurt die Bank deutscher Länder gegründet, die das alleinige Recht erhielt, Münzen und Banknoten herauszugeben (1957 ging aus der Bank deutscher Länder die Deutsche Bundesbank hervor). Nachdem am 20. März 1948 die Sowjetunion aus dem Alliierten Kontrollrat ausgetreten war, soll sofort die Entscheidung für die Währungsreform gefallen sein. Es folgte wenige Tage später eine ostdeutsche Währungsreform, die die Teilung Deutschlands weiter vorantrieb.

Die Währungsreform in Westdeutschland wurde am 18. Juni 1948 öffentlich angekündigt. Am 20. Juni erhielten in den drei westdeutschen Besatzungszonen (außer den Westsektoren von Berlin) jeder Bewohner und jede Bewohnerin 40 Deutsche Mark gegen 40 Reichsmark ausgezahlt. Laufende Zahlungen wie Löhne, Mieten, Renten, Pensionen und Steuern wurden 1:1 umgestellt. Das erleichterte es den Menschen, sich an die neue Währung zu gewöhnen.

Der große Geldüberhang von Reichsmark wurde dadurch beseitigt, dass private Bankguthaben (nachdem alle Bargeldreserven eingezahlt worden waren) schließlich im Verhältnis 100:6,5 umgetauscht wurden. Wer also 100 Reichsmark auf seinem Konto hatte, dem wurden nur noch sechs Deutsche Mark und 50 Pfennige gutgeschrieben. Die Sparer wurden damit weitgehend enteignet. Schulden wurden zu einem Verhältnis von 100:10 umgestellt. Wer Geld an den deutschen Staat oder an die nationalsozialistische Partei geliehen hatte, konnte gar keine Rückzahlung mehr erwarten – das heißt Staatsanleihen des Deutschen Reichs waren wertlos. Zwar war die Bevölkerung geschockt. Doch es gab keine Wahl, weil die Alliierten die Reform einfach angeordnet hatten.

Es profitierten – wie bei einer Inflation – die Halter von Sachvermögen wie Immobilien, Land, Fabriken und Gütern, während das Geldvermögen weitgehend entwertet wurde. Um diese Ungerechtigkeit abzumildern, wurde ein Lastenausgleich auf den Weg gebracht, der von den Haltern von Sachvermögen finanziert wurde. Dieser entschädigte nicht nur teilweise für die Folgen der Währungsreform, sondern auch für die Folgen von Zerstörung, Vertreibung und Flucht. Die **Währungsstabilität** wurde auf Dauer dadurch gesichert, dass die Bank deutscher Länder dem politischen Einfluss entzogen wurde. Bis 1951 unterlag sie den Weisungen der Westalliierten. Danach war sie von den Bundesregierungen unabhängig.

Infolge der Währungsreform erlaubte es das *Gesetz über Leitsätze für die Bewirtschaftung und Preispolitik nach der Geldreform* vom 24. Juni 1948 schrittweise die Preise freizugeben, um ein **funktionsfähiges Preissystem** zu schaffen. Ludwig Erhard hatte ab 1947 die Sonderstelle Geld und Kredit der britisch-amerikanischen Bizone geleitet und war am 2. März 1948 Direktor der Verwaltung für Wirtschaft des Vereinigten Wirtschaftsgebiets geworden. Er soll die meisten Preiskontrollen ohne die Zustimmung der amerikanischen und britischen Kontrollinstanzen einfach aufgehoben haben. Er zeigte sich erfreut, »in einem Zuge Hunderte von Bewirtschaftungs- und Preisvorschriften in den Papierkorb zu befördern«.[1] Und er erhielt dafür Rückendeckung von General Lucius Clay, dem Militärgouverneur der amerikanischen Besatzungszone.

Nach dem Zweiten Weltkrieg war bereits von den Siegermächten im Potsdamer Abkommen (August 1945) eine rasche Dezentralisierung der stark verflochtenen deutschen Wirtschaft angestrebt worden. Die großen Unternehmen und Kartelle hatten maßgeblich die Kriegsführung der Nationalsozialisten unterstützt. In den Westzonen setzte die Entflechtung bereits 1947 ein. Im Jahr 1952 wurde beispielsweise der Chemie- und Pharmakonzern I.G. Farben in den drei westlichen Besatzungszonen in zwölf eigenständige Unternehmen aufgeteilt. Bereits 1948 waren drei konkurrierende Entwürfe für ein Kartellgesetz vorgelegt worden, das schließlich am 1. Januar 1958 als *Gesetz gegen Wettbewerbsbeschränkungen* in Kraft trat. Es untersagte Kartelle und unterwarf Fusionen der Zustimmung der Monopolbehörde. Euckens Prinzip der **offenen Märkte** wurde dadurch auf Dauer gesichert. »›Wohlstand für alle‹ und ›Wohlstand durch Wettbewerb‹ gehören untrennbar zusammen«, so Ludwig Erhard.[2]

Das Grundgesetz, das im Mai 1949 in Kraft trat und einen freien Rechtsstaat garantierte, sicherte das **Privateigentum**, auch an den Unternehmen. Damit setzte sich Westdeutschland von Ostdeutschland ab, wo immer mehr Unternehmen verstaatlicht wurden und die Produktion von der Politik gesteuert wurde. In Art. 14 des Grundgesetzes heißt es: »Das Eigentum und das Erbrecht werden gewährleistet.« Neben dem Privateigentum garantierte das Grundgesetz auch die **Vertragsfreiheit**, indem es die Basis für einen rechtlichen Rahmen für wirtschaftliches Handeln setzte. Es galt das **Haftungsprinzip**.

Ludwig Erhard, der von 1949 bis 1963 Wirtschaftsminister der Bundesrepublik Deutschland war, sorgte persönlich für die **Konstanz der Wirtschaftspolitik**, indem er entschlossen die neue Währung und die neue Wirtschaftsordnung verteidigte. Er habe als Bundesminister 80 Prozent seiner Kraft dazu verwendet, gegen Unfug anzukämpfen, merkte er später an. Sein Buch *Wohlstand für Alle*, das 1957 erschien, ist ein spannendes Zeitdokument seiner Bemühungen, die Vorteile einer freiheitlichen Wirtschafts-, Rechts- und Gesellschaftsordnung zu erklären und zu verteidigen. Die Volkswirtschaft, so Erhard, sei kein Patient, den man pausenlos operieren kann.

Um die hohe Arbeitslosigkeit zu bekämpfen, wurde gefordert, dass die Bank deutscher Länder kurzfristig über mehr Kredite den Konsum und die Investitionen anheizen solle. Erhard widersetzte sich diesen Forderungen entschlossen. Indem er die Unabhängigkeit der Zentralbank verteidigte, setzte er der Rolle des Staates in der Wirtschaft enge Grenzen, weil die finanziellen Mittel für umfangreiche staatliche Konjunkturprogramme und Subventionen fehlten. Er drängte Versuche der großen Unternehmen zurück, wirtschaftspolitische Entscheidungen zu ihren Gunsten zu beeinflussen. Eine Atomisierung der Volkswirtschaft in Gruppeninteressen sei nicht zu dulden. »Eines ist bei einem guten Fußballspiel als ein wesentliches Merkmal zu erkennen: Das Fußballspiel folgt bestimmten Regeln, und diese stehen von vornherein fest.«[3]

Die Entstehung des Wirtschaftswunders und die Rolle der Deutschen Mark

Zwar bleiben einige Sektoren wie das Gesundheitssystem oder die Banken stark reguliert. Einige Unternehmen wie Deutsche Post und Deutsche Bahn waren nach wie vor staatlich. Doch gingen die Reformen weit genug, dass sich die Marktwirtschaft entfalten konnte. Vor der Währungsreform am 20. Juni 1948 waren die Waren noch gehortet worden und oft nur über den Schwarzmarkt verfügbar. Am 21. Juni 1948, dem Montag nach der Währungsreform, waren die Schaufenster und Regale plötzlich gefüllt.

Indem der »positive Schaufenstereffekt« das Ende des Mangels signalisierte, stärkte er das Vertrauen in die neue Währung. Noch in den

1970er Jahren sprach man in meiner Familie immer noch begeistert davon. Die »magische Zahl« war die 40. Bei der Vertreibung aus Böhmen durfte man 40 Kilo Gepäck pro Person mitnehmen (wovon das meiste später in Lebensmittel getauscht wurde). Und 40 Deutsche Mark pro Kopf halfen beim Neuanfang.

Die hohe Nachfrage der ausgehungerten Bevölkerung – Erhard sprach von einem »schier grenzenlosen Nachholbedarf«[4] – bildete für die Unternehmen den Anreiz, mehr zu produzieren. Da die Unternehmen in der Währungsreform mit wenig Liquidität ausgestattet worden waren, mussten sie Produktion und Absatz erhöhen. Wichtige Teile der industriellen Produktionsanlagen hatten den Krieg überstanden und waren nicht wie im Osten Deutschlands demontiert worden. Die Produktion konnte schnell wachsen. Immer mehr Menschen packten an, um sich aus der oft prekären wirtschaftlichen Lage zu befreien.

Von 1950 bis 1962 stieg die Industrieproduktion um 176 Prozent. In einem Industrieland wie Deutschland ist die Industrieproduktion ein wichtiger Pfeiler des Wachstums. Abbildung 1 zeigt die hohen Wachstumsraten des Bruttoinlandsprodukts in den 1950er und 1960er Jahren. Deutschland erreichte über viele Jahre hinweg beeindruckende Produktivitätsgewinne, aus denen Wohlstand entstand. Die Versorgung mit Gütern und Dienstleistungen verbesserte sich schnell. Die Produktion von Kühlschränken florierte auch deshalb, weil diese wieder gefüllt werden konnten. Die Menschen konnten wieder zwischen vielen Produktvarianten wählen. Gelbe, rote, kurze, lange, elegante oder sportliche Kleider? »Der Kunde wurde wieder König«,[5] konstatierte Ludwig Erhard.

Abbildung 1.1: Wachstum des Bruttoinlandsprodukts in (West-)Deutschland

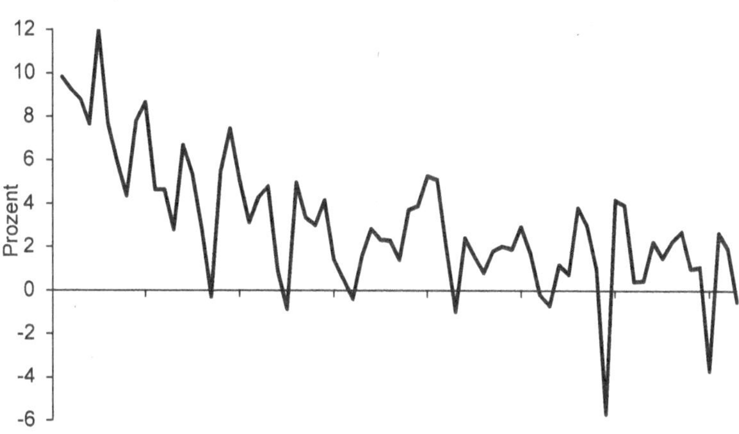

Quelle: Statistisches Bundesamt. Von 1950 bis 1990 Westdeutschland, ab 1991 Gesamtdeutschland. Reales Wachstum. 2023 Prognose.

Die beeindruckende wirtschaftliche Dynamik ging als Wirtschaftswunder in die Geschichte ein, als dessen Vater Ludwig Erhard gilt. Der Ausdruck Wunder ist allerdings nicht ganz treffend, weil ein Wunder eigentlich nicht möglich ist und deshalb völlig unerwartet kommt. Zwar dürfte die breite Bevölkerung in Westdeutschland überrascht gewesen sein, dass es nach so vielen schlechten Jahren in Deutschland nun plötzlich aufwärts ging. Aus Sicht der Architekten der neuen Wirtschaftsordnung, wie Walter Eucken und Ludwig Erhard, dürfte sich jedoch nur das erwartete Ergebnis eingestellt haben, wenn auch mit Hindernissen.

Infolge der Aufhebung der Preiskontrollen waren die Preise vieler Güter aufgrund einer hohen Nachfrage 1948 zunächst stark angestiegen. Die Preiserhöhungen sollen bei bis zu 200 Prozent gelegen haben, bei einzelnen Gütern wie Eiern sogar bei 2000 Prozent. Das machte die Bevölkerung unruhig. Viele Politiker forderten die Rückkehr zur Preis- und Warenbewirtschaftung: »Erhard am Ende seines Lateins« oder »Wirtschaftsfachleute für Rückkehr zur Bewirtschaftung«[6] lauteten die Schlagzeilen. Westdeutschland stand im Sommer 1948 vor einem Generalstreik, doch der Wirtschaftsminister blieb standhaft: »Es kam entscheidend darauf an, sich durch diese Turbulenzen nicht beirren zu lassen.«[7] Der Preisdruck kehrte sich wie von Erhard erwartet um, bevor neue Preiskontrollen eingeführt wurden. Die freien Preise waren auf Dauer in weiten Bereichen der westdeutschen Wirtschaft gesichert.

Von 1948 bis 1952 halfen US-amerikanische Kredite sowie Lieferungen von Rohstoffen, Lebensmitteln und Industriegütern, der mit der Wirtschafts- und Währungsreform verbundenen Verunsicherung entgegenzutreten. Der Marshall-Plan der USA, der sich als Hilfe zur Selbsthilfe verstand, war an Bedingungen wie der Stabilisierung der Währung und dem Abbau von Handelshemmnissen geknüpft. Indem er Westeuropa kurzfristig wirtschaftlich und damit politisch stabilisierte, half er auch, die marktwirtschaftlichen Kräfte zu stärken. Erste Krisen wie der Ausbruch des Koreakriegs (1950) erschütterten zwar die junge Marktwirtschaft, konnten aber auch mit deren Hilfe überwunden werden.

Einige Ökonomen argumentieren, dass der wirtschaftliche Aufschwung Westdeutschlands nach dem Zweiten Weltkrieg mehr dem Wiederaufbau und dem Marshall-Plan als den marktwirtschaftlichen Reformen zu verdanken gewesen sei. Dem widerspricht, dass weder ein Wiederaufbau noch eine einmalige Wirtschaftshilfe eine Wachstumsdynamik und Wohlstand erzeugen können, wie sie sich in Westdeutschland auf Dauer entfalteten. Die durchschnittliche Wachstumsrate lag in den 1950er Jahren bei gut 8 Prozent und in den 1960er Jahren immer noch bei rund 5 Prozent (siehe Abbildung 1.1). Die Arbeitslosigkeit sank dramatisch und Ende der 1950er Jahre war Vollbeschäftigung erreicht (siehe Abbildung 1.2). Ab 1955 warb Westdeutschland Gastarbeiter aus Europas Süden an, um die florierende Wirtschaft ausreichend mit Arbeitskräften zu versorgen.

Die hohe wirtschaftliche Instabilität, die in den 1920er Jahren und Anfang der 1930er Jahre vorgeherrscht hatte und maßgeblich zum Aufstieg der Nationalsozialisten beigetragen hatte, gehörte der Vergangenheit an. Die Menschen blickten nach vorne. Auf den Wirtschaftsboom folgte ein Babyboom. Westdeutschland entwickelte sich zur Wachstumslokomotive in Westeuropa, während im planwirtschaftlich organisierten Ostdeutschland das Wirtschaftswunder ausblieb und die Menschen abwanderten.

Die großen Parteien passten nur mit Verzögerung ihre Programme an. Im Ahlener Programm (1947) hatte die CDU noch festgestellt, dass das kapitalistische Wirtschaftssystem den staatlichen und sozialen Lebensinteressen der Deutschen nicht gerecht geworden sei. Inhalt und Ziel einer sozialen und wirtschaftlichen Neuordnung könnten nicht mehr das kapitalistische Gewinn- und Machtstreben, sondern nur das Wohlergehen des Volkes sein. Erst mit den *Düsseldorfer Leitsätzen* – als wirtschafts- und sozialpolitischem Programm für die erste Bundestagswahl im Jahr 1949 – wendete sich die CDU unter dem Einfluss von Ludwig Erhard der – nun – Sozialen Marktwirtschaft zu, die fortan als politischer Begriff große Bedeutung erlangte.

Abbildung 1.2: Arbeitslosenquote in Deutschland

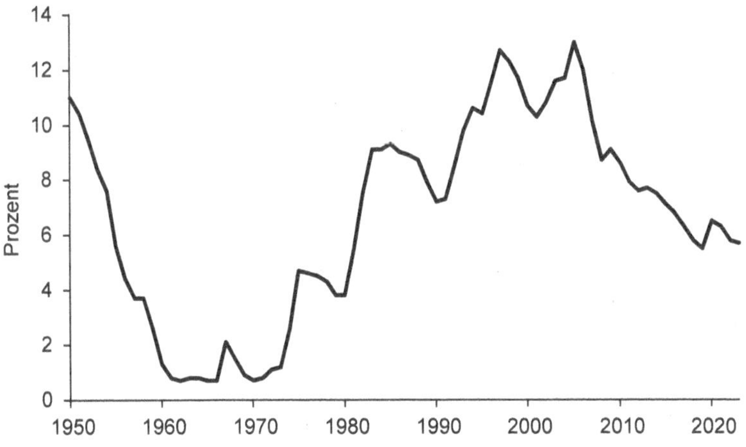

Quelle: Bundesagentur für Arbeit. Von 1950 bis 1990 Westdeutschland, seit 1991 Gesamtdeutschland.

Die SPD hatte sich lange Zeit und vehement gegen die Reformen gestemmt. »Es ist meinem Gefühl nach ein überaus fragwürdiger Schritt, einen todkranken Mann ins kalte Wasser zu schmeißen«, hatte der SPD-Politiker Gerhard Kreyssig gewettert.[8] 1950 stellte die SPD (erfolglos) einen Antrag zur Entfernung von Ludwig Erhard aus dem Amt. Erst im Jahr 1959 bekannte sich die SPD mit dem Godesberger Programm unter der Devise »So viel Wettbewerb wie möglich, so viel Planung wie nötig« (Karl Schiller) zur Sozialen Marktwirtschaft. Die Wähler hatten seit 1949 der CDU das Vertrauen ausgesprochen.

Die westeuropäischen Nachbarn beobachteten derweil den wirtschaftlichen Erfolg Deutschlands mit gemischten Gefühlen. Sie wollten das Land politisch und wirtschaftlich einbinden, um einen neuerlichen Krieg in Europa zu verhindern. Frankreich drängte deshalb im Zuge des europäischen Integrationsprozesses auf gemeinsame Institutionen. Im April 1951 gründeten sechs Staaten (Deutschland, Frankreich, Italien, Niederlande, Belgien, Luxemburg) die Europäische Gemeinschaft für Kohle und Stahl (EGKS). Am 1. Januar 1958 traten die Römischen Verträge zur Gründung der Europäischen Wirtschaftsgemeinschaft (EWG) und der Europäischen Atomgemeinschaft (EURATOM) in Kraft, die mit einer Europäischen Kommission, einem Europäischen Parlament und einem Europäischen Wirtschafts- und Sozialausschuss einhergehen sollten. Über die europäische Agrar- und Regionalpolitik konnte ein Teil der Wohlstandsgewinne von Deutschland in den Süden Europas umverteilt werden.

Ludwig Erhard hatte seinerseits in den Verhandlungen zur Europäischen Wirtschaftsgemeinschaft auf die Liberalisierung der Märkte gedrängt. Der Abbau von Zollschranken erlaubte einen freien Warenverkehr, was die zunehmend exportstarke deutsche Industrie begünstigte. Anfangs war nur der Güterhandel liberalisiert. Die Freiheit beim Dienstleistungshandel, die freie Bewegung von Arbeitskräften über die Grenzen hinweg sowie die Liberalisierung des Kapitalverkehrs sollten vorangetrieben werden. Die Schaffung einer freiheitlichen Wirtschaftsordnung in Deutschland fand damit in der Idee des europäischen Binnenmarkts – dem freien Verkehr von Gütern, Dienstleistungen, Arbeit und Kapital – ihren Widerhall.

Freihandel begünstigt das Wachstum, weil in internationalen Märkten der Wettbewerb noch größer ist. Die Unternehmen können sich spezialisieren und noch produktiver werden, weil sie größere Stückzahlen produzieren können. Damit trugen nicht nur die marktwirtschaftlichen Reformen in Westdeutschland, sondern auch die Öffnung der Märkte innerhalb einer wachsenden Europäischen Gemeinschaft zu spürbaren Wohlstandsgewinnen in Deutschland und ganz Westeuropa bei. Da die Mittelschicht in Westeuropa florierte, fand der europäische Integrationsprozess eine breite Akzeptanz in der Bevölkerung.

Eine besondere Rolle kam in dem sich vereinigenden Westeuropa der jungen Deutschen Mark zu. Nachdem in den frühen 1970er Jahren die Wechselkursbindungen der westeuropäischen Währungen an den US-Dollar zusammengebrochen waren, kristallisierte sich die Deutsche Mark als stabilste Währung heraus. Denn die Deutsche Bundesbank war unabhängig und achtete akribisch auf Preisstabilität. Hingegen unterstanden die Zentralbanken in Frankreich, Italien und dem Vereinigten Königreich den Finanzministerien und mussten zur Finanzierung der Staatsausgaben beitragen. Die Inflationsraten waren in diesen Ländern deshalb deutlich höher.

Deshalb verloren die südeuropäischen Währungen gegenüber der Deutschen Mark immer weiter an Wert. Abbildung 1.3 zeigt das beispielhaft für die italienische Lira. Über die Zeit hinweg mussten immer mehr Lira für eine Deutsche Mark bezahlt werden. Die deutschen Konsumenten freute das, weil ihre Kaufkraft im Ausland stieg. Erhielten sie 1950 rund 150 Lire für eine Deutsche Mark, waren es Ende der 1970er Jahre rund 450. Urlaub in Italien war nicht nur sonnig, sondern auch günstig. Der Verkehr über den Brenner wurde dichter.

Doch die immer wiederkehrenden Abwertungen der südeuropäischen Währungen gegenüber der Deutschen Mark machten auch zum Leidwesen der deutschen Industrie die deutschen Waren im Ausland teurer. Um international wettbewerbsfähig zu bleiben, mussten die deutschen Unternehmen immer wieder die Kosten senken. Oder sie entwickelten besonders gute Produkte, denen eine Aufwertung der Deutschen Mark so schnell nichts anhaben konnte. Man sprach von der harten Deutschen Mark als Produktivitätspeitsche! Die deutsche Industrie wurde besonders produktiv und glänzte durch ausgezeichnete Produkte. Die deutsche Autoindustrie beeindruckte die Welt mit schicken und schnellen Modellen.

Abbildung 1.3: Wechselkurs der italienischen Lira gegenüber der Deutschen Mark

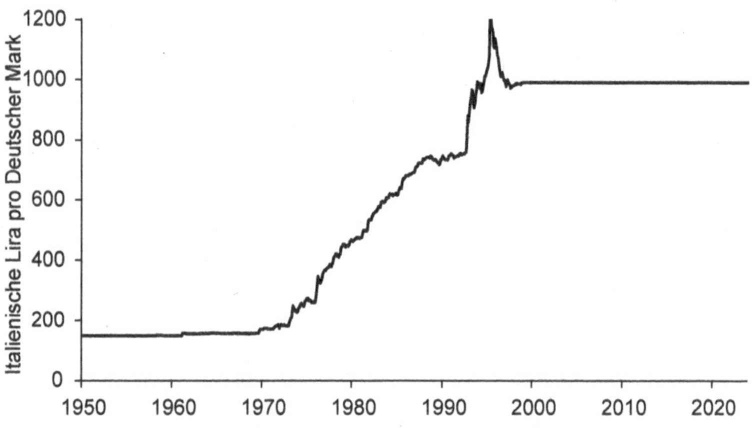

Quelle: Internationaler Währungsfonds.

Die so von der deutschen Wirtschaft geschaffenen beträchtlichen Produktivitätsgewinne konnten über zwei Wege verteilt werden. Zum einen sind Produktivitätssteigerungen die Grundlage für Lohnerhöhungen, die über Preissteigerungen hinausgehen. Abbildung 1.4 zeigt den Anstieg des Lohnniveaus im Vergleich zu den Konsumentenpreisen, die sogenannten Reallöhne in der Industrie. Diese zeigten lange Zeit immer nur nach oben. Der Lebensstandard in Westdeutschland wuchs. Das Einfamilienhaus erfreute sich großer Beliebtheit, auch wenn alle beim Bau mit anpacken mussten. Die Möbelproduktion florierte und die Kühlschränke waren wieder voll. Zum anderen wurde die soziale Sicherung ausgebaut. Die gesetzliche Rentenversicherung und die gesetzliche Krankenversicherung verbesserten ihre Leistungen. Eine Arbeitslosenversicherung bot Schutz, wenn ein Arbeitnehmer seine Arbeit verlor. 1954 entschied das Bundesverwaltungsgericht, dass sich aus dem Grundgesetz ein Rechtsanspruch auf soziale Fürsorge durch den Staat ergebe, sodass die Regierung 1961 ein einheitliches Sozialhilferecht schuf.

Abbildung 1.4: Reallohnentwicklung in der Industrie, Deutschland

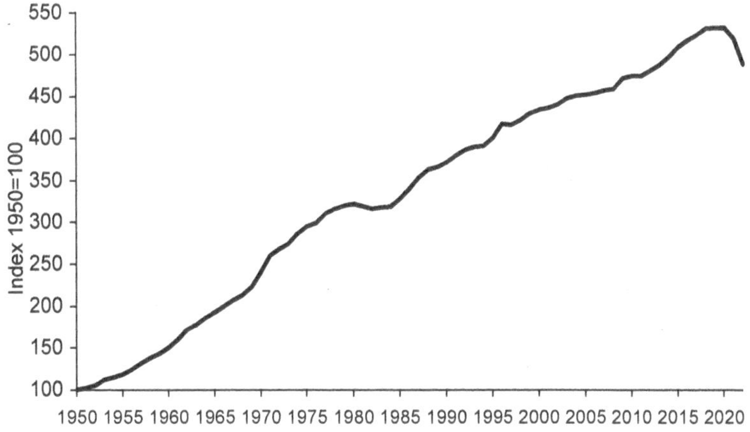

Quelle: Internationaler Währungsfonds.

Die Soziale Marktwirtschaft entsteht

Walter Eucken war auch auf sozialen Ausgleich bedacht. Neben den »konstituierenden Prinzipien« hatte er vier »regulierende Prinzipien« formuliert, die sozialen Ungerechtigkeiten und der Schädigung der Umwelt entgegenwirken sollten:

1. Monopole und Kartelle sollten untersagt sein, um die Marktmacht von Unternehmen zu beschränken.

2. Bei Umweltschäden, wenn beispielsweise ungereinigte Abwässer in Flüsse oder Abgase in die Luft geleitet wurden, sollten die Unternehmen die Verantwortung tragen.
3. Zu geringe Löhne, die die Arbeitnehmer zwingen, ihre Arbeitszeit auszuweiten, um den Lebensunterhalt zu sichern, sollten verhindert werden.
4. Und Walter Eucken trat schließlich auch für Umverteilung ein, da im in der Breite armen Nachkriegsdeutschland schon früh die Produktion von Luxusprodukten wieder einsetzte, während viele Menschen noch mit sehr geringen Einkommen zu kämpfen hatten. Er dachte an Einkommenspolitik in Form eines progressiven Steuersystems mit höheren Steuersätzen für hohe Einkommensgruppen, wie es heute noch existiert.

Mit diesen regulierenden Prinzipien legte Walter Eucken den wissenschaftlichen Grundstein für die Soziale Marktwirtschaft.

Das Sozialstaatsprinzip war im Grundgesetz verankert worden. Dort heißt es in Art. 20: »Die Bundesrepublik Deutschland ist ein demokratischer und sozialer Bundesstaat.« Der Kölner Professor Alfred Müller-Armack hat das Konzept der Sozialen Marktwirtschaft maßgeblich entwickelt, um »das Prinzip des freien Marktes mit der Idee des sozialen Ausgleichs zu verbinden«. Ihm war bewusst, dass der soziale Ausgleich nur dann möglich ist, wenn die Marktwirtschaft die entsprechende wirtschaftliche Grundlage schafft. Denn es kann nur das verteilt werden, was zuvor erwirtschaftet wurde. Er sah drei Ebenen – und nicht nur eine – der Sozialität.

Erstens betonte er die sozialen Konsequenzen des Marktes selbst. Er meinte damit, dass sich in einer Marktwirtschaft die Produktion an den Präferenzen der Konsumenten ausrichtet. Wollen die Menschen mehr Wurst und weniger graue Kleider, dann werden auch mehr Wurst und weniger graue Kleider produziert. Wollen die Konsumenten mehr Bioprodukte, dann wächst die biologische Landwirtschaft. Der Wettbewerb unter den Unternehmen stellt nach Müller-Armack sicher, dass die Wirtschaft produktiv ist und damit eine engmaschige soziale Sicherung finanzieren kann. Schließlich erziehe der Markt zu Verlässlichkeit, die eine wichtige Voraussetzung für eine gute wirtschaftliche Zusammenarbeit ist. Denn Spezialisierung und Handel basieren auf Vertrauen.

Zweitens sei die Ordnungspolitik sozial. Geldwertstabilität stelle sicher, dass Inflation nicht wie in den frühen 1920er Jahren die Sparer enteignet, die Kaufkraft schwinden lässt und ungerechte Verteilungseffekte zugunsten reicher Menschen nach sich zieht. »Gute Sozialpolitik erfordert Währungsstabilität«,[9] hatte Ludwig Erhard einst gesagt. Die Wettbewerbskontrolle durch das Kartellamt sorge dafür, dass Monopolisten den Konsumenten nicht durch hohe Preise schaden können.

Und erst drittens sah es Müller-Armack als sozial an, das Einkommensniveau von Menschen mit geringer Leistungsfähigkeit zu sichern. Das sollte nicht über Eingriffe in das Preissystem geschehen, indem beispielsweise – wie in der DDR – die Preise für Energie- und Lebensmittel vom Staat niedrig gehalten werden. Denn das hemmt die Produktion und führt zu Versorgungsengpässen oder schlechter Qualität. Vielmehr sollte der Staat nur Menschen mit zu geringen Einkommen direkt unter die Arme greifen.

Den Vätern der Sozialen Marktwirtschaft dürfte dabei bewusst gewesen sein, dass es stets einen Widerspruch zwischen Umverteilung und Wachstum gibt. Eine freie Marktwirtschaft erlaubt es den Unternehmen, die Gewinne zu maximieren und diese wieder in Produktivitätssteigerungen und Innovationen zu investieren. Das fördert Wachstum, technischen Fortschritt und Wohlstand. Eine hohe Steuerbelastung zur Finanzierung des Sozialsystems belastet hingegen die Gewinne und bremst die Investitionen, was negativ auf die Innovationskraft und das Wachstum wirkt. Auf der anderen Seite hat die soziale Sicherung negative Anreizeffekte. Je mehr Geld der Staat verteilt, desto größer ist auch die Versuchung für die Empfänger sozialer Leistungen, sich nicht am Erwerbsleben zu beteiligen. Dies gilt insbesondere für gering qualifizierte Menschen, deren Löhne für harte Arbeit nur wenig über den Sozialleistungen liegen.

Über den Zeitverlauf hinweg scheinen Versprechen einer großzügigeren sozialen Sicherung ein erfolgreiches Modell für das Gewinnen von Wählerstimmen geworden zu sein. Ludwig Erhard erkannte schon zu seiner Zeit, dass mit den wirtschaftlichen Erfolgen »übermächtig der Ruf nach kollektiver Sicherheit im sozialen Bereich erschallte«.[10] Er hatte davor gewarnt, dass dann »jeder die Hand in der Tasche des anderen hat«[11] und »wirtschaftlicher Fortschritt und leistungsmäßig fundierter Wohlstand mit einem System kollektiver Sicherheit unvereinbar sind«.[12] Dennoch ist in der Folge der Anteil der Sozialleistungen an der Wirtschaftsleistung immer weiter angestiegen. Lag der Anteil unter Ludwig Erhard noch bei unter 20 Prozent, liegt er heute bei über 30 Prozent. Und die Rufe nach mehr Umverteilung sind heute lauter denn je.

KAPITEL 2

Wie die Politik die Europäische Zentralbank zum politischen Akteur machte

Der historische Hintergrund der Europäischen Währungsunion

Aus dem vorangegangenen Kapitel ist bekannt, dass es nach dem Zweiten Weltkrieg zwei unterschiedliche Zentralbankmodelle in Westeuropa gab. Einerseits war die Deutsche Bundesbank unabhängig. Andererseits waren die Zentralbanken von Frankreich, Italien, Spanien, dem Vereinigten Königreich und anderer Länder dem jeweiligen Finanzministerium unterstellt. Später werde ich zeigen, dass die unterschiedlichen Zentralbankmodelle auch mit unterschiedlichen Wachstumsmodellen verbunden waren, die in Konkurrenz zueinander standen.

Zudem konkurrierten die Länder um das sogenannte exorbitante Privileg, das in den 1950er und 1960er Jahren in Europa und dem Rest der westlichen Welt noch die USA innehatten. Die USA waren als militärischer, wirtschaftlicher und politischer Sieger aus dem Zweiten Weltkrieg hervorgegangen und konnten die Nachkriegsordnung bestimmen. Mit dem Währungssystem, das nach seinem Geburtsort Bretton Woods in New Hampshire benannt wurde, hatten sie 1944 den Dollar zur Leitwährung der westlichen Welt gemacht. Der Dollar war an Gold gebunden, was ihn stabil machte. Die westeuropäischen Länder mussten den Wechselkurs ihrer Währungen an den Dollar binden. Um dazu in der Lage zu sein, brauchten sie Dollarreserven, die sie in US-amerikanischen Staatsanleihen hielten. Das war – wie der spätere französische Präsident Valéry Giscard d'Estaing in den 1960er Jahren beklagte – ein exorbitantes Privileg, das den USA zusätzliche Finanzierungsspielräume eröffnete. Zum Beispiel, um ein schlagkräftiges Militär zu finanzieren.

Seit der zweiten Hälfte der 1960er Jahre missbrauchten die USA allerdings ihr exorbitantes Privileg, indem sie auf Kosten der Partnerländer im Bretton-Woods-System den Vietnamkrieg und kostspielige Sozialausgaben finanzierten. Die Regierung der USA gab viele Staatsanleihen aus, die teilweise die US-amerikanische Zentralbank Fed kaufte. Das schuf Inflation und brachte den Dollar unter Abwertungsdruck, sodass die Partnerländer Dollar und damit US-amerikanische Staatsanleihen kaufen mussten. Der damalige Präsident der USA Richard Nixon sprach von einer Verteilung von Lasten (*burden sharing*), die Deutsche Bundesbank hingegen von importierter Inflation. 1971 kündigte Richard Nixon die Goldbindung des Dollars auf, was dem Vertrauen in den Dollar als Leitwährung einen schweren Schlag versetzte. Im Jahr 1973 war die Geduld der Schweizer Nationalbank und der Deutschen Bundesbank erschöpft, sodass sie ihre Dollarkäufe einstellten. Das Bretton-Woods-System brach zusammen.

Frankreich wünschte sich in dieser Zeit, dass in Europa das exorbitante Privileg auf den französischen Franc als europäischer Leitwährung übergehen würde. Doch das Rennen machte die Deutsche Mark, weil sie stabiler war. Die geringe Staatsverschuldung in Westdeutschland machte deutsche Staatsanleihen für internationale Anleger attraktiv. In Frankfurt florierte der Finanzplatz. Die Franzosen mussten dem geldpolitischen Kurs der Deutschen Bundesbank folgen oder den Franc gegenüber der Deutschen Mark abwerten. Jede Abwertung war ein Prestigeverlust für Frankreich und ein Reputationsgewinn für die Deutsche Mark.

Alle Versuche Frankreichs, die Deutsche Bundesbank von einem weniger straffen geldpolitischen Kurs zu überzeugen, um den Franc gegenüber der Deutschen Mark zu stabilisieren, scheiterten. Das Privileg der Leitwährung war in Europa vom Dollar auf die Deutsche Mark übergegangen. Auch der Versuch des französischen Präsidenten Valéry Giscard d'Estaing, zusammen mit Bundeskanzler Helmut Schmidt 1978 mit dem Europäischen Währungssystem ein »gleichberechtigtes« Währungssystem zu schaffen, lief ins Leere. Die Dominanz der Deutschen Mark blieb bestehen.

Erst die deutsche Wiedervereinigung eröffnete 1990 für Frankreich eine neue Chance, endlich die währungspolitische Dominanz der Deutschen Mark in Europa zu brechen. Der damalige französische Präsident François Mitterrand soll die Zustimmung Frankreichs zur deutschen Wiedervereinigung von Deutschlands Zustimmung zu einer gemeinsamen europäischen Währung abhängig gemacht haben. Die gemeinsame Währung sollte Frankreich eine gleichberechtigte Stimme bei den geldpolitischen Entscheidungen in Europa geben. Zudem träumte die große Nation davon, mit dem Euro das verbliebene exorbitante Privileg des Dollars im Rest der Welt zu brechen. Der damalige Kanzler Helmut Kohl hat dieser Darstellung zwar widersprochen, hat aber an anderer Stelle zum Ausdruck gebracht, dass er die gemeinsame europäische Währung als angemessenen Preis für die Einheit Deutschlands gesehen hat.[1]

Er konnte sich mit dem Euro auch als Wegbereiter eines historischen Meilensteins im europäischen Integrationsprozess profilieren. So fiel im Sommer 1990 die Entscheidung ohne Beteiligung der Deutschen Bundesbank zugunsten des Euros. Allerdings war die Bevölkerung in Deutschland um die Stabilität der Deutschen Mark besorgt, die sie intuitiv mit ihrem Wohlstand verband. In der Hyperinflation der frühen 1920er Jahre und mit der Währungsreform des Jahres 1948 hatten die Deutschen sehr negative Erfahrungen mit der Geldentwertung gemacht. Für Walter Eucken und Ludwig Erhard war die Preisstabilität das Rückgrat der Sozialen Marktwirtschaft gewesen.

Um den Wohlstand zu erhalten, drängten die politischen Entscheidungsträger Deutschlands in den Verhandlungen zum Euro darauf, die neue Europäische Zentralbank nach dem Muster der Deutschen Bundesbank in den europäischen Verträgen zu verankern. In Artikel 130 des Vertrags zur Arbeitsweise der Europäischen Union heißt es, dass die Europäische Zentralbank unabhängig ist. Sie darf weder Weisungen von nationalen Regierungen noch von der Europäischen Union entgegennehmen. In Artikel 127 ist festgeschrieben, dass das vorrangige Ziel der Europäischen Zentralbank die Preisstabilität ist. Artikel 123 der europäischen Verträge verbietet es der Europäischen Zentralbank und den zum Euro gehörenden nationalen Zentralbanken, Staatsausgaben zu finanzieren.

Um vorzubeugen, dass Mitgliedsländer der Europäischen Währungsunion zu viele Schulden anhäufen und deshalb Druck auf die Europäische Zentralbank ausüben würden, Staatsanleihen zu kaufen, enthielt der Maastricht-Vertrag des Jahres 1993 sogenannte Konvergenzkriterien für stabile Staatsfinanzen. Das jährliche Haushaltsdefizit eines Landes sollte vor und nach Eintritt in die Währungsunion nicht mehr als 3 Prozent des Bruttoinlandsprodukts übersteigen. Die Gesamtverschuldung eines Landes sollte nicht größer als 60 Prozent des Bruttoinlandsprodukts sein. Der Stabilitäts- und Wachstumspakt des Jahres 1997 konkretisierte die Schuldenkontrolle in der Europäischen Währungsunion. Er wurde »geschlossen, um solide öffentliche Finanzen – eine wichtige Voraussetzung für das korrekte Funktionieren der Wirtschafts- und Währungsunion (WWU) – zu garantieren«, heißt es auf der Internetseite des Bundesministeriums der Finanzen.[2]

Im Einklang mit den sogenannten Konvergenzkriterien der europäischen Verträge sollten die Inflationsraten und Zinsen der potenziellen Mitgliedsstaaten im Euro vereinheitlicht werden. De facto sollten sie für andere Länder auf das Niveau von Deutschland sinken, um sich für den Euro zu qualifizieren. Das geschah in einer beeindruckenden Weise, wie Abbildung 2.1 deutlich macht. Die dicke schwarze Linie ist die Inflationsrate von Deutschland, die dünnen grauen Linien sind die Inflationsraten der anderen damaligen potenziellen Mitgliedsstaaten. In vielen späteren Gründungsländern der Europäischen Währungsunion und in Griechenland war die Inflation in den 1970er und 1980er Jahren viel höher als in Deutschland. Doch für den Euro passten sich die Länder nun Deutschland an. Das Ziel, die deutsche Stabilitätskultur nach ganz Europa zu bringen, schien erreicht! Doch schon bald nach der Einführung des Euro setzte ein schleichender Prozess ein, der die Stabilitätskultur der Deutschen Bundesbank schrittweise unterwanderte.

Abbildung 2.1: Inflationsraten der Eurogründungsländer plus Griechenland

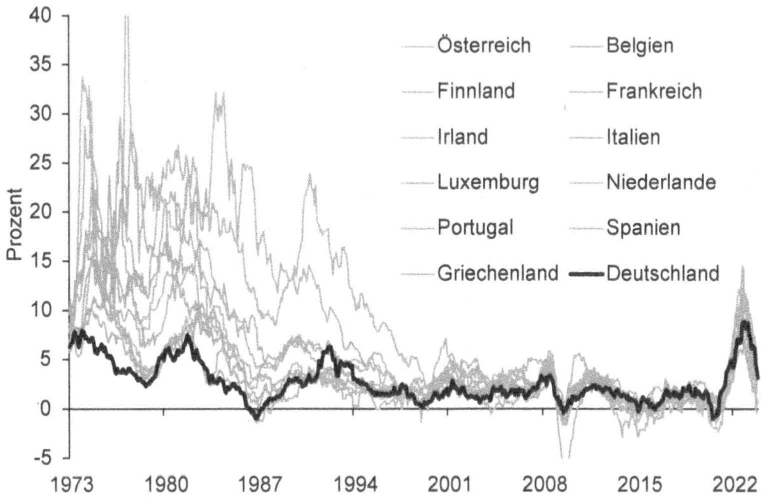

Quelle: Europäische Zentralbank.

Die Europäische Währungsunion hat einen Konstruktionsfehler

In den USA, Japan und dem Vereinigten Königreich gibt es nicht nur eine Zentralbank, sondern auch ein nationales Finanzministerium, das für das ganze Land verantwortlich ist. Alle Japaner zahlen Steuern an den japanischen Staat. Die Regierung in Tokio entscheidet zusammen mit dem Parlament über die Ausgaben und damit über die Ausgestaltung der Wirtschafts- und Sozialpolitik. Der erste Plan für eine gemeinsame Währung im gemeinsamen Europa, der sogenannte Werner-Plan, sah deshalb schon im Jahr 1970 nicht nur eine gemeinsame Geldpolitik, sondern auch eine gemeinsame Finanz- und Wirtschaftspolitik vor.

Doch das schien Anfang der 1990er Jahre wohl unrealistisch. Es war schon schwer genug, die störrischen Deutschen zu einer gemeinsamen Währung zu drängen. Doch gleichzeitig noch auf die Schnelle allen Bürgerinnen und Bürgern der Europäischen Gemeinschaft schmackhaft zu machen, dass sie zukünftig ihre Steuern und Sozialbeiträge nach Brüssel zahlen? Das wäre wohl zu weit gegangen. Deshalb beschlossen die europäischen Entscheidungsträger, dass zwar eine gemeinsame Zentralbank über die gemeinsame Geldpolitik einiger EU-Länder in Frankfurt bestimmen sollte. Die Regierungen in Berlin, Paris, Madrid und Rom entscheiden hingegen weiterhin über die Finanz-, Wirtschafts- und Sozialpolitiken. Nur in wenigen Politikbereichen wie der Handelspolitik durfte Brüssel regieren.

Die Europäische Union ist im Gegensatz zu den Vereinigten Staaten von Amerika daher noch keine politische Union und auch noch weit entfernt davon. Bis heute scheint es in keiner Hauptstadt Europas denkbar, dass alle Bürgerinnen und Bürger ihre Steuern an ein gemeinsames Finanzministerium in Brüssel bezahlen, das damit in der ganzen Europäischen Union Straßen finanziert, Kindergeld ausbezahlt oder die nationalen gesetzlichen Sozialsysteme stützt. Ebenso ist es nicht absehbar, dass alle Mitgliedsländer eine gemeinsame Arbeitslosenversicherung oder ein gemeinsames gesetzliches Rentensystem haben. Es gibt keine europäischen Gewerkschaften, die für die ganze Europäische Union einheitliche Lohnsteigerungen verhandeln.

Die Europäische Währungsunion hatte einen Konstruktionsfehler. Denn eine Währungsunion kann nur dann auf Dauer reibungslos funktionieren, wenn sie auch eine gemeinsame Finanz-, Wirtschafts- und Sozialpolitik hat. Eine gemeinsame Geldpolitik ist nur dann wirkungsvoll, wenn die Mitgliedsländer dem gleichen Konjunkturzyklus folgen. Darauf haben in den letzten Jahren zwar weder die Vertreter der Europäischen Zentralbank noch der Bundesregierung ausdrücklich hingewiesen. Doch man kann es in dem Lehrbuch des belgischen Ökonomen Paul De Grauwe zur Europäischen Währungsunion nachlesen, das inzwischen in der 14. Auflage erschienen ist:

Sind beispielsweise Deutschland und Frankreich in einer Rezession, dann kann die Europäische Zentralbank den Zins senken. So hilft sie beiden Ländern aus der Krise, weil es mit mehr Investitionen und Konsum in beiden Ländern wieder aufwärts geht. Steigt in einem Boom sowohl in Deutschland als auch in Frankreich die Inflation, dann bremsen Zinserhöhungen in beiden Ländern den Preisdruck. Beide Länder sind mit der Geldpolitik der Europäischen Zentralbank einverstanden.

Folgen hingegen Deutschland und Frankreich unterschiedlichen Konjunkturzyklen, dann wird es delikat. Steigt beispielsweise in Deutschland in einer Rezession die Arbeitslosigkeit, während in Frankreich im Boom die Inflation steigt, dann kann die Europäische Zentralbank ihre Geldpolitik nicht auf beide Länder ausrichten. Senkt sie die Zinsen, um Deutschland aus der Krise zu helfen, dann heizt sie die Inflation in Frankreich an. Erhöht sie die Zinsen, um in Frankreich die Inflation zu bekämpfen, dann verstärkt sie in Deutschland die Krise. Zielt sie auf die durchschnittliche Inflationsrate von Deutschland und Frankreich, wie das ursprünglich beabsichtigt war, dann bleibt sie aus der Sicht beider Länder untätig. Unzufriedenheit macht sich breit.

Der kanadische Ökonom Robert Mundell hat zwar in seinen Überlegungen zu einem optimalen Währungsraum bereits 1961 darauf hingewiesen, dass unterschiedliche Konjunkturzyklen ausgeglichen werden können, wenn die Arbeitsmärkte flexibel sind. Würden in unserem Beispiel ausreichend Arbeitskräfte vom krisengeplagten Deutschland ins boomende Frankreich wandern, dann würde die Arbeitslosigkeit in Deutschland trotz Krise sinken. In Frankreich würde der Inflationsdruck zurückgehen, weil die neuen Arbeitskräfte aus Deutschland den Anstieg der Löhne bremsen würden. In den USA nehmen Menschen aus New York ja auch schnell einen Job in Oregon an, wenn zu Hause nichts Passendes zu finden ist. Die Arbeitskräfte in Europa sind aber weniger mobil, auch weil es Sprachbarrieren gibt.

Dann kann sich ein Land in der Krise nur noch ohne Hilfe der Europäischen Zentralbank dadurch helfen, dass es die Löhne senkt, um wieder wettbewerbsfähig zu werden. Dass deutliche Lohnsenkungen in einer Krise möglich sind, haben die baltischen Länder in der europäischen Finanz- und Schuldenkrise vorgemacht. Doch generell sind Lohnsenkungen in Krisen bei Arbeitnehmern, Gewerkschaften und Politikern in Europa eine äußerst unbeliebte Medizin. Lieber ruft man nach dem Staat. Gut entwickelte Sozialsysteme sichern die Menschen bei Arbeitslosigkeit finanziell ab. Regulierungen verhindern, dass die Unternehmen die Arbeitnehmer in Krisen zu Lohnsenkungen drängen.

Von Beginn an scheinen sich die Politiker im gemeinsamen Europa nicht bewusst gewesen zu sein, dass aufgrund der unterschiedlichen Wirtschaftsstrukturen der Euroländer die Wahrscheinlichkeit unterschiedlicher Konjunkturzyklen hoch war. Mehr dazu wird in Kapitel 9 zu lesen sein. Zu allem Überfluss haben die Mitgliedsländer der Europäischen Union mit unterschiedlichen Finanz-, Wirtschafts- und Sozialpolitiken die Unterschiedlichkeit der Konjunkturzyklen sogar verschärft und so zu einer großen Krise beigetragen.

Die Eurokrise als Folge des Konstruktionsfehlers

Schon früh nach der Einführung des Euros am 1. Januar 1999 als Buchgeld (und am 1. Januar 2002 als Bargeld) in ursprünglich elf Mitgliedsländern der Europäischen Union liefen die Konjunkturzyklen auseinander. Für das Entstehen der Krise spielte Deutschland als größtes Mitgliedsland der Währungsunion eine zentrale Rolle. Im Verlauf der Krise richtete sich eine große Aufmerksamkeit auf Griechenland, das sich nach Aussagen des europäischen Statistikamtes Eurostat mit gefälschten Zahlen zu seinem Haushaltsdefizit zum 1. Januar 2001 in den Euro geschummelt hatte.[3]

Die Länder im südlichen Euroraum erlebten mit dem Eintritt in den Euroraum einen Boom, da die Zinsen stark sanken. Die Maastricht-Kriterien zum Eurobeitritt hatten es zur Bedingung gemacht, dass die Inflationsraten auf das Niveau von Deutschland sinken. Diese Bedingung erfüllten alle zukünftigen Euroländer. Schauen Sie nochmals auf Abbildung 2.1. Damit sanken auch die Zinsen, sodass die Investitionen zunahmen, die Immobilienpreise stiegen und die Bautätigkeit zulegte.

Zur gleichen Zeit brachte Deutschland schmerzhafte Reformen voran. Die kostspielige Wiedervereinigung hatte die Staatsverschuldung deutlich nach oben getrieben. Hatte diese 1991 noch bei rund 40 Prozent des Bruttoinlandsprodukts gelegen, war nach Eintritt in die Währungsunion im Jahr 1999 mit 60,4 Prozent der Maastricht-Grenzwert von 60 Prozent leicht überschritten. Das war politisch heikel, da Deutschland die anderen Mitgliedsländer der Währungsunion zu Ausgabendisziplin gedrängt hatte, um die Stabilität des Euros zu sichern. Schuldenkontrolle in der Währungsunion war die Idee der Deutschen gewesen. Es stand die Glaubwürdigkeit Deutschlands auf dem Spiel!

Das englische Wochenmagazin *The Economist* hatte Deutschland 1999 als »kranken Mann des Euros« bezeichnet.[4] Die Wiedervereinigung, ein verkrusteter Arbeitsmarkt und schwache Exporte hatten die Arbeitslosenquote in den zweistelligen Bereich getrieben. Nun verordnete der Kanzler Gerhard Schröder dem kranken Mann eine Rosskur. Die Sparbemühungen des deutschen Staates hatten bereits in den späten 1990er Jahren eingesetzt. Für die Beamten und Angestellten beim Staat waren ab Ende der 1990er Jahre Einschränkungen angesagt. Ich erinnere mich, dass damals das Land Baden-Württemberg die Stundensätze der Hilfskräfte an der Universität Tübingen nicht mehr anhob. Bund, Länder und Gemeinden hielten sich bei den Ausgaben zurück. Auch im privaten Sektor stiegen die Löhne nur noch zögerlich.

Die Regierung unter Gerhard Schröder brachte ab dem Jahr 2003 mit der Agenda 2010 tiefgehende Reformen voran. Der Kanzler gab als Ziel die Verbesserung der Rahmenbedingungen für mehr Wachstum und Beschäftigung durch den Umbau des Sozialstaates vor. Die Regierung lockerte den Kündigungsschutz und erhöhte den Druck auf die Arbeitslosen, eine Tätigkeit aufzunehmen. So entstand ein großer

Niedriglohnsektor, der auf die Löhne in der gesamten Volkswirtschaft drückte. Die Regierung reduzierte die Ansprüche an die gesetzliche Rentenversicherung und setzte Anreize zur privaten Alterssicherung.

Die Reformen ließen die gesamtwirtschaftlichen Ersparnisse in Deutschland steigen, da nicht nur die Haushalte mehr Rücklagen fürs Alter bildeten und die Regierung weniger Schulden machte. Die Unternehmen sparten dank des wachsenden Niedriglohnsektors bei den Lohnkosten. Gleichzeitig investierten sie weniger, weil die Reformen die Kauflust und die Wachstumsperspektiven trübten. Im Ergebnis stiegen die Einlagen bei den deutschen Banken stark an, während die Kreditvergabe stockte. Also suchten die deutschen Banken nach Kreditvergabemöglichkeiten im Ausland, die sie unter anderem im US-amerikanischen Hypothekenmarkt sowie in einigen Eurostaaten wie Griechenland, Irland, Portugal und Spanien fanden. Dort heizten die Kredite die Konjunktur weiter an.

In Griechenland stiegen die Löhne und die Beschäftigung im öffentlichen Sektor, weil die Steuereinnahmen sprudelten. Der private Sektor zog bei den Löhnen nach. Die gute Konjunktur in den südlichen Eurostaaten erhöhte die Nachfrage nach Importen, sodass die Handelsbilanzdefizite wuchsen. Insbesondere deutsche Autos kamen in den Südländern gut an. Eine unabhängige griechische Zentralbank oder eine unabhängige Banco de Espagña hätten durch Zinserhöhungen die Übertreibungen ausbremsen können. Doch die Europäische Zentralbank konnte das nicht, weil die Konjunktur in Deutschland schlecht und die Inflation niedrig war. Den Finanzaufsichtsbehörden der südlichen Eurostaaten, Deutschlands und der Europäischen Union scheinen keine Fehlentwicklungen aufgefallen zu sein.

Abbildung 2.2 zeigt den engen Zusammenhang zwischen den Kapitalzuflüssen nach Spanien und der Leistungsbilanz, der in Kapitel 4 detaillierter erklärt wird. Der wichtigste Bestandteil der Leistungsbilanz ist die Handelsbilanz, also die Differenz zwischen Exporten und Importen von Gütern wie Autos, Maschinen, Äpfeln oder Plastikspielzeug. Ein Land mit einer positiven Handelsbilanz exportiert mehr Waren, als es Waren importiert. Für ein Land mit einer negativen Handelsbilanz ist es andersherum. Mit den Krediten aus dem Ausland, die sich in einer wachsenden positiven Kapitalbilanz widerspiegeln, konnten Länder wie Spanien, Griechenland, Portugal oder Irland mehr Importe finanzieren, sodass die Leistungsbilanzen tief ins Rote liefen. Lag das Leistungsbilanzdefizit Spaniens im Jahr 2000 noch bei 28 Milliarden Euro, war es 2007 auf über 100 Milliarden Euro angestiegen.

Für Länder mit anhaltend hohen Kapitalzuflüssen, wie das in Griechenland, Irland, Portugal und Spanien seit der Jahrtausendwende der Fall war, steigt jedes Jahr die Auslandsverschuldung. Man kann sich das so vorstellen, dass jemand jedes Jahr wieder einen neuen Kredit aufnimmt, ohne den alten getilgt zu haben. Je mehr die Verschuldung steigt, desto höher ist auch das Risiko, dass die Kapitalgeber diese Person als nicht mehr kreditwürdig betrachten. Oder würden Sie jemandem Ihre Ersparnisse anvertrauen, der schon über beide Ohren verschuldet ist? Als im Jahr 2007 in den USA die Hypothekenmarktkrise ausbrach, machten sich plötzlich Zweifel an der Zahlungsfähigkeit von Griechenland, Irland, Portugal und Spanien breit.

Abbildung 2.2: Leistungs- und Kapitalbilanz von Spanien

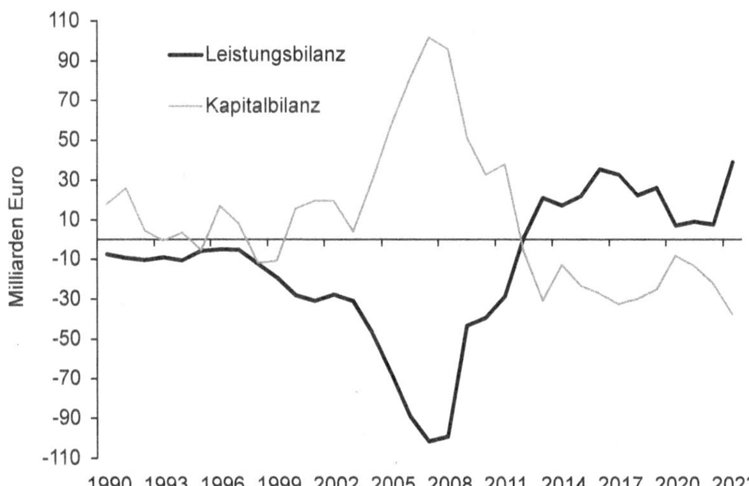

Quelle: Oxford Economics. 2023 Prognose.

Ob Länder ihre Auslandskredite zurückzahlen können, hängt auch davon ab, wie sie die Kredite verwendet haben. Wären mit den Krediten aus Deutschland auf den griechischen Inseln schöne Hotels mit Pool gebaut worden, dann hätten diese Wohlfühloasen mit deutschen Touristen ausreichend Gewinne erwirtschaften können, um die Zinsen zu bezahlen und die Kredite zurückzuzahlen. Doch stattdessen finanzierten die Kredite meist kräftige Lohnerhöhungen und Konsum. Der griechische Staat stellte zusätzliche Bedienstete ein und gewährte mehr Sozialleistungen. Da die Immobilienpreise stark stiegen, konnte jemand, der auf dem Immobilienmarkt spekulierte, schnell reich werden.

Als ab dem Jahr 2007 unter dem Schock der US-Hypothekenmarktkrise die ausländischen Banken keine neuen Kredite mehr gewährten und die bestehenden Kredite zurückforderten, entfaltete sich eine einschneidende Bankenkrise. Fallende Immobilienpreise verschärfen Finanzkrisen, da Immobilien oft als Sicherheiten für Kredite dienen. Die Schuldner sind dann plötzlich überschuldet. Mit dem Ausbruch der Krise brachen auch die Konjunktur und die Steuereinnahmen der südlichen Eurostaaten ein. Plötzlich waren die hohen Ausgabenverpflichtungen nicht mehr durch Steuereinnahmen gedeckt.

Zu allem Überfluss mussten die Regierungen in den Krisenländern den verlustreichen Banken unter die Arme greifen, was noch größere Löcher in deren Staatshaushalte riss. Da die internationalen Anleger zu zweifeln begannen, dass die Staatsanleihen von Griechenland, Irland, Italien, Portugal und Spanien noch sicher waren, stießen sie diese ab und legten die Erlöse bevorzugt in deutschen Staatsanleihen und Immobilien an. So wurde aus der südeuropäischen Bankenkrise eine Staatsschuldenkrise, die nun auch das bereits vor dem Boom hoch verschuldete Italien erfasste.

Deutschland war wieder der sichere Hafen für die Kapitalflucht aus den Krisenländern. Während sich seit Einführung des Euros die Zinsen auf die Staatsanleihen aller Euroländer auf niedrigem Niveau ähnlich entwickelt hatten, stiegen nun die Zinsen auf die Staatsanleihen der südlichen Krisenländer und Irlands sehr stark an. Die Zinsen auf zehnjährige deutsche Staatsanleihen blieben hingegen niedrig.

Abbildung 2.3: Zinssätze auf zehnjährige Staatsanleihen ausgewählter Euroländer

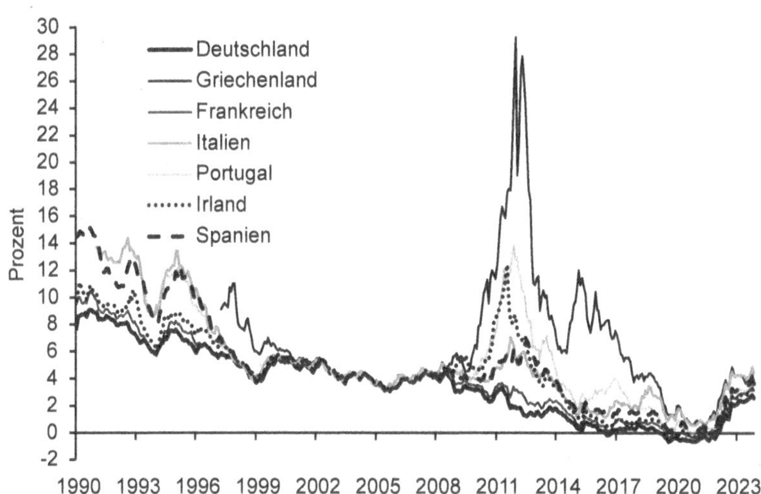

Quelle: Europäische Zentralbank.

Abbildung 2.3 bildet die Dramatik der Situation ab. Es deutete sich ein Auseinanderbrechen des Euros an. Denn wenn Griechenland, Italien, Portugal oder Spanien ihre Zinsverpflichtungen nicht mehr hätten erfüllen können, dann hätten im südlichen Euroraum Staatsbankrotte gedroht. Staatliche Finanzhilfen für andere Euroländer waren gemäß den europäischen Verträgen durch die sogenannte Nichtbeistands-Klausel verboten. Die Staatsschuldenkrise hätte wohl nur noch dadurch gelöst werden können, dass diese Länder aus dem Euro ausgetreten wären. Dann hätten die Währungen abwerten können, um die Wettbewerbsfähigkeit auch ohne Lohnsenkungen wiederherzustellen. Doch das wäre mit dem Ende des Euros verbunden gewesen.

Die Eurokrise begünstigt die Abkehr von der Geldwertstabilität

In den 1960er Jahren hatte der deutsche Ökonom Wilhelm Röpke argumentiert, dass im Falle einer gemeinsamen Währung in Europa die Geldpolitik der Länder mit einer hohen Inflation die Oberhand behalten würde. In einem Konvoi würden immer die langsamsten Schiffe das Tempo bestimmen. Länder mit hoher Inflation wie Italien würden ihre Inflation in Länder mit bis dahin größerer Geldwertstabilität wie Deutschland exportieren.[5] Schon vor der europäischen Finanz- und Schuldenkrise, die seither oft mit Eurokrise abgekürzt wird, hatten Bemühungen eingesetzt, die starre Ausrichtung der Europäischen Zentralbank auf Preisstabilität aufzulockern, wie ich im nächsten Kapitel zeigen werde. Die Krise begünstigte die Erreichung dieses Ziels.

Abbildung 2.4: Leitzinsen der Europäischen Zentralbank

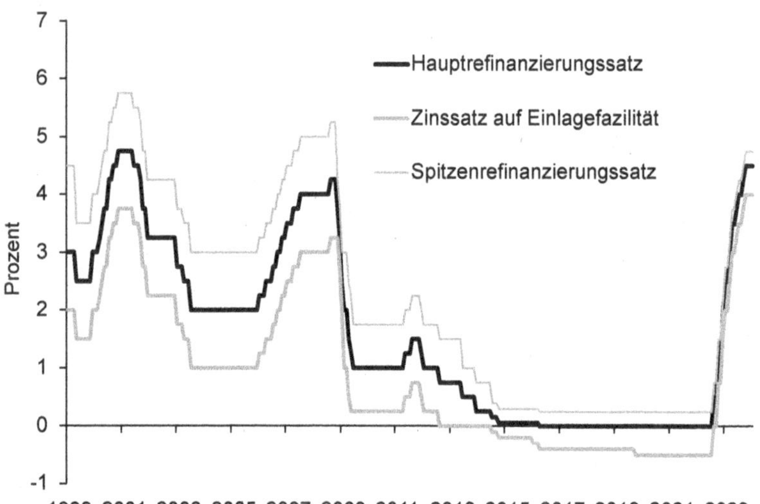

Quelle: Europäische Zentralbank.

Zunächst sahen sich die deutsche Kanzlerin Angela Merkel und ihr Finanzminister Peer Steinbrück im Oktober 2008 gezwungen, den deutschen Sparern die Sicherheit ihrer Einlagen zu versichern.[6] Ebenso gab die Europäische Zentralbank ab Oktober 2008 Rückendeckung für die Stabilisierung des europäischen Bankensystems, indem sie die Leitzinsen rasch gegen und später sogar unter null senkte. Abbildung 2.4 zeigt, wie die Leitzinsen im Euroraum ab 2008 steil abfallen. Wenn eine Zentralbank die Leitzinsen senkt, können die Banken die Kreditzinsen senken, sodass Unternehmen und Haushalte wieder mehr Kredite nachfragen. Das stabilisiert die Konjunktur und die Banken. Während solche Zinssenkungen in einer Rezession normal sind, war im Euroraum ihre Dimension und vor allem die Dauer extrem niedriger Zinsen von 2008 bis Mitte 2022 mehr als außergewöhnlich.

Zudem signalisierte am 19. Mai 2010 Angela Merkel mit dem Satz »Scheitert der Euro, dann scheitert Europa«[7] im Deutschen Bundestag ihre bedingungslose Unterstützung für den Euro. So erwirkte sie die Zustimmung der deutschen Volksvertreter zu einem 750 Milliarden Euro schweren europäischen Schutzschirm für die Eurokrisenländer. Deutschland sollte sich an diesem Schutzschirm mit bis zu 123 Milliarden Euro beteiligen. Zwischen Mai 2010 und September 2012 kaufte die Europäische Zentralbank zudem Anleihen im Umfang von circa 210 Milliarden Euro, vorzugsweise Staatsanleihen der Krisenländer Italien, Spanien und Griechenland. Das stabilisierte die Finanzmärkte aber nur kurzfristig. Bald stiegen die Zinsen auf die Staatsanleihen der Eurokrisenländer weiter stark an, wie Abbildung 2.3 zeigt. Insbesondere für Griechenland zeichnete sich eine Eskalation ab.

Die Gefahr eines Auseinanderbrechens des Euros schaffte erst am 26. Juli 2012 der damalige italienische Präsident der Europäischen Zentralbank Mario Draghi aus der Welt, indem er auf einer Investorenkonferenz in London versicherte, dass die Europäische Zentralbank im Rahmen ihres Mandats bereit sei, alles Notwendige zu tun – »whatever it takes« –, um den Euro zu erhalten. »Und glauben Sie mir, es wird genug sein«, fügte er hinzu.[8] Da er diese Information vor einem kleinen Kreis von Investmentbankern gab, konnten diese sogleich auf fallende

Zinsen der Staatsanleihen der Krisenländer spekulieren. Der damalige Bundesbankpräsident Jens Weidmann soll von Mario Draghis Ankündigung erst aus der Presse erfahren haben.[9] Das ist schwer vorstellbar, aber auf jeden Fall wirkte das Signal. Die Zinsen auf die Staatsanleihen der Krisenstaaten stürzten ab, wie Abbildung 2.3 zeigt.

Die Ankündigung Draghis muss als Eingeständnis dafür gesehen werden, dass der zuvor mühsam durch die nationalen Parlamente der Eurostaaten gebrachte Eurorettungsschirm nicht ausreichte, um den Euro zu stabilisieren. Dass nun die Europäische Zentralbank zum weißen Ritter avancierte, hatte zwei Vorteile. Erstens waren keine langwierigen konfliktbeladenen, öffentlichkeitswirksamen Beschlussverfahren in den Parlamenten mehr notwendig, die auch noch in allen Euroländern durchgeführt werden mussten. Zweitens ist die Schlagkraft der Europäischen Zentralbank unbegrenzt, da sie ohne Grenzen Geld schaffen kann, um Staatsanleihen aufzukaufen oder Hilfskredite an Banken und Unternehmen zu vergeben. Mario Draghi unterstrich seine Macht mit Begriffen wie »Bazooka« und »Dicke Bertha«, brutale Kampfwaffen aus den Weltkriegen.

Wenige Wochen später beschloss der Rat der Europäischen Zentralbank am 6. September 2012 nach Aussage von Mario Draghi mit 21 von 22 Stimmen ein »Programm für vorbehaltlose geldpolitische Geschäfte« (*Outright Monetary Transactions*, OMT). Die abweichende Stimme war die von Bundesbankpräsident Jens Weidmann.[10] Das bedeutet, dass der zweite deutsche Vertreter Jörg Asmussen im höchsten Beschlussgremium der Europäischen Zentralbank zugestimmt hat. Der Beschluss sah vor, dass die Europäische Zentralbank unbegrenzt und unbefristet von Banken Staatsanleihen von Krisenländern kaufen konnte, wenn diese bereits an einem Rettungsprogramm des Euroraums teilnahmen.

Die strengen Bedingungen könnten ein wichtiger Grund dafür sein, dass die Europäische Zentralbank das OMT-Programm bis heute nicht aktiviert hat. Allein die Ankündigung des möglichen unbegrenzten Aufkaufs von Staatsanleihen soll bereits dazu geführt haben, dass wie durch Magie Spekulationen gegen die Krisenländer ausgeblieben sind. Allerdings wurden Alternativen geschaffen. Der am 27. September 2012 in Kraft getretene Europäische Stabilitätsmechanismus (kurz: ESM) mit einem Umfang von 700 Milliarden Euro (Stammkapital) kann zahlungsunfähige Eurostaaten gegen wirtschaftspolitische Auflagen mit subventionierten Notkrediten und Bürgschaften unterstützen. Griechenland, Spanien und Zypern haben Finanzhilfen des ESM erhalten.[11]

Und es folgte ein Kaufprogramm, das keine Bedingungen stellte und alle Länder gleich behandelte. Ab März 2015 kaufte die Europäische Zentralbank mit einem erweiterten Programm zum Ankauf von Vermögenswerten (Englisch: *Asset Purchase Programm*) in einem sehr großen Umfang Staatsanleihen, Unternehmensanleihen und andere Wertpapiere, obwohl sich die Konjunktur im Euroraum schon erholt hatte. In der Spitze lag das Volumen der angekauften Wertpapiere allein bei diesem Programm bei fast 3200 Milliarden Euro, wobei mit circa 80 Prozent der größte Anteil Staatsanleihen waren. Die Europäische Zentralbank begründete das Kaufprogramm unter anderem mit zu niedriger Inflation.

Abbildung 2.5 zeigt die Bilanzsumme des Eurosystems. Das ist die Europäische Zentralbank zusammen mit den nationalen Zentralbanken des Euroraums wie zum Beispiel der Deutschen Bundesbank, der Banque de France oder der Banca d'Italia. Wenn die Europäische Zentralbank beispielsweise beschloss, Staatsanleihen zu kaufen, dann kauften größtenteils die nationalen Zentralbanken die Staatsanleihen ihrer eigenen Länder an. Um das gesamte Ausmaß der Geldpolitik der Europäischen Zentralbanken zu verstehen, muss man deshalb einen Blick auf die Bilanz des Eurosystems werfen.

Und siehe da! Die Bilanz des Eurosystems ist von 700 Milliarden Euro am 1. Januar 1999, als der Euro startete, auf knapp 9000 Milliarden Euro Ende 2022 angeschwollen. Seitdem ist die Bilanz wieder etwas geschrumpft. Nichtsdestotrotz bringt der immense Anstieg zum Ausdruck, welche Kraftanstrengung nötig war, um den Euro zusammenzuhalten. Die Dramatik blieb den meisten Bürgerinnen und Bürgern im Euroland allerdings verborgen.

Abbildung 2.5: Bilanzvolumen des Eurosystems und Anteil öffentlicher Anleihen

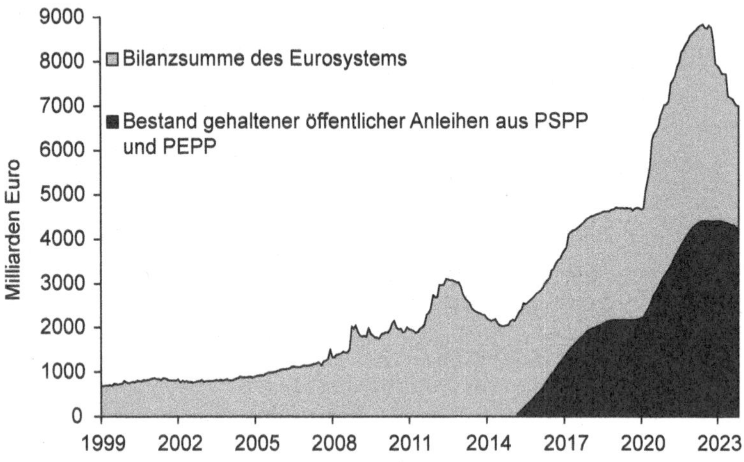

Quelle: EZB. Das Eurosystem besteht aus der Europäischen Zentralbank und den Zentralbanken der Länder, die am Euro teilnehmen.

Die Abkehr von der Geldwertstabilität schafft nur vorübergehend Vertrauen

Die Europäische Kommission befragt regelmäßig die Bürgerinnen und Bürger in der Europäischen Union, ob sie der Europäischen Zentralbank eher vertrauen oder eher nicht. Ein negativer Wert besagt, dass mehr Menschen der Europäischen Zentralbank eher misstrauen als eher vertrauen. Abbildung 2.6 zeigt, dass die Eurokrise zu einem drastischen Einbruch des Vertrauens in die Europäische Zentralbank geführt hat. In allen großen Ländern und auch in der Europäischen Union insgesamt misstrauten nun deutlich mehr Menschen der Europäischen Zentralbank.

In Deutschland richteten sich Klagen beim Bundesverfassungsgericht gegen den Ankauf von Staatsanleihen durch die Europäische

Zentralbank. Dieser sei eine versteckte Finanzierung von Staatsausgaben, die die europäischen Verträge verbieten, so die Kläger vor dem Bundesverfassungsgericht. Ich hatte wenig Zweifel, dass es eine Art von Staatsfinanzierung ist, wenn eine Zentralbank in so großen Mengen Staatsanleihen kauft. In der Spitze lag das Volumen der angekauften Staatsanleihen Ende 2022 bei immerhin deutlich über 4000 Milliarden Euro, wie Abbildung 2.5 zeigt. Es macht im Ergebnis keinen Unterschied, ob die Zentralbanken Staatsanleihen direkt von den Staaten kaufen oder von Geschäftsbanken. Denn sobald die Europäische Zentralbank die Käufe ankündigt, ist das ein Signal an die Geschäftsbanken, Staatsanleihen zu kaufen und diese später mit Gewinn an das Eurosystem weiterzureichen.

Im europäischen Rechtssystem bedurfte es zur Klärung der Frage, ob die Europäische Zentralbank die Ausgaben der Eurostaaten finanziert, allerdings vieler Jahre, vieler Experten, unendlicher Diskussionen und unglaublich vieler Seiten bedruckten Papiers. Das damals von Hans-Werner Sinn geleitete ifo-Institut für Wirtschaftsforschung in München hatte bereits 2013 im Hinblick auf das *Security Markets Programme* argumentiert, dass die Ankäufe von Staatsanleihen eine direkte Form der Staatsfinanzierung seien.[12] Für die mündliche Verhandlung beim Bundesverfassungsgericht im Juli 2019 hatten die EZB, die Deutsche Bundesbank, die Europäische Kommission und die Bundesregierung Stellungnahmen eingereicht. Die Europäische Zentralbank entgegnete den Klägern, dass sie keine Finanzierung von Staatsausgaben betreibe. Sie wolle die Funktionsfähigkeit der Geldpolitik sicherzustellen, um ihr Mandat der Preisstabilität erfüllen zu können.

Das Bundesverfassungsgericht reichte die Klage an den Europäischen Gerichtshof weiter, der die Käufe von Staatsanleihen durch die Europäische Zentralbank als mit europäischem Recht vereinbar betrachtete.[13] Das finale Urteil des Bundesverfassungsgerichts vom 5. Mai 2020 schien zunächst den Klägern recht zu geben. Das Bundesverfassungsgericht betonte zwar einerseits, dass eine Ankaufobergrenze von 33 Prozent der ausstehenden Anleihen verhindere, dass das Eurosystem zum Mehrheitsgläubiger eines Mitgliedsstaats wird. Die Verteilung der

Ankäufe von Staatsanleihen nach Anteilen der Euroländer am Kapital der Europäischen Zentralbank stelle zudem sicher, dass nicht einzelne Mitgliedsländer begünstigt würden.

Abbildung 2.6: Vertrauen in die Europäische Zentralbank

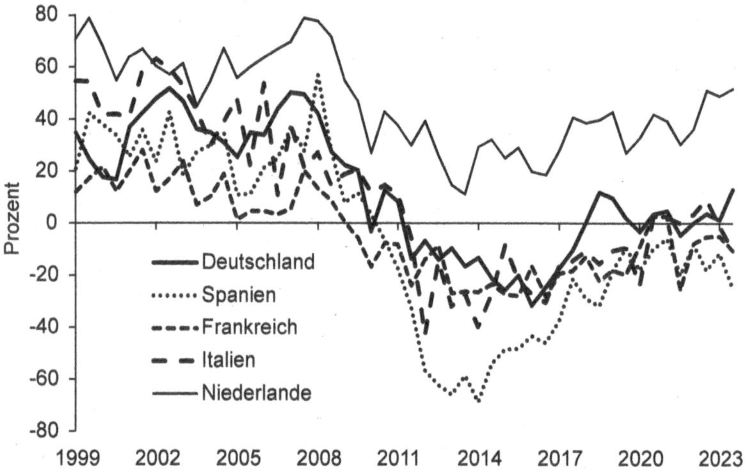

Quelle: Europäische Kommission.

Andererseits betonte das Gericht auch, dass die Europäische Zentralbank keine Wirtschafts- und Sozialpolitik betreiben dürfe. Die währungspolitischen Ziele seien gegen die Auswirkungen des Kaufprogramms auf Sparguthaben, Altersvorsorge, Immobilienpreise sowie das Überleben wirtschaftlich nicht überlebensfähiger Unternehmen abzuwägen.[14] Wenn das nicht gegeben sei, dürfe sich die Deutsche Bundesbank nicht mehr an den Staatsanleihekäufen des Eurosystems beteiligen. Die Bundesregierung und der Bundestag müssten darauf hinwirken, dass die Europäische Zentralbank ihre Maßnahmen darauf prüfe, ob diese verhältnismäßig seien.

Die Europäische Zentralbank erhielt ein Drei-Monats-Ultimatum zur Stellungnahme. Daraufhin prüfte die Europäische Zentralbank und teilte das Ergebnis der Bundesregierung geheim mit. Schließlich beschloss der Bundestag unter Ausschluss der Öffentlichkeit mit den Stimmen von CDU/CSU, SPD, FDP und Bündnis 90/Die Grünen, dass die Europäische Zentralbank die Verhältnismäßigkeit ihrer Maßnahmen ausreichend geprüft habe.[15]

Das legt nahe, dass die etablierten politischen Parteien in Deutschland den Ankauf von Staatsanleihen durch die Europäische Zentralbank schon seit Längerem akzeptiert haben. Der Euro ist vielleicht schon viel länger politisiert, als viele von uns denken. Seit dem Jahr 2008 haben die bis 2022 anhaltende Niedrig-, Null- und Negativzinspolitik und die sehr umfangreichen Staatsanleihekäufe der Europäischen Zentralbank allen Regierungen im Euroland große zusätzliche Ausgabenspielräume eröffnet.

Wie Abbildung 2.7 zeigt, sind Einnahmen des deutschen Staates – also von Bund, Ländern, Gemeinden und der gesetzlichen Sozialsysteme – seit Ausbruch der europäischen Finanz- und Schuldenkrise dank der niedrigen Zinsen und der damit verbundenen guten Konjunktur immens angestiegen. Selbst der Finanzminister zeigte sich von den hohen Steuereinnahmen überrascht. Waren die Einnahmen des Staates im Jahr 2009 noch leicht auf gut 1000 Milliarden Euro zurückgegangen, kamen 2019 schon 1571 Milliarden Euro an. Die Einnahmen des Bundes stiegen von 283 Milliarden Euro im Jahr 2009 auf 357 Milliarden im Jahr 2019. Und das damals noch bei geringer Inflation. Gleichzeitig sanken dank der niedrigen Zinsen die Zinsausgaben des Staates für den Schuldendienst.

Kanzlerin Angela Merkel verfügte also über ausreichend finanzielle Ressourcen, um sich weit über Deutschland hinaus als geschickte Problemlöserin zu profilieren. Mit den zusätzlichen Staatseinnahmen konnte sie nicht nur zahlreiche Beschäftigungsverhältnisse im öffentlichen Sektor (das ist nicht der öffentliche Dienst) schaffen und so die Arbeitslosigkeit senken. Auch die Flüchtlingskrise im Jahr 2015 und eine ambitionierte Energiepolitik konnte die Bundesregierung ohne merkbare Belastungen für die Bürgerinnen und Bürger schultern. In der Flüchtlingskrise hat sie diese »finanzpolitischen Flitterwochen« treffend mit dem Satz »Wir schaffen das!« zusammengefasst. Finanzminister Schäuble glänzte trotz stark steigender Ausgaben mit einem ausgeglichenen Bundeshaushalt, den die Kommunikationsstrategen mit dem Begriff »Schwarze Null« in die Öffentlichkeit trugen.

Abbildung 2.7: Einnahmen und Ausgaben des deutschen Staates

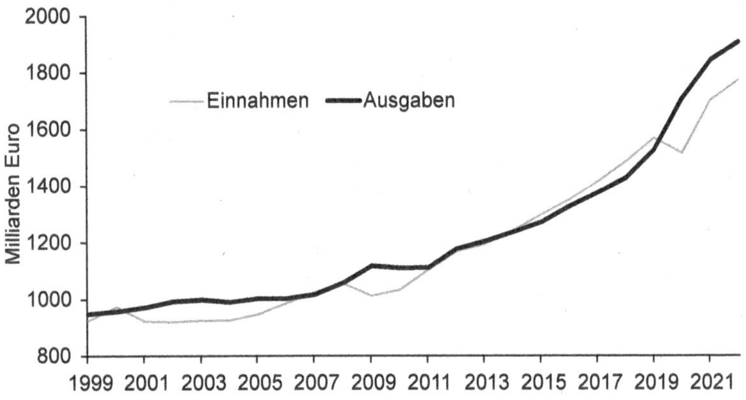

Quelle: Deutsche Bundesbank. Staat = Bund, Länder, Gemeinden und Sozialkassen.

Im Jahr 2019 dürfte der Europäische Rat die Französin Christine Lagarde als Nachfolgerin von Mario Draghi nur mit der Zustimmung der Kanzlerin zur Präsidentin der Europäischen Zentralbank gekrönt haben. Dass Lagarde als Politikerin über keine Fachexpertise in Geld- und Währungsfragen verfügte, kann man als ein weiteres Indiz dafür sehen, dass die Europäische Zentralbank politisiert wurde. Schon zuvor hatten das vorzeitige Ausscheiden von prominenten deutschen Verfechtern der Geldwertstabilität wie Jürgen Stark (2011) und Sabine Lautenschläger (2019) aus dem Direktorium der Europäischen Zentralbank darauf hingedeutet.

Der ehemalige Bundesbankpräsident Axel Weber begründete seinen Rücktritt im Jahr 2011 rückblickend damit, dass er Beschlüsse der Europäischen Zentralbank vertreten musste, die er nicht für richtig gehalten habe.[16] Wenig später nannte EZB-Präsident Mario Draghi deutsche Sorgen wegen der Eurorettungspolitik »perverse Angst«.[17] Als die

Handelshochschule Leipzig im September 2019 Angela Merkel ihre 17. Ehrendoktorwürde verlieh, hielt die damals designierte EZB-Präsidentin Christine Lagarde die Laudatio und nannte Angela Merkel eine »liebe Freundin« und eine »Inspiration«.[18]

Als dann im Jahr 2020 die Coronakrise ausbrach und Deutschland in eine tiefe Krise rutschte, zahlte sich die Unterstützung durch Christine Lagarde aus. Die Europäische Zentralbank kaufte im Rahmen des sogenannten Pandemischen Notfallkaufprogramms Wertpapiere im Umfang von fast 1700 Milliarden Euro, wieder zum Großteil Staatsanleihen. Geht man davon aus, dass davon rund ein Viertel deutsche Staatsanleihen waren, dann eröffnete die Europäische Zentralbank für die deutsche Regierung einen Ausgabenspielraum von ca. 425 Milliarden Euro. Der damalige Bundesfinanzminister Olaf Scholz konnte mit Begriffen wie »Bazooka« und »Wumms« eine beeindruckende finanzielle Schlagkraft signalisieren. Für die Kameras übersetzten die Kommunikationsstrategen den Schlachtruf »Wumms« in ein riesiges Paket weißes Papier, das der Finanzminister demonstrativ in die Kameras hielt.

Das Bundesfinanzministerium unter Christian Lindner hat die Gesamtkosten der Coronamaßnahmen allein für den Bund auf 440 Milliarden Euro beziffert.[19] Die Sondersituation der Coronapandemie erlaubte es zudem, die Maastricht-Schuldenregeln der Europäischen Union und die erst im Jahr 2009 im Grundgesetz verankerte deutsche Schuldenbremse außer Kraft zu setzen. So rissen die politischen Entscheidungsträger in Europa unter der Beteiligung der deutschen Regierung die Sicherheitsmechanismen ein, die einmal auf Wunsch der Deutschen die Währungsstabilität im gemeinsamen Europa langfristig sichern sollten.

Angela Merkel konnte sich so in der Coronakrise mit Hilfe der Europäischen Zentralbank noch einmal als handlungsfähig präsentieren. Und selbst als ab Mitte 2021 die Verbraucherpreisinflation dann stark nach oben schnellte, erhöhte die Europäische Zentralbank die Zinsen immer noch nicht. Und das, obwohl es Aufgabe einer Zentralbank ist, die Inflation vorausschauend zu erkennen und zu bekämpfen.

Christine Lagarde versicherte vielmehr, dass die Inflation nur vorübergehend sei. Die neue deutsche Vertreterin im Direktorium der Europäischen Zentralbank, Isabel Schnabel, verlautbarte noch am 1. Dezember 2021 bei einer Inflationsrate von 5,2 Prozent in Deutschland, dass die Inflation eher zu niedrig sei. »Im Moment ist es halt so, dass wir eher eine zu niedrige Inflation sehen,« sagte sie im ZDF.[20]

Man könnte fast den Eindruck gewinnen, dass Christine Lagarde und Isabel Schnabel Angela Merkel den Rücken freigehalten haben, bis sie am 8. Dezember 2021 ihr Amt niederlegte. Das Gesicht der Europäischen Zentralbank hat sich in ihrer Amtszeit maßgeblich verändert. Am Anfang trug sie noch die Züge der Deutschen Bundesbank, am Ende glich sie der früheren Banca d'Italia als ein politischer Akteur. Ein wichtiger Grundpfeiler für den Wohlstand in Deutschland war eingerissen.

KAPITEL 3

Der Euro wird doch zum Teuro: Wie die Inflation lange Zeit versteckt wurde

Der Euro als Teuro?

Die Deutschen schätzten ihre Deutsche Mark. Sie brachten der Deutschen Bundesbank als Hüterin der Währung großes Vertrauen entgegen. Das war nicht unbegründet. Denn in der Vergangenheit hatten die Deutschen ihre Ersparnisse durch Inflation und Währungsreformen eingebüßt. Zu Beginn der 1920er Jahre hatte die vom verlorenen Krieg und hohen Reparationsforderungen ausgelöste Hyperinflation die Ersparnisse der Mittelschicht weitgehend vernichtet. Auf den Flohmärkten finden sich noch heute Geldscheine mit befremdend hohen Milliardenbeträgen. Nach dem Zweiten Weltkrieg entwertete die Währungsreform in Westdeutschland die Ersparnisse erneut, nachdem die Nationalsozialisten den Krieg mit der Notenpresse finanziert hatten.

In Ostdeutschland waren zwar reichlich DDR-Mark vorhanden und die Preise trotzdem stabil, weil der Staat diese einfach festsetzte.

Doch zu kaufen gab es dafür wenig. Das Wenige, was es gab, hatte meist eine schlechte Qualität. Entsprechend groß war die Sehnsucht der Ostdeutschen nach der Westmark. In Intershops gab es dafür alles, was das Herz begehrte. Kaffee, Bananen und manchmal auch einen VW Golf. Nach dem Fall der Mauer hieß es: »Kommt die D-Mark, bleiben wir, kommt sie nicht, geh'n wir zu ihr!«[1] Die Staatsbank der DDR tauschte zu dieser Zeit 5 Ostmark für 1 Westmark. Auf dem Schwarzmarkt musste man 8 Ostmark für 1 Westmark bezahlen.

Der hohen Wirtschaftskraft Westdeutschlands war es zu verdanken, dass bei der deutsch-deutschen Währungsunion im Jahr 1990 gegen die Empfehlung der Deutschen Bundesbank die Ostmark zu einem Kurs von 1:1 bzw. bei größeren Beträgen von 1:2 umgetauscht wurde. Das war ein großzügiges Willkommensgeschenk der Marktwirtschaft. Mit der Wiedervereinigung zum 3. Oktober 1990 verpflichtete sich die DDR im Gegenzug, große Teile der freiheitlichen westdeutschen Wirtschafts- und Rechtsordnung zu übernehmen. »Für viele Menschen in der DDR erfüllt sich mit der Währungsunion der Wunsch nach einer stabilen Währung – nach Geld, das wirklich etwas wert ist«, heißt es heute noch auf der Website der Bundesregierung.[2]

Es ist deshalb nicht überraschend, dass zur Einführung des Euros am 1. Januar 1999 ein Großteil der deutschen Bevölkerung der neuen gemeinsamen Währung skeptisch gegenüberstand. Zwar versprach der Euro, den viel reisenden Deutschen die Besuche in den europäischen Nachbarländern einfacher zu machen. Zu Hause würden nicht mehr zahlreiche Marmeladengläser den Platz rauben, in denen man die unterschiedlichen Restmünzen aus den vergangenen Urlauben lagern musste. Doch die Besorgnis um die Stabilität der neuen Währung materialisierte sich schnell im Wort »Teuro«, einem Kofferwort aus teuer und Euro, das das Satiremagazin *Titanic* 1997 kurz nach der Entscheidung über den Namen der neuen Währung verwendet hatte.

Nach einer Umfrage des Nachrichtenmagazins *Focus* im Jahr 2001, also kurz vor der Einführung des Euro-Bargeldes am 1. Januar 2002, lehnten 56,4 Prozent der Befragten die neue Währung ab. In Ostdeutschland, wo man so lange so sehnsüchtig auf die Deutsche Mark gewartet hatte, waren es sogar 70 Prozent. Eine Mehrheit vermutete, dass die Geschäfte die Währungsumstellung für Preiserhöhungen nutzen würden,[3] sodass sich nach der Bargeldeinführung am 1. Januar 2002 eine erhitzte Diskussion über den Teuro entfaltete. Eisdielen wurden als Zentrum der Preistreiberei identifiziert. Manche waren der Meinung, dass der Preis für die Kugel Eis 1:1 umgestellt worden sei, obwohl die Deutsche Mark zu einem Kurs von 1,96 in einen Euro konvertiert worden war. Der damalige Finanzminister Hans Eichel (SPD) rief zum Boykott von Europreistreibern auf. »Stammtischpolitik« sollen die Einzelhändler zurückgegiftet haben.[4] Bundesverbraucherschutzministerin Renate Künast (Bündnis 90/Die Grünen) wollte einen »Anti-Teuro-Gipfel« veranstalten, der jedoch platzte.[5]

Die Europäische Kommission verzeichnete mit der Einführung des Euro-Bargeldes in Deutschland einen sprunghaften Anstieg der gefühlten Inflation. Ich erinnere mich an den gebetsmühlenartig wiederkehrenden Satz meiner Großmutter »Alles ist teurer geworden«. Der Konflikt wurde schließlich vorerst dadurch entschieden, dass man der gefühlten Teuroinflation eine objektive (!) Messung entgegensetzte. Ich habe damals als junger Habilitand im Fach Volkswirtschaftslehre meiner Großmutter immer wieder mit Verweis auf die Autorität des Statistischen Bundesamtes widersprochen.

Denn das Statistische Bundesamt misst die Inflation, genauer gesagt die Verbraucherpreisinflation, auf der Grundlage eines Warenkorbs, der die Konsumgewohnheiten der Bevölkerung repräsentiert. »Der Verbraucherpreisindex für Deutschland misst die durchschnittliche Preisentwicklung aller Waren und Dienstleistungen, die private Haushalte für Konsumzwecke kaufen«, so das Statistische Bundesamt.[6] Der Verbraucherpreisindex enthält alle Güter des alltäglichen Bedarfs eines Durchschnittsdeutschen, also beispielsweise Nahrungsmittel, Bekleidung, Kraftfahrzeuge, Mieten, Reinigungsdienstleistungen und Reparaturen. Insgesamt sind das rund 700 Güter- und Dienstleistungsarten und noch viel mehr Einzelprodukte.

Jeden Monat lesen Mitarbeiter der Statistischen Landesämter mehrere Hunderttausend Einzelpreise in den Geschäften und Dienstleistungsunternehmen sowie vermehrt auch im Internet ab. Mit diesen Werten aktualisiert das Amt den Index für ganz Deutschland. Die prozentuale Veränderung dieses Verbraucherpreisindex zum Vorjahresmonat oder zum Vorjahr wird umgangssprachlich als Inflationsrate oder Inflation bezeichnet. Die Inflation ist der zentrale Indikator zur Beurteilung der Geldwertentwicklung. Sie dient als Orientierungsmaßstab bei Lohnverhandlungen sowie bei der Anpassung von Renten und Sozialleistungen. Das europäische Statistikamt Eurostat führt die dafür harmonisierten Verbraucherpreisindizes aller Euroländer zu einem Harmonisierten Verbraucherpreisindex für das Euroland zusammen.

Abbildung 3.1: Verbraucherpreisinflation im Euroland

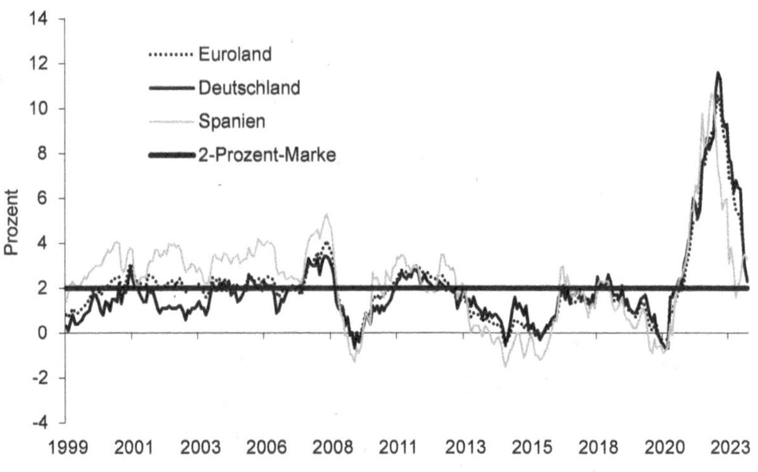

Quelle: Europäische Zentralbank.

Der Streit um den Teuro hätte sich also einfach lösen lassen sollen, indem man die Inflationsrate maß. Im Jahr 2002, als das Eurosystem den Euro in Umlauf brachte, lag die offizielle Verbraucherpreisinflation mit nur 1,4 Prozent niedriger als im Jahr 2001, als sie noch 2,0 Prozent betragen hatte. Und auch danach lag die von der Europäischen Zentralbank gehütete Inflation lange nahe ihrem Ziel von 2 Prozent, wie Abbildung 3.1 zeigt. Isabel Schnabel, seit Januar 2020 Mitglied des Direktoriums der Europäischen Zentralbank, hat noch im Jahr 2020 argumentiert, dass die Inflation mit durchschnittlich 1,4 Prozent seit Einführung des Euros sogar niedriger gewesen sei als zu Zeiten der Deutschen Bundesbank![7] Danach sollte der Teuro ein für alle Mal als Fiktion entlarvt sein!

Wurde die Inflation versteckt?

Doch so einfach ist es nicht. Die »wahre Inflation« gibt es nicht. Die Inflation hängt davon ab, wie sie gemessen wird. Darüber entscheidet die Politik, in der Europäischen Union das Europäische Parlament und der Europäische Rat. Die Inflationsmessung ist von großem politischen Interesse, da sich die jährliche Anpassung staatlicher Leistungen wie Renten, Bürgergeld oder die Löhne im öffentlichen Sektor an der offiziell gemessenen Inflationsrate orientieren. Je niedriger die Inflation gemessen wird, desto niedriger sind auch die zusätzlichen Lasten für die Staatskasse. Desto mehr Geld bleibt für neue Versprechen.

Beispielsweise hat die Europäische Zentralbank die sehr umfangreichen Ankäufe von Staatsanleihen ab dem Jahr von 2015 damit gerechtfertigt, dass die Inflationsrate im Euroland deutlich unter ihrem Ziel von unter, aber nahe 2 Prozent lag (siehe Abbildung 3.1). Die Europäische Zentralbank setzte die Anleihekäufe sogar fort, nachdem die Inflation die gewünschte 2-Prozent-Marke erreicht hatte. Insgesamt hat die Europäische Zentralbank staatliche Anleihen im Umfang von über 4000 Milliarden Euro gekauft. Das war schön für die Regierungen, weil die niedrigen Zinsen die Konjunktur stimulierten, Steuereinnahmen beflügelten und die Zinsausgaben schrumpften. Die Regierungen unter Kanzlerin Angela Merkel konnten notwendige Reformen, etwa der gesetzlichen Kranken- und Rentenversicherung, dank der Schützenhilfe der Europäischen Zentralbank zurückstellen.

Der Sozialwissenschaftler Donald Campbell hat das Campbell'sche Gesetz formuliert. Dieses besagt, dass sobald ein quantitativer sozialer

Indikator als Grundlage für die gesellschaftliche Entscheidungsfindung genutzt wird, dieser einem Manipulationsdruck ausgesetzt ist. Der Indikator könne genutzt werden, die sozialen Prozesse, die er überwachen soll, zu verzerren und zu korrumpieren. Mit anderen Worten: Die offiziell gemessenen Inflationszahlen könnten dazu missbraucht worden sein, die Finanzierung von Staatsausgaben durch die Zentralbanken zu verteidigen, statt die Kaufkraft der Bürgerinnen und Bürger zu sichern.

Das Statistische Bundesamt erfasst die Inflation heute anders als zu Zeiten der Deutschen Bundesbank. Wichtige Änderungen gehen auf die Boskin-Kommission in den USA zurück, die 1996 in einer vom US-amerikanischen Senat in Auftrag gegebenen Studie festgestellt hatte, dass die Inflation in den USA zu hoch gemessen würde. Das für die Messung der Inflation verantwortliche *Bureau of Labor Statistics* würde unter anderem Qualitätsverbesserungen und die Veränderung der Konsumgewohnheiten hin zu günstigeren Produkten nicht ausreichend bei der Preismessung berücksichtigen, hieß es. Die Kommission ging für das Jahr 1996 davon aus, dass die Inflation in den USA um etwas mehr als einen Prozentpunkt zu hoch gemessen worden sei. Die Inflationsrate lag in diesem Jahr bei rund 3 Prozent.

Dieses Ergebnis war für die US-amerikanische Regierung von großer Bedeutung, da die jährlichen Erhöhungen in der Sozialversicherung und anderen Vergütungsprogrammen an die offiziell gemessene Inflationsrate gebunden sind. Die Experten hatten berechnet, dass ohne Reform der Preismessung innerhalb von zehn Jahren die Staatsverschuldung um 691 Milliarden Dollar stärker wachsen würde. In der Folge wurden ausgehend von den USA weltweit Qualitätsveränderungen bei der Inflationsmessung zunehmend berücksichtigt. Die Gewichte einzelner Güter in den Verbraucherpreisindizes wurden stärker an veränderte Konsumgewohnheiten angepasst.

Das bedeutet, dass viele der Preise, die in den Läden mühsam abgelesen werden, nicht in dieser Höhe in unserem Verbraucherpreisindex landen, weil sich die Qualität der Produkte verändert. Ein neues Modell des MacBooks Air hat beispielsweise eine höhere Rechnerleistung.

Der neue Audi A6 hat serienmäßig einen Airbag. Ein neues Modell eines Kühlschranks von Bosch hat einen geringeren Energieverbrauch. Das neue iPhone kann Gesichtserkennung! Da die statistischen Behörden die reinen Preisveränderungen erfassen wollen, rechnen sie solche Qualitätsverbesserungen aus den Preisen heraus.

Das Statistische Bundesamt verwendet derzeit neun verschiedene Methoden, um Qualitätsveränderungen preislich zu bewerten.[8] Eine wichtige ist die sogenannte hedonische Preismessung, eine andere ist die persönliche Einschätzung des Sachbearbeiters. Die Preiskorrektur nach unten erfolgt unabhängig davon, ob die Verbraucher oder Verbraucherinnen die neuen Funktionen als nützlich empfinden oder nicht. Ich bin immer wieder von den vielen Tasten auf Fernbedienungen irritiert. Weniger wären mir lieber. Ich muss aber davon ausgehen, dass mit der wachsenden Anzahl der Tasten und Funktionen das Statistische Bundesamt die Preise der elektronischen Geräte in der Statistik heruntergesetzt hat.

Da Qualitätsanpassung immer subjektiv ist, scheinen die statistischen Behörden in der EU diese allerdings sehr unterschiedlich zu handhaben. Das suggeriert Abbildung 3.2, die den Preisindex für Mobiltelefone in einzelnen Euroländern seit dem Jahr 2015 zeigt. Eigentlich würde man erwarten, dass sich die Preise ähnlich entwickeln, weil die Konkurrenz zwischen den Anbietern über die Landesgrenzen hinweg groß ist. Doch die offiziell gemessenen Preise driften stark auseinander. In Portugal sind die Preise in der Statistik angestiegen, während sie in den Niederlanden besonders stark gefallen sind. Deutschland liegt in der Mitte, obwohl der Wettbewerb im Einzelhandel besonders hoch ist. Das könnte auf eine unterschiedliche Qualitätsanpassung zurückzuführen sein. So harmonisiert, wie der Name suggeriert, ist der Harmonisierte Verbraucherpreisindex von Eurostat dann vielleicht doch nicht.

Abbildung 3.2: Preisindex für Mobiltelefone in einzelnen EU-Ländern

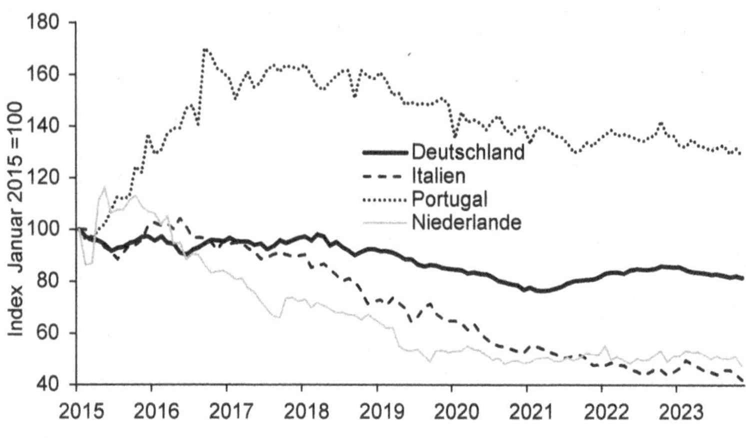

Quelle: Eurostat.

Zudem scheint sich die Qualitätsanpassung vor allem auf Industriegüter zu konzentrieren, wo der globale Wettbewerb hoch ist und die Anbieter mit immer neuen Funktionen werben. Früher kamen die Mobiltelefone noch ohne große Bildschirme, Kameras und Gesichtserkennung daher. Die Autos verbrauchten noch mehr Benzin, hatten keinen Airbag und kein ABS. Kühlschränke waren Stromfresser. Die Leistungsfähigkeit von Computern war geringer und Elektrogeräte hatten weniger Funktionen. Der technische Fortschritt gab also jede Menge Anlass, die Preise in der Statistik nach unten zu rechnen.

Und was ist mit Qualitätsverschlechterungen? Das Statistische Bundesamt gibt an, dass grundsätzlich nicht nur Qualitätsverbesserungen zu niedrigeren Preisen in der Statistik führen, sondern auch Qualitätsverschlechterungen in Form höher gesetzter Preise erfasst werden. Doch die Produzenten sind wohl nicht geneigt, eine schlechtere Qualität ihrer Produkte aktiv herauszustellen. Sie sind vielmehr sehr findig, Qualitätsverschlechterungen zu verstecken. Wer weiß schon beim Kauf, was unter einer schönen Oberfläche so verborgen ist.

Es gibt viele Fälle von »Shrinkflation«. »Shrink« bedeutet »schrumpfen«. Die Unternehmen erhöhen die Preise nicht, sondern reduzieren den Inhalt einer Produktverpackung. Hatte die Packung Gummibärchen bei Rewe vor einigen Monaten noch 250 Gramm Inhalt, sind es plötzlich nur noch 175. War die Pizza bei meinem Lieblingsitaliener nicht beim letzten Besuch noch größer? Im beliebten Fertignudelgericht Miracoli fehlte eines Tages plötzlich der Pamesello-Käse.[9] Die Statistiker können zwar weniger Inhalt in ähnlichen Verpackungen dank der notwendigen Angaben zur Füllmenge erkennen und als Preiserhöhung umrechnen. Das dürfte aber bei der Pizza im Restaurant und dem Reibekäse in der Fertigpackung nicht der Fall sein. Und wie reagieren die Beamten, wenn das Muster im Hemd nicht mehr gewebt, sondern nur noch außen aufgedruckt ist? Und es wird wohl auch nicht helfen, wenn die Bundesregierung per Gesetz gegen »Mogelpackungen« im Supermarkt vorgehen wird.[10] Denn der Fantasie, Inflation zu verstecken, sind keine Grenzen gesetzt. Das gleicht einem Wettrennen von Hase und Igel.

Ebenso kann bezweifelt werden, dass die Statistiker es erfassen, wenn in unserer Wegwerfgesellschaft die Lebensdauer von Produkten abnimmt. Meine Mutter wäscht immer noch mit ihrer Waschmaschine aus den 1960er Jahren. Ich habe schon die dritte, weil sich aufgrund hoher Kundendienst- und Ersatzteilpreise die Reparatur nicht mehr lohnt. Man sagt den Unternehmen nach, dass sie die Lebensdauer ihrer Produkte gezielt reduzieren, damit der Kunde bald wiederkommt. Ein früher Ersatzkauf tut weh und mindert die Kaufkraft, nicht aber aus Sicht des Statistikamts.

Und wie steht es mit der Qualität von Lebensmitteln? Weithin beklagen insbesondere grüne Politiker die geringe Nachhaltigkeit in der Landwirtschaft. Der zunehmend übermäßige Einsatz von Pestiziden und Dünger hat zu geringeren Kosten und günstigen Preisen von Lebensmitteln beigetragen. Will ich ähnlich nachhaltige Lebensmittel wie früher haben, dann muss ich zu Bioprodukten greifen. Die sind aber deutlich teurer sowie oft klein und weniger ansprechend. Die Statistiker haben Bio-Milch und Bio-Zitronen als neue Produkte in den Preisindex aufgenommen, sodass mein Kaufkraftverlust durch das Umsteigen auf Bioprodukte in der Statistik nicht sichtbar ist.

Schließlich halten sich die Statistiker bei Dienstleistungen mit Qualitätsanpassungen zurück,[11] weil diese schwer zu erfassen sind. Doch die Qualität vieler Dienstleistungen hat mit dem Siegeszug der Selbstbedienung und der Digitalisierung deutlich abgenommen. Selbstbedienung in der Gastronomie kenne ich aus meiner Jugend gar nicht. Jetzt muss ich mich immer öfter selbst bedienen, beim Frühstück im Hotel eigentlich immer. Damals gab es bei den Banken und in Einzelhandelsgeschäften eine persönliche Beratung, während man heute mit Online-Banking und Online-Shopping bei Problemen am Telefon in nervenaufreibenden Warteschleifen versackt. Und wo ist eigentlich die individuelle Bedienung an den Wurst- und Käsetheken geblieben? Gestern wurde ich noch freundlich angelächelt, heute stehe ich vor einem riesigen Regal mit stummen umweltfeindlichen Plastikverpackungen.

Da die Wahrnehmung von Qualitätsveränderungen von Mensch zu Mensch sehr unterschiedlich ist, scheint es mir schwer, diese objektiv preislich zu erfassen. Ich beneide die statistischen Behörden bei dieser Aufgabe nicht. Dennoch wäre es schön zu wissen, in welchem Umfang die Qualitätsanpassung die offiziell gemessenen Inflationsraten verändert hat. Aber Fehlanzeige! Diese Information wird vom Statistischen Bundesamt nicht weitergegeben. Man wisse es nicht, ließ man mich wissen.

Neben der Qualitätsanpassung verändern die Statistischen Behörden auch die Gewichte einzelner Güter im Verbraucherpreisindex. Denn die Boskin-Kommission hatte auch festgestellt, dass die Inflation zu niedrig gemessen wird, wenn die Konsumenten billige Güter durch teure Güter ersetzen und das nicht bei den Gewichten im Index berücksichtigt wird. Geht man davon aus, dass in den letzten zwei Jahrzehnten die Kaufkraft breiter Bevölkerungsschichten gesunken ist, dann dürften mehr Menschen auf der Suche nach günstigeren Alternativen gewesen sein. Reduzieren die statistischen Ämter im Verbraucherpreisindex das Gewicht von teuren Gütern mit hohen Preissteigerungen und erhöhen sie stattdessen das Gewicht von billigen Gütern mit geringen Preissteigerungen, dann fällt die offiziell gemessene Inflation geringer aus.

Als mir meine Eltern in den 1970er Jahren ein Kinderzimmer einrichteten, hat das Regal ein Schreiner individuell aus Vollholz angefertigt, der es dann vor Ort perfekt aufgebaut hat. Das Regal gibt es übrigens heute immer noch. Möbel aus Vollholz finden sich heute jedoch überwiegend nur noch im Luxussegment. Ihr Gewicht dürfte im Verbraucherpreisindex gesunken sein. Denn der Normalbürger geht heute zu Ikea und kauft dort ein Regal aus mit Kunststofffolie beklebten Pressspänen. Nachdem ich das Regal selbst transportiert und aufgebaut habe, steht es schon etwas schief. Spätestens nach dreimal Aufbauen ist es reif für den Abschied.

Das Gewicht solch günstiger Güter mit geringen Preissteigerungen dürfte im Preisindex deutlich gestiegen sein, was eine geringe offiziell gemessene Inflation bewirkt haben dürfte. Doch auch in diesem Fall wissen wir nicht, wie stark die Auswirkung auf die offiziell gemessenen Inflationsraten war. Die Gewichte von einzelnen Gütern im Index kennen wir nicht. Haben womöglich die Preisableser immer öfter die Preise bei Ikea, Aldi, Lidl und Kik statt im traditionellen Einzelhandel notiert? Die Revision des Verbraucherpreisindex im Februar 2023 hat übrigens insbesondere aufgrund der Veränderung der Gewichte einzelner Gütergruppen dazu geführt, dass die offiziell gemessene Inflationsrate für das Jahr 2022 von 7,9 Prozent auf 6,9 Prozent gesunken ist.[12] Es sticht heraus, dass das Gewicht von »Wohnung, Wasser, Gas u.a. Brennstoffe« im Verbraucherpreisindex deutlich auf 26 Prozent gesunken ist.

Blind für andere Formen der Inflation

Andere Preise, die stark gestiegen sind, haben die Behörden bei der Preismessung sogar gar nicht erfasst. Das liegt daran, dass der Verbraucherpreisindex die Veränderung der Kaufkraft beim privaten Konsum messen soll, nicht aber bei Ausgaben für Immobilien, Aktien oder öffentliche Güter.

Es ist bekannt, dass in Deutschland die Immobilienpreise zwischen 2010 und 2021 stark gestiegen sind. In Spanien und einigen anderen Euroländern war der Boom bei den Immobilienpreisen schon seit dem

Jahr 2003 zu beobachten, wie die Abbildung 3.3 zeigt. Mit der europäischen Finanz- und Schuldenkrise fielen ab 2008 die Immobilienpreise in Spanien, ab 2015 stiegen sie schon wieder. Steigende Immobilienpreise senken die Kaufkraft, weil mit dem Kauf einer teuren Immobilie weniger Geld für den täglichen Konsum zur Verfügung steht. Viele, insbesondere junge Konsumenten gehen deshalb möglicherweise öfter zum Discounter.

Der deutliche Anstieg der Immobilienpreise im Euroland hatte keinen Einfluss auf die von Eurostat gemessene Inflation, weil Immobilienpreise bei der Preismessung auf Beschluss des Europäischen Rates nicht berücksichtigt werden. Das mag aus Sicht des Verbraucherpreisindex gerechtfertigt sein, wenn Immobilien kein Konsumgut sind. In der Tat kaufen einige Menschen Immobilien als Wertanlage, beispielsweise für die Alterssicherung. Allerdings kaufen auch viele Menschen Immobilien, um dort zu wohnen, insbesondere junge Familien. Dann ist die eigengenutzte Immobilie ein Konsumgut. In Deutschland wohnt im Großen und Ganzen die Hälfte der Menschen in eigenen Immobilien, in anderen Euroländern ist der Anteil deutlich höher.

Abbildung 3.3: Immobilienpreise im Euroland

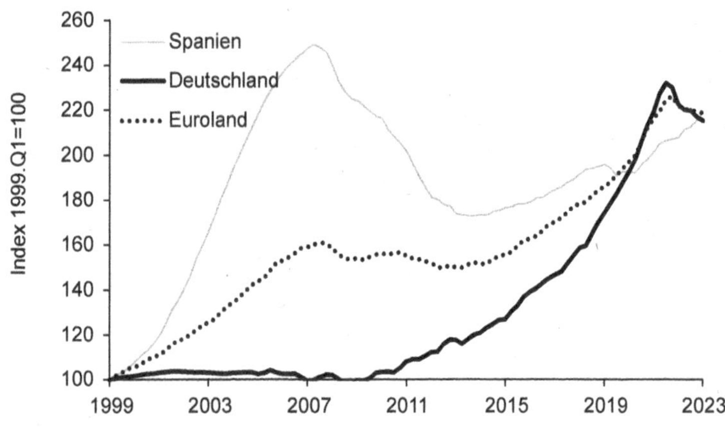

Quelle: Oxford Economics.

Im deutschen Verbraucherpreisindex sind zwar sowohl die Mieten als auch eigengenutzte Immobilien berücksichtigt. Die Veränderungen der Kaufpreise von Immobilien erhebt das Statistische Bundesamt aber auf der Grundlage des Anstiegs der Mieten. Das ist das Mietenäquivalenzprinzip. Die Mieten werden übrigens vom Staat reguliert, also künstlich niedrig gehalten. Im Harmonisierten Verbraucherpreisindex von Eurostat hat man hingegen das eigengenutzte Wohnen gleich ganz rausgelassen. Die Europäische Zentralbank hat damit von 2010 bis 2021 die Immobilienpreise durch niedrige Zinsen stark nach oben getrieben, ohne dass sie auf den resultierenden Verlust von Kaufkraft reagiert hat.

Ähnlich verhält es sich mit den Aktienpreisen. Es ist offensichtlich, dass die großen Zentralbanken über lange Zeit hinweg durch ihre Geldschwemme die Aktienpreise nach oben geschoben haben, indem sie die Zinsen immer weiter gesenkt haben. Die Unternehmen profitierten von immer günstigeren Finanzierungsbedingungen. Eine Flucht in Sachwerte setzte ein, da die Besorgnis um die Stabilität der Währungen wuchs. Neben Immobilien sind Unternehmen und Unternehmensanteile der wichtigste Sachwert, weil sie im Gegensatz zu Papiergeld und Bankeinlagen eine Phase hoher Inflation relativ gut überstehen können. Das hat für Neueinsteiger Unternehmensanteile teurer gemacht.

Schließlich war auch ein deutlicher Anstieg der Preise für öffentliche Güter wie Straßen, Flughäfen, Schulbildung, Verteidigung oder Geld- und Finanzstabilität zu beobachten. Zwar haben öffentliche Güter oft keinen Preis, da der Staat den Bürgerinnen und Bürgern diese Güter oft kostenlos zur Verfügung stellt. Allerdings muss der Staat den Bau von Straßen, Flughäfen und Brücken bezahlen. Er braucht Mitarbeiter, die in Schulen und Hochschulen unterrichten oder für die Stabilität der Währung sorgen. Hoch dotierte Mitarbeiter von Europäischer Zentralbank, Bafin und Deutscher Bundesbank überwachen das Finanzsystem. All das kostet!

Wenn die immer wiederkehrenden Meldungen über explodierende Kosten einzelner Bauprojekte für den Durchschnitt aller öffentlichen Bauprojekte stehen, dann sind deren Kosten in den letzten Jahrzehnten dramatisch gestiegen. Das prominenteste Beispiel ist der Berliner Hauptstadtflughafen, der ursprünglich im Jahr 2006 für 2 Milliarden Euro geplant war. Nach Fertigstellung lagen die Gesamtkosten im Jahr 2020 bei rund 7 Milliarden Euro. Beim Bau des neuen Hauptgebäudes der Europäischen Zentralbank in Frankfurt und dem Bahnhof in Stuttgart waren bzw. sind auch extreme Preissprünge zu verzeichnen.

Legt man für die Kosten öffentlicher Güter die Staatsausgaben einschließlich der gesetzlichen Sozialsysteme zugrunde, dann sind diese von 1999 bis 2022 um durchschnittlich 2,9 Prozent pro Jahr gestiegen. Seit dem Einsetzen der umfangreichen Staatsanleihekäufe der Europäischen Zentralbank im Jahr 2015 sogar um 5,0 Prozent pro Jahr, also in beiden Fällen deutlich schneller als die Verbraucherpreise.

Und stellt sich bei den öffentlichen Gütern nicht auch die Frage nach Qualitätsveränderungen? Einige würden sicher sagen, dass die Qualität der öffentlichen Güter im Durchschnitt besser geworden ist. Im ICE komme ich heute von Leipzig nach München deutlich schneller als früher voran. Es sind viele neue Kitaplätze entstanden. Der Hauptstadtflughafen BER bietet mehr Platz und Komfort. Unsere Universität bildet nicht mehr nur Studierende aus, sondern bietet nun auch eine Kinderuniversität und ein Seniorenstudium an. Direkt vor meinem Haus hat die Stadt Leipzig das schöne alte Kopfsteinpflaster durch glatten Teer ersetzt. Einige im Haus schlafen jetzt ruhiger.

Doch andererseits mehren sich Klagen über den Verfall der Infrastruktur. Gesperrte Brücken, immer mehr Staukilometer und sich häufende Verspätungen der Deutschen Bahn nagen an den Nerven. In den Schulen ist ausgefallener Unterricht an der Tagesordnung. Ich kann mir nicht mehr sicher sein, dass meine Tochter in ihrer Klasse unterrichtet wird. Vielleicht hat man sie wegen Lehrermangel wieder in eine andere Klassenstufe umverteilt. Der Ukrainekrieg machte den Deutschen bewusst, dass die Bundeswehr nicht mehr verteidigungsbereit ist. Die Stabilität der Währung nimmt ab, obwohl die Anzahl der Mitarbeiter in der EZB immer weiter gestiegen ist, von 787 im Jahr 1999 auf 4505 im Jahr 2022. Wären die öffentlichen Güter in einem Preisindex vertreten gewesen und wären diese noch dazu qualitätsbereinigt worden, dann hätten wohl die offiziell ausgewiesenen Inflationsraten deutlich höher gelegen.

China, Nord Stream 1 und Finanzierungskosten als Sondereffekte

Neben einer Inflationsmessung, die möglicherweise niedrige offiziell gemessene Inflationsraten begünstigt hat, haben seit der Jahrtausendwende drei Sondereffekte über längere Zeit hinweg zu niedriger Inflation beigetragen: die rasante Integration Chinas in die Weltwirtschaft, die Gaspipeline Nord Stream 1 sowie die immer weiter sinkenden Finanzierungskosten der Unternehmen. In allen drei Fällen hatten die Zentralbanken bzw. die deutsche Regierung die Finger im Spiel.

Erstens hat China lange Zeit zu geringer Inflation auf der ganzen Welt beigetragen, weil die Unternehmen dort dank billiger, disziplinierter Arbeitskraft viel günstiger produzieren lassen konnten. Der Handel mit China beschleunigte sich seit der Jahrtausendwende aus zwei Gründen rasant. Erstens trat China im Jahr 2001 der Welthandelsorganisation bei, was den Handel erleichterte. Zweitens ist seit dem Jahr 2001 aus den Industrieländern sehr viel Kapital nach China zugeflossen, so dass China mit der Hilfe großer multinationaler westlicher Unternehmen die Produktionskapazitäten sehr schnell ausweiten konnte.

Den immensen Zufluss von Kapital nach China haben vor allem die großen Zentralbanken ausgelöst. Als die Dotcom-Blasen im März 2000 platzten, senkten die US-amerikanische Fed und andere Zentralbanken die Zinsen sehr stark, um die Finanzmärkte zu stabilisieren. Es lohnte sich, in den USA billige Kredite aufzunehmen und das Geld in China zu investieren. So entstanden unzählige riesige Fabriken, deren Produktion die Märkte der Industrieländer überschwemmte. Genaueres ist in Kapitel 5 zu lesen. Hier interessiert vor allem der Einfluss auf die Preise im Euroland.

Auch in Deutschland stiegen die Importe aus China stark an, von 13 Milliarden Euro im Jahr 1999 auf 193 Milliarden Euro im Jahr 2022. Das zeigt Abbildung 3.4. Es kamen Textilien, Elektrogeräte, kleine Möbel und jede Menge Dekorationsartikel für freie Abstellflächen. In den deutschen Lebensmittelgeschäften breiteten sich riesige Tische aus, auf denen Industrieprodukte des alltäglichen Gebrauchs überraschend günstig zu haben waren: Gartensitzgarnituren aus Kunststoff, Anglersets, Nackenstützen in Plüschtigerform, solarbetriebene Springbrunnen, Fleischthermometer, Tulpenzwiebelmischungen, LED-Bildschirme, Osterlichterketten, Unterhosen, Holzlasuren, Skianzüge und so weiter und so weiter. Das Reich der Mitte produzierte plötzlich selbst urdeutsche Artikel wie Erzgebirge-Schnitzereien, Schwarzwaldkuckucksuhren, Weihnachtsschmuck, Dirndl und Gartenzwerge. Man freute sich etwas überrascht über die günstigen Preise. »Geiz ist geil«, hieß es.

Abbildung 3.4: Deutsche Importe aus China

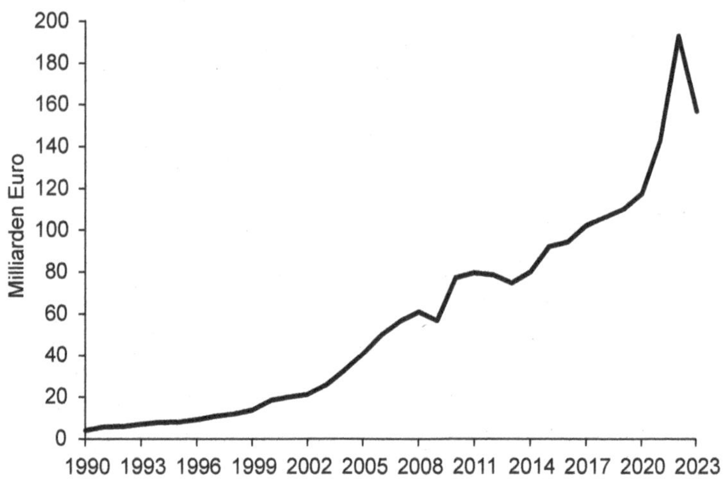

Quelle: Statistisches Bundesamt. 2023 Prognose.

Der Harmonisierte Verbraucherpreisindex repräsentiert den Durchschnitt aller Warengruppen, die im Index vertreten sind. Dazu gehören einerseits Waren und Dienstleistungen, die weiterhin überwiegend in Deutschland bzw. in der Europäischen Union produziert wurden und werden. Das sind beispielsweise Gaststätten- und Beherbergungsdienstleistungen sowie Nahrungsmittel und alkoholische Getränke. In anderen Warengruppen dominierten zunehmend in China und anderen ostasiatischen Ländern produzierte Güter. Das gilt beispielsweise für die Warengruppe Bekleidung und Schuhe sowie Freizeit, Kultur und Unterhaltung, wo die Unterhaltungselektronik ein hohes Gewicht hat.

Abbildung 3.5 zeigt, dass seit Einführung des Euro 1999 die Preise von Hotels und Restaurants sowie von Nahrungsmitteln und Alkohol stark gestiegen sind. Hingegen sind die Preise von Kleidern, Schuhen und Unterhaltungselektronik, die überwiegend aus China und anderen ostasiatischen Staaten wie Vietnam kommen, zunächst gefallen und dann weniger stark gestiegen. Die stark steigenden Importe aus China haben also die Inflation in Deutschland und dem Euroland stark gedämpft.

Abbildung 3.5: Unterschiedliche Preisindizes für Deutschland

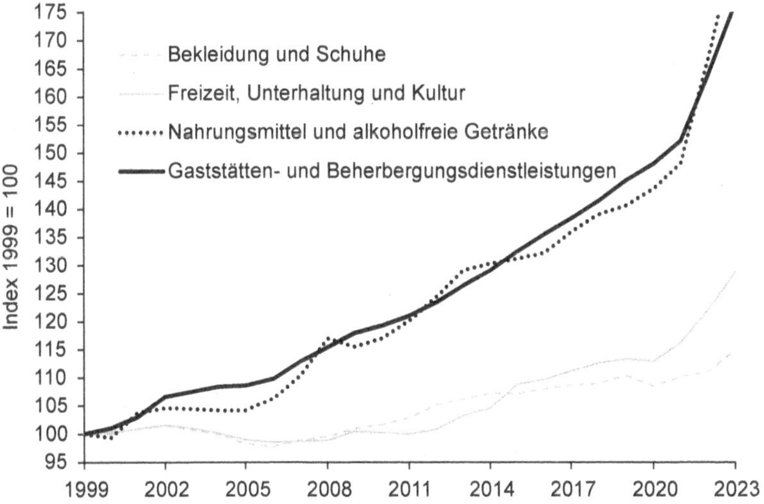

Quelle: Destatis.

Zweitens hat die Erdgaspipeline Nord Stream 1 als wichtiger Sonderfaktor den Preisanstieg gebremst. Energie ist einer der wichtigsten Inputs für die Wirtschaft. Ob Industrie, Dienstleistungen oder Verkehr, ohne Energie läuft es nicht. Russland und der Rest Europas ergänzen sich wirtschaftlich. Die Wirtschaft des größten Teils Europas ist durch Industrie und Dienstleistungen geprägt, die Rohstoffe und Energie benötigen. Beides ist in Russland im Überfluss vorhanden. Gleichzeitig ist die russische Industrie schwach, sodass Russland viele Industrie- und Konsumgüter aus Europa importiert. Vermögende Menschen aus Russland lieben komfortable Hotelbesuche in Paris, Kitzbühel, Wien, Mykonos und Dresden.

Nord Stream 1 setzte, unabhängig von den politischen Risiken, die mit Russland als Wirtschaftspartner verbunden waren, auf billige Gasimporte aus Russland. Nach längerer Planung gaben der deutsche Kanzler Gerhard Schröder und der russische Präsident Wladimir Putin ihren Segen. Deutschland und Russland nahmen die Unterseepipeline, die Transitländer wie Polen und die Ukraine umging, im November 2011 in Betrieb.

Die Öffnung von Nord Stream 1 führte nicht nur dazu, dass die deutschen Gasimporte aus Russland gemäß der europäischen Statistikbehörde Eurostat von 1,3 Millionen Terajoule im Jahr 2011 auf 2,2 Millionen Terajoule 2021 anstiegen. Auch die Abhängigkeit von Russland wuchs. Der Anteil Russlands an den deutschen Gasimporten stieg von 37 Prozent im Jahr 2011 auf 66 Prozent im Jahr 2021. Der Preisanstieg beim Gas verlangsamte sich und schließlich fielen die Gaspreise. Gas und Öl sind ein wichtiger Kostenfaktor für die Unternehmen sowie für viele Hotels und Gaststätten. Auch die Heizkosten vieler Haushalte hängen vom Gaspreis ab.

Trotz omnipräsenter Klima- und Umweltdiskussionen schien damals Sparen beim Heizen kein Thema zu sein. Ich habe mich im Winter immer wieder über überheizte Wohnungen und Büros gewundert. Ein großer Mobilfunkanbieter lockte in Leipzig selbst bei 10 Grad minus die Kunden mit offenen Türen. Im Schlepptau der günstigen Gaspreise ging in Deutschland und im ganzen Euroland die Inflation zurück. Abbildung 3.6 verdeutlicht den Zusammenhang zwischen Gas- und Konsumentenpreisen. Die Abbildung hat zwei Y-Achsen, weil der Gaspreis stärker schwankt als der Verbraucherpreisindex.

Abbildung 3.6: Veränderungen von Verbraucherpreisindizes und Gaspreis in Deutschland

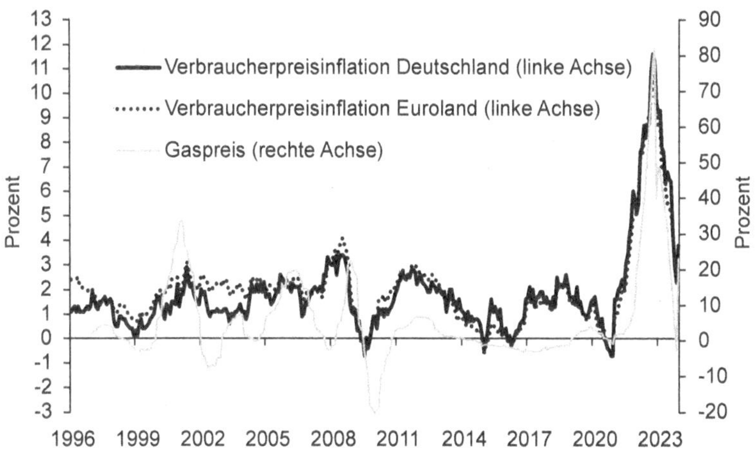

Quelle: Eurostat. Gaspreise=Großhandelspreisindex (TTF). Veränderungsraten gegenüber dem Vorjahresmonat.

Die billigen Gaspreise sind in dieser Zeit aus Sicht der Geldpolitik besonders spannend, weil ab 2011 die Inflationsraten immer weiter fielen und schließlich deutlich unter der selbst gewählten 2-Prozent-Marke der EZB lagen (siehe Abbildung 3.1). Wichtige Vertreter der Europäischen Zentralbank wie deren Präsident Mario Draghi sahen nun eine Deflationsgefahr. Deflation bedeutet im Gegensatz zu Inflation, dass die Preise auf breiter Front fallen. Weil in der Weltwirtschaftskrise in den frühen 1930er Jahren sowohl die Preise als auch die Wirtschaftsleistung stark gefallen sind, sehen viele Ökonomen einen Zusammenhang: Wenn die Preise fallen, fällt auch die Wirtschaftsleistung. Das wird damit begründet, dass die Konsumenten größere Anschaffungen verschieben, wenn sie in der Zukunft niedrigere Preise erwarten.

Zudem hatte die Europäische Zentralbank ihr 2-Prozent-Inflationsziel uminterpretiert. Bis 2003 hatte die 2-Prozent-Marke als Obergrenze gegolten. Inflationsraten zwischen 0 und 2 Prozent, wie sie zwischen 2013 und 2016 zu beobachten waren, wären im Einklang mit der Zielsetzung der Europäischen Zentralbank gewesen. Ab 2003 vertrat die Europäische Zentralbank jedoch die Ansicht, dass die offiziell gemessene Inflation unter, aber nahe 2 Prozent liegen sollte. Eine Inflationsrate von 1 Prozent war mit der Zielsetzung der Europäischen Zentralbank nicht mehr vereinbar.

Deshalb sah die Europäische Zentralbank umfangreiche Ankäufe von Staatsanleihen als notwendig an, um die Inflation wieder von niedrigen Werten in die Nähe der 2-Prozent-Marke zu steigern. So bescherte die Inbetriebnahme von Nord Stream 1 nicht nur der deutschen Industrie günstige Energiepreise, sondern auch der deutschen Regierung zusätzliche Ausgabenspielräume. Als ab 2015 sich die Inflation dem Ziel der Europäischen Zentralbank annäherte, setzte diese die Anleihekäufe trotzdem fort.

Abbildung 3.7: Durchschnittliche Kreditzinsen für Unternehmen in Deutschland

Quelle: Deutsche Bundesbank.

Drittens haben sinkende Finanzierungskosten lange Zeit zu niedriger Inflation in Deutschland und dem Euroland beigetragen. Bekanntlich steuert die Europäische Zentralbank die Zinsen im Euroraum. Die Banken können Leitzinssenkungen in Form geringer Kreditzinsen an Unternehmen und Haushalte weitergeben. Bei Leitzinserhöhungen müssen die Banken die Kreditzinsen erhöhen. Doch da die Europäische Zentralbank die Zinsen immer seltener erhöhte und immer öfter senkte, hat die EZB die Finanzierungskosten der Unternehmen im Trend immer weiter reduziert. Zwar gibt es keine einheitliche Zinsreihe seit 1999. Doch zeigt Abbildung 3.7, dass, während der durchschnittliche Kreditzins Ende 1999 noch bei rund 6 Prozent lag, es Ende 2021 nur noch 2,4 Prozent waren. Das senkte die Kosten der Unternehmen und half so, die Preise in den Läden niedrig zu halten.

»Wohlstandsillusion« und »Inflationswende«

Es scheint also, dass über einen längeren Zeitraum hinweg Zentralbanken, Regierungen und Statistische Ämter über unterschiedliche Kanäle maßgeblich dazu beigetragen haben, dass die offiziell gemessenen Inflationsraten niedrig waren. Niedrig gemessene offizielle Inflationsraten haben es der Europäischen Zentralbank ermöglicht, außerordentlich niedrige Leitzinsen zu setzen und umfangreiche Ankäufe von Staatsanleihen zu tätigen, was die Konjunktur und die Steuereinnahmen stimuliert hat. Dadurch waren die Ausgabenspielräume der Regierungen im Euroraum deutlich höher. Die Kanzlerin Angela Merkel konnte auf große wirtschaftspolitische Erfolge verweisen. Der Wohlstand in Deutschland sei noch nie so hoch gewesen, sagte sie gerne.[13]

So zieht auch eine Internetseite des Statistik-Dienstleisters Statista unter dem Titel »Jahre des Wohlstands. Die Ära Merkel – eine Wirtschaftsbilanz« eine sehr positive Bilanz ihrer Regierungszeit. Der finanzielle Wohlstand in Deutschland sei immer weiter gewachsen. Die Zahl der Arbeitslosen sei um rund 44 Prozent gesunken. Das Bruttoinlandsprodukt pro Kopf sei um rund 43 Prozent gestiegen.[14] Clemens Fuest, Präsident des ifo Wirtschaftsforschungsinstituts, hatte in seiner Bilanz im Jahr 2019, also bereits zwei Jahre vor dem Ende der Amtszeit, mit einem durchschnittlichen preisbereinigten Wachstum von 1,6 Prozent pro Jahr in der Ära Merkel von einem spektakulären Erfolg gesprochen.[15]

Den Bürgerinnen und Bürgern in der Europäischen Union scheint dennoch der versteckte Kaufkraftverlust irgendwie bewusst gewesen zu sein. Denn die von der Europäischen Kommission gemessene gefühlte Inflation liegt seit Beginn der Messung in dieser Form im Jahr 2004 immer deutlich höher als die offiziell gemessene Inflation, wie Abbildung 3.8 zeigt. Für die Diskrepanz zwischen gefühlter und offiziell gemessener Inflation kann es zwei Gründe geben. Einerseits kann es sein, dass Menschen steigende Preise sehr viel stärker wahrnehmen als sinkende Preise. So hat es EZB-Direktoriumsmitglied Isabel Schnabel noch 2021 in einem Interview erklart.[16] Der Ärger um höhere Butterpreise bleibt eben in Erinnerung, während hingegen die Freude über die billigen Kunststoffgartenstühle von OBI schnell verflogen ist. Andererseits kann es aber auch sein, dass der offizielle Verbraucherpreisindex von Eurostat den Verlust der Kaufkraft der Konsumenten im Euroland nicht ausreichend abbildet.

Denn die wichtigsten Indikatoren für die Entwicklung des Wohlstands sind die sogenannten realen Löhne und das reale Wachstum, welches vereinfachend oft nur als Wachstum bezeichnet wird. »Real« heißt in diesem Zusammenhang »preisbereinigt«. Denn es hilft der Kaufkraft nicht, wenn die Löhne steigen, wenn gleichzeitig die Preise aber stärker steigen. Bei der Berechnung der realen Löhne zieht man deshalb von einer Lohnerhöhung von beispielsweise 3 Prozent die Inflationsrate von beispielsweise 4 Prozent ab, um ein Maß für die Entwicklung der Kaufkraft zu erhalten. In diesem Beispiel ergäbe sich eine reale Lohnsenkung. Für das Jahr 2022 hat das Statistische Bundesamt bei einer Inflationsrate von 6,9 Prozent eine Reallohnsenkung um 4 Prozent errechnet. Vor der Anpassung der Inflationsberechnung im

Februar 2023 hatte die offiziell berechnete Inflationsrate für 2022 noch bei 7,9 Prozent gelegen.[17]

Abbildung 3.8: Gefühlte und offiziell gemessene Inflation im Euroland

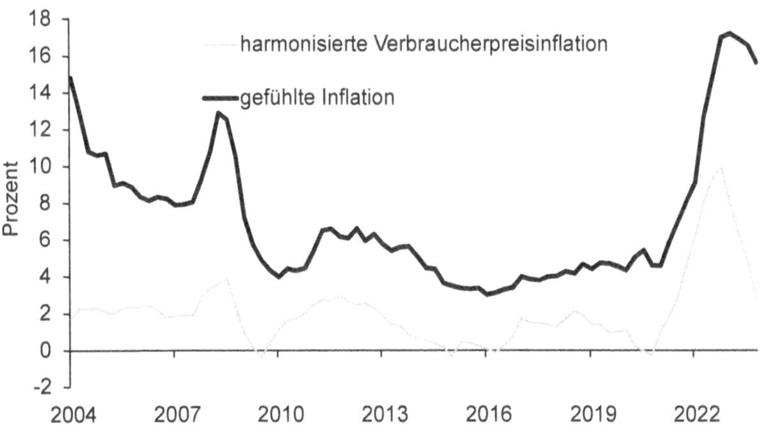

Quelle: EZB und Europäische Kommission. Inflationswahrnehmung als Median.

Ebenso ist für den Wohlstand nicht entscheidend, um welchen Betrag das Bruttoinlandsprodukt in Euro steigt. Ist ein Anstieg des Bruttoinlandsprodukts in Euro von 10 Prozent auf einen Anstieg der Preise um 10 Prozent zurückzuführen, dann ist der Wohlstand nicht größer, sondern unverändert. Deshalb zieht man von der nominalen Wachstumsrate die Inflationsrate ab. Das so errechnete reale Wachstum wird in der Regel als Maßgröße für den wirtschaftlichen Erfolg in den Medien berichtet.

Wird die Inflation niedriger gemessen, dann fallen in der öffentlichen Berichterstattung die um Preisveränderungen bereinigte Lohnentwicklung sowie die Wachstumszahlen höher aus. Da es keine anderen Inflationsraten gibt, wird auch nichts anderes berichtet. Auch die meisten wissenschaftlichen Untersuchungen arbeiten mit den offiziellen Inflationszahlen und realen Wachstumsraten. Die Inflationsmessung kann über diesen Weg möglicherweise auch Forschungsergebnisse beeinflussen. Aus dieser Sicht kann die Inflationsmessung die Illusion von Wohlstand schaffen, wenn sie Kaufkraftverluste nicht ausreichend abbildet.

So fällt der von Statista angegebene Anstieg der Pro-Kopf-Einkommen in der Ära Merkel inflationsbereinigt geringer aus. Bei einem entsprechenden offiziell gemessenen Preisanstieg um 29 Prozent im gleichen Zeitraum, bleiben vom nominalen Anstieg des Bruttoinlandsprodukts um 43 Prozent nur noch 14 Prozent in 16 Jahren. Bei höherer gemessener Inflation ergäbe sich vielleicht sogar ein gefallenes reales Pro-Kopf-Einkommen und auch ein abgesunkenes reales Lohnniveau. Würde man für die Berechnung der realen Lohnentwicklung die gefühlte Inflation ansetzen, dann würden die realen Löhne nicht erst seit einigen Jahren fallen.

Und insbesondere ohne die Schützenhilfe der Europäischen Zentralbank, die in dieser Dimension nur aufgrund der niedrig gemessenen offiziellen Inflationsraten zu rechtfertigen war, wäre die Bilanz der Ära Merkel wohl deutlich nüchterner ausgefallen. Wäre in ihrer Regierungszeit die Inflation durchschnittlich nur um einen Prozentpunkt pro Jahr höher gemessen worden, dann wäre auch in der Sicht des ifo-Präsidenten die Bilanz schlechter ausgefallen. Mit weniger Steuereinnahmen und Staatsausgaben wäre die Arbeitslosigkeit wohl weniger zurückgegangen. Während am 21. März 2018 die alte und neue Kanzlerin Angela Merkel in ihrer Regierungserklärung der wachsenden Besorgnis der Bevölkerung um den Verfall des Wohlstandes und die Stabilität des Sozialsystems immer noch entgegensetzte, dass der Wohlstand in Deutschland noch nie so hoch gewesen sei, könnte schon damals das Bauchgefühl der Bevölkerung realistischer gewesen sein.

Nach dem Ende der Regierungszeit von Angela Merkel wird die Ampel-Regierung nun zunehmend mit der Realität konfrontiert. Alle positiven Effekte der versteckten Inflation der Ära Merkel fallen nun negativ auf die neue Regierung zurück. Das liegt daran, dass in der Coronakrise das Pandemie-Notfallankaufprogramm der EZB und große Hilfszahlungen der Staaten an Unternehmen und Haushalte noch einmal sehr viel mehr Geld in Umlauf gebracht haben. Noch viel mehr Geld jagte wenige Güter, sodass nach Ende der Lockdowns auch die offiziell gemessene Inflation sprunghaft anstieg. Zunächst versuchten führende Vertreter der Europäischen Zentralbank wie Christine Lagarde und Isabel Schnabel zwar noch, die Inflation als vorübergehend kleinzureden, doch früher oder später nütze das Taktieren nichts mehr. Die Zinsen mussten steigen, auch weil die US-amerikanische Fed den Zins anhob.

Deshalb sind die Finanzierungskosten der Unternehmen stark angestiegen, wie Abbildung 3.7 zeigt. Auch der China-Effekt war zeitlich begrenzt, weil im Jahr 2014 der Investitionsboom in China sein Ende gefunden hat. Seitdem wankt das chinesische Wachstumsmodell und die Preise der aus China importierten Güter steigen. Die geopolitische Lage stellt China als Handelspartner zunehmend infrage. Zudem hat der Ukrainekrieg den billigen Gas- und Ölimporten aus Russland ein abruptes Ende gesetzt.

Zwar war der extrem starke Anstieg der Energiepreise zeitlich begrenzt, doch auch nachdem sich die Energiepreise inzwischen wieder normalisiert haben, liegen die Preise deutlich über dem Niveau von 2021. Und auch die Inflation könnte bleiben. Der Grund ist, dass die anhaltend lockere Geldpolitik der Europäischen Zentralbank im Zusammenspiel mit zusätzlichen Staatsausgaben die Situation auf dem Arbeitsmarkt verändert hat. Lange Zeit hatte Deutschland eine hohe Arbeitslosigkeit, doch nun sind auch dank der von der Europäischen Zentralbank finanzierten Staatsausgaben die Arbeitsmärkte leer gefegt, wie in Kapitel 8 noch stärker beleuchtet wird. Viele Unternehmen und Dienstleister suchen händeringend nach Arbeitskräften.

Das hat die Verhandlungsmacht der Arbeitnehmer deutlich erhöht, wobei es gleichzeitig triftige Gründe für hohe Lohnforderungen gibt. Denn der unerwartete starke Anstieg der Inflation in den Jahren 2021 und 2022 hat den Haushalten hohe Kaufkraftverluste beschert, die die Unternehmen zumindest teilweise ausgleichen müssen. So haben sich 2022 und 2023 hohe Lohnabschlüsse abgezeichnet, die die Lohnkosten für die Unternehmen erhöhen und damit weitere Preiserhöhungen bewirken. Weitere Preiserhöhungen dürften erneut höhere Lohnforderungen nach sich ziehen. Es kommt zu einer sogenannten Lohn-Preis-Spirale. Hält diese an, dann verstetigt sich die Inflation.

KAPITEL 4

»Stupid German Money«: Exportüberschüsse als Wohlstandsverlust

Kapitalexporte treiben die Exportüberschüsse

Deutschland ist ein erfolgreiches Exportland. Marken wie Bayer, Volkswagen und Haribo sind weltweit bekannt. Nach dem Zweiten Weltkrieg stieg »Made in Western Germany« zu einem Qualitätssiegel auf. Westdeutschland überholte schon Ende der 1950er Jahre das Vereinigte Königreich als wichtigste Exportnation in Europa. In den Jahren 2003 bis 2008 war Deutschland sogar vor den viel größeren USA das Land mit den größten Exporten. Wir waren »Exportweltmeister«! Das zeigt Abbildung 4.1. Dann zog China vorbei. Im Jahr 2022 lagen die Exporte Deutschlands bei 1650 Milliarden Dollar. Das sind laut Weltbank rund 50 Prozent des Bruttoinlandsprodukts. In Frankreich waren es nur 34 Prozent, in Italien 37 Prozent.

Abbildung 4.1: Exporte großer Exportnationen

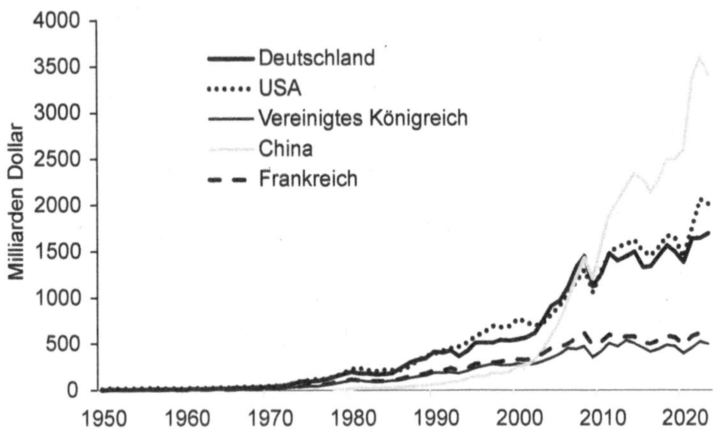

Quelle: Internationaler Währungsfonds. 2023 Approximation.

Nach dem Statistischen Bundesamt waren im Jahr 2022 Kraftwagen und Kraftwagenteile mit 246 Milliarden Euro das wichtigste Exportgut vor Maschinen. Die Marken Volkswagen, Mercedes, BMW, Audi und Porsche stehen wie keine anderen für den internationalen Erfolg der deutschen Industrie. Auch ich fahre ein deutsches Auto, weil es mich immer noch überzeugt. Doch inzwischen ist die Exportmaschinerie ins Stocken geraten und Bundeskanzler Olaf Scholz hat die Wachstumsschwäche Deutschlands im Jahr 2023 auf die schwache Konjunktur in den Exportmärkten wie China zurückgeführt.[1] Hat sich Deutschland zu stark vom Export abhängig gemacht? Und warum?

Oft wird der Titel des Exportweltmeisters auch an der Größe des Leistungsbilanzüberschusses festgemacht, der für Deutschland lange Zeit sehr groß war. 2023 waren es rund 270 Milliarden Euro. Um die deutschen Leistungsbilanzüberschüsse zu verstehen, braucht es einen kurzen Abstecher in das volkwirtschaftliche Klassenzimmer. Also bitte kurz aufgepasst! Es ist nicht schwer: Die Leistungsbilanz eines Landes umfasst nicht nur den Handel mit Gütern und Dienstleistungen. Die statistischen Behörden erfassen auch die Lohneinkommen von Inländern, die im Ausland arbeiten, sowie Kapitalerträge aus Finanzanlagen im Ausland. Auch unentgeltliche Leistungen wie Entwicklungshilfe oder die Überweisungen von Gastarbeitern und Flüchtlingen an ihre Familien in ihren Heimatländern finden sich in der Leistungsbilanz wieder.

Inländer sind aus der Sicht der Statistik alle Menschen, die in Deutschland ihren Wohnsitz haben, auch wenn sie nicht einen deutschen Pass haben. Für Deutschland als einem der größten Industrieländer war die wichtigste Teilbilanz der Leistungsbilanz immer die Handelsbilanz, die der Differenz von Export und Import von Waren entspricht. Seit Kurzem sind die Erlöse aus Kapitalanlagen im Ausland abzüglich der Erlöse aus Kapitalanlagen der Ausländer in Deutschland jedoch größer als die Überschüsse beim Warenexport. Die Dienstleistungsbilanz und die Bilanz der unentgeltlichen Übertragungen als weiteren Teilbilanzen der Leistungsbilanz sind hingegen seit Langem negativ.

Zwar hatte Deutschland aufgrund der hohen Wettbewerbsfähigkeit seiner Industrie nach dem Zweiten Weltkrieg in den meisten Jahren eine positive Leistungsbilanz. Doch gab es auch Zeiten, in denen Deutschland eine negative Leistungsbilanz hatte, beispielsweise in den 1990er Jahren. Während Westdeutschland in den 1980er Jahren noch überwiegend Handels- und Leistungsbilanzüberschüsse verzeichnete, ließen nach der Wiedervereinigung die hohen Investitionen in Ostdeutschland und der Nachholbedarf der Ostdeutschen beim Konsum die Importe stark steigen. Die Leistungsbilanz des vereinigten Deutschlands drehte sich plötzlich ins Negative. Das zeigt Abbildung 4.2.

Abbildung 4.2: Leistungs- und Kapitalbilanz Deutschlands

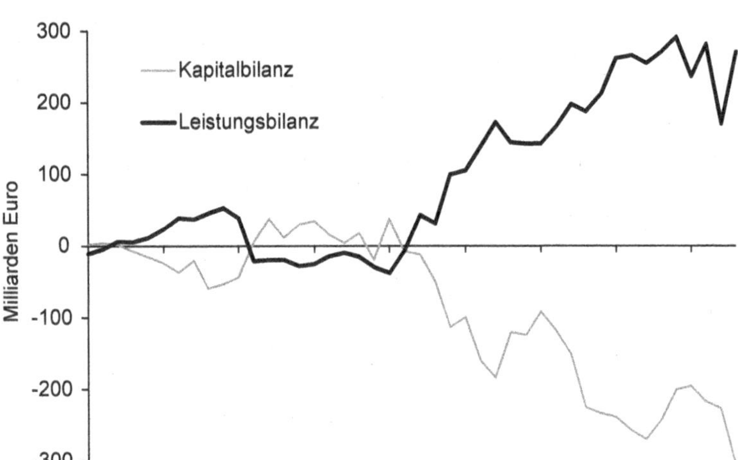

Quelle: Oxford Economics. Bis 1990 Westdeutschland, ab 1991 Gesamtdeutschland. 2023 Prognose.

Die Abbildung zeigt auch, dass sich für Deutschland – so wie für Spanien in Kapitel 2, und für alle anderen Länder – die Leistungsbilanz spiegelbildlich zur Kapitalbilanz verhält. Die Kapitalbilanz eines Landes erfasst alle Kapitalströme, die über die Grenze gehen. Beispielsweise, wenn deutsche Pensionsfonds US-amerikanische Staatsanleihen kaufen, BMW mit Kapital aus Deutschland in China eine Fabrik baut, ein Franzose in Deutschland Aktien der BASF erwirbt oder ein Papa aus Österreich Geld an die Tochter in Sachsen für den Wohnungskauf überweist. Die Kapitalbilanz erfasst auch internationale Finanztransaktionen der Staaten. So erscheinen beispielsweise die Dollarkäufe der chinesischen Zentralbank, der People's Bank of China, die der Stabilisierung des Wechselkurses des Yuan gegenüber dem Dollar dienen, in der Kapitalbilanz von China als Kapitalexport.

So wie die Handelsbilanz der Differenz aus Exporten und Importen von Waren entspricht, ist die Kapitalbilanz gleich der Differenz aus Kapitalzuflüssen und Kapitalabflüssen. Kapitalzuflüsse haben ein positives Vorzeichen, Kapitalabflüsse ein negatives. Ist die Kapitalbilanz wie in Deutschland seit der Jahrtausendwende negativ, dann fließt innerhalb eines Jahres mehr Kapital ab als zu. Es gibt eine lange Diskussion, ob die Ströme von Gütern und Dienstleistungen die Kapitalströme treiben oder andersherum. Ich kürze das hier ab: In einer Welt liberalisierter Kapitalmärkte, in der seit den 1970er Jahren immer mehr Kapital schnell um den Erdball fließt, haben die Kapitalströme die Ströme von Gütern und Dienstleistungen stark beeinflusst.

Die Griechen hätten vor der europäischen Finanz- und Schuldenkrise nicht so viele Waren importieren können, wenn sie nicht so viele Kredite aus dem Ausland erhalten hätten. Das bedeutet für Deutschland, dass die beeindruckenden Exportüberschüsse nicht nur der ausgezeichneten Qualität der deutschen Waren zu verdanken sind, sondern dass seit der Jahrtausendwende auch die großen Kapitalexporte eine wichtige Rolle gespielt haben. Erst diese haben die Menschen im Ausland in die Lage versetzt, in Deutschland einzukaufen. Ein Einkaufen dank Anschreiben also.

Die Kapitalbilanz, die erfasst, wie viel Kapital innerhalb eines Jahres über die Grenzen fließt, hat schließlich einen Einfluss auf das sogenannte Nettoauslandsvermögen eines Landes. Diese entspricht der Differenz zwischen dem von Deutschen im Ausland angelegten Vermögen und dem Vermögen, das das Ausland in Deutschland angelegt hat. Wenn die Deutschen beispielsweise jedes Jahr 400 Milliarden Euro im Ausland anlegen und sich mit 100 Milliarden Euro im Ausland verschulden, dann wächst das Nettoauslandsvermögen Deutschlands jedes Jahr um 300 Milliarden Euro. Über einen Zeitraum von zehn Jahren baut Deutschland dann ein Nettoauslandsvermögen von 3000 Milliarden Euro auf. Abbildung 4.3 zeigt das deutsche Nettoauslandsvermögen seit den 1980er Jahren im Vergleich zu China und Japan in Dollar. Alle drei Länder haben dank lang anhaltender Leistungsbilanzüberschüsse große Vermögen im Ausland angehäuft, Deutschland aber erst seit dem Jahr 2003. Warum?

Abbildung 4.3: Nettoauslandsvermögen von Deutschland, Japan und China

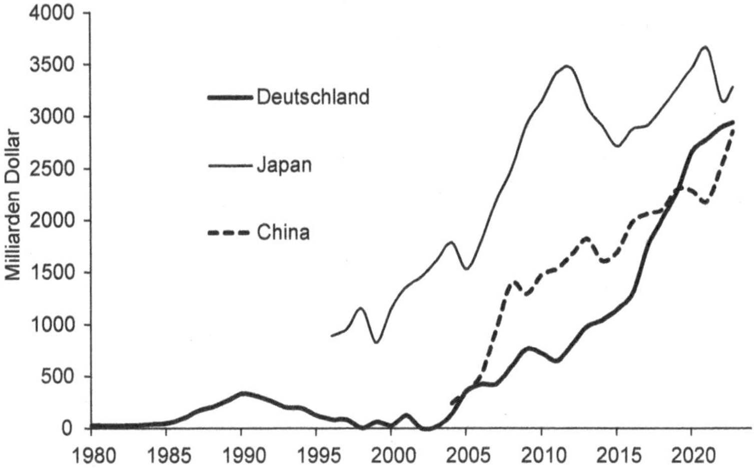

Quelle: Internationaler Währungsfonds.

Die Europäische Zentralbank und die Regierung treiben das Kapital aus dem Land

Dafür gibt es zwei Gründe, die bereits in Kapitel 2 eine Rolle gespielt haben. Erstens senkte die Europäische Zentralbank in Reaktion auf das Platzen der Dotcom-Bubble im März 2000 die den Leitzins deutlich, von 4,75 Prozent im April 2000 auf 2,0 Prozent im Juni 2003. Sinkende Zinsen begünstigen Kapitalexporte, weil dann in anderen Ländern höhere Zinseinkünfte zu erwarten sind. Der Leitzins im Euroland blieb bis Dezember 2005 auf diesem niedrigen Niveau und stieg dann schrittweise an. Wenn Sie den Zinsverlauf nochmals nachsehen wollen, finden Sie das in Abbildung 2.4 in Kapitel 2. Zweitens war man in Deutschland bemüht, die Staatsfinanzen unter Kontrolle zu halten, da in Folge der Wiedervereinigung die Staatsschulden stark angestiegen waren. Für Deutschland war die Kombination beider Faktoren entscheidend.

Nun komme ich auf dieses Thema aus der Sicht der deutschen Exportüberschüsse zurück. Deutschland hatte aufgrund der Kosten der Wiedervereinigung nicht nur die Schuldengrenze für die Währungsunion erreicht, sondern die deutschen Unternehmen hatten aufgrund steigender Löhne und Sozialabgaben auch deutlich an internationaler Wettbewerbsfähigkeit verloren. Das spiegelte sich nicht zuletzt in den Leistungsbilanzdefiziten der 1990er Jahre wider, die in Abbildung 4.2 zu sehen sind.

In seinem 2003 erschienenen Buch titelte der einflussreiche Ökonom Hans-Werner Sinn *Ist Deutschland noch zu retten?*.[2] Die Deutschen hätten sich in ihrem Wohlstand eingerichtet, als wäre das Land eine Insel der Seligen, so Sinn. Kanzler Gerhard Schröder reagierte mutig mit der Agenda 2010, die auf die Lissabon-Strategie der Europäischen Union verwies. Darin hatte es sich die Europäische Union zum Ziel gemacht, zum »wettbewerbsfähigsten und dynamischsten wissensbasierten Wirtschaftsraum der Welt« zu werden. Gerhard Schröder wollte wieder mehr Raum für private Initiative schaffen, die Arbeitslosigkeit reduzieren, die Staatsverschuldung eingrenzen und die Sozialsysteme fit für den demografischen Wandel machen.

Die Regierung lockerte den Kündigungsschutz und senkte die betrieblichen Lohnnebenkosten. Sie reduzierte die Zuwendungen für Arbeitslose und verschärfte die Regelungen für die Zumutbarkeit von Arbeitsangeboten. Die Grenze für steuerfreie und abgabenbegünstigte Einkommen hob sie auf 400 Euro an. So entstanden die berühmten 400-Euro-Minijobs. Sie kürzte die Leistungen der gesetzlichen Krankenversicherung und machte den Anstieg der Renten von der Demografie abhängig. Anreize zur Frühverrentung wie die »Altersrente bei Arbeitslosigkeit« schaffte sie ab, um die Erwerbstätigkeit von älteren Menschen zu erhöhen. Die Rürup-Kommission schlug vor, das Renteneintrittsalter zu erhöhen, wobei erst die nachfolgende Regierung diesen Vorschlag 2007 umsetzte. Da die Reformen die erwarteten gesetzlichen Rentenbezüge reduzierten, sah die Riester-Rente eine staatliche Förderung für die private Altersvorsorge vor.

Alles in allem hat man die Sozialsysteme auf die Zukunft getrimmt! Nachdem sich Gerhard Schröder mit diesen Reformen auf die Spuren von Ludwig Erhard begeben hatte, gab es Lob von seiner Amtsnachfolgerin Angela Merkel in ihrer Regierungserklärung im November 2005: »Ich möchte Bundeskanzler Schröder ganz persönlich dafür danken, dass er mit seiner Agenda 2010 mutig und entschlossen eine Tür aufgestoßen hat, eine Tür zu Reformen, und dass er die Agenda gegen Widerstände durchgesetzt hat.«[3]

Die Reformen wirkten auch auf die Kapitalbilanz, weil sie die gesamtwirtschaftliche Ersparnisbildung erhöhten. Die Haushalte sparten mehr, weil die Regierung die private Altersvorsorge förderte. Zum Jahresende 2007 gab es über 10 Millionen Riester-Verträge. Der Staat hielt sich mit den Ausgaben zurück, insbesondere bei den Personalkosten und Investitionen. Im Jahr 2007 war ein Haushaltsüberschuss des öffentlichen Sektors erreicht. Die Unternehmen sparten, weil die Reformen einen großen Billiglohnsektor entstehen ließen, der auf das gesamte Lohnniveau drückte. Abbildung 4.4 zeigt den starken Anstieg der gesamtwirtschaftlichen Ersparnisse seit 2003.

Abbildung 4.4: Gesamtwirtschaftliches Sparen und Investieren in Deutschland

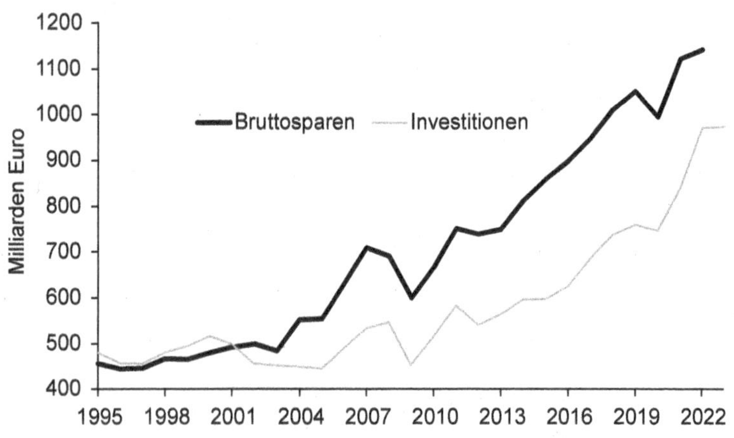

Quelle: Internationaler Währungsfonds.

Während die gesamtwirtschaftlichen Ersparnisse dem Angebot auf dem inländischen Kapitalmarkt entsprechen, entsprechen die Investitionen der Kapitalnachfrage. Könnte Kapital nicht über die Grenzen fließen, dann würden sich das Kapitalangebot und die Kapitalnachfrage über den Zins angleichen. Denn je höher das Kapitalangebot, desto niedriger ist der Zins und desto mehr investieren die Unternehmen. Die Investitionen stockten aber im Inland, da im März 2000 die Dotcom-Blase geplatzt war und die Reformen auf die Stimmung drückten. Abbildung 4.4 zeigt, dass die Investitionen mit dem steilen Anstieg des Sparens in Deutschland nicht mithielten.

Es türmten sich also viele Ersparnisse bei den Banken in Deutschland auf, weil mit den stockenden Investitionen die Kreditnachfrage lahmte. Auch der deutsche Staat machte weniger Schulden. So begaben sich die Banken auf die Suche nach Anlagemöglichkeiten im Ausland. Sie fanden zwei Regionen, wo es gerade besonders gut lief. Einerseits entfaltete sich gerade im Süden des Euroraums ein kleines Wirtschaftswunder, das Sie bereits in Kapitel 2 kennengelernt haben. Auch in den baltischen Ländern und Island boomte es. Gleichzeitig hatten die Zinssenkungen der US-amerikanischen Zentralbank Fed in Reaktion auf das Platzen der Dotcom-Blase einen Boom auf dem US-amerikanischen Immobilienmarkt angestoßen, der dort das Kreditgeschäft der Banken beflügelte. Warum nicht partizipieren?

So stieg die Kreditvergabe der deutschen Banken ins Ausland fortan kräftig an. Und dies, obwohl Auslandskredite risikoreicher als Inlandskredite sind. So sind Wechselkursschwankungen ein Risiko. Wenn wie im Falle der Asienkrise die Währung eines Schuldnerlandes abwertet und die Kreditvergabe in der Währung des Gläubigerlandes erfolgt ist, dann steigen die Zins- und Schuldenlasten des Schuldnerlandes gerechnet in Inlandswährung steil an. Das erhöht das Kreditausfallrisiko. Mit dem Euro waren solche Wechselkursveränderungen innerhalb des Euroraums ausgeschlossen, was die Kreditvergabe in die Euroländer attraktiver machte. Die baltischen Länder hatten zwar noch nicht den Euro, aber sie hatten ihre Wechselkurse glaubwürdig an den Euro gebunden.

Trotz der Wechselkursrisiken scheinen für die deutschen Banken auch Anlagen in den USA sehr attraktiv gewesen zu sein. Die deutschen Landesbanken und auch private Banken wie die Düsseldorfer IKB und die Münchner Hypo Real Estate schafften deutsche Ersparnisse in den US-Hypothekenmarkt. Amerikanische Banken vergaben im großem Ausmaß Kredite an Menschen mit geringen Einkommen, die man später als »NINJAs«, Menschen ohne Einkommen, ohne Arbeit und ohne Vermögen (*no income, no job, and no assets*), bezeichnete. Das trieb die Immobilienpreise steil nach oben, wovon viele profitierten.

Diese Immobilienkredite bündelten Investmentbanken in Wertpapiere, sogenannte *Asset-Backed-Securities.* Die Rating-Agenturen versahen diese mithilfe von Finanztricks mit dem höchsten Gütesiegel AAA. Viele deutsche Banken, insbesondere Landesbanken wie die Sachsen LB, die WestLB, die HSH Nordbank und die BayernLB kauften über Tochtergesellschaften in Irland diese Papiere. Das hatte den Vorteil, dass sich die möglichen Risiken nicht in ihren Bilanzen wiederfanden. Hatte das Volumen der ausstehenden Kredite deutscher Banken im Ausland 1999 noch bei gut 700 Milliarden Euro gelegen, stieg der Bestand der Auslandskredite bis zum Ausbruch der globalen Finanzkrise im Jahr 2008 auf über 2400 Milliarden Euro an, wie Abbildung 4.5 zeigt.

Abbildung 4.5: Ausstehende Kredite deutscher Banken im Ausland

Quelle: Deutsche Bundesbank.

Jetzt komme ich zurück zu den deutschen Exportüberschüssen. Denn mit den zusätzlichen Krediten konnten Unternehmen und Haushalte in den südlichen Euroländern, den USA und anderen Ländern mehr deutsche Güter importieren. Dabei ist nicht ausgeschlossen, dass die Ersparnisse von Deutschland aus den Umweg über andere Länder wie Frankreich oder die Niederlande nahmen. Der deutsche Kreditboom im Ausland zog dort einen Importboom nach sich, von dem vor allem die großen exportorientierten Industrieunternehmen profitierten. Hingegen stockte im Inland der Konsum, weil die Löhne kaum stiegen. Im Jahr 2006 versetzte die neue Regierung unter Angela Merkel dem Konsum nochmals eine Breitseite, indem sie mit der »größten Steuererhöhung seit 1949« die Mehrwertsteuer von 16 Prozent auf 19 Prozent erhöhte.

Die deutschen Exporte stiegen von 571 Milliarden Dollar im Jahr 2001 auf 1450 Milliarden Dollar im Jahr 2008, wie Abbildung 4.1 zeigt. Die deutsche Automobilindustrie erlebte einen Boom, der sehr viel Geld in die Kassen spülte. Exportierte die deutsche Autoindustrie 2001 noch 3,64 Millionen Fahrzeuge, waren es im Jahr 2008 schon

4,30 Millionen (das ist Abbildung 4.6 zu entnehmen). Die Aktienkurse stiegen entsprechend. Mit dem Ausbruch der globalen Finanzkrise stürzten die Export- und Produktionszahlen in den Jahren 2008 und 2009 kräftig ab. Ein lukratives Geschäftsmodell drohte verloren zu gehen.

Abbildung 4.6: Produktions- und Exportzahlen der deutschen Autoindustrie

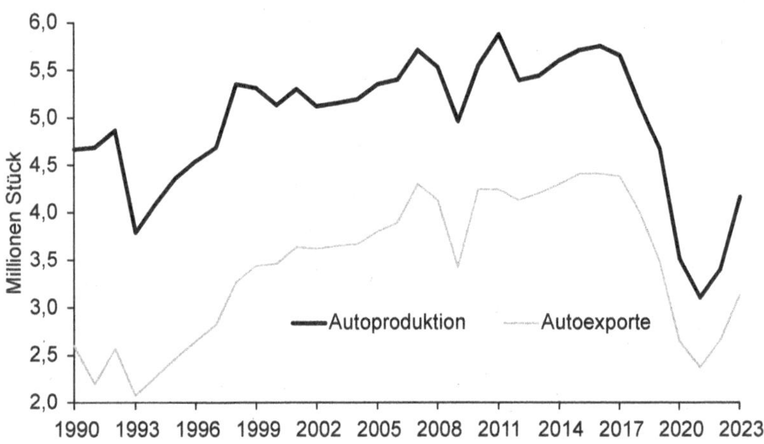

Quelle: VDA. 2023 Prognose.

Die Europäische Zentralbank und der deutsche Staat sichern die Exporterfolge

Hatten die deutschen Auslandskredite maßgeblich zu den Exporterfolgen beigetragen, dann drohten mit der Krise große Einbrüche. Landesbanken wie die WestLB und die Sachsen LB waren bankrott und konnten keine weiteren Kredite mehr ins Ausland vergeben. Viele Banken forderten ihre Auslandskredite zurück, um ihre Risiken zu reduzieren. Doch auf den deutschen Staat war Verlass! Als im Jahr 2008 die Exporte und die Produktion der deutschen Autoindustrie einbrachen, stabilisierte die deutsche Regierung nicht nur die Produktion, indem sie die Abwrackprämie erfand. Sie sicherte auch die Autoexporte ab, indem sie half, die Konjunktur in den südlichen Euroländern zu stabilisieren.

In den USA dämmte die Zentralbank Fed die Krise ein, indem sie die Zinsen schnell senkte. Bereits im Dezember 2008 begann die Fed unter der Bezeichnung *Quantitative Easing* bisher beispiellose Ankäufe von Staatsanleihen und anderen Vermögenswerten. Parallel dazu beschloss die US-Regierung große Konjunkturprogramme und ein Stützungsprogramm für den Finanzsektor. In Asien weitete die Bank von Japan ihre Ankäufe von Staatsanleihen stark aus. In China brachte die Regierung ein riesiges Konjunkturprogramm auf den Weg, um der globalen Krise zu trotzen. So stabilisierten sich die deutschen Exporte in die USA und nach Ostasien.

Doch die meisten deutschen Exporte gingen in die Europäische Union. Zwischen 2001 und 2008 war der Anteil der Warenexporte in die Partnerländer der Europäischen Union konstant nahe 64 Prozent. Da in dieser Zeit die Haushalte und die Regierungen in Südeuropa über ihre Verhältnisse gelebt hatten, war mit dem Einbruch der Konjunktur in diesen Regionen ein starker Rückgang der Importe und damit der deutschen Exporte zu erwarten. Manche befürchteten sogar ein Zusammenbrechen des Euros. Starke Abwertungen der Währungen der südlichen Euroländer hätten die Importe aus Deutschland sehr viel teurer gemacht.

Die Leitzinssenkungen der Europäischen Zentralbank stabilisierten den Bankensektor im ganzen Euroraum und verhinderten, dass sich die Krise weiter ausweitete. Die umfangreichen Hilfen für die Eurokrisenstaaten vonseiten der Europäischen Union, der Europäischen Zentralbank und des Internationalen Währungsfonds hielten nicht nur den Euro zusammen, sondern waren auch ein Rettungsprogramm für die deutsche Exportindustrie. Im Jahr 2010 wuchsen die Exporte schon wieder, wie Abbildung 4.6 für Automobile zeigt. Da die Krise weiter schwelte, blieb die Verhandlungsmacht der Gewerkschaften schwach, was half, die Lohnkosten der deutschen Unternehmen niedrig zu halten.

Eine besondere Rolle für den Zusammenhalt der Euros gewannen die sogenannten Target2-Salden innerhalb des Eurosystems. Zur Erinnerung: Das Eurosystem besteht aus der Europäischen Zentralbank und den nationalen Zentralbanken des Euroraums, welche die Geldpolitik umsetzen. Die Europäische Zentralbank hatte Target2 (ursprünglich Target) als Zahlungssystem geschaffen, um Finanztransaktionen zwischen den Banken über die Grenzen schneller abwickeln zu können. Mit dem Ausbruch der Finanzkrise zeigte sich unerwartet noch eine zweite Funktion: eine Art Kreditmechanismus. Die Deutsche Bundesbank baute große Target2-Forderungen gegenüber der Europäischen Zentralbank auf, während die südlichen Krisenländer große Verbindlichkeiten gegenüber der Europäischen Zentralbank anhäuften.

Die Target2-Forderungen der Deutschen Bundesbank stiegen bis Ende 2022 auf rund 1200 Milliarden Euro, wie Abbildung 4.7 zeigt. Es waren weder die deutsche Industrie noch die Deutsche Bundesbank noch die deutsche Regierung, die auf die damit verbundenen Risiken aufmerksam machten. Der damalige Präsident des Münchner ifo-Instituts Hans-Werner Sinn schlug Alarm. Er argumentierte in seinem Buch *Die Target-Falle*, dass die Deutsche Bundesbank über das Target2-System umfangreiche Kredite an die südlichen Euroländer vergebe. Die südlichen Euroländer wie Italien und Spanien konnten dank wachsender Target2-Verbindlichkeiten gegenüber der Europäischen Zentralbank zunächst ihre Leistungsbilanzdefizite weiterfinanzieren.

Abbildung 4.7: Target2-Salden im Eurosystem

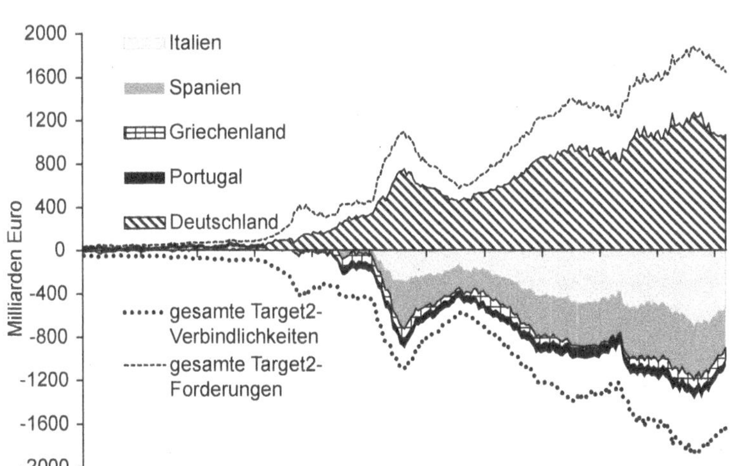

Quelle: Europäische Zentralbank.

Als viele Anleger ihre Einlagen bei italienischen Banken abzogen und nach Deutschland brachten, wären wohl einige italienische Banken in Schieflage geraten, wenn diese nicht stattdessen Kredite von der Banca d'Italia erhalten hätten. Die Banca d'Italia refinanzierte sich über das Target2-System bei der Europäischen Zentralbank, die wiederum Einlagen von der Deutschen Bundesbank erhielt. Hans-Werner Sinn kritisierte, dass die Kreditvergabe an die südlichen Banken automatisch erfolgte und keiner ausdrücklichen Bewilligung durch die Deutsche Bundesbank bedurfte. Es gab auch keine klare Obergrenze für diese Kredite und die Europäische Zentralbank verzinste die Target2-Forderungen der Deutschen Bundesbank zum damaligen Zeitpunkt nicht.[4]

Martin Hellwig, damals Mitglied im Europäischen Ausschuss für Systemrisiken, der bei der Europäischen Zentralbank angesiedelt ist, widersprach Hans-Werner Sinn. Die Target2-Forderungen der Deutschen Bundesbank seien keine Kredite und ihr möglicher Verlust bedeutungslos, weil sie nicht verzinst würden.[5] Isabel Schnabel, später Mitglied im Direktorium der Europäischen Zentralbank, schloss sich der Meinung von Martin Hellwig an. Die Diskussion über die Target2-Salden sei durch Missverständnisse und Fehldarstellungen geprägt, was zu einer Überschätzung der Risiken aus den Target2-Salden in der deutschen Öffentlichkeit geführt habe, beklagte sie bei einer Anhörung im Deutschen Bundestag. »Unserer Meinung nach sind keine umfassenden Reformen des Target-Systems erforderlich, da von diesem System keine wesentlichen Risiken für den deutschen Steuerzahler ausgehen«, sagte Isabel Schnabel.[6]

Während der Konflikt bis heute nicht gelöst ist, ordnet die Deutsche Bundesbank in ihrer Statistik ein Anwachsen ihrer Target2-Forderungen als internationale Kapitalanlage, also als Kapitalexport, ein. Die Statistik des Nettoauslandsvermögens des Internationalen Währungsfonds führt die Target2-Forderungen der Deutschen Bundesbank als Teil des deutschen Auslandsvermögens. Da die Target2-Forderungen die Banken und die Konjunktur in den Empfängerländern sowie den Euro stabilisierten, stabilisierten sie auch die Nachfrage nach deutschen Exportgütern.

Schließlich half die bundeseigene Kreditanstalt für Wiederaufbau (KfW), die bereits seit dem Jahr 1950 mit der Export- und Projektfinanzierung betraut ist und damit Risiken im Exportgeschäft absichert. Zum Jahr 2008 hat sie dieses Geschäft auf die IPEX-Bank als hundertprozentiger Tochter ausgegliedert. Die Bank für »Internationale Projekt- und Exportfinanzierung« gewährt mittel- und langfristige zweckgebundene Finanzierungen zur Unterstützung der Exportwirtschaft, der Entwicklung der wirtschaftlichen und sozialen Infrastruktur sowie für Vorhaben des Umwelt- und Klimaschutzes. Die KfW-Bankengruppe hat ihre Exportfinanzierung immer weiter ausgeweitet.

Alles im allem haben also der deutsche Staat und die Europäische Zentralbank für die Kapitalexporte eine zentrale Rolle gespielt. Zunächst waren es private Kapitalabflüsse, die maßgeblich von geld- und finanzpolitischen Entscheidungen getrieben wurden. Seit Ausbruch der europäischen Finanz- und Schuldenkrise haben die Regierungen in Europa und die Europäische Zentralbank ein schwer durchschaubares Netz aus nationalen und europäischen Rettungsschirmen geschaffen, die nicht nur den Euro gerettet, sondern auch die deutschen Exporte hochgehalten haben. Während viele Menschen die deutschen Exportüberschüsse als Ausdruck einer hohen Wettbewerbsfähigkeit der deutschen Wirtschaft sehen, scheinen diese spätestens seit 2008 zunehmend ihre Existenz der Europäischen Zentralbank, der deutschen Regierung und anderen europäischen Institutionen zu verdanken haben.

Dabei gab es Streit. Die südeuropäischen Länder beklagten immer wieder, dass Deutschland seine Exporte durch geringe Löhne subventioniere. Die Europäische Kommission kritisierte, dass der anhaltend hohe Exportüberschuss Deutschlands ein Risiko für die europäische Wirtschaft darstelle. Kanzlerin Angela Merkel entgegnete 2013, dass es keinen Sinn mache, künstlich die Wettbewerbsfähigkeit Deutschlands zu schmälern. Es wäre absurd, die Produktion zu drosseln und Abstriche an der Qualität der deutschen Produkte zu machen: »Das kann nicht der Sinn sein eines erfolgreichen Europas«, meinte sie. [7] »Die Deutschen sind stolz auf ihre Exporte, doch die EU-Kommission sieht den Handelsüberschuss des Musterschülers kritisch«, hieß es im März 2014 bei der Tagesschau.[8]

Im Jahr 2015 verlautbarte die Europäische Union, dass Deutschland mit seinen hohen Exportüberschüssen zu Ungleichgewichten in der Eurozone beitrage und eine zu hohe Abhängigkeit von den Exporten riskiere.[9] 2017 polterte der US-amerikanische Präsident Donald Trump bei einem Besuch in Brüssel: »Die Deutschen sind böse, sehr böse. […] Schauen Sie sich die Millionen von Autos an, die sie in den USA verkaufen. Fürchterlich. Wir werden das stoppen.«[10] Auf Trumps Forderung nach Zöllen entgegnete der damalige deutsche Finanzminister Wolfgang Schäuble: »Wer auf wirtschaftliches Wachstum setzt, muss auch auf freien Handel und nicht auf Protektionismus setzen.« Angela Merkel erklärte derweil Schülern der Kurt-Tucholsky-Oberschule in Berlin, dass der deutsche Exportüberschuss von der Abwertung des Euros und dem niedrigen Ölpreis getrieben werde. Beide Faktoren lägen nicht im Einflussbereich der Bundesregierung, die auch nicht anordnen könne, dass auch in anderen EU-Staaten gute Waren produziert würden, die die Deutschen kaufen wollten.[11] Na dann …

Stupid German Money

Ob Leistungsbilanzüberschüsse für ein Land von Vorteil sind oder nicht, hängt, wie man sieht, von der Sichtweise ab. Man kann Leistungsbilanzüberschüsse als eine Ersparnis eines Landes betrachten, weil Kapital im Ausland investiert wird. So hat Deutschland in den 1980er Jahren viel Kapital im Ausland angelegt, das im Zuge der Wiedervereinigung nach Deutschland zurückgeholt werden konnte, um die dringend notwendigen Investitionen zu finanzieren. Das Abziehen von deutschem Kapital aus dem Ausland hat damals übrigens einige Krisen ausgelöst, beispielsweise im Vereinigten Königreich. Und: Ein Kredit ist ein Kredit. Unter normalen Umständen bringt dieser Zinsen und wird irgendwann zurückgezahlt. Zu einem späteren Zeitpunkt können die Auslandsanlagen von heute mehr Importe aus dem Ausland finanzieren. Auf der anderen Seite profitiert ein ausländischer Kreditnehmer, wenn er das geliehene Geld gut investiert.

Gerade zeigt sich, dass die Wirtschaft der USA sehr viel leistungsfähiger ist als die von Transformationsplänen lädierte deutsche Wirtschaft. Die innovativen Unternehmen für künstliche Intelligenz konzentrieren sich in den USA. Der Finanzmarkt der USA ist hoch entwickelt und robust. Warum sollten wir dort nicht mehr für die Zukunft investieren? Da das deutsche Kapital das Wachstum in den USA begünstigt, profitieren auch die USA von den deutschen Ersparnissen. Wenn es dort gut angelegt ist, können die USA ihre Schulden in Zukunft auch ohne Probleme zurückzahlen. Das wäre gut für die alternde deutsche Gesellschaft. Wo ist also das Problem?

Das Problem ist, dass die deutschen Investitionen im Ausland im Durchschnitt nicht wirklich renditeträchtig sind. Eine Studie des Instituts für Weltwirtschaft in Kiel legt nahe, dass die Rendite deutscher Auslandsanlagen deutlich niedriger ist als die von anderen Ländern. Zwischen 2009 und 2017 hätten die durchschnittlichen Erträge jährlich mehr als fünf Prozentpunkte unter denen der Auslandsanlagen der USA gelegen. Auch andere europäische Länder wie Italien, Frankreich und die Niederlande hätten deutlich besser investiert.[12] Ein Beitrag zu der Studie steht unter dem Titel »Kapitalexport ist ein Milliardengrab« und verweist auf die Weltfinanzkrise im Jahr 2008. »Düsseldorf«, so hätte im Bestseller *The Big Short* ein Investmentbanker auf die Frage geantwortet, wer denn 2007 noch diese »Schrottpapiere« kurz vor dem Zusammenbruch des amerikanischen Hypothekenmarkts gekauft habe. [13] Gemeint war die Düsseldorfer IKB.

Denn die Finanzanlagen im Ausland werden nicht immer zurückgezahlt. Sie sind risikoreicher als Finanzanlagen im Inland, weil Informationen über die Verlässlichkeit ausländischer Kreditnehmer nicht so leicht verfügbar sind. Jeder in Tegernsee weiß, dass die Kreissparkasse Miesbach-Tegernsee solide wirtschaftet. Die Menschen dort würden auch schnell erfahren, wenn die Bank im Landkreis unsinnige Projekte finanziert, beispielsweise ein Tropenbad auf Stelzen im Tegernsee oder einen Tunnel für Wanderer durch den Wallberg. Doch wie steht das mit Krediten an die amerikanische Silicon Valley Bank? »Silicon Valley« klingt gut, doch war schon jemand vor Ort und hat sich ein Bild von deren Geschäften gemacht?

Bei Krisen ist es über Grenzen hinweg sehr viel schwieriger, Forderungen geltend zu machen. Verweigert eine türkische Bank dem deutschen Einleger die Auszahlung seiner Ersparnisse, dann müsste dieser erst einmal das türkische Rechtssystem bemühen. Das ist nicht nur mit Sprachbarrieren, sondern auch mit hohen Kosten verbunden. Wenn die Republik Argentinien zahlungsunfähig ist und sich weigert, ihr Vermögen zu liquidieren, dann ist auch der Internationale Währungsfonds hilflos. Früher hätte man vielleicht Kanonenboote geschickt, doch das ist heute natürlich ausgeschlossen. Die Aufforderung der *Bild*-Zeitung an Griechenland auf der Höhe der Schuldenkrise, Inseln und die Akropolis zur Tilgung der Auslandsschulden zu liquidieren, hat nicht viel mehr als Empörung bewirkt.[14] Es ist längst nicht klar, ob bei internationalen Schuldenkrisen eine Zahlungsunfähigkeit das Problem des Schuldners oder des Gläubigers ist.

Viele Vermögenswerte, die Deutsche in den letzten zwanzig Jahren im Ausland erworben haben, haben drastisch an Wert verloren. Im Ausland spricht man auch gerne einmal von *stupid german mo-*

ney, also dummem deutschen Geld. Den Begriff hat ursprünglich die US-amerikanische Filmwirtschaft geprägt, nachdem in Deutschland steuerlich geförderte Medienfonds viele Ersparnisse in wenig lukrative US-amerikanische Filmproduktionen gelockt hatten. Da die Anleger Verluste in der Filmindustrie vom zu versteuernden Einkommen abziehen konnten, waren auch Filme »mit Flop-Garantie« für deutsche Ärzte und Apotheker verlockend.[15] Zu den Schifffonds, die bis zur globalen Finanzkrise mit steuerfreien Gewinnausschüttungen gelockt hatten, schrieb die *Süddeutsche Zeitung*: »Mehr als zehn Milliarden Euro wurden versenkt in einem Meer aus Gier, falschen Versprechungen, dubiosen Transaktionen und raffgieriger Selbstbedienung.«[16]

Riesige Investitionen von deutschen Landesbanken im US-amerikanischen Hypothekenmarkt stellten sich plötzlich in der vom Bankrott der Investmentbank Lehman Brothers ausgelösten globalen Finanzkrise als wertlos heraus. Dem damaligen Finanzminister Peer Steinbrück blieb nicht viel anderes übrig, als am 29. Juli 2008 in einer Telefonkonferenz ein Konsortium aus deutschen Banken zur Übernahme der Risiken der privaten IKB in Höhe von 3,5 Milliarden Euro zu drängen.[17] Dass die staatliche Kreditanstalt für Wiederaufbau davon 2,5 Milliarden schulterte, deutet an, dass der Staat bei der Geldverschwendung im Ausland kräftig mitmischt. Wie viel die Landesbanken als Anstalten des öffentlichen Rechts – WestLB, Sachsen LB, HSH Nordbank, BayernLB und LBBW – im Zuge der US-Hypothekenmarktkrise den Steuerzahler gekostet haben, ist schwer nachzuvollziehen. Die Summe dürfte aber beträchtlich sein. Von über 70 Milliarden Euro ist die Rede. Und wären die Verluste ohne die dramatischen Rettungsaktionen noch höher gewesen?[18]

Und nicht nur die Finanzinstitute haben sich in zweifelhafte Auslandsabenteuer gestürzt. Auch einige Industrieunternehmen haben mit Übernahmen von ausländischen Konkurrenten viel Geld in den Sand gesetzt. Die »Hochzeit des Grauens«, wie die *Süddeutsche Zeitung* die Übernahme von Chrysler durch Daimler bezeichnet hat, soll den deutschen Automobilgiganten fast 40 Milliarden Euro gekostet haben.[19] Die Übernahme des englischen Automobilproduzenten Rover für 2 Milliarden Mark durch BMW im Jahr 1994 endete sechs Jahre später mit dem Verkauf von MG Rover für 10 britische Pfund an einen Finanzinvestor.

Die Verluste sollen sich auf bis zu 10 Milliarden Euro summiert haben. Nur der Mini blieb als erfolgreiches Kind der unglücklichen Affäre zurück.[20] Die britischen Arbeiter sollen vorsätzlich unter anderem mit einer toten Katze in einer Autotür den Erfolg der Teutonen boykottiert haben, wie ich aus informierten Kreisen gehört habe. Und dann war da noch die kostspielige Übernahme von Monsanto, die dem deutschen Chemieriesen Bayer immense Rechtsrisiken in den USA beschert und den Aktienkurs auf Dauer in den Keller geschickt hat. Als Nächstes könnte die US-amerikanische Justiz die Deutsche Telekom schröpfen.[21]

Die Gesamtheit der Wertverluste bei den Auslandsanlagen der Deutschen ist schwer überschaubar, dürfte aber beträchtlich sein. Das offiziell ausgewiesene Nettoauslandsvermögen Deutschlands lag Ende 2023 bei 2783 Milliarden Euro, wie Abbildung 4.8 zeigt. Das Nettoauslandsvermögen entspricht der Differenz der deutschen Vermögen im Ausland abzüglich der ausländischen Vermögen in Deutschland. Doch wie hoch hätte es liegen müssen, wenn es im Ausland keine Verluste gegeben hätte? Summiert man als Schätzung alle Leistungsbilanzschüsse und -defizite Deutschlands seit dem Jahr 2000 auf, dann kommt man auf rund 4116 Milliarden Euro. Das entspricht der dünnen grauen Linie in Abbildung 4.8. Aus der Differenz zum tatsächlichen Nettoauslandsvermögen ergäbe sich ein Verlust von immerhin rund 1332 Milliarden Euro, also rund 15 758 Euro pro Einwohner.

Abbildung 4.8: Schätzungen des Nettoauslandsvermögens Deutschlands

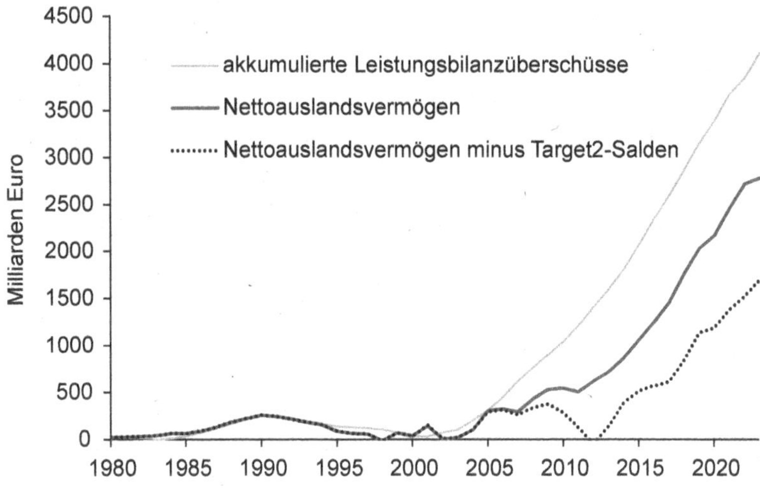

Quelle: Deutsche Bundesbank und eigene Berechnungen.

Und wie steht es mit den Target2-Forderungen der Deutschen Bundesbank, die in der Statistik Teil des deutschen Auslandsvermögens sind? Diese beliefen sich Ende 2023 immer noch auf gut 1000 Milliarden Euro. Nun ist es umstritten, ob die Target2-Forderungen der Deutschen Bundesbank werthaltig sind oder nicht. Einige argumentierten, dass diese wieder zurückgehen werden, wenn sich die Geldpolitik der Europäischen Zentralbank normalisiert. Andere glauben, dass diese wertlos sind, weil man Ländern mit hoher Verschuldung keine großen Opfer abverlangen kann. Ein deutlicher Rückgang der Target2-Verbindlichkeiten der italienischen oder spanischen Zentralbank ist in naher Zukunft wohl nicht zu erwarten. Auch die Regierungen von Italien und Spanien werden wohl eher nicht für diese Verbindlichkeiten einspringen, wenn der Euro zusammenbricht.

So kann man als Gedankenexperiment von dem offiziell von der Deutschen Bundesbank ausgewiesenen Nettoauslandsvermögen noch die Target2-Forderungen der Deutschen Bundesbank abziehen. Das ist die gestrichelte Linie in Abbildung 4.8. In diesem Fall läge das Nettoauslandsvermögen Ende 2023 bei nur noch 1696 Milliarden Euro bzw. der Verlust bei 2420 Milliarden Euro, also bei rund 28 600 Euro pro Kopf. Für eine vierköpfige Familie, wie vielleicht der Ihren, wären das immerhin 114 400 Euro. Diese Summe hätte die eine oder andere junge Familie in Deutschland dem Traum eines Einfamilienhauses deutlich näher gebracht.

Wie es sich genau verhält, wird wohl für immer im Dunklen bleiben. Sicher dürfte jedoch sein, dass viel von dem Konsumverzicht, den die Deutschen lange Zeit geleistet haben, damit deutsche Unternehmen exportieren und die Arbeitsplätze in der Industrie erhalten werden konnten, ihnen nicht mehr Konsum in der Zukunft bescheren wird. Besser erscheint da der Ansatz der USA, die seit vielen Jahren dank großer Kapitalimporte Leistungsbilanzdefizite haben. Sie werden wohl nur einen Bruchteil dieser Verbindlichkeiten zurückzahlen, weil die Finanzasse der Wall Street und die Strategen im Weißen Haus immer wieder Mittel und Wege finden, diese zu entwerten.

Wohlfahrts- und Verteilungseffekte der verlorenen Kapitalexporte

Viele Menschen in Deutschland und Europa glauben, dass die großen Exportüberschüsse Deutschland genutzt haben. Das höre ich immer wieder, auch aus Zentralbankkreisen. Jüngst hat eine Stipendiatengruppe mit überwältigender Mehrheit dieser Aussage zugestimmt. Angesichts der hohen Verluste auf die deutschen Auslandsanlagen ist das hingegen zweifelhaft. Wenn viele der deutschen Finanzanlagen im Ausland an Wert verloren haben oder de facto wertlos sind, dann haben die Deutschen ihre Exportgüter ins Ausland verschenkt. Der nette kleine Smart oder der schicke gelbe Porsche werden nicht am Chiemsee oder auf der Insel Rügen gefahren, sondern an der italienischen Adriaküste oder in Palo Alto in Kalifornien. Für die Deutschen sind die Exportüberschüsse vielleicht ein Prestigegewinn, aber auch ein Wohlfahrtsverlust.

Doch warum hat die Bundesregierung dann immer wieder die deutschen Exportüberschüsse trotz internationaler Kritik so vehement verteidigt? Wäre es nicht besser gewesen, Lohnerhöhungen in Deutschland zu fordern, die den Konsum der Haushalte erhöht hätten? Das Lohnniveau wäre stärker gestiegen und wir hätten heute ein größeres Polster gegen die Inflation. Wir wären öfter mit unseren Freunden zum Italiener um die Ecke gegangen, mit unserer Familie ins Abenteuerhotel ins Erzgebirge gefahren oder mit dem Fahrrad zur erholsamen Thaimassage in die Innenstadt geradelt. Klingt doch eigentlich besser, als die Ersparnisse Finanzhaien in New York oder Dublin in den Rachen zu werfen, die bei der Ankündigung von Rettungsprogrammen durch den deutschen Finanzminister die Korken knallen lassen, oder?

Eine Antwort könnte sein, dass es die Politiker nicht besser gewusst haben. Das wäre bei so viel Sachkompetenz, die in Deutschland vorhanden ist, schade. Oder manche Akteure haben von den Exportüberschüssen profitiert. Die irrsinnige deutsche Hyperinflation der frühen 1920er Jahre soll sich auch deshalb so lange fortgesetzt haben, weil wichtige Interessengruppen wie Grundbesitzer und Industrielle davon profitiert haben. Seit der Jahrtausendwende hatte die deutsche Exportindustrie – allen voran die Autoindustrie – durch den Kapitalexportboom einen angenehmen Rückenwind, der wohl auch die Boni der Manager nicht unberührt gelassen hat. Das Auslandsgeschäft florierte so stark, dass die Automobilproduzenten das Design der deutschen Autos sogar dem Geschmack der US-Amerikaner und Chinesen angepasst haben. »Was kümmert uns noch der Geschmack der Deutschen. Das Geschäft machen wir woanders«, habe ich von einem Mitarbeiter eines schwäbischen Autobauers gehört.

Auf der anderen Seite haben die Deutschen das Kapital, das ins Ausland abgeflossen ist, nicht im Inland konsumiert. Das sollte man nicht vergessen! Das dürfte insbesondere auf Kosten der kleinen Dienstleistungsunternehmen gegangen sein, deren Geschäft von der Kaufkraft der Inländer abhängt. Haben Sie sich vielleicht auch schon gewundert, dass es immer weniger Einzelhandelsgeschäfte gibt. Die selbstständigen Floristen, Schreibwarengeschäfte und Fischläden, die es in meiner

Jugend noch fast überall gab, sind weitgehend verschwunden. Es dominieren gesichtslose Ketten, die vor allem in den Zentren der großen Städte oder auf der grünen Wiese angesiedelt sind. In den kleineren Städten ist in den Schaufenstern immer öfter Leere angesagt. Öde hat sich breitgemacht.

Abbildung 4.9: Anzahl der Restaurants in Deutschland

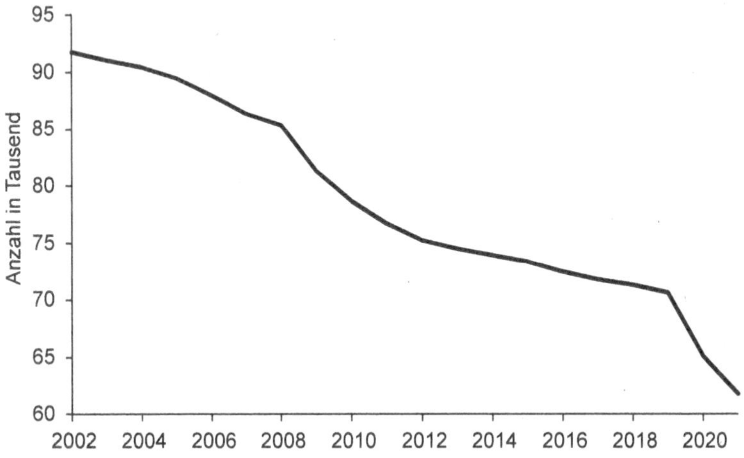

Quelle: Statistisches Bundesamt.

Vor einigen Wochen hat in der Leipziger Innenstadt meine Reinigung geschlossen, die immer sehr freundlich, zuverlässig und zuvorkommend gearbeitet hat. Die deutlich gestiegenen Kosten seien den Kunden nicht mehr vermittelbar gewesen, meinte die resignierte Eigentümerin. Und wie sieht es mit den Restaurants aus? Leipzigs quirlige Amüsiermeile Gottschedstraße ist nach wie vor gut besucht. Auch prominente Pizza-Ketten müssen nicht über eine mangelnde Nachfrage klagen. Andererseits geben immer mehr Wirte auf. Das zeigen die Zahlen des Statistischen Bundesamtes in Abbildung 4.9. Waren es im Jahr 1999 noch knapp 92 000 Restaurants, lag die Anzahl 2021 bei nur noch knapp 62 000. Auch bei Cafés, Eissalons, Kneipen und Tanzlokalen hat die Anzahl deutlich abgenommen. Die Corona-Lockdowns haben das Sterben der kleinen Unternehmen nochmals beschleunigt.

Das weist nicht nur auf einen deutlichen Wohlstandsverlust hin, sondern auch darauf, dass dieser insbesondere auf Kosten des kleinteiligen Dienstleistungssektors geht. Güter, die ins Ausland verschenkt werden, erhöhen zwar rechnerisch die Wirtschaftsleistung pro Kopf. In den Genuss der dahinterstehenden Wirtschaftskraft kommen aber andere. Die Illusion vom reichen Land kann man zwar mit dem Verweis auf die stolzen Exporterfolge für die Nachrichten und Reden im Bundestag aufrechterhalten, bei den Menschen kommt der ins Ausland verschenkte Wohlstand aber nicht an. Aus dieser Sicht waren und sind die großen Exportüberschüsse ein großes Umverteilungsprogramm zugunsten der großen Exportunternehmen, deren Zulieferern, deren Managern und deren Mitarbeitern.

Nicht ohne Grund sind die verfügbaren Einkommen in Deutschland in den Landkreisen hoch, wo große Unternehmen angesiedelt sind, beispielsweise in Wolfsburg, Stuttgart, München oder Böblingen. Das hat zuletzt wieder in der *Welt* Daniel Eckert mit seiner spannenden Analyse der Gehaltsunterschiede in den Landkreisen von Deutschland festgestellt. Wo das nicht der Fall ist, geht es hingegen oft immer stärker abwärts. Der Wohlstand verfällt oder ist bereits verfallen. Aber vielleicht könnte ja China mit seinem riesigen Markt einen Ausgleich bringen.

KAPITEL 5

China als willkommener und riskanter Wirtschaftspartner

Reformen, Öffnung und billiges Geld als Wachstumsmotoren

China war lange Zeit von der Welt weitgehend isoliert. Die kommunistische Partei plante die Wirtschaft des Riesenreichs, weshalb wie in anderen sozialistischen Staaten das Wachstum gering war. Als ich 1988 von Tokio über Hongkong, Wuhan und Shanghai nach Peking reiste, habe ich nach dem boomenden Japan und dem modernen Hongkong China als äußerst armes, chaotisches und schmutziges Land erlebt. Das Personal in Hotels, Geschäften und Bahnhöfen war unfreundlich, oft sogar destruktiv. Der Wohlstand war erschreckend niedrig und die sanitäre Lage mehr als gewöhnungsbedürftig. Heute ist China ein völlig anderes Land, gut organisiert, freundlich und sauber. Es ist ein Zentrum der globalen Industrieproduktion und die Heimat einer großen Mittelschicht. Die politische Führung erhebt Anspruch auf eine wirtschaftliche und politische Führungsrolle in der Welt.

Der beeindruckende Aufstieg geht auf weitreichende marktwirtschaftliche Reformen zurück, die 1978 der »überragende Führer« Deng

Xiaoping zunächst in der Landwirtschaft auf den Weg brachte. Mit längerfristigen Pachtverträgen konnten die Bauern fortan selbstständig Gewinne erzielen, sodass die Agrarproduktion und der Lebensstandard der Landbevölkerung wuchsen. Die Regierung ernannte in den staatlichen Industriebetrieben Manager, die eigenverantwortlich über die Produktion entscheiden konnten. Ab dem Jahr 1984 erlaubte der Staat Privatunternehmen. Die Regierung gab immer mehr Preise frei. Die Nachfrage nach Industriegütern wie Kleidung, Fernsehern und Kühlschränken florierte.

Es folgte die Öffnung nach außen. Bereits Deng Xiaoping hatte ausländische Investitionen in Sonderwirtschaftszonen zugelassen, die sich als Wachstumsmotoren erwiesen. Es folgten erfolgreiche Freihandelszonen und Technologieparks für ausländische Unternehmen. Im Jahr 1994 schaffte China die Devisenkontrollen für Exporte und Importe sowie für internationale Zinsen- und Dividendenzahlungen ab. Die Regierung band den Wechselkurs der Währung Yuan, die auch Renminbi genannt wird, an den Dollar. Das schuf Planungssicherheit für den internationalen Handel und internationale Investoren.

Abbildung 5.1: Reale Wachstumsraten von China, Deutschland und USA

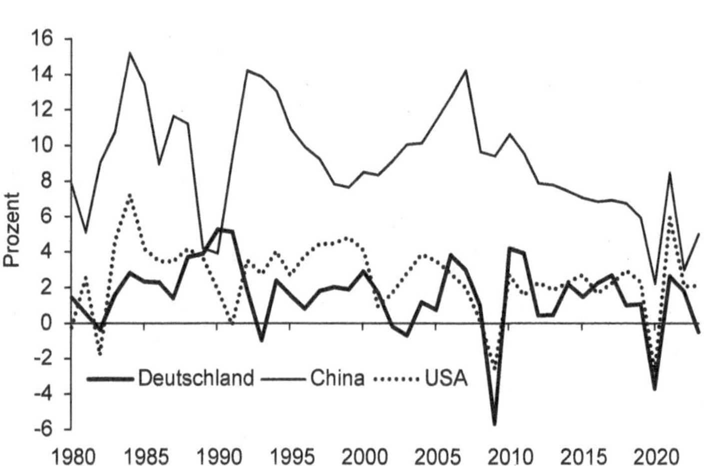

Quelle: Internationaler Währungsfonds.

Es ist unbestritten, dass die marktwirtschaftlichen Reformen China einen deutlichen Wachstumsschub gegeben haben. Der stabile Wechselkurs des Yuan zum Dollar trug maßgeblich dazu bei, weil die Inflation zurückging und sich stabilisierte. Abbildung 5.1 zeigt das Wachstum Chinas im Vergleich zu Deutschland und den USA seit dem Jahr 1980. Länder, deren Pro-Kopf-Einkommen weit niedriger als in den Industrieländern liegen, können schneller wachsen, weil sie ein Aufholpotenzial haben. Das Reich der Mitte nutzte dieses mit Reformen und hat so Millionen Menschen aus der Armut geholt. Zu Beginn der 1980er Jahre lag das Pro-Kopf-Einkommen in China bei 192 Dollar pro Jahr, während es heute über 12700 Dollar sind.
Das Land schickte sich an, zur globalen Wachstumslokomotive zu avancieren. Internationaler Handel basiert darauf, dass sich Länder auf unterschiedliche Produkte spezialisieren, was Produktivitäts- und Wohlfahrtsgewinne bringt. China hatte aufgrund der niedrigen Lohnkosten einen Vorteil bei arbeitsintensiven Gütern wie Textilien, Elektrogeräten und Gegenständen des alltäglichen Gebrauchs. Deutschland und Japan verfügen hingegen über einen hoch entwickelten Maschinenbau, der die nötige Ausstattung für Fabriken in China liefern konnte. Somit galt für China, was immer für den internationalen Handel gilt. Nicht nur die Exporte, sondern auch die Importe stiegen, wie Abbildung 5.2 zeigt.

Abbildung 5.2: Exporte und Importe Chinas in Dollar

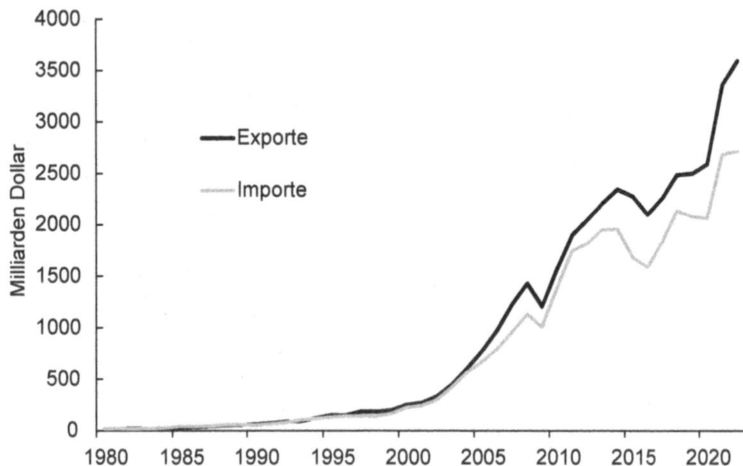

Quelle: Internationaler Währungsfonds.

So strahlte das dynamische Wachstum des Reichs der Mitte auf die westlichen Industrieländer und die Nachbarländer in Südostasien aus. Letztere liefern Vorprodukte, die die Industrieunternehmen in China weiterverarbeiten und dann in die Industrieländer exportieren. Das Reich der Mitte integrierte sich langsam in die Weltwirtschaft. Als im März 2000 in den Industrieländern die Dotcom-Blasen platzten, zündeten die großen Zentralbanken der Industrieländer einen Turbo, der diesen Prozess ungesund beschleunigte. Sie senkten die Zinsen stark, um ihre Finanzmärkte zu stabilisieren. Das heizte die Kapitalzuflüsse nach China an, wo niedrige Inflation und billige Arbeitskräfte gute Bedingungen für den Aufbau von Produktionsstätten boten.

Die Wechselkursbindung des Yuan an den Dollar spielte eine wichtige Rolle für den unglaublichen Boom, der sich fortan in China entfaltete. Die internationalen Investoren tauschten Dollar in Yuan, um in China zu investieren, sodass der Yuan unter Aufwertungsdruck kam. Jede Aufwertung hätte die chinesischen Waren im Ausland teurer gemacht und so die Exporte und das Wachstum Chinas ausgebremst.

Doch die chinesische Zentralbank, die People's Bank of China, kaufte Dollar und verkaufte Yuan, um den Yuan gegenüber dem Dollar stabil zu halten. Dadurch wuchsen die Devisenreserven in der Bilanz der People's Bank of China stark an. Dies zeigt die weiße Fläche in Abbildung 5.3. Ende 2014 lagen die Devisenreserven Chinas bei fast 4000 Milliarden Dollar, genauer gesagt bei 3 993 212 720 000 Dollar!

Abbildung 5.3: Bilanz der People's Bank of China

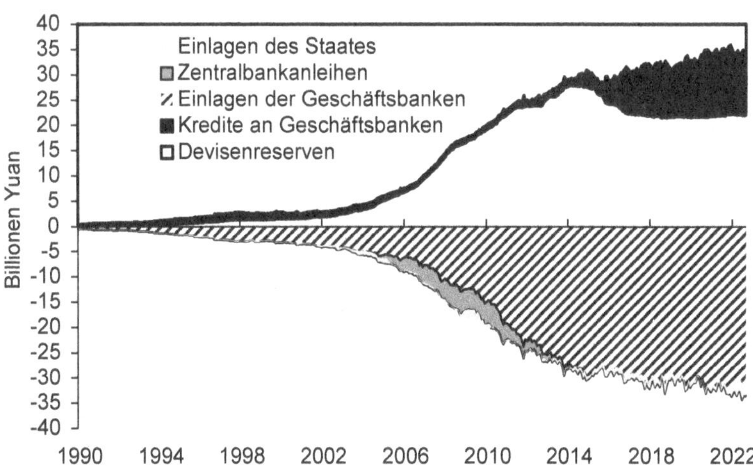

Quelle: Internationaler Währungsfonds. Positives Vorzeichen = Aktiva, negatives Vorzeichen = Passiva. Wichtigste Bilanzposition.

Für die Ankäufe der vielen Dollars schrieb die People's Bank of China den Geschäftsbanken den Gegenwert auf deren Konten bei der Zentralbank gut. Das ist die schräg gestreifte Fläche in Abbildung 5.3. Die Guthaben der Geschäftsbanken bei der Zentralbank sind eng mit der Kreditvergabe der Geschäftsbanken an die Unternehmen verbunden. So konnten dank der großen Kapitalzuflüsse die Kredite an Unternehmen und Haushalte stark wachsen. Die chinesische Regierung überließ im staatlich kontrollierten Bankensystem die Kreditzinsen aber nicht den Marktkräften, sondern setzte diese künstlich niedrig. Das führte dazu, dass die chinesischen Unternehmen und Haushalte bei den Banken nach Krediten Schlange standen. Die Führung konnte deshalb auswählen, wer Kredite bekam und wer nicht. Es kamen vor allem die großen staatlichen Industrieunternehmen und Exportunternehmen zum Zug. Die Haushalte und die kleinen Unternehmen gingen meist leer aus.

So wuchsen mit den Investitionen die Produktionskapazitäten rasant. Viele Menschen wanderten aus dem unterentwickelten Westen Chinas in die industriellen Zentren des Ostens, um dort besser bezahlte Jobs anzunehmen. Allerdings fand die rasant steigende Produktion nicht allein in China Absatz, weil trotz steigender Löhne die Einkommen pro Kopf immer noch gering waren. Wenn die Produktion auf Dauer weiter schnell wachsen sollte, wie es die Pläne der Regierungen vorgaben, dann musste ein großer Teil der Produktion ins Ausland gehen. Die USA und andere Industrieländer sind als Absatzmärkte sehr attraktiv, weil die Einkommen pro Kopf viel höher sind. Ein US-Amerikaner mit einem durchschnittlichen Einkommen pro Kopf von 76 000 Dollar konsumiert sehr viel mehr als ein durchschnittlicher Chinese mit 12 700 Dollar.

Der chinesische Staat half den Exporten über zwei Wege auf die Sprünge, um die Produktionsmaschinerie ausgelastet und die Lager leer zu halten. Einerseits ermöglichten die günstigen Kreditzinsen niedrigere Preise von Exportgütern. Andererseits hielt die People's Bank of China den Wechselkurs zum Dollar stabil, wie Abbildung 5.4 zeigt. Denn hätte der Yuan aufgewertet, wären Chinas Güter im Ausland teurer worden. Die günstigen Preise für chinesische Produkte heizten in den Industrieländern die Nachfrage an. Kaufexzesse bei Primark, H&M, Butlers und Mäc-Geiz folgten. Statt einem T-Shirt oder einer Hose nahmen die Kunden gerne auch einmal zwei oder drei mit. Gartenstühle, Telefone, Bratpfannen oder Sitzkissen: Die Menschen ersetzten vieles, obwohl es noch länger gehalten hätte.

Als ab dem Jahr 2005 die USA die Zinsen zeitweise anhoben und die Kapitalzuflüsse aus den USA abzuebben drohten, änderte die People's Bank of China ihre Wechselkurspolitik. Nachdem die USA China schon länger gedrängt hatten, den Yuan gegenüber dem Dollar aufwerten zu lassen, kam China diesem Wunsch nach. Ich erinnere mich noch gut, als sich diese Nachricht wie ein Lauffeuer in der internationalen Abteilung der Europäischen Zentralbank verbreitete. Die chinesische Zentralbank kündigte eine kontrollierte Aufwertung an. Das war eine Art Einladung an Spekulanten: Jeder, der Dollar in Yuan tauschte, konnte im Jahr allein durch die Aufwertung einen Gewinn von bis zu 10 Prozent machen. Abbildung 5.4 zeigt den festen Wechselkurs des Yuan gegenüber dem Dollar bis 2005 und ab 2005 bis 2008 die langsame Aufwertung, die sich von 2010 bis Mitte 2015 fortsetzt.

Abbildung 5.4: Wechselkurs des chinesischen Yuan gegenüber dem Dollar

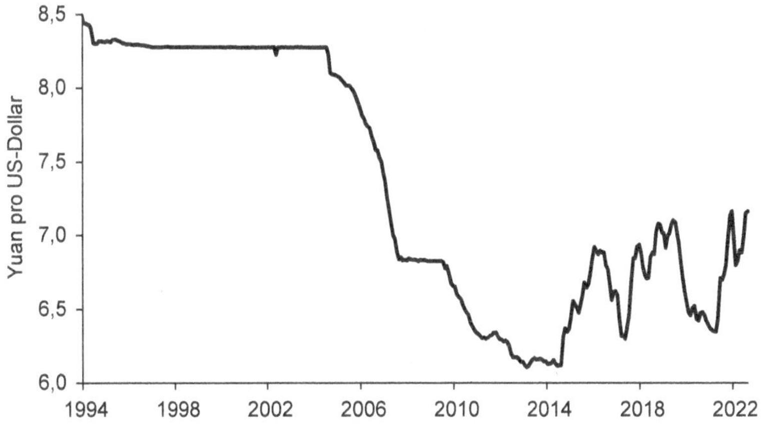

Quelle: Internationaler Währungsfonds.

Doch hat China Kapitalverkehrskontrollen, sodass die chinesische Regierung den Tausch von Dollar in Yuan genehmigen muss. Eine Ausnahme gab es aber für die Erlöse aus dem Export. So nahmen chinesische Unternehmen in den USA Kredite auf, deklarierten diese als Exporterlöse und tauschten sie dann in Yuan. Das schuf weitere Subventionen für chinesische Exportunternehmen und neue Kapitalzuflüsse nach China, die sich bis zum Jahr 2014 fortsetzten. Ab dem Jahr

2007 hatten die Zinssenkungen der amerikanischen Zentralbank Fed in Reaktion auf die US-Hypothekenmarktkrise die Kapitalabflüsse aus den USA nochmals wiederbelebt.

Die Abhängigkeit Deutschlands von China wächst

Für die deutsche Industrie war China ein Glücksfall. Die Löhne und die Sozialabgaben sind in Deutschland im Vergleich zu China sehr hoch. Die deutschen Arbeitnehmer haben viel höhere Ansprüche an die soziale Sicherung und wollen eine gute Work-Life-Balance. Zudem war seit der Jahrtausendwende aufgrund der schwachen Lohnentwicklung die Nachfrage in Deutschland schwach. Die europäische Finanz- und Schuldenkrise dämpfte ab 2008 in den südeuropäischen Krisenstaaten die Nachfrage nach deutschen Gütern. Sollte das Geschäft weiterlaufen, dann mussten Deutschlands Exportunternehmen neue Märkte im Ausland erschließen.

China war aus drei Gründen attraktiv. Erstens erhöhte der schnelle Ausbau der Produktionskapazitäten den Bedarf an Investitionsgütern. Zweitens ist China ein großes Land. Auch wenn die Pro-Kopf-Einkommen deutlich unter dem Niveau von Deutschland und den USA liegen, bedeuten 1,4 Milliarden Einwohner einen riesigen Markt. Drittens ließen die schnellen Produktivitätsgewinne der chinesischen Industrie auch deutliche Lohnsteigerungen in China erwarten. Es entstand in China eine große Mittelschicht, die unter anderem ein großes Interesse an prestigeträchtigen deutschen Autos zeigte. Die deutschen Exporte nach China wuchsen seit 2001 rasant auf 105 Milliarden Euro im Jahr 2022, wie Abbildung 5.5 zeigt.

Abbildung 5.5: Deutsche Exporte nach China

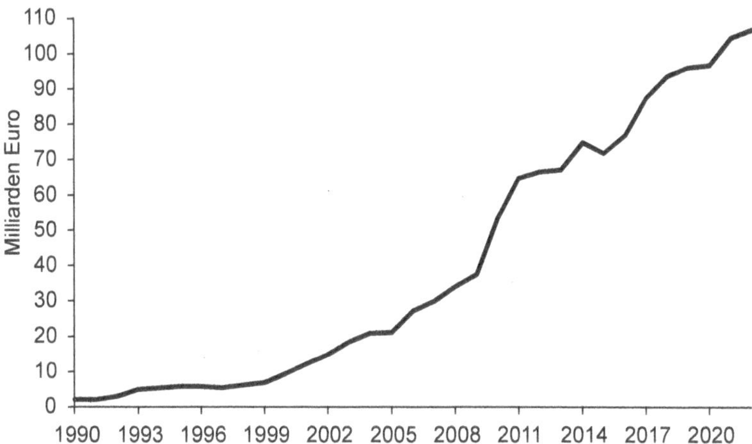

Quelle: Internationaler Währungsfonds.

Besonders seit 2008 ging es aufwärts. Der Anteil Chinas an den deutschen Exporten stieg von 3,5 Prozent im Jahr 2008 auf 7,5 Prozent im Jahr 2021, während gleichzeitig der Anteil der Partnerländer in der Europäischen Union von 64 Prozent (2008) auf 55 Prozent (2022) schrumpfte. Diese Entwicklung spiegelt die unterschiedlichen Wachstumsdynamiken wider. Die Exporte gehen dahin, wo es brummt. In China boomte es und das Wachstum in der Europäischen Union dümpelte seit der europäischen Finanz- und Schuldenkrise vor sich hin. Nicht nur Maschinen und Autos standen bei den Chinesen hoch im Kurs, sondern auch Reisen durch das schöne bayerische Märchenland.

Auch die Bedeutung Chinas für die Produktion deutscher Unternehmen wuchs, gerade mit Blick auf die Zukunft. Man brauchte Chinas hohe Wachstumsraten nur fortschreiben, um zu dem Ergebnis zu kommen, dass China bald die größte Volkswirtschaft der Welt sein würde. Seit der Jahrtausendwende hatte die Wirtschaftsleistung der Volksrepublik bereits Frankreich, das Vereinigte Königreich, Deutschland und Japan überholt. Es war nicht die Frage, ob China die USA überholen würde, sondern nur wann das der Fall sein würde. 2010 titelte die Nachrichtenagentur Bloomberg, dass die USA bereits im Jahr 2020 wegen des schnellen Wachstums Chinas und der Aufwertung des Yuan ihre wirtschaftliche Führungsposition abgeben müssten.[1]

Das englische Wochenmagazin *The Economist* veröffentlichte im Jahr 2013 unter dem Titel »Catching the Eagle« (Fang den [amerikanischen] Adler) ein Tool, mit dem die Leser mit unterschiedlichen Annahmen den Zeitpunkt vorhersagen konnten.[2] Im Jahr 2015 sah der *Business Insider* mit Verweis auf die *Economist Intelligence Unit* den Zeitpunkt im Jahr 2026 erreicht.[3] Im Jahr 2022 hatten die USA noch einen Anteil von gut 25 Prozent am globalen Bruttoinlandsprodukt, während der Anteil von China bei knapp 18 Prozent lag. Im Januar 2022 fixierte daher die einflussreiche Investmentbank Goldman Sachs den Zeitpunkt auf das Jahr 2035.[4] Das Statistik-Portal Statista sah im Januar 2023 immer noch Chinas Aufstieg zur »Wirtschaftsnation Nr. 1«. »Ein Ende des hohen Wirtschaftswachstums in China zeichnet sich aktuell nicht ab«, merkte der Autor an.[5]

Also investierte die deutsche Industrie kräftig in China (und nicht in Deutschland). Abbildung 5.6 zeigt die jährlichen Direktinvestitionen. Das sind Investitionen in Produktionsstätten in China, keine Finanzanlagen. Diese schnellten von knapp einer Milliarde Euro im Jahr 2001 auf 8,4 Milliarden Euro im Jahr 2014 hoch. Danach ging es mit dem Ende des Investitionsbooms in China auch mit den deutschen Direktinvestitionen bergab. Nach Ende der Coronakrise investierten aber insbesondere die deutschen Automobilbauer in China wieder.[6] Mercedes-Chef Ola Källenius sagte im März 2023 der *Bild am Sonntag*: »Die großen Akteure der Weltwirtschaft, Europa, die USA und China, sind so eng miteinander verflochten, dass ein Abkoppeln von China keinen Sinn macht«.[7]

Abbildung 5.6: Deutsche Direktinvestitionen in China

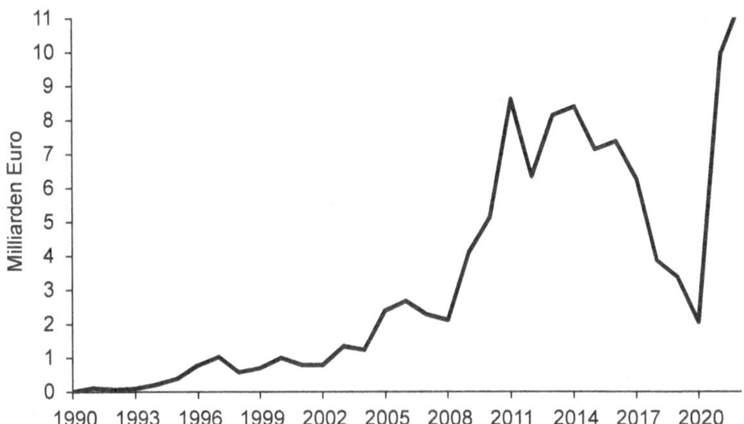

Quelle: Deutsche Bundesbank.

Die Investitionen in China waren nicht immer ganz freiwillig. Für jedes Auto, das deutsche Autoproduzenten in China verkaufen wollten, sollten diese ein Auto in China produzieren. Nichtsdestotrotz war das China-Engagement lukrativ, wie eine Studie des Instituts der deutschen Wirtschaft zeigt.[8] Lagen die Gewinne deutscher Unternehmen in China im Jahr 2001 noch bei 300 Millionen Euro, stiegen diese im Jahr 2021 auf einen Rekordwert von 15 Milliarden Euro an. Davon schütteten die Unternehmen 8 Milliarden Euro an ihre Anteilseigner meist in Form von Dividenden aus, während sie knapp 7 Milliarden Euro in China reinvestierten.

Der Automobilbauer BMW, der 2003 mit einem chinesischen Partner ein Joint Venture für Produktion, Vertrieb und Kundenbetreuung von BMW-Fahrzeugen in der Volksrepublik China gegründet hat, steht exemplarisch für das Engagement der deutschen Wirtschaft im Reich der Mitte. 2003 verkaufte BMW dort 27 000 Automobile. Das Werk Dadong in Shenyang eröffnete 2004 und produzierte 2011 bereits 98 200 Autos, 2012 150 000 Autos und 2022 knapp 675 000 Autos. Mit 794 000 in China verkauften Automobilen setzte BMW

2022 rund ein Drittel seiner Fahrzeuge in China ab. Für Volkswagen lag der Anteil bei 39 Prozent, für Mercedes-Benz bei 32 Prozent.[9]

Japan Déjà-vu? Übertreibungen haben die chinesische Wirtschaft aufgebläht

Doch das China-Engagement hat Risiken gebracht, da die Produktionskapazitäten aufgrund der geringen Zinsen und der übermäßigen Kapitalzuflüsse in den Jahren 2001 bis 2014 zu schnell gewachsen sind. Dieses Phänomen ist nicht neu. In der zweiten Hälfte der 1980er Jahre hatte Japan die sogenannte Blasenökonomie durchlebt. 1985 hatten die USA die Japaner gedrängt, den Yen aufzuwerten, um das große Handelsbilanzungleichgewicht zwischen den USA und Japan zu beseitigen. Die Ankündigung der fünf größten Industrienationen im New Yorker Plaza-Hotel, dass sie den Yen deutlich aufwerten wollten, löste große Käufe von Yen aus. Die dramatische Aufwertung des Yen, die daraus resultierte, stürzte Japan in eine tiefe Rezession, da sie die Exporte bremste, von denen die japanische Wirtschaft abhängig war.

Die Bank von Japan half mit starken Zinssenkungen, die den japanischen Unternehmen Investitionen erleichtern sollten, um sich an den starken Yen anzupassen. Das billige Geld belebte aber nicht nur die Investitionen, sondern löste auch Spekulationsblasen auf dem Aktienmarkt und dem Immobilienmarkt aus. Die japanische Immobilienblase können Sie als schwarze Linie im linken Teil der Abbildung 5.7 sehen. Weil die Immobilienpreise stark stiegen, fühlten sich viele reicher, sodass sie mehr konsumierten. Die immer wertvolleren Immobilien dienten als Sicherheiten für neue Kredite, die Spekulationen auf steigende Aktienpreise finanzierten.

Ich habe damals in Japan nach dem Abitur Japanisch gelernt und konnte über die Euphorie nur staunen. Die starke Aufwertung des Yen schrumpfte die Zuwendungen meiner Eltern gerechnet in Yen schmerzlich, wohingegen sich die Japaner einem Konsumrausch hingaben. Ich war es aus Deutschland gewohnt, mich in einer Kneipe einen Abend lang an einem Bier festzuhalten. Hingegen bestellten die Japaner zu meiner Verwunderung zügellos Getränke und Snacks. Das Budget, das ich für einen Abend mit japanischen Freunden einplanen musste, war gerne einmal das Zehn- bis Zwanzigfache meines Budgets für einen Kneipenabend im verschlafenen Wolfratshausen. Der starke Yen war ein Turbo für Auslandsreisen der Japaner. Im fernen Barcelona begrenzten die Geschäfte den Verkauf von Luxus-Handtaschen an Japanerinnen, weil diese zahlreiche Handtaschen auf Vorrat kauften.

Abbildung 5.7: Immobilienpreise in Japan und China

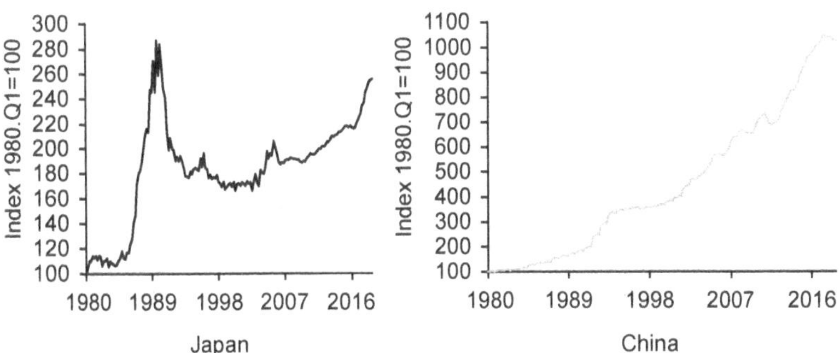

Quelle: Oxford Economics.

Meine Situation verbesserte sich erst, als ich einer alten japanischen Dame Deutschunterricht gab. Mein Glück war, dass sich Frau Kato aufgrund des Liedes »Rindenbaumu« – sie meinte »Am Brunnen vor dem Tore« – für die deutsche Kultur begeistert hatte. Sie hatte Grundstücke im Zentrum Tokios verkauft und beschwerte sich immer wieder, dass sie das viele Geld gar nicht ausgeben könne. Deshalb erfand sie Vorwände, jungen Studenten aus unterschiedlichen Ländern Geld zukommen zu lassen.

Viele in der westlichen Welt sahen das rasante Wachstum Japans mit Misstrauen. Die japanische Exportindustrie überschwemmte die Welt mit guten und günstigen Produkten. Sie brachte beeindruckende

Innovationen wie damals Sony den beliebten »Walkman« hervor. Sparsame japanische Autos eroberten den US-amerikanischen Markt, während die Japaner über die amerikanischen Blechkisten nur die Nase rümpften. Der Handelsüberschuss gegenüber den USA blieb trotz der immensen Aufwertung des Yen bestehen, weil die japanischen Großunternehmen mit bahnbrechenden Managementtechniken wie Kaizen, Just-in-Time und Kanban die Kosten senkten. Aufgrund des unkontrollierten Kreditwachstums standen die japanischen Banken plötzlich an der Spitze der globalen Rankings. Als sich eine japanische Versicherung mit van Goghs »Fünfzehn Sonnenblumen« für einen Mondpreis ein Glanzstück europäischer Kultur einverleibte, ging ein Aufschrei durch den alten Kontinent.

In den USA entstand eine Hysterie, dass die Japaner die amerikanische Wirtschaft überrollen würden. Immerhin war rechnerisch der Kaiserpalast in Tokio so viel wert wie ganz Kalifornien, hatte irgendjemand ausgerechnet. Als ich 1991 an der University of Washington bereits nach dem Platzen der Blase als Austauschstudent japanische Wirtschaft studierte, war dort das »Japan Bashing«, also das »Einprügeln auf Japan«, noch in vollem Gange. Die US-amerikanische Seele war von dem Gedanken verletzt, von den Japanern überflügelt zu werden. Das konnte nur unfair sein.

1987, also mitten in der japanischen Blasenökonomie, publizierte der britische Historiker und Politikwissenschaftler Paul Kennedy sein Werk *Aufstieg und Fall der großen Mächte*,[10] in dem er die Rolle der Wirtschaft für den Auf- und Abstieg von Großmächten seit dem Jahr 1500 untersuchte. Der politische Aufstieg von Habsburg, Frankreich und Großbritannien sei eng mit den zur Verfügung stehenden Ressourcen verbunden gewesen, so seine These. Da eine schlagkräftige Armee teuer ist, arbeitete Kennedy die wichtige Rolle von Finanzmärkten für die Kriegsfinanzierung heraus. Er prognostizierte den Abstieg der Sowjetunion und den Aufstieg von Japan sowie mit Verweis auf wichtige Reformen auch den Aufstieg von China.

Hätte Paul Kennedy das Werk des Nobelpreisträgers Friedrich August von Hayek aufmerksam gelesen, wäre er damals mit Blick auf

Japan vielleicht weniger optimistisch gewesen. Denn Hayeks Überinvestitionstheorie erklärt, warum der von niedrigen Zinsen und zu vielen Krediten getriebene Aufstieg Japans in der zweiten Hälfte der 1980er Jahre nicht von Dauer sein konnte. Das Land machte vielmehr in nur zehn Jahren Kennedys Muster von Aufstieg, Überdehnung, Erschöpfung und Abstieg durch. Im Einklang mit Hayeks Theorie hatte die Bank von Japan mit ihren Zinssenkungen nicht nur Mitte der 1980er Jahre einen beeindruckenden wirtschaftlichen Aufstieg und eine Überdehnung eingeleitet, sondern sie läutete auch die Erschöpfung und den Abstieg ein, indem sie ab 1989 die Zinsen wieder erhöhte. Zuerst platzte im Dezember 1989 die Blase auf dem Aktienmarkt. Ab 1991 fielen die Immobilienpreise schroff ab, wie Abbildung 5.7 zeigt.

Der starke Verfall der Aktien- und Immobilienpreise stürzte Japan in eine tiefe Krise. Da die Immobilien als Sicherheiten der Kredite stark an Wert verloren, entstanden in den Bilanzen der japanischen Banken und Immobilienfinanzierer große Löcher. Mit der Ernüchterung auf den Finanzmärkten brach der Konsum ein. Das trübte die Geschäftsaussichten der Unternehmen, die deshalb weniger investierten. Aufgrund der Rezession fühlte sich die Bank von Japan gedrängt, die Zinsen immer weiter zu senken. Nachdem die Untergrenze von null erreicht war, begann sie ab dem Jahr 2001 in großem Umfang Staatsanleihen zu kaufen, auch Aktien in Form von ETFs und Immobilienfonds. Die Regierung konnte dank der Staatsanleihekäufe der Bank von Japan mit ambitionierten Ausgabenprogrammen die schwindende private Nachfrage zumindest teilweise ausgleichen.

Das half zwar kurzfristig, änderte jedoch nichts daran, dass es immer weiter abwärts ging. Man spricht inzwischen von drei verlorenen Dekaden. Die Malaise von Japan zeigt, dass, wenn eine Immobilienblase erst einmal entstanden ist, es keine einfache Lösung mehr gibt. Friedrich August von Hayek meinte, dass, wenn billiges Geld eine Blase einmal ausgelöst hat, noch mehr billiges Geld nach dem Platzen der Blase das Wachstum nicht wiederbeleben könne, wie für Japan einflussreiche US-amerikanische Ökonomen forderten. Besser sei es, dass die Zentralbanken vorausschauend die Zinsen nicht zu niedrig setzten, damit Blasen erst gar nicht entstünden. Seither ist klar, dass die Preise von Immobilien und die Stabilität des Finanzsystems eng miteinander verbunden sind.

Das führt zurück nach China. Das Reich der Mitte hat zwischen 2001 und 2014 nicht nur einen Boom bei den Investitionen erlebt, sondern auch bis 2022 eine Bonanza auf dem Immobilienmarkt, die in Abbildung 5.7 im rechten Teil in Form der grauen Linie zu sehen ist. Der Bauboom war lange Zeit ein wichtiger Wachstumstreiber. Es gibt Unterschiede zwischen Japan und China. Während in Japan die inländischen Banken den Boom durch immer mehr Kredite angeheizt haben, waren es in China ab der Jahrtausendwende die immensen Kapitalzuflüsse aus großen Industrieländern wie den USA. Während in Japan der Boom seinen Schwerpunkt auf den Aktien- und Immobilienmärkten hatte, dominierten in China die Investitionen, die von der Fantasie des Aufstiegs zur führenden globalen Wirtschaftsmacht beflügelt wurden. Während in Japan die Bank von Japan durch ihre Zinserhöhungen die konjunkturelle Wende brachte, endete in China der Überinvestitionsboom, weil ab Ende 2015 die US-amerikanische Zentralbank die Zinsen erhöhte und die Kapitalzuflüsse zu stocken begannen. Doch das Grundmuster ist ähnlich.

Das Ende des chinesischen Investitionsbooms ab dem Jahr 2014 zeigt sich dadurch, dass der chinesische Yuan unter Abwertungsdruck geraten ist. Werfen Sie nochmals einen Blick auf Abbildung 5.4. Während die Linie bis zum Jahr 2014 nach unten zeigt, geht es ab 2015 in der Tendenz nach oben. Nach oben bedeutet, dass mehr Yuan für einen Dollar bezahlt werden müssen, was einer Abwertung des Yuan gegenüber dem Dollar entspricht. Die chinesische Zentralbank hat deutlich an Devisenreserven verloren, weil sie versucht hat, eine zu starke Abwertung zu verhindern. Seither gingen die Investitionen als Anteil am Bruttoinlandsprodukt zurück und das Wachstum verlangsamte sich. Man beachte, dass die offiziellen Zahlen aus China nicht immer verlässlich sind. Es ist nicht auszuschließen, dass die kommunistische Regierung den statistischen Ämtern Vorgaben für die abzuliefernden

Zahlen macht. Deshalb könnte das Wachstum heute schon niedriger liegen, als die Abbildung 5.1 suggeriert.

Negative Rückwirkungen auf die USA und den internationalen Handel

Das über die Kapitalmärkte von den großen Industrieländern künstlich aufgeblähte Wachstum Chinas hatte nicht nur positive Auswirkungen auf die Exporte von Deutschland und der westlichen Welt. Es erzeugte auch Konfliktpotenzial. Erstens dämpfte der übermäßige Ausbau der Produktionskapazitäten in China die Inflation in den großen Industrieländern. Das war auf die kurze Frist erfreulich, weil die Verbraucherpreise nicht so stark gestiegen sind. Andererseits ermöglichte das den Zentralbanken in den USA, Europa und Japan, ihre Niedrig-, Null- und Negativzinspolitiken auf lange Zeit fortzuführen. So entstanden neue Immobilienpreisblasen in den USA, dem südlichen Euroraum und schließlich ab 2010 in Deutschland, von denen in Kapitel 11 nochmals die Rede sein wird.

Zweitens hatte insbesondere die Niedrigzinspolitik der US-amerikanischen Zentralbank Fed in der Wechselwirkung mit den schnell wachsenden Handelsströmen mit China einen starken Einfluss auf die Einkommens- und Vermögensverteilung der USA, was auf die Handelspolitik der USA ausstrahlte. Die US-amerikanische Finanzindustrie profitierte über den Umweg von China vielfach von den niedrigen Zinsen der US-Zentralbank. Zuerst dürfte es ein Fest für die Wall Street gewesen sein, als Zentralbankpräsident Alan Greenspan die Zinsen stark senkte, nachdem die Dotcom-Blase im März 2000 geplatzt war. Das minimierte nicht nur die Kollateralschäden aus den Spekulationen im damals »Neuen Markt« der Internet-Unternehmen, sondern schuf auch neue Gewinnmöglichkeiten.

Weil viel Kapital nach China floss, tauschten die US-amerikanischen und chinesischen Unternehmen Dollar in Yuan, sodass der Devisenmarkt in New York brummte. Da dies den chinesischen Yuan unter

Aufwertungsdruck brachte, kaufte die People's Bank of China Dollar, die sie dann beispielsweise in US-amerikanischen Staatsanleihen auf den US-amerikanischen Finanzmärkten anlegte. Auch diese Transaktionen dürften große US-amerikanische Finanzakteure wie Goldman Sachs oder Morgan Stanley abgewickelt haben.

Die günstigen Produktionskosten in China trugen dazu bei, dass die Aktienpreise der internationalen Unternehmen stiegen, was den Aktienhändlern einen Boom bescherte. Die anhaltend niedrigen Zinsen befeuerten das Kreditgeschäft auf dem US-amerikanischen Immobilienmarkt. Die Verbriefung und der Verkauf der Immobilienkredite lieferten zusätzliche Einnahmequellen. Als im Jahr 2007 die US-Hypothekenmarktblase platzte, schaufelte die Fed nochmals viel mehr Geld in den Finanzsektor, um die Finanzmärkte zu stabilisieren. Die Akteure im Finanz- und Immobiliensektor einschließlich des späteren Präsidenten Donald Trump wurden dank der Fed und dank China reicher und reicher.

Anders sah es hingegen in der US-amerikanischen Industrie aus, da sich durch die billigen Importe die Konkurrenz mit China verschärfte. Viele Menschen im mittleren Westen der USA verloren ihre Arbeit oder ihre Löhne kamen unter Druck. Hätten die Gewerkschaften höhere Löhne gefordert, dann hätten die Unternehmen noch mehr Arbeitsplätze nach China verlagert. Der Druck auf die US-amerikanische Industrie zeigte sich in einem stark steigenden Leistungsbilanzdefizit der USA, das bis zum Jahr 2006 auf über 800 Milliarden Dollar stieg. Das wachsende Leistungsbilanzungleichgewicht zwischen den USA und China löste nun ein »China-Bashing« aus.

Der republikanische Politiker Donald Trump scheint die daraus entstehenden Spannungen in der US-amerikanischen Gesellschaft erkannt zu haben, als er sich 2016 im Wahlkampf um die Präsidentschaft zum Anwalt der kleinen Leute machte. Gerne verwies er auf die exorbitanten Honorare, die seine demokratische Konkurrentin Hillary Clinton und ihr Ehemann Bill bei Wall-Street-Banken einschließlich der Deutschen Bank einsteckten.[11] Auch seine Forderung, an der Grenze zu Mexiko eine große Mauer zu bauen, dürfte sich an die Verlierer des künstlich aufgeblasenen Globalisierungsprozesses gerichtet haben. Mit seiner Sprache und seinem Benehmen setzte er sich klar von Hillary Clinton ab.

Nachdem Donald Trump zum Präsidenten gewählt worden war, positionierte er sich wie versprochen gegen China. Schon die Präsidenten vor ihm hatten zunächst Japan und dann China unfairer Handelspolitiken bezichtigt und mit Strafmaßnahmen gedroht. Trump brach nun mit China einen bisher beispiellosen Handelskrieg vom Zaun, in dessen Verlauf beide Länder die Importe gegenseitig mit umfangreichen Strafzöllen belegten. Trump dürfte sich bewusst gewesen sein, dass ein solcher Handelskrieg den Menschen schadet, weil die Preise der importierten Güter steigen. Andererseits saß er am längeren Hebel, da die USA so viel mehr Güter aus China importierten als China aus den USA. Viele aus China importierten Güter waren nicht lebensnotwendig, sodass die chinesischen Unternehmen die höheren Zölle nur teilweise an die Konsumenten weitergeben konnten. Donald Trump destabilisierte China wirtschaftlich und politisch, indem er den wichtigsten Absatzkanal für die chinesischen Überkapazitäten teilweise blockierte.

Seit dem Zweiten Weltkrieg waren die USA über viele Jahre hinweg der wichtigste Fürsprecher des Freihandels gewesen und hatten so maßgeblich zum wachsenden Wohlstand durch Spezialisierung in der westlichen Welt beigetragen. Nun brachte der US-amerikanische Präsident den Freihandel in Verruf. Das linke politische Spektrum, das dem Freihandel grundsätzlich kritisch gegenübersteht, forcierte die Globalisierungskritik. Vielleicht standen dank des billig verfügbaren Geldes auch mehr Finanzmittel für Denkfabriken zur Verfügung, die die Nachteile von Freihandel ins Schaufenster stellten. Die negativen Verteilungseffekte der ultralockeren Geldpolitiken zugunsten der reichen Menschen konnten dem Freihandel zugeschrieben werden, was Forderungen nach Handelsschranken Nachdruck verlieh. Im Lichte der kostspieligen Rettungsaktionen auf den Finanzmärkten befruchteten sich die Globalisierungs- und Kapitalismuskritik gegenseitig. Die Globalisierung, die den Industrieländern großen Wohlstand gebracht hat, konnte sich gegen die vielen Anschuldigungen selbst nicht wehren.

So haben die vielen beteiligten Länder die Doha-Runde der Welthandelsorganisation, die wegen zu vielen Gegendemonstrationen von Seattle nach Doha verlegt worden war, nicht mehr zu Ende gebracht. Das in der Öffentlichkeit mithilfe von riesigen Plastik-Chlorhühnchen verunglimpfte Transatlantische Freihandelsabkommen (TTIP), das die USA und die Europäischen Union seit 2013 verhandelt hatten, hat Donald Trump nach seiner Wahl nicht mehr weiterverfolgt. Kurz nach Unterzeichnung der Transpazifischen Partnerschaft (TPP), einem Freihandelsabkommen von zwölf Anrainerstaaten des Pazifiks einschließlich der USA, Japans und Australiens, stiegen die USA unter Trump aus.

Donald Trump verhandelte auch das Nordamerikanische Freihandelsabkommen NAFTA neu, um die Produktion in den USA zu befördern. Selbst Trumps Nachfolger Joe Biden hat Trumps Strafzölle für China nicht zurückgenommen. Er hat bisher auch nicht, wie von manchen erhofft, die Verhandlungen zu TTIP wieder aufgenommen. Stattdessen hat er unter dem Titel »Inflation Reduction Act« riesige Subventionen für die heimische Industrie auf den Weg gebracht, die den internationalen Handel nun weiter schädigen werden.

Das Kippen des chinesischen Booms und die Folgen für Deutschland

China war lange Zeit der Rettungsanker für deutsche Exportunternehmen und damit auch ein Wachstumsanker für Deutschland. Noch bis vor wenigen Jahren sah man China als die neue Supermacht. Keine Nation in der Geschichte sei so schnell aufgestiegen und habe sich so schnell modernisiert wie China in den letzten vier Jahrzehnten, schrieb der US-amerikanische Politikwissenschaftler David Shambaugh 2016.[12] Die *Frankfurter Allgemeine Zeitung* meinte noch im Dezember 2022, dass Chinas Aufstieg von einem armen Land bis an die Schwelle zur

Supermacht in der Menschheitsgeschichte einzigartig sei. Mit enormen Summen habe China seine Infrastruktur, seine Handelsflotte, sein Militär sowie über die Neue Seidenstraße die Abhängigkeiten seiner Partner ausgebaut.[13]

Inzwischen hat sich die Stimmung jedoch merklich abgekühlt. Die schon seit einigen Jahren schwelenden Signale, dass eine Blase auf dem Immobilienmarkt geplatzt sein könnte, haben sich zu einer handfesten Immobilienkrise verdichtet. Seit 2022 steigen die Immobilienpreise nicht mehr, was Abbildung 5.7 zeigt. Der Immobilienriese Evergrande, der Schulden in Höhe von mehr als 300 Milliarden Euro angehäuft hat, schreibt große Verluste und muss aufgelöst werden. Auch der Konkurrent Country Garden, dessen Schulden mit über 150 Milliarden Euro beziffert werden, wackelt. Die Gläubiger der Immobilienkonzerne finden sich nicht nur in China, sondern auch in den USA und Europa, sodass Ansteckungseffekte über die Finanzmärkte nicht ausgeschlossen sind. Der Abwertungsdruck auf den Yuan und fallende Aktienpreise deuten Kapitalflucht aus China an.

Ähnlich wie die japanischen Regierungen dürfte sich die chinesische Führung mit aller Kraft gegen die große Korrektur stemmen, die eigentlich nötig wäre, um das Problem der Überkapazitäten in der Industrie und im Immobiliensektor zu bereinigen. Denn das größte Problem für die kommunistische Regierung ist eine hohe Arbeitslosigkeit, insbesondere bei jungen Menschen. Würden zudem Banken kollabieren und die Ersparnisse entwertet, dann würde die Bevölkerung die politischen Entscheidungsträger verantwortlich machen. Da die Unterstützung der Bevölkerung für Chinas Machthaber auf dem Tausch »Wohlstand gegen Ruhe« basiert, darf es keine sichtbare Krise geben. Staatschef Xi Jinping hat bereits verkündet, dass, wenn der Kader es nicht wolle, es auch keine Krise geben werde.

So deutet sich also ein Krisenmanagement an, das es seit 30 Jahren in Japan gibt. Die chinesische Zentralbank hat bereits viele Devisenreserven verloren, was auf Stützungskäufe für den Yuan hindeutet. Seit einigen Jahren sind die Devisenreserven zwar stabil, aber auf den internationalen Devisenmärkten scheinen die chinesischen Banken im

Auftrag der Regierung gegen die Abwertung des Yuan zu intervenieren. Schon seit dem Jahr 2014 vergibt die People's Bank of China Kredite an das staatliche Bankensystem. Schauen Sie einmal zurück zur Abbildung 5.3, die die Bilanz der People's Bank of China zeigt. Dort gibt es oben rechts eine schwarze Fläche, die immer größer wird. Das sind Kredite der Zentralbank an die Geschäftsbanken, die wohl dazu dienen, ein fragiles Bankensystem zu stabilisieren. Erhalten die staatlich kontrollierten Geschäftsbanken Kredite von der Zentralbank, dann können diese ihre ausstehenden Kredite an Industrieunternehmen und Immobilienunternehmen fortführen, obwohl diese nicht mehr wirtschaftlich sind. Der große Krach ist so bisher ausgeblieben.

Es ist wahrscheinlich, dass China dem Weg Japans folgt, das über immer expansivere Geld- und Finanzenpolitiken seine Wirtschaft schleichend verstaatlicht hat. Niedrige Zinsen und Hilfskredite haben in Japan die Unternehmen vom Staat abhängig gemacht, sodass diese nicht mehr investiert haben und sich die Produktivitätsgewinne verlangsamt haben. Die Zinsen sind inflationsbereinigt seit langer Zeit negativ und auch das um Preissteigerungen bereinigte Lohnniveau fällt. China hätte seinen Zenit überschritten, bevor es reich geworden ist. Beobachter sprechen auch von der *Middle-Income Trap*. Länder schaffen es, aus der Armut zu entkommen, aber in den Club der reichen Industrieländer schaffen sie es nicht.

Und was sind die Konsequenzen für Deutschland? Wenn das Export- und Produktionsgeschäft nach und in China aufgrund des von den großen Zentralbanken geschaffenen Kapitals lange Zeit übertrieben war, wird China kein Rettungsanker für Deutschland bleiben. Die Hoffnungen der deutschen Automobilindustrie hinsichtlich des chinesischen Markts könnten überdimensioniert sein. China wird unseren Wohlstand nicht retten. Die Hoffnungen von Wirtschafts- und Klimaminister Robert Habeck, dass Indien an die Stelle von China treten könnte, dürften sich nur sehr bedingt erfüllen, weil die Bedingungen für Investitionen in Indien schwieriger sind.

Ich nenne die von den USA und China ausgehende zu weit gehende Globalisierung Überglobalisierung, weil sie darauf beruhte, dass zu viel billiges Geld die Produktionskapazitäten von China über ein vernünftiges Maß hinaus aufgebläht hat. Der daraus entstandene ungezügelte Rohstoffhunger Chinas hat den internationalen Handel und Ressourcenverbrauch noch mehr aufgeblasen. Diese Globalisierungsblase hat mit den mit ihr verbundenen negativen Verteilungseffekten eine Stimmung gegen China und den internationalen Handel geschaffen, was ein zusätzliches Risiko für das exportorientierte Deutschland ist.

Weil China und Deutschland in dieser Globalisierungsblase sehr stark vom Export abhängig geworden sind, stemmen sich beide Länder immer noch gegen die Einschränkung des Freihandels. Doch schon drohen neue Risiken, nachdem die Verteilungswirkungen der Geldpolitiken den Nährboden für eskalierende Handelskonflikte geschaffen haben. So sieht die Europäische Union China zunehmend als Rivalen. Ein Streit um Subventionen für Elektroautos, die Beschränkung des Zugangs von chinesischen Unternehmen zu den europäischen Kommunikationsnetzen und der ab 2026 geltende Klimazoll könnten zu einer Eskalation des Handelskonflikts mit China führen, die den Wohlstand in Deutschland nochmals hart treffen würde.

KAPITEL 6

Investitionsstau und wuchernde Sozialausgaben als Wachstumsbremsen

Erhard versus Keynes

Die Wirtschafts- und Währungsreform unter Ludwig Erhard hatte gute Rahmenbedingungen für wirtschaftliches Handeln in Westdeutschland geschaffen und darauf vertraut, dass so Wachstum entstehen würde. Das entsprach einer Wirtschaftspolitik, die man heute als angebotsorientiert betrachten würde. Privateigentum, Wettbewerb, Geldwertstabilität und Konstanz der Wirtschaftspolitik schaffen ein gutes Umfeld für die Investitionen der Unternehmen, aus denen Wachstum und Wohlstand entstehen.

Die Investitionen sind wichtig für das Wachstum, weil sie den Kapitalstock erhöhen. Das sind alle Maschinen, technischen Anlagen, Computer und Gebäude, die Unternehmen in unserer Volkswirtschaft für die Produktion von Gütern und Dienstleistungen einsetzen. Mit dem Kapitalstock wächst in der Regel auch die Produktivität. Die gleiche Anzahl von Arbeitnehmern kann mit mehr oder besseren Maschinen mehr Güter und Dienstleistungen produzieren. Die *Sendung mit der Maus* zeigt das sehr schön, beispielsweise für Autos und Gummibärchen. Die Preise fallen, wenn geschickte Maschinen schnell und zuverlässig die Arbeit erledigen. Man muss sich nur vorstellen, wie viel teurer Gummibärchen wären, wenn ein Konditor diese mit der Hand fertigen würde.

In einem Industrieland, in dem die Bevölkerung nicht mehr wächst, kann die Wirtschaft immer noch wachsen, wenn dank intelligenter Maschinen oder künstlicher Intelligenz die Produktivität steigt. Damit der Kapitalstock wächst, müssen die Unternehmen mehr investieren, als sich der Kapitalstock jedes Jahr abnutzt. Zudem investiert der Staat in die Infrastruktur wie Straßen, Bahnstrecken, Flughäfen sowie Daten- und Energienetze. Wenn das gut läuft, können die Unternehmen besser planen und arbeiten.

Dem steht die Idee der nachfrageorientierten Wirtschaftspolitik entgegen. Als geistiger Vater gilt der englische Ökonom John Maynard Keynes, der sein Buch *Allgemeine Theorie der Beschäftigung, des Zinses und des Geldes* 1936 im Lichte der Weltwirtschaftskrise publizierte. Er argumentierte, dass nach den beeindruckenden Wohlstandsgewinnen der industriellen Revolution die Wirtschaft aus eigener Kraft kaum mehr wachsen könne. Die Haushalte würden aufgrund der erreichten hohen Einkommen zu viel sparen, während das Potenzial für renditeträchtige Investitionen bereits weitgehend ausgeschöpft sei. Die Annahme von klassischen Ökonomen wie Adam Smith, dass die Arbeitslosigkeit von selbst verschwinden würde, sei deshalb nicht mehr gerechtfertigt. Seine Lösung: Der Staat sollte Schulden machen und das Geld ausgeben, um Arbeitsplätze zu schaffen.

Der Kritik, dass durch die schuldenfinanzierten Staatsausgaben die Staatsverschuldung steigen würde, setzte Keynes den Satz »*In the long run, we are all dead*« entgegen. Dem Siegeszug der nachfrageorientierten Wirtschaftspolitik stand damit nichts mehr im Wege, selbst als sich nach dem Zweiten Weltkrieg seine These, dass die Volkswirtschaften ihr Wachstumspotenzial bereits weitgehend ausgeschöpft hätten, als falsch herausstellte. Wann immer sich eine Krise ereignete, wurden

Forderungen nach schuldenfinanzierten Staatsausgaben laut. Und wer will sich schon in höchster Not dem Ruf nach Rettung entgegenstellen? Wer mit »Bazooka« und »Doppel-Wumms« das Problem entschlossen aus der Welt schafft, der wird umjubelt. Dem ehemaligen EZB-Präsidenten Mario Draghi hat Bundespräsident Frank-Walter Steinmeier sogar das Bundesverdienstkreuz verliehen.

Die keynesianische Wirtschaftspolitik dürfte auch deshalb so populär geworden sein, weil sie den Politikern Macht verleiht. Sie rechtfertigt nicht nur Schulden, sondern eröffnet auch neue Handlungsspielräume, die es ohne neue Schulden nicht geben würde. Dringend benötigte Coronahilfen, Gas- und Strompreisbremsen, 12 Prozent mehr Bürgergeld, gigantische Maskeneinkäufe oder ein 100-Milliarden-Sondervermögen für die Verteidigung waren vor allem dank mehr Staatsschulden möglich.

Und wer viel Geld ausgeben kann, der hat auch viele Freunde. Sozialverbände loben die Regierung, wenn die Sozialausgaben wachsen. Unternehmer sind zufrieden, wenn Subventionen fließen. Journalisten verzichten vielleicht auf die eine oder andere Frage, wenn die Bezahlung stimmt. Und der Wähler honoriert es an der Wahlurne, wenn sich der Staat als großzügig erweist. Als Student an der Universität Tübingen lernte ich von der *Rent-Seeking Society*: Je größer die Staatsausgaben, desto mehr Interessensgruppen richten sich darauf aus, den staatlichen Geldern hinterherzulaufen.

Gerne gibt dabei der Staat selbst viel Geld aus. Keynes hatte gefordert, der Staat sollte Kathedralen oder Pyramiden bauen, um Arbeitsplätzte zu schaffen. In der europäischen Finanz- und Schuldenkrise beschloss die deutsche Regierung mit dem Konjunkturpaket II 2009 ein 50-Milliarden-Euro-Investitionsprogramm für öffentliche Gebäude, Verkehrswege, Schulen und Hochschulen. Das altehrwürdige leer stehende Leipziger Stadtbad erhielt so ein neues Dach. Im gleichen Jahr machte Chinas Regierung 460 Milliarden Euro für den Bau von Wohnungen, Straßen, Eisenbahnlinien und Flughäfen locker. In den USA hat Präsident Joe Biden im August 2022 unter dem Titel *Inflation Reduction Act* 433 Milliarden Dollar in Bewegung gesetzt, um unter anderem den Klimaschutz zu forcieren.[1] Als Antwort auf das schwache Wachstum in Deutschland hat Grünenchefin Ricarda Lang im Sommer 2023 ein umgehendes staatliches Investitionsprogramm für Infrastruktur, Wohnungen und Klimaschutz per Schattenhaushalt gefordert.[2]

Gerne fordern die Gewerkschaften höhere Löhne, damit der Konsum der Arbeitnehmer steigt, so beispielsweise die IG-Metall im Dezember 2020.[3] Oder Politiker wollen zugunsten niedriger Einkommensschichten umverteilen, weil diese einen größeren Anteil ihres Einkommens in den Läden lassen. Im Jahr 2012 erhöhte der französische Präsident François Hollande deshalb sowohl die Reichensteuer als auch den Mindestlohn.[4] Man kann auch direkt wie Donald Trump in der Coronakrise Schecks zu den Menschen nach Hause schicken, um den Konsum zu erhöhen. Insgesamt 70 Millionen Stück je 1200 Dollar mit der persönlichen Unterschrift des Präsidenten sollen es gewesen sein.[5] In der europäischen Finanzkrise gewährte die deutsche Regierung im Jahr 2009 fünf Milliarden Euro für eine Abwrackprämie, um den Bürgerinnen und Bürgern Appetit auf neue Autos zu machen.[6] Auch wir haben damals unseren guten alten BMW mit Wehmut auf den Schrottplatz gebracht, obwohl dieser noch lange gefahren wäre. Keynes hatte humorvoll empfohlen, Dollarnoten in Flaschen zu stopfen, zu vergraben und wieder ausgraben zu lassen.

Andere wollen Wachstum schaffen, indem sie mit niedrigen Zinsen Investitionen anstoßen. Nach Christine Lagarde hat die Europäische Zentralbank in der Coronakrise den Banken und Unternehmen billige Kredite gewährt, um Arbeitsplätze zu erhalten.[7] Der Chef des Deutschen Instituts für Wirtschaftsforschung Marcel Fratzscher hat betont, dass die Europäische Zentralbank vor der Coronakrise mit niedrigen Zinsen nicht nur geholfen habe, Millionen neuer Jobs zu schaffen, sondern auch deutliche Lohnsteigerungen ermöglicht habe.[8] Die Tageszeitung TAZ kritisierte deshalb im Sommer 2022 die Zinserhöhungen der Europäischen Zentralbank als fatal, weil sie die Investitionen bremsen würden.[9]

Immer wieder gerne gesehen ist eine Exportförderung durch die Abwertung der Währung, weil es so einfach ist. Die Zentralbanken müssen nur ausreichend die Zinsen senken, schon sind die heimischen Waren im Ausland billiger. Vor Einführung des Euros hatten die deutschen Unternehmen ständig damit zu kämpfen, dass Italiener und Franzosen den Wert ihrer Währung absenkten. Erst der Euro hat diesem Ärgernis ein Ende gemacht. Seit der europäischen Finanz- und Schuldenkrise machen die Abwertungen des Euros gegenüber dem Dollar nun die französischen, italienischen und deutschen Waren gemeinsam in den USA billiger. Im April 2017 merkte der damalige deutsche Finanzminister Wolfgang Schäuble entsprechend an, dass die Europäische Zentralbank durch niedrige Zinsen und Abwertung des Euros die deutschen Exportüberschüsse beflügeln würde.[10]

Und schließlich kann man das Wachstum fördern, indem man Importe erschwert. Wird ein Auto nicht mehr im Ausland, sondern im Inland produziert, dann wächst das Bruttoinlandsprodukt. So dachte schon der französische Sonnenkönig Ludwig XIV. Die USA reagierten auf die Weltwirtschaftskrise in den 1930er Jahren mit hohen Zollschranken, um die inländischen Arbeitsplätze zu schützen. Viele lateinamerikanische Staaten schirmten nach dem Zweiten Weltkrieg ihre Industrien hinter hohen Handelsbarrieren ab, um deren Aufholprozess zu beschleunigen. Heute will Ursula von der Leyen, Präsidentin der Europäischen Kommission, die europäische Industrie mit einem Klimazoll gegen die klimaschädliche ausländische Konkurrenz abschirmen.

Sie sehen: Der keynesianischen Wirtschaftspolitik sind keine Grenzen gesetzt. Das gilt sowohl für die Ausgestaltung der einzelnen Maßnahmen als auch für deren Begründungen. Wichtig ist, dass die Eingriffe – zumindest auf den ersten Blick! – den Schwachen, der Umwelt, dem Klima oder am bestem allen helfen. Hunderte Milliarden für den Coronaschutz oder Subventionen für eine sichere Versorgung mit Computerchips: Wer könnte da schon widersprechen? Am besten ist es dringend, damit sich die oft trägen Gesetzgebungsverfahren beschleunigen. In den letzten Jahren haben die europäische Finanz- und Schuldenkrise, die Coronakrise, die Energiekrise und der Klimawandel, der gerne auch als Klimakrise bezeichnet wird, Druck gemacht.

Nur: Wer in der Krise Geld ausgeben will, sollte vorsorgen. Die sogenannte keynesianische antizyklische Finanzpolitik, die nach dem Zweiten Weltkrieg entwickelt wurde, schlug vor, dass der Staat im Aufschwung die Inflation dämpfen solle, indem er Rücklagen bildet. In der Rezession könne er diese Ersparnisse auflösen, um Arbeitslosigkeit zu verhindern. Das gleicht die lästigen Konjunkturzyklen aus, und die Verschuldung steigt nicht. Der Einfluss dieser Idee war so stark, dass 1967 der SPD-Wirtschaftsminister Karl Schiller die antizyklische Finanzpolitik im *Gesetz zur Förderung der Stabilität und des Wachstums der Wirtschaft* verankern ließ. Der Keynesianismus hatte die ordoliberale Ära von Ludwig Erhard abgelöst!

Abbildung 6.1: Staatsverschuldung als Anteil am Bruttoinlandsprodukt

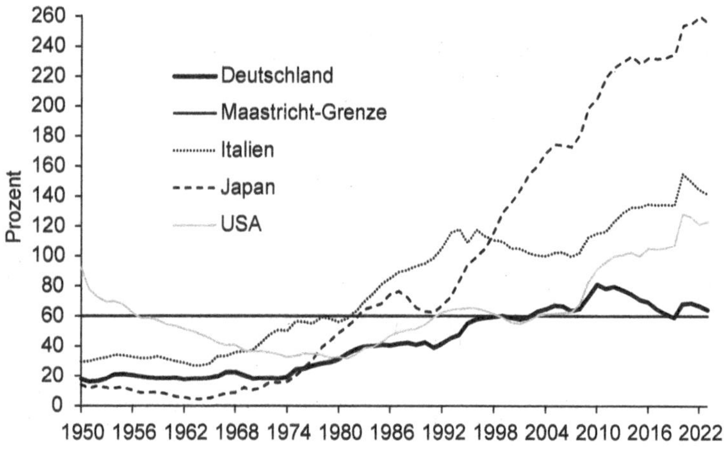

Quelle: Internationaler Währungsfonds. 2023 Prognose.

Die Erfahrung hat seither jedoch gezeigt, dass die meisten Politiker in Krisen zwar gerne tatkräftig dem Volk aus der Patsche helfen, in guten Zeiten aber mit dem Sparen zurückhaltend sind. Denn nicht nur in Krisen lauern überall Missstände, die es zu beseitigen gibt. Es vergeht kein Tag, an dem nicht ein Politiker ein schlimmes Problem identifiziert, dem er bevorzugt mit neuen Schulden auf den Pelz rücken will. Das neue Zauberwort für mehr Schulden heißt heute übrigens Sondervermögen. Dabei versteht es sich von selbst, dass je größer das Problem, desto größer der Mittelaufwand sein muss. So stieg seit den 1970er Jahren in den Industrieländern der Anteil der Staatsverschuldung an der Wirtschaftsleistung im Trend immer weiter an, wie Abbildung 6.1 sowohl für Deutschland, die USA, Japan und Italien zeigt.

Wie Angela Merkel Keynes verfiel

Allerdings gab es auch Zeiten, in denen es nicht mehr so weiterging. Beispielsweise für die rot-grüne Regierung unter Gerhard Schröder, der sich zum Sparfuchs und Reformkanzler mauserte. Unter seiner Nachfolgerin Angela Merkel gewann seit 2003 jedoch John Maynard Keynes wieder der Oberhand. Auf dem Parteitag in Leipzig hatte die CDU-Chefin im Jahr 2003 ihrer Partei mit einer Vereinfachung des Steuersystems, einem höheren Renteneintrittsalter und einer Kopfpauschale bei den Krankenversicherungsbeiträgen noch ein klares marktwirtschaftliches Profil verordnet. Acht Jahre später redete sie wieder in Leipzig lieber von Lohnuntergrenzen und der Bändigung der Marktkräfte. Die *Rheinische Post* sprach von einer »180-Grad-Drehung der CDU«.[11] Wie verfiel Frau Merkel Herrn Keynes?

Schulden sind aus Sicht von Politikern Nebensache, weil die Wiederwahl wichtiger ist, meinte der US-amerikanische Ökonom William Nordhaus. Es ist bei den Wählern unbeliebt, die Gürtel enger geschnallt zu bekommen. Die beherzten Hartz-Reformen haben deshalb Gerhard Schröder das Amt gekostet. Wer heute den wirtschaftspolitischen Vorschlägen aus Berlin folgt, bemerkt trotz der kritischen finanziellen Lage wenig Lust auf Sparsamkeit. Familienministerin Lisa Paus wollte trotz Wirtschaftskrise ursprünglich zwölf Milliarden Euro für eine Kindergrundsicherung,[12] Arbeitsminister Hubertus Heil sah trotz Haushaltskrise die deutliche Erhöhung des Bürgergelds als »Gebot unserer Verfassung«[13] und Wirtschafts- und Klimaminister Robert Habeck versprach dem von ihm aufgewühlten Volk zur Beruhigung Milliarden für neue Heizungen.[14] Schon vor vielen Jahren hat der damalige italienische Präsident der Europäischen Kommission Romano Prodi den europäischen Stabilitäts- und Wachstumspakt, der zu hohe Schulden in Europa verhindern sollte, als »dumm« bezeichnet.[15] Es scheint, als seien der Sucht nach Schulden keine Grenzen gesetzt.

Doch das stimmt so nicht! Denn je höher der Schuldenstand, desto höher sind die Zinslasten. Mehr Schulden bedeuten auch ein höheres Risiko, dass ein Schuldner seine Verpflichtungen nicht mehr bedienen kann. Die Banken und Finanzmärkte verlangen deshalb einen Ausgleich für höhere Ausfallrisiken. Wer sich zu stark verschuldet, den strafen die Märkte ab. Die Zinsen können für hoch verschuldete Staaten deshalb steil nach oben schießen, wenn die Stimmung auf den Finanzmärkten kippt, wie für Thailand und Südkorea 1997 in der Asienkrise. Wenn ein Land gegen diese unangenehme Situation vorbeugen will, dann muss es vorausschauend die Verschuldung unter Kontrolle halten. Man spricht von der »Disziplinierungsfunktion« der Finanzmärkte.

Es sei denn, die Zentralbanken springen ein und kaufen die Staatsanleihen, die auf den Finanzmärkten aufgrund der hohen Ausfallrisiken zu geringen Zinsen niemand mehr haben will. In den südlichen Euroländern wie Italien, Frankreich und Spanien waren hohe Schulden vor dem Eintritt in die Währungsunion an der Tagesordnung. Das zeigt Abbildung 6.1 für Italien. Eine Staatsschuldenkrise gab es in Italien trotzdem nicht, weil die Banca d'Italia die italienischen Staatsanleihen kaufte. Den Vertrauensverlust in die Zahlungsfähigkeit der hoch verschuldeten Eurostaaten hat Mario Draghi im Juli 2012 mit dem Spruch »*whatever it takes*« gestoppt, weil er damit Staatsanleihekäufe der Europäischen Zentralbank signalisierte. Bis Ende 2021 haben die Zentralbanken des Eurosystems, wie in Kapitel 3 gezeigt, Staatsanleihen im Umfang von über 4000 Milliarden Euro in ihren Bilanzen angehäuft, was uns zurück zu Keynes bringt.

Die keynesianischen Ausgabenprogramme der Regierungen in den jüngsten großen Krisen haben in zahlreichen Fällen wohl nur deshalb nicht zu Staatsschuldenkrisen geführt, weil im Hintergrund die Zentralbanken die explodierenden Staatsausgaben mit umfangreichen Staatsanleihekäufen abgesichert haben. So kündigte in Japan im Januar 2013 der damalige Präsident Shinzo Abe mit den sogenannten Abenomics immense zusätzliche Staatsausgaben flankiert mit umfangreichen Staatsanleihekäufen der Bank von Japan an. Das hat die Staatsverschuldung Japans auf beeindruckende 260 Prozent des Bruttoinlandsprodukts nach oben getrieben, ohne dass es zu einer Staatsschuldenkrise gekommen ist.

Ebenso haben die Zinssenkungen und Staatsanleihekäufe der Europäischen Zentralbank infolge der europäischen Finanz- und Schuldenkrise den Regierungen seit 2010 riesige zusätzliche Ausgabenspielräume eröffnet. In der Coronakrise sicherte Christine Lagarde durch ihr Pandemie-Notfallkaufprogramm im Umfang von rund 1700 Milliarden Euro die großen Hilfspakete der Regierungen ab. Und für die USA ist es noch einfacher. Wenn die Staatsverschuldung steigt – und die steigt dort eigentlich immer –, dann kauft nicht nur die Zentralbank Fed noch mehr Staatsanleihen. Da dann die Zinsen sinken und der Dollar abwertet, müssen auch viele andere Zentralbanken auf der Welt US-amerikanische Staatsanleihen kaufen, um ihre Währungen gegenüber dem Dollar stabil zu halten. Viele andere Länder finanzieren also die Staatsausgaben der USA mit.

Zuletzt gab es einen spannenden Fall, wo eine bereits hoch verschuldete Regierung ohne Rückendeckung der Zentralbank die Schulden weiter erhöhen wollte. Die neue britische Premierministerin Liz Truss wollte im September 2022 mit Schulden Steuersenkungen finanzieren, während die Bank of England die Zinsen erhöhte, um die Inflation zu bekämpfen. Die Zinsen auf die englischen Staatsanleihen schossen plötzlich nach oben und das britische Pfund stürzte ab. Es drohte plötzlich eine gefährliche Finanzkrise, die die Bank of England nur mit einem hastig aufgelegten Notfallprogramm verhindern konnte. Liz Truss ging mit einer äußerst kurzen Amtszeit in die britische Geschichte ein.

Niedrigzinsen und staatliche Hilfen lähmen private Investitionen

Doch selbst wenn die Zentralbanken die Grenzen der keynesianischen Stabilisierungspolitik weit nach hinten verschieben können, kann der Zauber der zentralbankfinanzierten Hilfs- und Rettungspolitiken nicht für immer währen. Zwar besagt die sogenannte *Modern Monetary Theory*, die sich insbesondere bei Politkern des linken Spektrums großer Beliebtheit erfreut, dass Staaten Waren, Dienstleistungen und Vermögenswerte unbegrenzt mit gedrucktem Geld kaufen können. Sollte Inflation entstehen, dann könne die Inflation durch Steuererhöhungen bekämpft werden. Doch die Theorie ist schwierig zu belegen, weil die Finanzierung von Staatsausgaben mit der Notenpresse eben früher oder später immer doch Inflation nach sich gezogen hat. Zuletzt haben die Regierungen auch nicht die Steuern erhöht, um die Inflation zu bekämpfen.

Die Inflation schädigt das Wachstum, weil sie die Unsicherheit erhöht. Unternehmen können ihre zukünftigen Kosten und Einnahmen schwerer planen und fahren die Investitionen zurück. Da die Inflation die Kaufkraft der Konsumenten schwächt, macht es für viele Branchen keinen Sinn, die Kapazitäten auszuweiten. Wenn die Gewerkschaften einen Ausgleich für die steigenden Preise fordern, können Streiks die Produktion bremsen. Die Exporte gehen zurück, wenn die Kosten und die Preise steigen. Abbildung 6.2 zeigt, dass die gesamtwirtschaftlichen Investitionen (Anlageinvestitionen) als Anteil am Bruttoinlandsprodukt in der Zeit von Ludwig Erhard sehr hoch waren und in der Inflationsphase der 1970er Jahre stark zurückgegangen sind. Erst nachdem der amerikanische Zentralbankpräsident Paul Volcker der Inflation der 1970er Jahre das Rückgrat gebrochen hatte, stiegen die Investitionen in den 1980er Jahren wieder an.

Abbildung 6.2 zeigt auch, dass ab der Jahrtausendwende die Investitionen als Anteil der Wirtschaftsleistung im Trend bis ungefähr 2015 zurückgegangen sind, obwohl die Zinsen immer weiter gesunken sind. Das widerspricht der Annahme, dass bei sinkenden Zinsen die

Investitionen steigen werden. Erst ab dem Jahr 2015 steigen diese wieder an. Die treibende Größe der wiederbelebten Investitionstätigkeit waren aber nicht neue Maschinen, Geräte, Computer und Fahrzeuge. Vielmehr hat der Bau dank billiger Kredite kräftig expandiert. Die privaten Ausrüstungsinvestitionen, die den Kapitalstock unserer Volkswirtschaft erhöht hätten, sind als Anteil am Bruttoinlandsprodukt im Trend hingegen weiter zurückgegangen.

Abbildung 6.2: Deutschland: Investitionen als Anteil am Bruttoinlandsprodukt

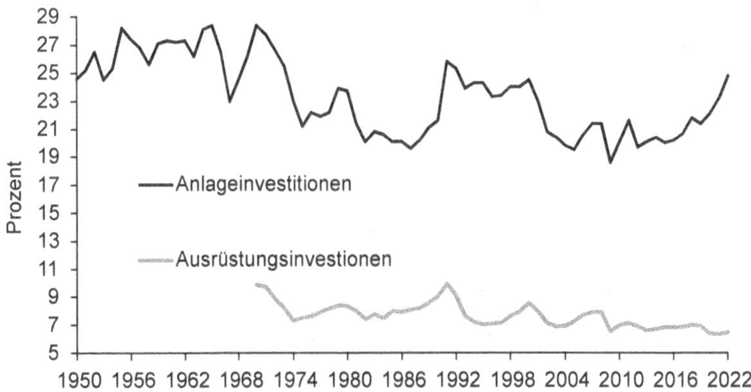

Quelle: Deutsche Bundesbank. Anlageinvestitionen = Ausrüstungen (Maschinen und Geräte einschl. militärischer Waffensysteme) + Bauten (Wohnbauten, Nichtwohnbauten) + sonstige Anlagen (insbes. Forschung und Entwicklung, Software und Datenbanken).

Der Vater des Stabilitäts- und Wachstumsgesetzes Karl Schiller hat einst dazu gesagt: »Man kann die Pferde zur Tränke führen, saufen müssen sie selbst.« Dass die Pferde nicht gesoffen haben, könnte an dem sogenannten Kobra-Effekt liegen. Dieser beschreibt das Phänomen, dass wirtschaftspolitische Maßnahmen, die ein Problem lösen sollen, dieses stattdessen verschärfen können. Im britisch besetzten Indien soll ein britischer Gouverneur eine Prämie für jede tote Kobra ausgelobt haben, um einer Kobra-Plage Herr zu werden. Allerdings ging die Anzahl der Kobras nicht wie von ihm wie erhofft zurück, sondern es gab plötzlich mehr Kobras, sodass auch noch die Kosten seines Plans aus dem Ruder liefen. Denn die indische Bevölkerung hatte mit der Kobrazucht eine neue Einkommensquelle entdeckt.

Der deutsche Ökonom Horst Siebert hat ein ganzes Buch über den Kobra-Effekt in der Wirtschaftspolitik mit dem Untertitel *Wie man Irrwege der Wirtschaftspolitik vermeidet* geschrieben.[16] Es handelt sich also nicht um ein Phänomen mit Seltenheitswert. Um das Problem zu verstehen, muss man sich bewusst sein, dass Unternehmen investieren, um Gewinne zu machen. Neue Maschinen wie beispielsweise ein autonomer Gabelstapler sparen Kosten. Ein spannendes neues Produkt, zum Beispiel ein Smartphone mit Gesichtserkennung, erlaubt einen höheren Preis als bei der Konkurrenz. Der Druck zu Einsparungen und neuen Produkten wächst in Krisen, weil dann die Gewinne einbrechen. Wer überleben will, muss erfinderisch sein.

Der Druck zu Kostensenkungen und zu höheren Einnahmen wächst auch dann, wenn die Zentralbank die Zinsen anhebt. Immerhin sind die Zinsen ein wichtiger Kostenfaktor für Unternehmen. Wenn die Zinsen immer weiter sinken, nimmt der Druck zu anderen Kostensenkungen ab. Und lange Zeit sind die Zinsen dank der Zentralbanken immer weiter gefallen. Abbildung 6.3 zeigt das sowohl für die kurzfristigen Geldmarktzinsen als auch für die langfristigen Zinsen auf zehnjährige Staatsanleihen im Durchschnitt für die USA, Deutschland und Japan. In Kapitel 3 habe ich die über viele Jahre hinweg sinkenden Kreditzinsen der Unternehmen gezeigt.

Der Trend kam aus den USA. In den späten 1980er Jahren hatte der damalige Notenbankpräsident Alan Greenspan argumentiert, dass in Finanzkrisen die Zinsen stark gesenkt werden müssten, um die Finanzmärkte zu stabilisieren. Wenn die Kurse wie bei der Dotcomblase zwischen 1999 und 2000 steil nach oben zeigten, könnten die Zentralbanken nicht wissen, ob dies eine Übertreibung sei. Sie dürften deshalb auch nicht mit Zinserhöhungen gegensteuern. Aus dieser Sichtweise entwickelte sich eine asymmetrische Geldpolitik. Immer mehr Zentralbanken senkten in Krisen entschlossen die Zinsen. Hingegen zögerten sie in den Erholungsphasen nach den Krisen, die Zinsen in gleichem Maße wieder anzuheben.

Abbildung 6.3: Durchschnittliche Zinsen von USA, Japan und Deutschland

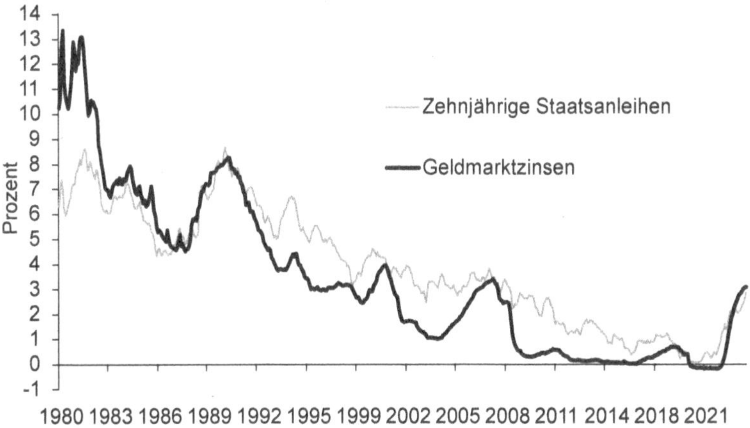

Quelle: Internationaler Währungsfonds, FRED und Statistisches Bundesamt. Ungewichteter Mittelwert.

Alan Greenspan erhielt für diese Strategie den Beinamen »Magier«, weil er nicht nur wie mit Zauberhand Finanzkrisen heilen, sondern sogar zur Freude vieler neue Feuerwerke auf den Finanzmärkten erzeugen konnte. Auf den jährlichen Treffen der Zentralbanker in Jackson Hole im US-Bundesstaat Wyoming sprach man davon, dass dieses Politikmuster zu einem Konsens geworden sei. So fiel das Zinsniveau über einen Zeitraum von mehr 30 Jahren bis zu den jüngsten Zinserhöhungen immer weiter ab, wie Abbildung 6.3 zeigt. Einige Ökonomen wie der US-Amerikaner Larry Summers und der Deutsche Carl Christian von Weizsäcker vertraten die These, dass aufgrund der Alterung der Gesellschaften viel gespart würde, sodass die Zinsen auf Dauer immer weiter sinken müssten. Sie schufen damit eine einflussreiche wissenschaftliche Rechtfertigung für die Niedrig- und Nullzinspolitiken der Zentralbanken. Sobald die Theorie da war, arbeiteten in den Forschungsabteilungen vieler Zentralbanken Wissenschaftler eifrig daran, die These von Summers zu bestätigen.

So spülten die Zentralbanken den Unternehmen nicht nur viel Geld in die Kassen. Viele Zentralbanker wie Christine Lagarde versicherten auch, dass die Zinsen auf Dauer niedrig bleiben würden. Die Unternehmer und Manager dürften sich deshalb auf Dauer auf niedrigere Finanzierungskosten eingestellt haben. Da in Krisen keynesianische Rettungspakete immer mehr zur Tagesordnung gehörten, mussten die Unternehmen auch nicht mehr für zukünftige Krisen vorsorgen, was zum Thema Subventionen führt.

Während Zinssenkungen und Konjunkturprogramme den Unternehmen nur indirekt zusätzliche Gewinnmöglichkeiten geschaffen haben, konnten dank der Staatsanleihekäufe der Zentralbanken die Staaten den Unternehmen auch immer mehr direkte Hilfen gewähren. In der Coronakrise hatte der Wirtschaftsstabilisierungsfonds Deutschlands immerhin einen Umfang von 600 Milliarden Euro, auch wenn nicht alle Mittel abgeflossen sind.[17] Was davon ein Ausgleich für den wirtschaftlichen Verlust aus den Lockdowns und was davon eine versteckte Subvention für den wirtschaftlichen Abschwung war, der auch ohne das Coronavirus gekommen wäre, ist im Nachhinein nicht mehr nachzuvollziehen. Nur eines scheint Gesetz zu sein: Das Geld für die Unternehmen werde jährlich mehr, urteilte der *Focus*.[18]

Seitdem die Klimapolitik an Fahrt gewonnen hat, freuen sich viele Unternehmen über direkte oder indirekte Subventionen für den Klimaschutz, beispielsweise über Zuzahlungen beim Kauf von Elektroautos oder für Subventionen an Automobilproduzenten für den Aufbau eines Ladenetzes. Die Subventionsziele hätten sich klar in Richtung Umweltpolitik und Energie verschoben, urteilt das Kieler Institut für Weltwirtschaft in seinem Subventionsbericht. Jüngst hat Wirtschafts- und Klimaminister Robert Habeck Thyssen-Krupp Milliarden für den Aufbau einer grünen Stahlproduktion zugesagt. Aber auch die Chip-Industrie darf sich freuen: Die Hersteller Intel und TMSC sollen Milliarden dafür erhalten, dass sie mit ihrer Produktion nach Ostdeutschland kommen. Eine Million Euro pro Arbeitsplatz soll es für die Ansiedlung von Intel im wirtschaftsschwachen Sachsen-Anhalt geben.

Es verwundert deshalb nicht, dass die Kurve der gezahlten Finanzhilfen des deutschen Staates steil nach oben zeigt, wie in Abbildung 6.4 zu sehen ist. Die Schätzung liegt bei 38 Milliarden Euro im Jahr 2000 und bei bereits 98 Milliarden Euro im Jahr 2022. Für das Jahr 2023 prognostizierte das Institut für Weltwirtschaft sogar eine Summe von 208 Milliarden Euro, weil die Bundesregierung über das Sondervermögen des neuen Wirtschaftsstabilisierungsfonds nochmals über 100 Milliarden Euro verteilen wollte. Mit den Finanzhilfen der Länder, die seit 2015 wegen einer geänderten Buchhaltung nicht mehr ermittelt werden könnten, und mit den Steuervergünstigungen wächst die Schätzung sogar auf 362 Milliarden Euro. Das sind fast 10 Prozent des Bruttoinlandsprodukts![19] Inzwischen hat jedoch das Bundesverfassungsgericht der Zweckentfremdung des Wirtschaftsstabilisierungsfonds einen Riegel vorgeschoben, was die Subventionen reduziert und ein Wehklagen der Unternehmen nach sich gezogen hat.

Abbildung 6.4: Subventionen in Deutschland

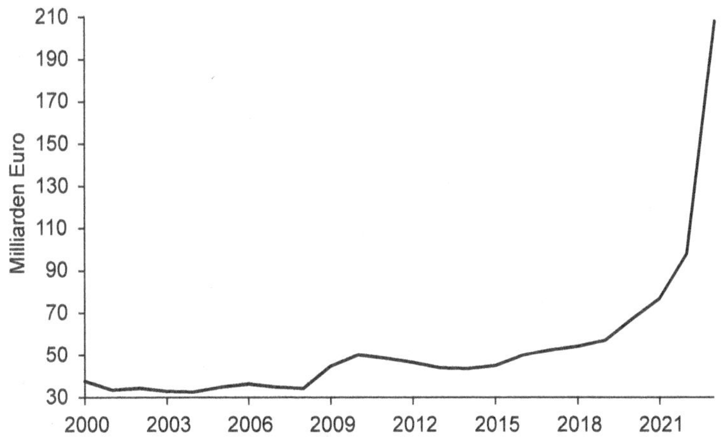

Quelle: Institut für Weltwirtschaft. 2023 Schätzung vor Urteil des Bundesverfassungsgerichts.

Nicht alle Zuwendungen des Staates kommen den Unternehmen direkt zugute. Doch Subventionen für die Konsumenten wie die Strom- und Gaspreisebremse stellen sicher, dass die Nachfrage hoch bleibt und es für die Anbieter von Strom und Gas zu keinen Zahlungsausfällen kommt. »You'll never walk alone – wir werden niemanden alleine lassen«, hat der Bundeskanzler auf der Spitze der Energiekrise verkündet und seinem Statement mit der Auflistung von Milliardenbeträgen (30 Milliarden plus 30 Milliarden plus 65 Milliarden) Nachdruck verliehen. Sie finden die eindrucksvolle Rede im Internet.[20]

Das große Ausmaß an staatlicher Solidarität weckt natürlich Begehrlichkeiten. Der Chef des Bundesverbandes der Deutschen Industrie Siegfried Russwurm hat nicht nur zu Recht angemahnt, dass der deutschen Industrie mit Coronamaßnahmen, Russlandsanktionen, Inflation, steigenden Energiepreisen und Rezession viel zugemutet worden sei. Er forderte auch gleich »spezifische Hilfen« für besonders energieintensive Unternehmen an.[21] Die Idee fand die IG-Metall Chefin Christiane Brenner so gut, dass sie den noch skeptischen Bundeskanzler Olaf Scholz zur zeitnahen Umsetzung drängte.[22] Da wollte wohl auch das hochdefizitäre Windkraftunternehmen Siemens Energy nicht zurückstehen und bat die Bundesregierung um Milliardenbürgschaften. Andernfalls müsste das Unternehmen womöglich auf Großaufträge verzichten.[23] Zuletzt ist Wirtschaftsminister Robert Habeck auf die Idee gekommen, den Unternehmen mit Hilfe eines schuldenfinanzierten Sondervermögens neue Zuwendungen zu gewähren.[24] Es ist schön, wenn wir alle zusammenhalten. Doch es scheint, als hätten der Staat und die Europäische Zentralbank unsere Unternehmen sehr träge gemacht.

Die Eurostabilisierung lähmt die Infrastrukturinvestitionen

Eine gute Infrastruktur ist eine wichtige Voraussetzung dafür, dass eine Wirtschaft gut funktioniert. Wer einmal in einem Entwicklungsland war, versteht, dass nicht asphaltierte Fernstraßen, vom Verkehr heillos verstopfte Innenstädte, fehlende Brücken und grenzenlos verspätete Züge nicht nur an den Nerven zehren, sondern auch die Wirtschaft blockieren. Eine Produktion, die nach dem Prinzip Just-in-Time Lagerkosten dadurch minimiert, dass alle Vorprodukte genau pünktlich zur Montage eintreffen, ist ohne gute Infrastruktur nicht möglich.

Für Deutschland ist eine gute Infrastruktur zwar immer noch selbstverständlich. Doch die Kritik an verschleppten Investitionen wächst. So titelte im August 2023 der *Focus* »Autobahnen, Brücken, Schiene: Willkommen in der Schrott-Republik Deutschland!«[25] Seit der Jahrtausendwende seien die Investitionen in die Infrastruktur im ganzen Land zurückgefahren worden. Deutschland habe anderthalb Jahrzehnte von der Substanz gelebt. Nach einer Studie des Instituts für Wirtschaftsforschung in Köln fühlen sich immer mehr Unternehmen durch eine schlechte Infrastruktur beeinträchtigt. Im Jahr 2022 waren es bereits 80 Prozent, am meisten beim Straßenverkehr und den Kommunikationsnetzen.[26]

Abbildung 6.5 zeigt den Anteil der Investitionen am Bundeshaushalt. Das Bundesfinanzministerium unterscheidet zwischen Baumaßnahmen auf der einen Seite und sonstigen Ausgaben für Investitionen und Investitionsfördermaßnahmen auf der anderen Seite. Letztere sind die Förderung einzelner Branchen wie beispielsweise des Schiffbaus, die regionale Investitionsförderung wie beispielsweise in Ostdeutschland, die Förderung bestimmter Unternehmensgruppen wie beispielsweise Klein- und Mittelunternehmen und schließlich bestimmte »Investitionstatbestände« wie der Klimaschutz und die Digitalisierung. Es ist bis 2022 ein Stagnieren zu erkennen. Was waren die Gründe?

Abbildung 6.5: Anteil der Investitionen am Bundeshaushalt

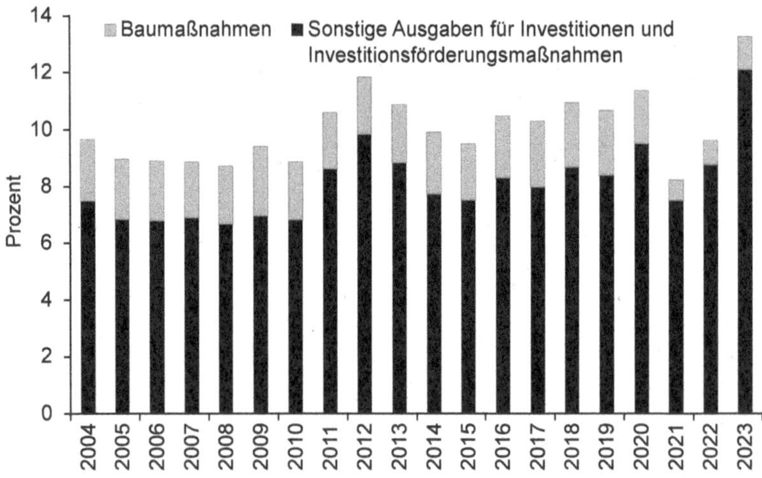

Quelle: Bundesministerium der Finanzen, OECD. 2023 geplanter Wert.

Deutschland hat seit der Jahrtausendwende gespart, um mit den Maastrichtkriterien im Einklang zu bleiben und so die Stabilität des Euros zu sichern. (In Kapitel 9 wird deutlich werden, dass die Vorbildfunktion für solides Haushalten für andere Euroländer nur sehr begrenzt geblieben ist, auch weil Deutschland selbst nicht immer die Kriterien eingehalten hat.) Zwar hätten die aufgrund der Reformen deutlich gestiegenen gesamtwirtschaftlichen Ersparnisse mehr Investitionen zugelassen, doch ist das Kapital ins Ausland abgeflossen. Damit stand es nicht für Investitionen im Inland zur Verfügung, die uns heute den einen oder anderen Stau, gesperrte Autobrücken, Funklöcher, Verspätungen bei der Bahn oder ein langsames Internet erspart hätten. Ein Student aus Syrien meinte einmal zu mir, dass das Kommunikationsnetz dort deutlich besser als in Deutschland sei. Ich habe immer gehofft, dass die deutschen Großstädte nach dem Vorbild von Frankreich schöner werden. Passen Sie auf, so etwas vorzuschlagen, dann könnten Sie schnell von Professorenkollegen von mir verspottet werden.

Abbildung 6.6: Ausgaben des Bundes für Infrastruktur

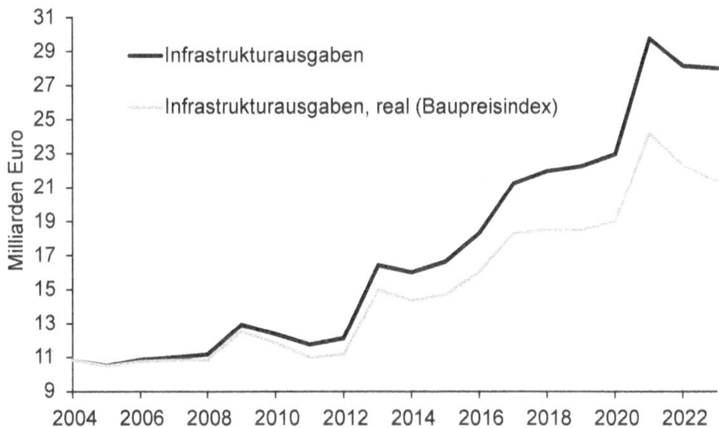

Quelle: Bundesfinanzministerium und eigene Berechnungen.

Als in den Jahren 2007 und 2008 die Spekulationsblasen im südlichen Euroraum und in den USA platzten, haben deutsche Banken große Verluste erlitten. Ein beträchtlicher Teil des Auslandsvermögens, das wie im Falle der deutschen Wiedervereinigung nach Deutschland zurückgeholt werden könnte, steht damit für das Nachholen dieser Investitionen nicht mehr zur Verfügung. Vielmehr musste und muss Deutschland wahrscheinlich auch in Zukunft über ein verworrenes Netz von Rettungsschirmen den südlichen Eurostaaten Hilfen gewähren, um den Euro stabil zu halten. Während die Zentren von Neapel, Barcelona und Lissabon glänzen, ist Berlin schmuddelig. Und kennen Sie die Innenstädte von Hannover, Essen oder Saarbrücken? Eine Stadträtin in Frankfurt hat vorgeschlagen, für mehr Sauberkeit zu sorgen und Tendenzen zur Verwahrlosung zu bekämpfen, wie *Die Welt* unter dem Titel »Frankfurts harter Abstieg« berichtet hat.[27]

Abbildung 6.6 zeigt die Ausgaben des Bundes für Bundesfernstraßen, Eisenbahnen des Bundes, das kommunale Schienennetz und den ÖPNV, Wasserstraßen, Häfen, Luftfahrt und Nachrichtenwesen. Die schwarze Linie entspricht den Ausgaben in Euro. Zwischen 1999 und dem Jahr 2013 stagnieren sie; danach steigen sie zusammen mit den Steuereinnahmen deutlich an. Das kann man als ein Nachholen versäumter Investitionen interpretieren. Doch sind in diesem Zeitraum auch die Baupreise deutlich gestiegen. Man denke an den Flughafen in Berlin oder den noch unvollendeten Bahnhof in Stuttgart. Die graue Linie ist deshalb um den Preisindex für Bauleistungen bereinigt. Dann fällt der Anstieg geringer aus. Als ab dem Jahr 2010 die Steuereinnahmen sprudelten, haben die Regierungen unter Angela Merkel keine große Investitionsoffensive auf den Weg gebracht. Wo ist das ganze Geld nur hingegangen?

Florierende Sozialausgaben verdrängen andere Ausgaben

Es gibt ja noch den Sozialstaat, der unter Politikern aller Couleur eine starke Lobby hat. Man denke an den Sozialflügel der CDU. Ludwig Erhard wehrte sich noch gegen die Vorstellung, dass sich der Staat um alle und jeden kümmern müsse, auch wenn damals schon nicht immer mit Erfolg. Er sprach vom »Versorgungsstaat« als »modernen Wahn« und betonte den Konflikt der sozialen Sicherung mit der marktwirtschaftlichen Ordnung.[28] Er hätte sich damals wohl nicht vorstellen können, dass der Sozialstaat mit kleinen Unterbrechungen immer weiter wachsen würde. Lag der Anteil der Sozialleistungen an der Wirtschaftsleistung 1960 noch bei 18 Prozent, waren es im Jahr 2022 schon 30 Prozent. Abbildung 6.7 zeigt, dass die Sozialausgaben in Deutschland immer weiter auf eine beeindruckende Summe angestiegen sind.

Für die deutschen Wählerinnen und Wähler scheinen zusätzliche Leistungen des Sozialstaats wohl immer verlockend gewesen zu sein. Sonst hätten die Sozialleistungen nicht immer weiter zugenommen. Bestehen die Angebote erst einmal, dann ist es aus der Sicht der Bürgerinnen und Bürger nicht nur naheliegend, diese auch in Anspruch zu nehmen. Einmal gewonnene Privilegien will auch keiner mehr gerne aufgeben. Eine kostenlose Gesundheitsversorgung, ein großzügiges Bürgergeld oder einen Renteneintritt mit 63 finden doch alle gut. Besser wäre eigentlich nur noch eine Rente für alle mit 55. Da die Rechnung für die »soziale Rundumversorgung« nicht jeden Monat per Post ins Haus flattert, sind den Einzelnen die Kosten auch nicht bewusst. Im Zweifel geht man davon aus, dass die anderen zahlen – am besten »die Reichen«.

Abbildung 6.7: Sozialausgaben in Deutschland

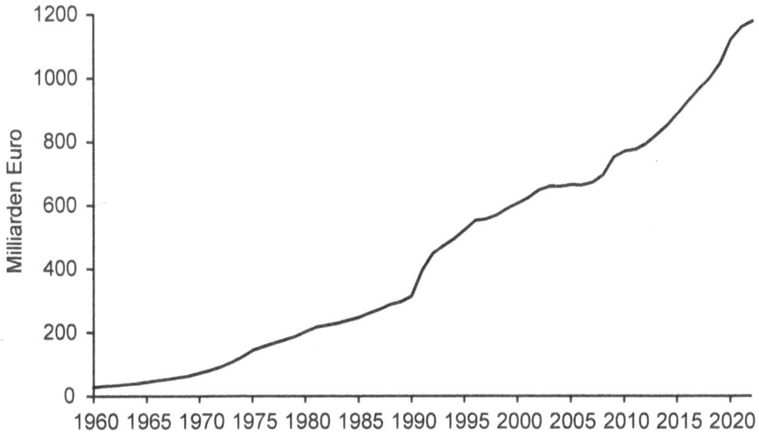

Quelle: Statistisches Bundesamt. Bund, Länder, Gemeinden und Sozialversicherungen.

Die tendieren jedoch dazu, bei zu starker Belastung ins Ausland abzuwandern, wie in Frankreich, nachdem 2012 Präsident François Hollande die Reichensteuer eingeführt hatte. Gérard Depardieu machte sich öffentlichkeitswirksam zum russischen Staatsbürger. 2015 wurde die Reichensteuer wieder abgeschafft. Hingegen betrachten viele Menschen im Ausland das deutsche Sozialsystem als attraktiv. Mit dem europäischen Integrationsprozess und der großzügigeren Auslegung der Asylgesetzgebung hat die deutsche Politik die Leistungen der sozialen Sicherungssysteme auf das Ausland ausgeweitet. Der Europäische Gerichtshof hat beispielsweise entschieden, dass für das Kindergeld jeder EU-Bürger anspruchsberechtigt ist, der sich dauerhaft in Deutschland niederlassen will.[29]

Der Ministerpräsident von Sachsen-Anhalt Reiner Haseloff hat betont, dass finanzielle Zuwendungen ein wichtiger Grund für die Zuwanderung nach Deutschland sind.[30] Junge Menschen machten sich auf einen gefährlichen Weg, weil sie auf ein besseres Leben für sich und ihre Familien hofften. Der Zustrom von Asylsuchenden in die Europäische Union ist nicht nur dauerhaft hoch. Ein bevorzugtes Ziel bleibt Deutschland, wohin die Grenzländer der Europäischen Union die Menschen gerne auch ohne Registrierung durchwinken. Der US-amerikanische Wirtschaftsnobelpreisträger Milton Friedman hat bereits in den 1970er Jahren argumentiert, dass offene Grenzen und ein Sozialstaat auf Dauer nicht miteinander vereinbar sind. Die Jusos haben hingegen ein Grunderbe für alle Menschen im Alter von 18 Jahren mit einem Wohnsitz in Deutschland, unabhängig vom Aufenthaltsstatus, gefordert.[31] Das könnte ein gutes Programm für einen noch stärkeren Zuzug in die Sozialsysteme sein.

Obwohl die Anzahl der Bezieher von Arbeitslosengeld II, heute das Bürgergeld, mit den Reformen von Gerhard Schröder gesunken ist, lag sie Ende 2023 trotz eines angespannten Arbeitsmarktes immer noch bei rund 5,5 Millionen, wobei 3,9 Millionen erwerbsfähig sind. Ein großzügiger Wohlfahrtsstaat, der sich um alle und jeden kümmert, stößt jedoch insbesondere dann an seine Grenzen, wenn das Wachstum stockt und die Möglichkeiten zur Schuldenaufnahme begrenzt sind. Gerhard Schröder musste die Leistungen des Sozialstaats einschränken, weil die durchschnittlichen Ausbildungszeiten immer weiter angestiegen waren, die Zahl der Arbeitslosen einen Höchststand erreicht hatte und frühere Renteneintritte an der Tagesordnung waren. Die Anzahl derer, die vom Sozialstaat abhängig waren, war im Vergleich zur Anzahl von denen gewachsen, die den Sozialstaat finanzierten. So konnte es nicht weitergehen.

Hingegen hat die Eurorettung neue Spielräume geschaffen, weil die Europäische Zentralbank auf Dauer die Zinsen niedrig gehalten und viele Staatsanleihen gekauft hat. Da deshalb die deutsche Wirtschaft brummte und die Steuereinnahmen florierten, konnte die Kanzlerin die Reformen ihres Vorgängers Stück für Stück wieder zurücknehmen.

Der Finanzminister Wolfgang Schäuble konnte trotzdem mit seiner schwarzen Null auf ein solides Budget verweisen. Doch dahinter versteckten sich zusätzliche Ausgabenverpflichtungen, für die Deutschland in der nächsten Krise nicht vorbereitet war. So urteilte *Die Zeit* im Rückblick über die langjährige Kanzlerin »Krisen konnte sie, Reformen eher nicht«.[32]

Abbildung 6.8: Zuweisungen des Bundes für Rentenversicherung und Gesundheitsfonds

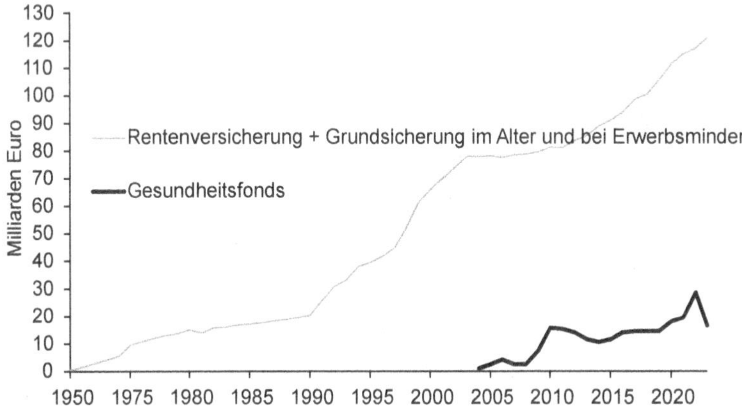

Quelle: Bundesamt für Soziale Sicherung.

Im Jahr 2007 führte die Regierung das Elterngeld ein. Im Jahr 2009 bildete die Einführung des Gesundheitsfonds die Grundlage für deutlich erhöhte Zuzahlungen des Bundes zu der gesetzlichen Krankenversicherung. Im Jahr 2010 waren es bereits 15,7 Milliarden Euro, im Jahr 2022 28,5 Milliarden Euro, wie Abbildung 6.8 zeigt. 2014 kam die Rente mit 63, die Menschen mit mindestens 45 Beitragsjahren den Anreiz gab, früher in Rente zu gehen. Einschließlich meiner damaligen Sekretärin, die ausgezeichnet gearbeitet hat. Im gleichen Jahr beschloss die Bundesregierung die Mütterrente. 2021 führte sie die Grundrente ein, auf die Menschen einen Anspruch haben, wenn sie ein gewisses Mindesteinkommen erzielt haben. Die Zuschüsse des Bundes für die gesetzliche Rentenversicherung stiegen damit nicht nur wegen der Alterung der Gesellschaft von 59 Milliarden Euro im Jahr 2010 auf 112 Milliarden Euro im Jahr 2023. Hinzu kamen 9,2 Milliarden Euro für die Grundsicherung im Alter und bei Erwerbsminderung. Für das Jahr 2024 sind bereits Zuschüsse von knapp 127 Milliarden Euro geplant.[33]

Mehrere Pflegestärkungsgesetze, ein Pflegepersonal-Stärkungsgesetz und ein Pflegezeitgesetz weiteten unter anderem die Leistungen der Pflegeversicherung aus. Die Entscheidung, im Jahr 2015 zahlreiche Flüchtlinge aufzunehmen, dürfte die Belastung für die Sozialsysteme, insbesondere für die Bereitstellung von Lebensunterhalt, Krankenversorgung und Wohnung, deutlich erhöht haben. Die Zuweisungen an das Jobcenter blieben trotz sinkender Arbeitslosigkeit hoch, beispielsweise in der Coronakrise durch das großzügige Kurzarbeitergeld. Zu Beginn des Jahres 2023 führte die Ampelregierung das Bürgergeld ein, für das sie nicht nur die Regelsätze erhöht, sondern auch den Druck zur Aufnahme von Arbeitsverhältnissen reduziert hat. Zum 1.1.2024 folgte eine umstrittene großzügige Erhöhung. Der steile Anstieg der Sozialausgaben verwundert deshalb nicht. Sie haben im Jahr 2022 ein Volumen von rund 1200 Milliarden Euro erreicht. Im Jahr 1999 waren es noch 590 Milliarden Euro gewesen. Der Anteil der Sozialausgaben am Bundeshaushalt lag im Jahr 2022 bei 46,5 Prozent.

Es irritiert, dass die Sozialausgaben ein Rekordniveau erreicht haben, obwohl der Wohlstand in Deutschland noch nie so hoch gewesen sein soll. Dabei erhöht die alternde Bevölkerung die Belastung für das Rentensystem weiter. Der letzte Sozialbericht des Bundesministeriums für Arbeit und Soziales geht davon aus, dass die Zuschüsse des Bundes für die gesetzliche Rentenversicherung weiter steigen werden. Und dann haben sich die deutschen Regierungen mit der Klimarettung noch eine weitere Herkulesaufgabe vorgenommen.

KAPITEL 7

Die verfehlte Umwelt-, Energie- und Klimapolitik

Der Aufstieg der Grünen und deren Einfluss auf die Union

Bündnis 90/Die Grünen haben ihren Ursprung in den 1970er Jahren in der Umwelt-, Anti-Atomkraft-, Friedens- und Frauenbewegung. In Bayern regierte noch Franz Josef Strauß wie ein Sonnenkönig. In den Wohnzimmern hingen Porzellanteller mit seinem Konterfei. In meiner Schulklasse wurde über mehr Gerechtigkeit und das Leistungsprinzip gestritten. Die Atomkraft war ein fester Bestandteil des politischen Programms der CSU. Die Polizei lieferte sich wegen einer geplanten Wiederaufbereitungsanlage im oberpfälzischen Wackersdorf mit linken Demonstranten heftige Gefechte. Auf den Schultaschen machten immer mehr Aufkleber mit einer fröhlichen roten Sonne vor gelbem Hintergrund die Runde: »Atomkraft? Nein danke«.

Der Umweltschutz und der Kampf gegen die Atomkraft haben die damals noch sehr klaren Fronten zwischen CDU/CSU auf der einen Seite und SPD auf der anderen Seite aufgebrochen. Der Forderung nach mehr Umverteilung konnten die Konservativen das Leistungsprinzip entgegensetzen. Der Forderung nach mehr Umweltschutz konnten sich auch viele Konservative nicht verschließen. Denn quer durch die westdeutsche Bevölkerung machte sich die Befürchtung breit, dass das Wachstum den schönen deutschen Wald sterben lassen könnte. Zwar gingen Maßnahmen gegen den sauren Regen mit einer Gesundung der Bäume einher. Doch am 13. Januar 1980 in Karlsruhe hatte sich bereits die Partei »Die Grünen« mit einem ökologischen, sozialen und gewaltfreien Programm gegründet. In den frühen 1980er Jahren zog die neue Partei in einige Landesparlamente ein. 1983 stürmte sie mit 5,6 Prozent der Zweitstimmen in den Bundestag.

Die vielen jungen Parteimitglieder und das neue Thema bildeten für junge Wähler einen erfrischenden Kontrast zu den etablierten Parteien. Es war so einfach. Wer grün wählte, gehörte zu den Guten. 1985 legte Joschka Fischer als erster grüner Minister in Hessen seinen Amtseid in Turnschuhen ab. Die Wahlen im Jahr 1998 machten Bündnis 90/Die Grünen, zusammen mit der SPD, erstmals auf Bundesebene zur Regierungspartei, die nun wichtige umweltpolitische Ziele umsetzen konnte. Mit dem »Gesetz zum Einstieg in die ökologische Steuerreform« erreichten sie höhere Mineralölsteuern und eine Stromsteuer. Im Jahr 2002 beschloss die rot-grüne Koalition den lange ersehnten Atomausstieg.[1] Die erste Version des *Erneuerbare-Energien-Gesetzes* aus dem Jahr 2000 brachte die bevorzugte Einspeisung von Strom aus erneuerbaren Quellen in das Stromnetz mit garantierten Vergütungen.

Die Grünen hatten die Umwelt- und Klimapolitik fest in der deutschen Politik verankert. Davon konnten sich auch die anderen Parteien nicht isolieren. Angela Merkel war unter Helmut Kohl von 1994 bis 1998 Bundesministerin für Umwelt, Naturschutz und Reaktorsicherheit gewesen. Bei den Verhandlungen zum Kyoto-Protokoll hatte sie sich 1997 für vergleichsweise hohe CO_2-Reduktionsziele eingesetzt. Als sie im Jahr 2005 die Wahl nur knapp gewann, machten Beobachter marktwirtschaftliche Positionen wie eine vereinfachte Einkommensteuer und eine Kopfpauschale bei der gesetzlichen Krankenversicherung für deutliche Stimmenverluste verantwortlich.

Angela Merkel positionierte sich fortan immer wieder als Klimakanzlerin, indem sie weltweit die Klimaziele des Kyoto-Protokolls thematisierte. In ihrer ersten Regierung vereinbarte sie 2005 mit der SPD, bis 2020 die deutschen Treibhausgasemissionen um 40 Prozent gegenüber 1990 zu reduzieren. Im Jahr 2007 reiste sie nach Grönland und ließ sich vor schmelzendem Gletschereis fotografieren.[2] Doch das stoppte den Aufstieg der Grünen nicht, die bei der Bundestagswahl 2009 mit 10,7 Prozent das bis dahin beste Ergebnis erzielten. Nachdem im Oktober 2010 die zweite Regierung unter Angela Merkel den Ausstieg aus dem Atomausstieg beschlossen hatte, schockierte am 11. März 2011 die Nuklearkatastrophe von Fukushima die Welt.

Die Grünen erreichten bei der Landtagswahl in Baden-Württemberg, einem Stammland der CDU, am 27. März 2011 mit 24,2 Prozent ein Rekordergebnis. Angela Merkel ließ – nicht ohne Gesichtsverlust – am 30. Juni 2011 den endgültigen Ausstieg aus der Atomenergie bis 2022 beschließen.[3] In der Folge erwies sich die Aufnahme grüner Politikziele in das Parteiprogramm als erfolgreich. Bei der Bundestagswahl 2013 gewann die CDU rund 420 000 Wähler mehr von den Grünen hinzu, als sie an die grüne Partei verlor.[4] Laut einer Umfrage von Infratest dimap zeigten sich im Jahr 2016 rund 71 Prozent der Wähler der Grünen zufrieden mit der Kanzlerin, verglichen mit lediglich 52 Prozent aller Bundesbürger.[5] Nach der Bundestagswahl 2017 führte die Union bereits ernsthafte Sondierungsgespräche mit den Grünen.

Derweil rückte im Windschatten der Umweltpolitik die Klimapolitik immer stärker ins politische Interesse. Im Dezember 2015 hatten 194 Vertragsstaaten und die Europäische Union auf der Klimakonferenz der Vereinten Nationen in Paris beschlossen, die globale Erwärmung auf deutlich unter zwei Grad Celsius gegenüber der vorindustriellen Zeit zu begrenzen und Anstrengungen für eine Begrenzung auf 1,5 Grad Celsius zu unternehmen. Das Bundesklimaschutzgesetz vom Dezember 2019 legte fest, die Treibhausgasemissionen bis 2030 um 55 Prozent unter den Vergleichswert des Jahres 1990 zu senken. Das Gesetz fixierte für die Sektoren Energiewirtschaft, Verkehr, Industrie,

Gebäude, Landwirtschaft und Abfallwirtschaft jährlich sinkende Emissionsgrenzen.

Abbildung 7.1: CDU/CSU und Bündnis 90/Die Grünen bei Bundestagswahlen

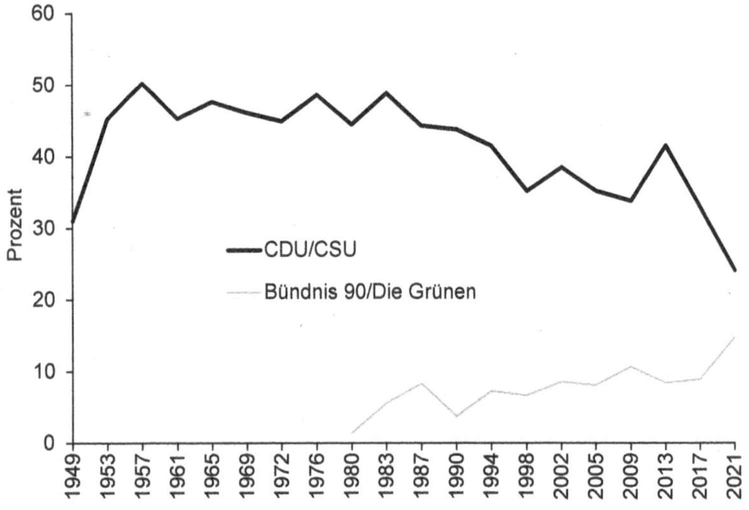

Quelle: Deutscher Bundestag. Bis 1990: Die Grünen.

Im Januar 2020 beschloss die große Koalition unter Angela Merkel den Kohleausstieg bis 2038 und legte einen nationalen CO_2-Preis von 25 Euro pro Tonne fest. Sie setzte in Folge als neues Ziel für die Klimapolitik eine Reduktion der CO_2-Emissionen um 65 Prozent gegenüber 1990 bis 2030 fest. Abbildung 7.1 zeigt, dass die sehr weit tragenden Entscheidungen der CDU/CSU-geführten Regierungen zugunsten des Umwelt- und Klimaschutzes den politischen Abstieg der Union jedoch nicht verhindern konnten, während die Energiepolitik immer mehr ins Zentrum des politischen Interesses rückte. Der Aufstieg der grünen Partei setzte sich fort.

Die Energiepolitik verteuert die Energieversorgung

Die Nachfrage nach Energie schwankt. Wenn zu Ferienbeginn viele in den Urlaub fahren, dann steigt die Nachfrage nach Benzin. Wenn um die Mittagszeit alle kochen, dann steigt der Stromverbrauch an. Wenn tagsüber die Industrieanlagen laufen, dann ist der Strombedarf höher als in der Nacht, wenn vieles stillsteht. Wenn es im Winter kalt ist, dann heizen die Menschen. Es ist deshalb nicht nur eine Herausforderung, ausreichend Energie zur Verfügung zu stellen, sondern auch sich an die Schwankungen anzupassen.

Eine stabile Energieversorgung ist je nach Energieträger einfacher oder schwieriger zu erreichen. Vor zwei Jahrhunderten haben die Menschen im Sommer Holz gemacht, um im Winter eine warme Stube zu haben. Auch die Kohle, die mit Beginn der industriellen Revolution das Holz als wichtigsten Energieträger ablöste, konnte man einfach auf großen Halden oder im Kohlekeller lagern. Der große Nachteil der Kohle ist jedoch, dass sie bei Abbau, Transport, Lagerung und Verbrennen schmutzig ist. Die Luft im Ruhrgebiet war grau und die Fenster mit einer schwarzen Schicht überzogen. Noch zu Wendezeiten war die Luft in den Städten der DDR im Winter unangenehm mit Kohlerauch belastet. Als man nach dem Zweiten Weltkrieg mehr mit Öl heizte, war dieses einfach und sauber in einem Tank im Keller zu lagern. Wer vorausschauend im Sommer einkaufte, zahlte einen niedrigeren Preis als im Winter.

Ein Nachteil des Erdöls war die eingeschränkte Versorgungssicherheit, weil der Nahe Osten, wo ein großer Teil der weltweiten Ölreserven liegt, politisch instabil ist. In den 1970er Jahren führten politische Spannungen in dieser Region zweimal zu einem plötzlichen Anstieg der Ölpreise, was tiefe Wirtschaftskrisen nach sich zog. Zudem setzt die Verbrennung von Öl und Gas viel CO_2 frei, was der Umwelt schadet. Die friedliche Nutzung der Atomkraft war attraktiv, weil die Versorgung mit Uran geopolitisch weniger anfällig ist und kein CO_2 ausgestoßen wird. In den 1990er Jahren deckten Atomkraftwerke bis zu 30 Prozent des Strombedarfs in Deutschland. Allerdings gab es große

Bedenken bezüglich der Sicherheit, insbesondere Ängste vor nicht kontrollierbaren Atomunfällen und bei der Lagerung der Abfälle.

Abbildung 7.2: Energiequellen für die Stromerzeugung

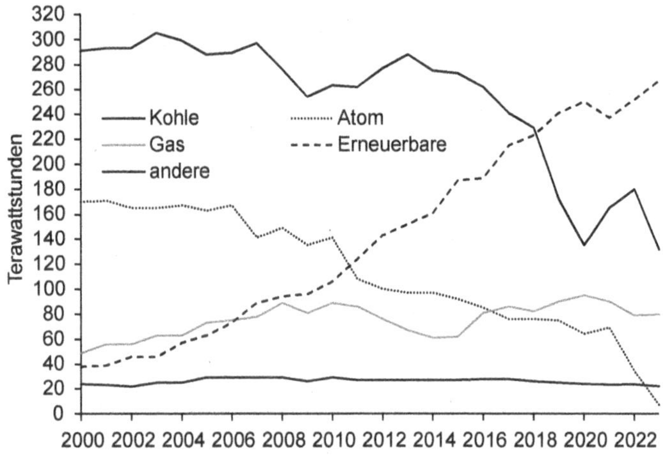

Quelle: Statista.

Der Begriff Energiewende, der in die 1980er Jahre zurückgeht, beschreibt den Übergang von fossilen Energieträgern und der Kernenergie hin zu erneuerbaren Energien wie Bioenergie (aus Biomasse), Geothermie, Wasserkraft, Meeresenergie, Solarenergie und Windenergie. Die Wind- und Solarenergie sind sauber, weil die Erzeugung kein CO_2 freisetzt. Da das Erneuerbare-Energien-Gesetz aus dem Jahr 2000 Festpreise für Strom aus erneuerbaren Energiequellen garantierte, war es – insbesondere in Zeiten der Nullzinspolitik der Europäischen Zentralbank – besonders attraktiv, darin zu investieren. Nicht nur im schönen Allgäu tauchten auf den Dächern der Häuser immer größere Solarflächen auf. Verstreut über das ganze Land ragen seither immer mehr hohe Stangen mit Windrädern in den Himmel. Die Umlagen auf den Strompreis für die Subventionierung der erneuerbaren Energien stiegen immer weiter an und lagen seit dem Jahr 2014 deutlich über 6 Cent pro Kilowattstunde. Das Volumen der Umlagen stieg von 667 Millionen Euro im Jahr 2000 auf 28,4 Milliarden Euro im Jahr 2020.[6] Die Bundesregierung hat zwar im Verlauf des Jahres 2022 die EEG-Umlage auf null gesenkt und schließlich abgeschafft, die Kosten aber bleiben und steigen mit fallenden Strompreisen wieder an.

Abbildung 7.3: Anteil erneuerbarer Energien am Bruttostrom- und Bruttoendenergieverbrauch

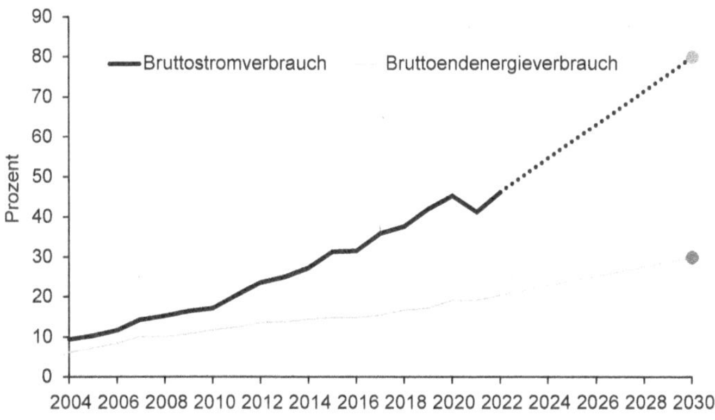

Quelle: Umweltbundesamt. Der Bruttostromverbrauch umfasst die verbrauchte Strommenge plus den Verbrauch der Kraftwerke und den Verlust beim Transport.

Der aus erneuerbaren Quellen produzierte Strom ist von 38 Terrawattstunden im Jahr 2000 auf 267 Terrawattstunden im Jahr 2023 angewachsen, während gleichzeitig die Stromproduktion aus Atomkraft und aus Kohle im Trend zurückgegangen ist. Das zeigt Abbildung 7.2. Der Anteil der erneuerbaren Energien am Bruttostromverbrauch stieg bis zum Jahr 2023 auf über 50 Prozent. Wie Abbildung 7.3 zu entnehmen ist. Beim Bruttoendenergieverbrauch, der nicht nur die Stromerzeugung, sondern jeglichen Energieeinsatz, etwa auch für Heizen und Mobilität, berücksichtigt, liegt der Anteil trotz positivem Trend allerdings deutlich darunter, 2022 bei 20,4 Prozent. Die Prognose des Umweltbundesamtes stellt für das Jahr 2030 Anteile der erneuerbaren Energien von 80 Prozent beim Bruttostromverbrauch und 30 Prozent beim Bruttoendenergieverbrauch in Aussicht.

Sofern die Zahlen verlässlich sind, ist der CO_2-Ausstoß seit der Industriellen Revolution zwar zunächst immer weiter angestiegen. Wirtschaftskrisen wie in den 1920er Jahren oder nach dem Zweiten Weltkrieg haben den Trend zwar angehalten oder zeitweise sogar umgedreht. Doch das Wirtschaftswunder von Ludwig Erhard, aber auch die umweltfeindliche Industrieproduktion in der DDR, haben die Emissionen nach dem Zweiten Weltkrieg immer weiter nach oben getrieben. Erst seit den 1980er Jahren ist im Trend ein stetiger Rückgang zu verzeichnen, wie Abbildung 7.4 zeigt.

Abbildung 7.4: CO_2-Emmissionen in Deutschland

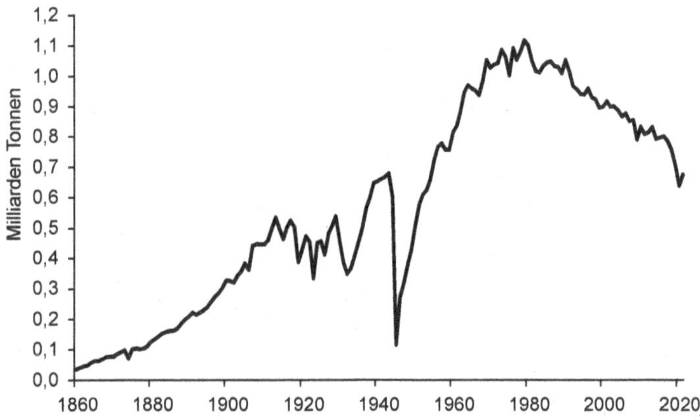

Quelle: Global Carbon Project.

Dennoch gibt es drei Probleme. Erstens ist nicht geklärt, welcher Anteil des Rückgangs der CO_2-Emissionen auf eine tatsächliche Reduktion zurückzuführen ist. Strengere Umweltstandards in Deutschland dürften nicht nur dazu beigetragen haben, dass dank einer effizienteren Nutzung von Energie der CO_2-Ausstoß gesunken ist. Die Unternehmen haben auch besonders CO_2-intensive Produktionsverfahren wie die Stahl- und Aluminiumproduktion teilweise ins Ausland verlagert, sodass die Emissionen woanders angefallen sind.

Zweitens schuf die Energiewende zwar eine mengenmäßig beachtliche alternative Energiequelle. Sie löste aber das Problem der schwankenden Energienachfrage nicht. Die Grundlast bei der Energieversorgung, also die Belastung eines Stromnetzes, die während eines Tages nicht unterschritten wird, wurde in der Vergangenheit mithilfe von Braunkohle- und Atomkraftwerken gedeckt, weil diese hohe Fixkosten hatten. Der Strom ist am billigsten, wenn diese Kraftwerke rund um die Uhr laufen. Die Atomkraft hat die Regierung unter Angela Merkel allerdings abgeschafft. Auch das Ende der Verstromung der Kohle hat die Bundesregierung beschlossen. Statt das Problem der schwankenden Nachfrage zu lösen, hat die deutsche Energiepolitik das Angebot durch den Ausbau der Wind- und Solarenergie volatiler gemacht. Das gilt insbesondere deshalb, weil sie die Entwicklung von Energiespeichern und Transportkapazitäten für die Solar- und Windenergie vernachlässigt hat. Daher müssen, wenn viel Wind bläst, viele Windräder kostspielig abgeschaltet werden.

Abbildung 7.5: Stromkosten für einen Haushalt mit drei Personen und Industrieunternehmen

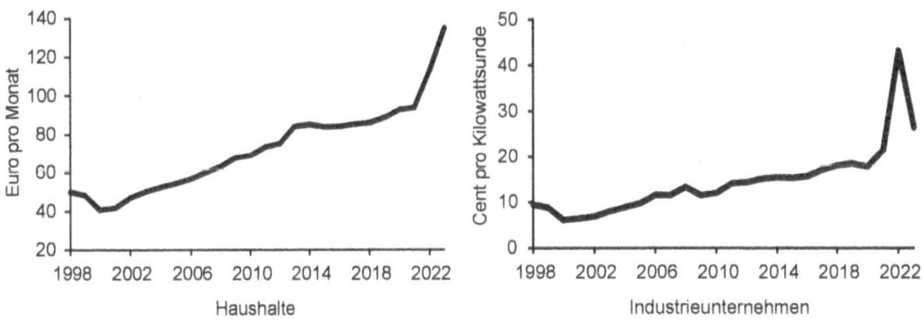

Quelle: Bundesverband der Energie- und Wasserwirtschaft. Einschließlich Steuern. 2023 bis Juli.

Die Regierungen unter Gerhard Schröder und Angela Merkel haben zwar zunächst die schwankende Lücke mit günstig aus Russland importiertem Gas und Gaskraftwerken geschlossen. Doch dieser Strategie hat der Ukrainekrieg einen Strich durch die Rechnung gemacht. Die Sanktionen gegen Russland und die Sprengung der Pipelines Nord

Stream 1 und Nord Stream 2 haben große Flüssiggasimporte notwendig gemacht. Das ist im Vergleich zu Naturgas und Kohle CO_2-intensiver und teurer, weil es für den Transport verflüssigt werden muss. Nach dem Abschalten der Atomkraftwerke muss Deutschland zudem Strom aus anderen Ländern wie Frankreich importieren, was mit größeren Verlusten beim Transport verbunden ist.

Im Ergebnis hat das im Trend zu immer weiter steigenden Strompreisen für Haushalte und Unternehmen geführt, wie der linke Graph in Abbildung 7.5 exemplarisch für einen Haushalt mit drei Personen verdeutlicht. Auch die Unternehmen klagen und sehen eine Bedrohung für ihre internationale Wettbewerbsfähigkeit, was der rechte Teil der Abbildung 7.5 verdeutlicht. Die Preise sind mit dem Ukrainekrieg nochmals besonders stark gestiegen, obwohl die Regierung zum 1. Januar 2023 die EEG-Umlage, also das Umlegen der Kosten der erneuerbaren Energien auf alle Verbraucher, abgeschafft hat. Im internationalen Vergleich belastet Deutschland seine Haushalte und Unternehmen mit einem der höchsten Strompreise, wobei kein Ende des Anstiegs in Sicht ist. Auch die Benzinpreise sind nach oben geklettert, wie Abbildung 7.6. zeigt. Zum 1. Januar 2024 hat die Bundesregierung den CO_2-Preis nochmals von 30 Euro pro Tonne auf 45 Euro pro Tonne erhöht, was noch höhere Energiekosten erwarten lässt.

Abbildung 7.6: Benzinpreisindex in Deutschland

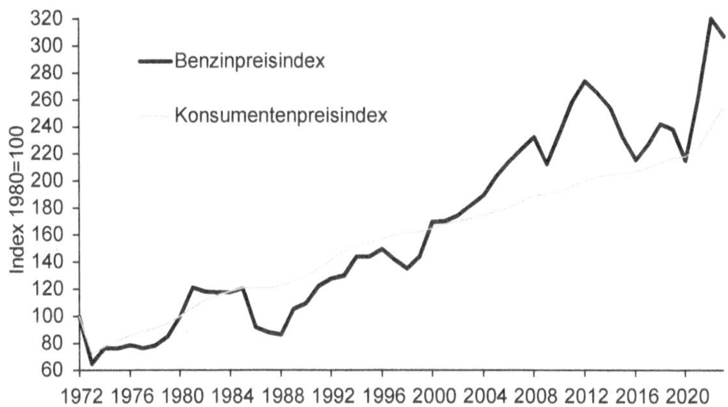

Quelle: en2x. Durchschnittlicher Preis für Superbenzin in Deutschland.

Drittens ist der Einfluss Deutschlands auf das Klima gering, weil Klima ein globales Phänomen ist. Von circa 8 Milliarden Erdbewohnern leben gut 80 Millionen, also circa 1 Prozent, in Deutschland. Der CO_2-Ausstoß in Deutschland ist pro Kopf im Durchschnitt höher als in anderen Ländern, sodass der Anteil von Deutschland am globalen CO_2-Ausstoß nach *Correctiv*-Factencheck bei 1,8 Prozent liegt.[7] Abbildung 7.7 zeigt die CO_2-Emmissionen von Deutschland und der Europäischen Union im Vergleich zu den USA, China, Indien und dem übrigen Asien. Während in den westlichen Industrieländern der CO_2-Ausstoß zu unterschiedlichen Zeitpunkten zu fallen begonnen hat, steigt er in Asien immer weiter an. Derzeit kommen circa 30 Prozent der CO_2-Emissionen aus China. Guntram Wolff, Direktor der Deutschen Gesellschaft für Auswärtige Politik, hat deshalb gefordert, dass Deutschland auf China Druck ausüben solle, den Klimaschutz ernster zu nehmen. Als Druckmittel schlägt er weitreichende Zölle vor.[8]

Abbildung 7.7: CO_2-Emmissionen im Vergleich

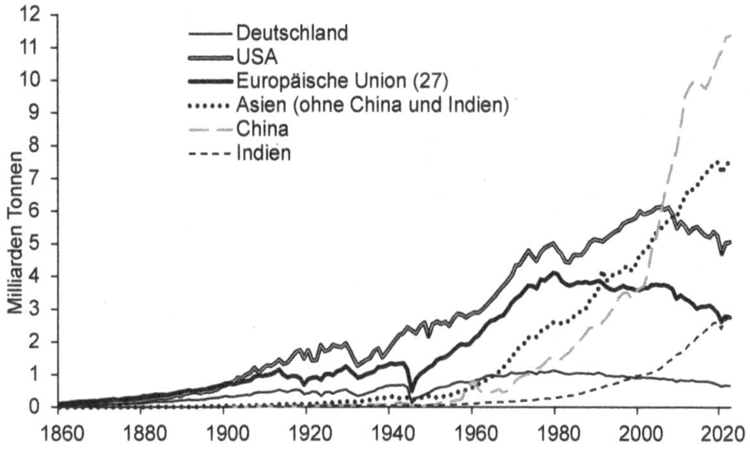

Quelle: Global Carbon Project.

Alles in allem ist damit der Erfolg der Energiepolitik ungewiss. Das *Wall Street Journal* hat von der dümmsten Energiepolitik der Welt gesprochen.[9] »Dass ein Land mitten in einer Energiekrise alle Atomkraftwerke abschaltet, dafür Kohlekraftwerke hochfährt und in Afrika und Amerika um Erdgas bittet, sorgt auch auf der 28. Weltklimakonferenz (COP28) in Dubai immer noch für Kopfschütteln unter Delegierten«, schrieb die *Welt*.[10]

Die EU plant eine grüne Wirtschaftsstruktur

Die Europäische Union, die ein eigenständiger Unterzeichner des Klimaabkommens von Paris ist, verfolgt eine eigene Umwelt- und Klimapolitik. Kommissionspräsidentin Ursula von der Leyen hat im Dezember 2019 mit dem europäischen Grünen Deal »den Übergang zu einer modernen, ressourceneffizienten und wettbewerbsfähigen Wirtschaft« angekündigt, die bis 2050 netto keine Treibhausgase mehr ausstößt, ihr Wachstum von der Ressourcennutzung abkoppelt sowie niemanden, weder Menschen noch Regionen, im Stich lassen soll. Die Europäische Union wolle bis zum Jahr 2030 die Nettotreibhausgasemissionen im Vergleich zum Jahr 1990 um 55 Prozent reduzieren. Bis 2030 sollen drei Milliarden zusätzliche Bäume gepflanzt werden.[11]

Für den Grünen Deal will die Europäische Union innerhalb von zehn Jahren 1000 Milliarden Euro ausgeben. Da das aber nicht ausreichen dürfte, um alle Ziele zu erreichen, will sie die Ersparnisse der Bürgerinnen und Bürger, die bei den Banken liegen, in grüne Investitionsprojekte umlenken. Damit die Banken wissen, was eine nachhaltige Investition ist, will sie im Rahmen der sogenannten Taxonomie alle Unternehmen nach grünen Kriterien klassifizieren. So würden »klare Regeln und Rahmenbedingungen geschaffen, wann ein Unternehmen nachhaltig oder umweltfreundlich wirtschaftet«.[12]

Die Europäische Union hat sich dafür konkret die Ziele Klimaschutz, Anpassung an den Klimawandel, nachhaltiger Einsatz und Gebrauch von Wasser oder Meeresressourcen, Übergang zu einer Kreislaufwirtschaft, Vorbeugung und Kontrolle von Umweltverschmutzung sowie Schutz und Wiederherstellung von Biodiversität und Ökosystemen gesetzt. Damit die Europäische Kommission ein Unternehmen als nachhaltig einstuft, muss es nicht nur einen Beitrag zu mindestens einem dieser Umweltziele leisten, sondern es darf auch nicht gegen die anderen verstoßen.

Ich muss zugeben, dass ich mir den Verlauf eines solchen Klassifizierungsprozesses im Detail nur schwer vorstellen kann. Wahrscheinlich werden aber ein Elektroauto, ein Bioei oder ein Urlaub auf dem Bauernhof nahe am eigenen Wohnort im Einklang mit der Taxonomie sein. Vielleicht ist die Zucht einer seltenen Rinderart, die zur Biodiversität beitragen würde, nicht vereinbar mit der Taxonomie, wenn diese Rinder zu viel CO_2 ausstoßen. Hingegen werden ein Kohlekraftwerk, ein Produzent von Verbrennerautos oder ein Anbieter von Urlaubsflügen nach Gran Canaria mit großer Wahrscheinlichkeit nicht Taxonomie-konform sein. Es mag irritieren, dass das Europäische Parlament im Juli 2022 Atomkraft und Erdgas als im Einklang mit der Taxonomie befindlich eingestuft hat.[13]

Damit die Europäische Union alle wirtschaftlichen Aktivitäten klassifizieren kann, müssen Unternehmen über die Auswirkungen ihres Geschäftsbetriebs auf die Umwelt und die Menschen berichten. Eine Richtlinie zur Unternehmens-Nachhaltigkeitsberichterstattung bestimmt, welche Unternehmen berichten müssen. Nach aktuellem Stand sind Unternehmen betroffen, die zwei von drei Kriterien – mehr als 250 Mitarbeiter, Umsatzerlöse von mehr als 40 Millionen Euro, Bilanzsumme größer als 20 Millionen Euro – erfüllen. Danach sollen sukzessive alle anderen bilanzrechtlich großen Unternehmen sowie kapitalmarktorientierte Klein- und Mittelunternehmen folgen.[14] Eines Tages vielleicht alle.

Was genau die Unternehmen berichten müssen, gibt die »Richtlinie (EU) 2022/2464 des Europäischen Parlaments und des Rates vom 14. Dezember 2022 zur Änderung der Verordnung (EU) Nr. 537/2014 und der Richtlinien 2004/109/EG, 2006/43/EG und 2013/34/EU hinsichtlich der Nachhaltigkeitsberichterstattung von Unternehmen« vor. Sie hat viele Seiten und vermittelt einen guten Eindruck, was auf die ohnehin schon bürokratiegeplagten Unternehmen zukommen wird.

Die Standards der Berichterstattung hat für die Europäische Kommission die sogenannte European Financial Advisory Group erarbeitet. »Die Standards sollen die Unternehmen dabei unterstützen, ihre Nachhaltigkeitsleistung effizienter zu kommunizieren und zu verwalten und somit einen besseren Zugang zu nachhaltigen Finanzierungen zu erhalten.«, heißt es auf einer Internetseite der Europäischen Union. »Eine hochwertige und zuverlässige öffentliche Berichterstattung von Unternehmen wird zur Verbreitung einer Kultur der öffentlichen Rechenschaftspflicht beitragen.«[15] Sie umfassten ursprünglich 2161, dann 1144 Angabepflichten. Im Laufe des Gesetzgebungsverfahrens hat die Europäische Kommission die Anforderungen nochmals reduziert.

Die Angaben sollen neben allgemeinen Abgaben zu folgenden Kategorien erfolgen: Klimawandel, Umweltverschmutzung, Wasser- und Meeresressourcen, Biologische Vielfalt und Ökosysteme, Ressourcennutzung und Kreislaufwirtschaft, eigene Belegschaft, Arbeitskräfte in der Wertschöpfungskette, Betroffene Gemeinschaften, Verbraucher und Endnutzer, Unternehmenspolitik.[16] Die Nachhaltigkeitsberichterstattung muss extern geprüft werden, wofür die Europäische Kommission Prüfstandards festlegt.[17] Da mag es nicht überraschen, dass die deutsche Regierung zuletzt versucht hat, die mittelständischen Unternehmen vor der Berichtspflicht zu bewahren, um »die Bürokratie auf das Nötigste zu beschränken«, wie die britische *Financial Times* berichtet hat.[18]

Die Banken in der Europäischen Union sollen ihre Kredite schließlich nach Umwelt- und Klimakriterien klassifizieren sowie den Anteil der Taxonomie-konformen Bilanzpositionen offenlegen. Die Taxonomie soll perspektivisch auf Kredite für mittlere und kleine Unternehmen ausgeweitet werden, die derzeit noch nicht zur Nachhaltigkeitsberichterstattung verpflichtet sind. Dazu können die Banken die nötigen Informationen von den Unternehmen direkt einholen bzw. – wenn das nicht möglich ist – schätzen. So steht es in der »Durchführungsverordnung (EU) 2022/2453 der Kommission vom 30. November 2022 zur Änderung der in der Durchführungsverordnung (EU) 2021/637 festgelegten technischen Durchführungsstandards im Hinblick auf die Offenlegung der Umwelt-, Sozial- und Unternehmensführungsrisiken«.

Das schafft für die Europäische Kommission die Möglichkeit, eines Tages bei der Kreditvergabe der Banken Untergrenzen für den Anteil der Taxonomie-konformen Kredite festzulegen. Es zeichnet sich also eine Verteilung der Kredite nach dem Muster der sozialistischen Planwirtschaften ab, die in Kapitel 10 näher betrachtet werden. Die Europäische Zentralbank kooperiert.

Die grüne Geldpolitik unterwandert das Ziel der Preisstabilität

Auch wenn die grüne Geldpolitik sehr umstritten ist und andere wichtige Zentralbanken wie das Federal Reserve System in den USA oder die Schweizer Nationalbank sehr zurückhaltend bleiben, hat die Präsidentin der Europäischen Zentralbank, Christine Lagarde, seit 2019 das Grüne konsequent vorangetrieben. »Wenn wir nichts unternehmen, werden wir in 50 Jahren getoastet, geröstet und gegrillt«, hatte sie als Präsidentin des Internationalen Währungsfonds gesagt.[19] Noch vor ihrer Ernennung als EZB-Präsidentin hatte sie im Europäischen Parlament gefordert, dass Klima- und Umweltschutz für jede Institution im Mittelpunkt stehen sollten.

Kurz nach ihrem Amtsantritt im November 2019 forderten 164 Organisationen und Akademiker Christine Lagarde in einem offenen Brief auf, nicht tatenlos eine wachsende Umweltkrise geschehen zu lassen. Schätzungen zufolge könnten die mit dem Klimawandel zusammenhängenden physischen Risiken zu Verlusten auf die weltweiten Finanzanlagen in Höhe von bis zu 24 Billionen Dollar führen. Ohne auf die Taxonomie der Europäischen Kommission zu warten, solle die Europäische Zentralbank alle ihre Vermögenswerte nach ihren Auswirkungen auf das Klima untersuchen und kohlenstoffintensive Vermögenswerte schrittweise aus ihren Portfolios streichen.[20] Der offene Brief wurde am gleichen Tag publiziert, an dem das EU-Parlament den »Klimanotstand« ausrief.

Der Brief scheint bei Christine Lagarde offene Türen eingerannt zu haben. Sie kündigte an, die Strategie der Europäischen Zentralbank zu überprüfen und bewusst Nachhaltigkeitsaspekte einzubeziehen. Die Europäische Zentralbank wolle dazu beitragen, dass sich die Wirtschaft entsprechend den Zielen des Grünen Deals der Europäischen Union verändert.[21] Zur Legitimation bezieht sich die Europäische Zentralbank auf Artikel 127 des Vertrages zur Arbeitsweise der Europäischen Union. Dieser besagt, dass, soweit dies ohne Beeinträchtigung der Preisstabilität möglich ist, die Europäische Zentralbank die allgemeine Wirtschaftspolitik der Europäischen Union unterstützt.

Seither lässt Christine Lagarde mit aktiver Hilfe aus Deutschland die Europäische Zentralbank grün umbauen. Das deutsche Mitglied im Direktorium der Europäischen Zentralbank, Isabel Schnabel, hat in diesem Sinne die Abkehr vom Prinzip der Marktneutralität gefordert. Marktneutralität besagt, dass das Eurosystem bei seinen geldpolitischen Entscheidungen möglichst keinen Akteur bevorzugen soll. Nun solle aber die Europäische Zentralbank klimafreundlichen Unternehmen helfen, so Schnabel.[22] Die *Zeit* titelte »Der Euro wird jetzt grün und locker«. Christine Lagarde wolle die Europäische Zentralbank »digitaler, ökologischer und inflationsfreundlicher« machen.[23] Und so hat die Europäische Zentralbank im Juli 2022 vier Maßnahmen angekündigt,[24] mit denen »Finanzrisiken im Zusammenhang mit dem Klimawandel in der Bilanz des Eurosystems verringert, die Transparenz erhöht und der grüne Wandel der Wirtschaft unterstützt werden« sollen.

Erstens will die Europäische Zentralbank mehr grüne Unternehmensanleihen halten. Dazu muss man wissen, dass sie im Zuge ihrer Ankaufprogramme viele Anleihen von Unternehmen wie Airbus, Shell, Coca-Cola, Evonik, Deutsche Wohnen, SAP, Deutsche Bahn, BMW, Bayer oder Ferrovie dello Stato Italiane gekauft hat. Einen interessanten Überblick finden Sie auf der Internetseite der obersten europäischen Währungsbehörde.[25] Im Dezember 2023 lag der Bestand dieser Wertpapiere immer noch bei rund 320 Milliarden Euro. Anstatt diese Anleihen zügig abzubauen, um ihre Geldpolitik zu straffen, will die Europäische Zentralbank in den kommenden Jahren die Struktur ihrer Bestände zugunsten von Unternehmen mit »besserer Klimaleistung« verändern.

Die »Klimaleistung« von Unternehmen wolle sie auf der Grundlage von niedrigen Treibhausgasemissionen, ehrgeizigen Zielen für die CO_2-Reduktion und besseren klimabezogenen Offenlegungen messen. Da die Zinsen auf die Anleihen von großen Unternehmen sinken, wenn ein großer Akteur wie die Europäische Zentralbank die Anleihen kauft, haben die Unternehmen einen Anreiz, klimafreundlich zu werden und ambitionierte Klimaschutzpläne ins Schaufenster zu stellen. »RWE wird bis 2040 klimaneutral. Für unsere Zwischenziele 2030 ist wissenschaftlich von der Science Based Targets Initiative bestätigt, dass sie im Einklang mit dem Pariser Klimaabkommen stehen«, ist beispielsweise auf der Homepage des großen deutschen Energiekonzerns zu lesen.[26]

Zweitens will die Europäische Zentralbank den Geschäftsbanken einen Anreiz geben, mehr Anleihen von »klimaleistungsfähigen« Unternehmen zu halten. Denn für Kredite von der Europäischen Zentralbank müssen die Geschäftsbanken Sicherheiten hinterlegen. Das sind insbesondere Staats- und Unternehmensanleihen. Die Europäische Zentralbank will bei diesen Sicherheiten den Anteil der Wertpapiere von Unternehmen oder Institutionen begrenzen, die einen hohen CO_2-Fußabdruck haben. Die Europäische Zentralbank könnte also entscheiden, die Anleihen von Zementproduzenten bei der Kreditvergabe an Banken nicht mehr als Sicherheit zu akzeptieren. Dann würden die Banken in Zukunft die Anleihen von Windkraftherstellern vorziehen. Das gebeutelte Dax-Unternehmen Siemens Energy würde sich freuen.

Drittens will die Europäische Zentralbank voraussichtlich ab dem Jahr 2026 als Sicherheiten für die Kreditvergabe nur noch Wertpapiere von Unternehmen akzeptieren, die die Anforderungen der EU-Richtlinie über Nachhaltigkeitsberichterstattung von Unternehmen einhalten. Sie wolle damit die Datenlage zur Nachhaltigkeit von Unternehmen für Finanzinstitute, Investoren und die Zivilgesellschaft verbessern, heißt es. Schließlich will die Europäische Zentralbank die Ratingagenturen, die die Kreditwürdigkeit von Unternehmen und Staaten bewerten, auffordern, Klimarisiken transparenter zu machen.

Das höchste Entscheidungsgremium der Europäischen Zentralbank sei fest entschlossen, alle ihre Maßnahmen regelmäßig auf ihre Wirkung zu überprüfen und gegebenenfalls anzupassen. Unternehmen und Staaten müssten ihren Teil zur Bekämpfung von Klimarisiken beitragen, indem sie die Offenlegung verbessern und ihren Verpflichtungen zur Reduzierung von CO_2-Emissionen nachkommen. Die Europäische Zentralbank schreite gemäß ihrem Klimafahrplan[27] voran. Dazu gehören auch sogenannte »Klimastresstests« der Geschäftsbanken im Euroraum.

In einem Pilottest hat die Europäische Zentralbank bei 104 großen Banken umfangreiche Informationen erhoben, inwieweit diese auf Klimarisiken wie Hitzewellen und Überflutungen vorbereitet sind. Die im Juli 2022 veröffentlichten Ergebnisse hätten gezeigt, dass gerade einmal 20 Prozent der überprüften Banken Klimarisiken bei der Kreditvergabe berücksichtigen würden. »Dieser Stresstest ist ein entscheidender Meilenstein im Hinblick auf unser Ziel, die Widerstandskraft unseres Finanzsystems gegenüber Klimarisiken zu stärken«, sagte Frank Elderson, stellvertretender Vorsitzender des Aufsichtsgremiums. »Wir erwarten, dass die Banken konsequente Maßnahmen ergreifen.«[28] Auf der Weltklimakonferenz in Dubai kündigte Elderson Geldstrafen für Banken an, die Klimarisiken ignorieren.[29] Bald könnten also Banken bei der Finanzierung ihres Wohnungskaufs auf einem Energieausweis bestehen.

Der Klimafahrplan der Europäischen Zentralbank berücksichtigt noch keine grünen gezielten längerfristigen Refinanzierungsgeschäfte (GLRG), die es jedoch bald geben könnte. Gezielte längerfristige Refinanzierungsgeschäfte waren bisher Kredite, die die Europäische Zentralbank seit 2014 zu Vorzugszinsen an Banken vergeben hat, wenn sich diese verpflichteten, diese Kredite an Unternehmen und Haushalte weiterzureichen. Bei dem 2019 geschaffenen Programm für gezielte längerfristige Kredite (GLRG III) lag der Zins bei bis zu minus (!) 1 Prozent. Die Banken erhielten also Geld, wenn sie die Bedingungen der Europäischen Zentralbank erfüllten. Die gezielten längerfristigen Refinanzierungsgeschäfte hatten im Oktober 2022 ein Volumen von rund 2200 Milliarden Euro erreicht. Sie werden seither zurückgezahlt, nachdem die Europäische Zentralbank einseitig die geringen Zinsen aufgekündigt hat.

Das GLRG-III-Programm kann man, aufbauend auf der Taxonomie der EU, als Blaupause für eine von der Europäischen Union gelenkte grüne Kreditvergabe sehen. Die Non-Profit-Organisation Positive Money, die mithilfe des Geld- und Bankensystems eine faire, demokratische und nachhaltige Wirtschaft schaffen will, fordert, dass die EZB mit »grünen GLRGs« mehr für grüne und soziale Ziele tun solle. Das Konzept sei in Zusammenarbeit mit Zentralbankvertretern entstanden.[30] In diesem grünen Kreditsystem leihen sich die Banken zu einem bestimmten Zinssatz Geld von der Europäischen Zentralbank. Sie erhalten einen Rabatt auf die Zinszahlungen, wenn sie von der Taxonomie der Europäischen Union ausgewiesene grüne Investitionen finanzieren.

Noch ist das eine Vision. Doch EZB-Ratsmitglied Isabel Schnabel hat sich bereits in einer Rede ausdrücklich auf den Vorschlag bezogen, auch wenn sie noch einzelne Hindernisse sieht.[31] Das könnte bedeuten, dass die Europäische Zentralbank eines Tages ihre Kreditvergabe an Banken an den Vorgaben der Taxonomie der Europäischen Kommission ausrichtet. Die in den europäischen Verträgen verankerte Unabhängigkeit der EZB bei ihren geldpolitischen Entscheidungen wäre dann nicht mehr klar gegeben.

Wohlstandsverluste: Droht ein grünes Waterloo?

Die grüne Bewegung ist sehr tief in die politische Entscheidungsfindung in Deutschland und Europa vorgedrungen. Das wäre ohne die Kooperation der Union in Deutschland, die viele Jahre die Kanzlerin gestellt hat, nicht möglich gewesen. Lange Zeit hat die Europäische Zentralbank diesen Prozess begünstigt, indem sie mit anhaltend niedrigen Zinsen und umfangreichen Ankäufen von Staatsanleihen die Illusion geschaffen hat, dass alle politischen Ziele einschließlich eines sehr großzügigen Sozialstaates und der Mammutaufgabe Klimarettung finanzierbar sind. Doch nachdem die offiziell gemessene Verbraucherpreisinflation stark angestiegen ist und die Europäische Zentralbank die Zinsen angehoben hat, sind Zweifel aufgekommen, ob die klimapolitischen Ziele auch wirklich finanzierbar sind.

»Die Kosten des neuen Energiesystems, das Robert Habeck aufbauen will, waren exorbitant und sie werden explodieren, wenn Deutschland das Ziel der Klimaneutralität tatsächlich realisieren will«, urteilt der Magdeburger Professor Joachim Weimann. Man müsse sich klarmachen, dass die Umwandlungsprozesse, die bisher gelaufen seien, Pillepalle seien, verglichen mit dem, was Klimaneutralität von uns erfordere.[32] Schon jetzt reichen die Steuereinnahmen nicht. Das Bundesverfassungsgericht hat am 15. November 2023 die Schuldenfinanzierung der deutschen Klimapolitik mit Blick auf die Schuldenbremse zu wichtigen Teilen als nichtig erklärt.[33] Das Handelsblatt hat argumentiert, dass Deutschland 1,1 Billionen Euro braucht, um das gesetzlich verankerte Ziel der Klimaneutralität bis 2045 zu erreichen. Das ist 65-mal so viel wie die Haushaltslücke, über die die Ampelregierung Ende des Jahres 2023 wochenlang diskutiert hat.[34]

Zwar hat Wirtschafts- und Klimaminister Robert Habeck im britischen Wochenmagazin *The Economist* beteuert, dass die Strompreise in Deutschland substanziell sinken werden.[35] Doch schon ist die CO_2-Steuer weiter angestiegen, ohne dass die Regierung als Kompensation ein sogenanntes Klimageld beschlossen hat. Selbst wenn die Schuldenbremse mithilfe eines erklärten Klimanotstands wieder umgangen werden kann, wäre die steigende deutsche Staatsverschuldung mit dem Ziel der Klimarettung nur dann tragbar, wenn die Europäische Zentralbank auf Dauer Staatsanleihen kauft. Das würde zwar kurzfristig helfen, die Klimapolitik fortzuführen, doch die Wachstumseffekte wären aus fünf Gründen negativ.

Erstens schafft es zwar Wachstum, wenn deutsche Unternehmen mehr Elektroautos produzieren. Doch das bedeutet gleichzeitig auch, dass weniger Verbrennerautos von den Bändern rollen. Für die angestrebte Klimaneutralität ist es notwendig, den kompletten fossilen Kapitalstock, den Deutschland nach dem Zweiten Weltkrieg aufgebaut hat, einzureißen. Der Staat erhält oder schafft Arbeitsplätze bei den Unternehmen, denen er Klimasubventionen gewährt. Doch auf der anderen Seite müssen die entsprechenden finanziellen Ressourcen anderen Unternehmen entzogen werden, sodass dort Arbeitsplätze verloren gehen. Steigen beispielsweise die Steuern, dann sinkt nicht nur die Kaufkraft, sondern auch beispielsweise die Nachfrage nach Dienstleistungen.

Zweitens verändern die Europäische Union und die Europäische Zentralbank die Art und Weise, wie die Banken Kredite vergeben. Bisher haben die Geschäftsbanken in Deutschland mit den Einlagen der Haushalte Investitionen mit möglichst hoher Rendite finanziert. Dazu mussten sie die geplanten Investitionsprojekte verlässlich bewerten, sodass Kreditausfälle selten waren. Da sich in Zukunft die Kreditvergabe der Banken an umwelt- und klimapolitischen Kriterien ausrichten soll, die aus Brüssel oder Frankfurt vorgegeben werden, werden die durchschnittliche Rendite der finanzierten Investitionsprojekte, die Produktivitätsgewinne und damit das Wachstum sinken.

Drittens deutet die wachsende Bedeutung des Klimaschutzes in der Kommunikation der Europäischen Zentralbank auf eine auf Dauer höhere Inflation hin, auch wenn die Europäische Zentralbank noch das Gegenteil beteuert. Je wichtiger das Ziel der Klimarettung ist, desto mehr tritt das Ziel der Preisstabilität in den Hintergrund. Inflation erhöht die Unsicherheit, schwächt die Investitionstätigkeit und behindert das Wachstum. Wenn die Staatsverschuldung aufgrund teurer »Klimainvestitionen« weiter steigt, dann wird auch der Druck auf die Europäische Zentralbank weiter steigen, die Staatsverschuldung durch Inflation zu entwerten.

Viertens verändern die Klimaregulierungen den Wettbewerb zugunsten großer Unternehmen. Grundsätzlich können große Unternehmen komplexe Regulierungen leichter schultern als kleine. Bei der Taxonomie könnte ein großes Heer von Lobbyisten in Brüssel die Einordnung von Unternehmen beeinflussen, um an billige Kredite zu kommen. Große Unternehmen könnten die Ressourcen für ein erfolgreiches Lobbying leichter mobilisieren. Ein gutes Lobbying dürfte auch deshalb für die Unternehmen wichtig sein, weil sie immer öfter wegen Klimaschäden vor Gericht stehen.[36]

Wenn Investitionen politisch gelenkt werden, dann steigt – fünftens – die Wahrscheinlichkeit von Fehlentscheidungen. Das Klima ist sehr komplex und auch mithilfe mächtiger Klimamodelle nur schwer zu verstehen. Ökonomen können trotz hoch entwickelter Modelle das zukünftige Wachstum nur schwer prognostizieren. Die Europäische Zentralbank lag immer wieder mit ihren Inflationsprognosen weit daneben. Deshalb ist es auch nicht sicher, dass die Taxonomie und eine grüne Geldpolitik in der angestrebten Form das Klima schonen werden. Friedrich August von Hayek argumentierte einst für die sozialistischen Planwirtschaften, dass »Sozialingenieure« eine Gesellschaft nicht auf dem Reißbrett planen könnten, weil ihnen das dafür nötige Wissen fehle. Er sprach von »Anmaßung von Wissen«.

Werden einzelne Unternehmen vom Staat oder der Europäischen Zentralbank subventioniert, obwohl deren Produkte sich früher oder später doch nicht als klimafreundlich erweisen, dann müssen die Investitionen wieder abgebrochen werden. Man stelle sich nur als Gedankenexperiment vor, dass sich Elektroautos eines Tages als weniger klimafreundlich als Benziner erweisen. Führt der sinkende Energie- und Rohstoffverbrauch in Deutschland dazu, dass aufgrund sinkender Weltmarktpreise andere Länder wie China und Indien mehr Ressourcen verbrauchen, dann bleiben alle Klimaschutzbemühungen in Deutschland wirkungslos. Immensen negativen Wachstumseffekten der deutschen und europäischen Klimapolitik ständen keine signifikanten Auswirkungen auf das globale Klima gegenüber.

Im November 2023 haben sich zum Anlass der 28. Weltklimakonferenz 70 000 Politiker, Wissenschaftler, Aktivisten, Lobbyisten und Journalisten in Dubai getroffen. Der Gastgeber der Konferenz, Sultan Ahmed al-Dschaber, ist gleichzeitig Chef des staatlichen Ölkonzerns Adnoc, der zahlreiche neue fossile Projekte plant. Deutschlands wichtigster Klimaökonom Ottmar Edenhofer hat zu diesem Anlass angemerkt, dass die bisherige Energie- und Klimapolitik unwirksam war. Es komme ein Bericht nach dem anderen heraus, der feststelle, dass die Investitionen in erneuerbare Energien zwar exponentiell anwachsen würden, die CO_2-Emissionen aber trotzdem weiter steigen.[37] Das ist nach all den Opfern, die die grüne Politik den Bürgerinnen und Bürgern in der Europäischen Union schon abverlangt haben, eine erstaunliche Ansage.

Edenhofer fordert deshalb eine weltweite CO_2-Steuer, von der aber ungewiss ist, ob Länder mit geringen Pro-Kopf-Einkommen wie China oder Indien diese jemals in ausreichender Höhe einführen werden. In Deutschland ist es derweil völlig ungewiss, ob der Ausstieg aus der Kohle bis 2030 gelingt, weil bis dahin nicht genügend Gaskraftwerke als Ausgleich für die schwankende Versorgung mit Wind- und Solarenergie gebaut werden können.[38] Auch die geplante Umstellung der Kraftwerke von Gas auf Wasserstoff könnte an dem Bau von rund 10 000 (!) Kilometern Leitungsnetz scheitern. »Damit die Stromversorgung sicher und bezahlbar bleibt, brauchen wir mehrere tausend Kilometer neue Stromtrassen«, schreibt das Bundesministerium für Wirtschaft und Klimaschutz.[39] Doch ist das in einem stark überregulierten Land wie Deutschland in so kurzer Zeit möglich? Die *WirtschaftsWoche* schrieb von der Gefahr eines »grünen Waterloo«.[40]

Das könnte dazu führen, dass die aktuelle Klimapolitik in der Bevölkerung an Glaubwürdigkeit verliert und politisch unter die Räder gerät. In den sozialistischen Planwirtschaften konnten die verfehlten staatlichen Ziele über lange Zeit hinweg weiterverfolgt werden, weil es keine freien Wahlen gab. Doch in Demokratien könnte der stetige Verlust von Kaufkraft aufgrund einer fehlgeleiteten Klimapolitik bewirken, dass sich immer mehr Wähler von den etablierten Parteien abwenden. Bündnis90/Die Grünen waren 2020 in den Bundestagswahlkampf mit der Botschaft gezogen, dass sie die deutsche Wirtschaft zur Klimaneutralität umbauen wollten, ohne den Wohlstand der Mittelschicht zu gefährden.

Doch inzwischen zeichnet sich immer klarer ab, dass die geplante Transformation ohne einschneidende Wohlstandsverluste nicht möglich ist. Die Grünen-Vorsitzende Ricarda Lang hat daher unter dem Eindruck fallender Umfragewerte angemahnt, dass nicht der Eindruck entstehen dürfe, dass die Grünen über die Köpfe der Menschen hinweg entscheiden. Der zweite Grünen-Vorsitzende Omid Nouripour sagte, es sei die historische Aufgabe der Partei, Wohlstand, Klimaschutz und Gerechtigkeit zusammenzubringen.[41]

Doch die Realität zeigt unüberbrückbare Widersprüche zwischen Wohlstand, Gerechtigkeit und zentral geplantem Klimaschutz. Der Historiker und CDU-Politiker Andreas Rödder hat jüngst argumentiert, dass die grüne Deutungshoheit bereits passé sei.[42] Die bürgerliche Politik müsse das Narrativ der Klimaaktivisten überwinden, die bürgerliche westliche Gesellschaft sei im Kern zerstörerisch. Sie müsse ein positives eigenes Narrativ entwickeln, dass und wie bürgerliche Politik eine positive und lebenswerte Zukunft eröffnen könne.

Das könnte durch eine Rückbesinnung auf die Basis des Wohlstands in Deutschland geschehen. Die Marktwirtschaft könnte dank

Wettbewerb wie schon beim Umweltschutz Innovationen hervorbringen, die maßgeblich zur Reduktion von CO_2-Emission beitragen. Eine Erhöhung der CO_2-Steuer könnte diesen Prozess beschleunigen. Doch diese ist politisch nur möglich, wenn mehr Marktwirtschaft den Menschen auch wieder höhere reale Einkommen bringt.

KAPITEL 8

Bürokratie und Arbeitskräftemangel als Standortnachteile

Neu auf der wirtschaftspolitischen Agenda: Bürokratie und Arbeitskräftemangel

Im Verlauf des Jahres 2023 tauchten auf der wirtschaftspolitischen Agenda zwei Themen auf, die in den vorangegangenen Jahren keine wesentliche Rolle gespielt hatten. Einerseits mehrten sich die Klagen über zu viel Regulierung und Bürokratie, die viele als Hindernis für die internationale Wettbewerbsfähigkeit der deutschen Industrie identifizierten. Im Januar 2023 schrieb das Zentrum für Europäische Wirtschaftsforschung unter dem Titel »Deutschland ist der große Verlierer im Standortwettbewerb«, dass die Standortfaktoren für Familienunternehmen in Deutschland mit Nordamerika, anderen Ländern in Westeuropa und Skandinavien nicht mehr mithalten könnten. Als Gründe führte das Institut hohe Steuern, zu viel Regulierung und Fachkräftemangel an.[1]

Im Sommer schreckte der Internationale Währungsfonds die deutsche Öffentlichkeit mit der Prognose auf, dass die Wirtschaftsleistung Deutschlands im Jahr 2023 als einzigem Land in der Europäischen

Union fallen werde. Deutschland ist Konjunkturschlusslicht, schrieb der Statistik-Dienstleister Statista.[2] »Die Bürokratiekosten steigen, die Wirtschaft schrumpft«, verkündete die *Bild*-Zeitung. »Papier-Stapel und Verwaltungs-Kauderwelsch … Deutschlands Wirtschaft ächzt unter der Bürokratie-Last! ›Wir erleben eine Diktatur des Kleingedruckten‹«, beklagte der Vorstand der Stiftung Familienunternehmen und Politik.[3]

Eine Abfrage der Bundesregierung und des Statistischen Bundesamts hat ergeben, dass die Verbände in Deutschland die Bürokratie als erdrückend empfinden.[4] Der Gesamtverband der Deutschen Versicherungswirtschaft hat die Kosten der Regulierung für die gesamte Wirtschaft auf jährlich 165 Milliarden Dollar geschätzt.[5] Das rief Justizminister Marco Buschmann auf den Plan, der im August 2023 ein »Bürokratieentlastungsgesetz« anvisierte. »Mein Eindruck ist nämlich, dass ein Teil der deutschen Wirtschaft wirklich unter einem Bürokratie-Burn-Out leidet«, sagte er.[6] Im September könnte er verstanden haben, dass sein Einfluss begrenzt ist, weil inzwischen sehr viel Bürokratie aus Brüssel kommt. Er visierte eine deutsch-französische Kooperation an, weil das Europarecht zu einem großen Teil für das Ausmaß der Bürokratie mitverantwortlich sei.[7]

Andererseits zeichnete sich ein Schock auf dem Arbeitsmarkt ab. Über Jahrzehnte hinweg war die hohe Arbeitslosigkeit eine der größten wirtschaftspolitischen Herausforderungen in Deutschland gewesen, insbesondere im von der Wiedervereinigung gebeutelten Ostdeutschland. Gerhard Schröder wollte den Erfolg seiner Regierung noch am Abbau der Arbeitslosigkeit messen lassen. »Wenn wir es nicht schaffen, die Arbeitslosigkeit signifikant zu senken, haben wir es nicht verdient, wiedergewählt zu werden«, sagte er bei seinem Amtsantritt 1998.[8] Während die Arbeitslosigkeit ab 2005 sank, diskutierte die Öffentlichkeit vermehrt im Lichte geringer Geburtenraten das Risiko eines Fachkräftemangels. Schließlich zeichnete sich ein allgemeiner Arbeitskräftemangel ab. *Der Spiegel* konstatierte unter dem Titel »Demografische Krise« einen Azubi-Schwund.[9]

In einer Umfrage des ifo-Instituts unter 9000 Unternehmen gaben Mitte 2023 43,1 Prozent der Unternehmen an, dass sie unter Engpässen an qualifizierten Arbeitskräften litten.[10] Ein Bericht der Europäischen Kommission identifizierte für die gesamte Europäische Union einen Fach- und Arbeitskräftemangel, der sich in Zukunft verschärfen werde.[11] Nachdem die Bundesregierung im Februar noch keinen Fachkräftemangel gesehen hatte, weil es mehr Arbeitslose als offene Stellen gab,[12] jetteten im August 2023 die Außenministerin Annalena Baerbock und der Arbeitsminister Hubertus Heil nach Brasilien, um dort Pflegekräfte anzuwerben.[13]

Wo kamen die Bürokratielasten und der Arbeitskräftemangel so plötzlich her? Bürokratie breitet sich nur langsam und schleichend aus. Auch das Problem geringer Geburtenraten ist schon lange bekannt und die Bevölkerung altert nur langsam. Zudem wächst aufgrund eines großen Zustroms von überwiegend jungen Menschen aus dem Ausland die Bevölkerung, statt wie in Japan zu schrumpfen.

Selbst verschuldete Finanzkrise und Finanzmarktregulierung

Ich habe in Kapitel 2 argumentiert, dass die europäische Finanzkrise ihre Wurzeln in einer Fehlkonstruktion des Euroraums und einer zu lockeren Geldpolitik der Europäischen Zentralbank in Reaktion auf das Platzen der Dotcom-Blase hatte. Sie ist aus dieser Sicht selbst verschuldet. Die Dotcom-Blasen, die weltweit in den Industrieländern zu beobachten waren, hatten einen Ursprung wiederum in der Asienkrise (1997/98), da die großen Zentralbanken in der Krise die Zinsen senkten und so die Spekulation mit Aktien von Internetunternehmen begünstigten. Im Nachhinein wurde das als eine irrationale Übertreibung wahrgenommen, wie es der Princeton-Professor Robert Shiller ausgedrückt hat. Zuerst gingen die Kurse während des Jahres 1999 steil nach oben, dann krachten sie ab März 2000 wieder nach unten.

Abbildung 8.1 zeigt, dass sich nach dem Platzen der Dotcom-Blasen am Niveau des NASDAQ (USA) oder des TecDAX in Deutschland im Vergleich zur Zeit vor der Blase nicht viel verändert hatte. Der übertriebene Anstieg der Kurse wurde durch das starke Absinken wieder korrigiert. Dennoch war der drastische Kursverfall ein Problem, da die Gewinner im Aufschwung nicht die gleichen wie die Verlierer im Abschwung waren. Man sprach politisch unkorrekt von der letzten Phase des Aufschwungs als einem »Hausfrauen-Boom«, in dem die Nachricht leichter Spekulationsgewinne kurz vor dem Kipppunkt bei den finanzunkundigen Kleinanlegern angekommen war. Die »Hausfrauen« und »Hausmänner« investierten leichtsinnig und reagierten nicht schnell genug, als die Kurse dann plötzlich abstürzten. Deshalb realisierten sie mehr Verluste als die Profis auf den Finanzmärkten, die rechtzeitig verkauften. Da die kleinen Anleger nach den Verlusten sich beim Konsum zurückhielten, hatte das Platzen der Blase einen negativen Einfluss auf die Konjunktur.

Abbildung 8.1: Technologieaktienindizes TecDAX und NASDAQ

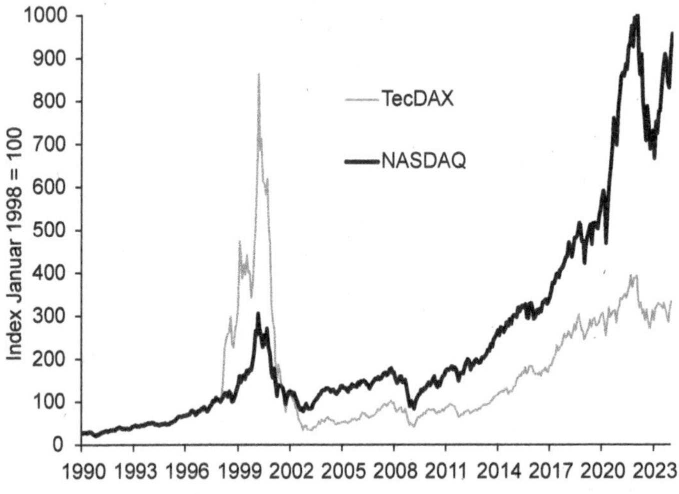

Quelle: Refinitiv, FRED.

Der keynesianische Ökonom Hyman Minsky hat als Therapie beim Platzen von Spekulationsblasen staatliche Ausgabenprogramme empfohlen, um die Konjunktur wiederzubeleben. Zudem hat er eine stärkere Regulierung des Finanzsektors empfohlen, damit neue irrationale Spekulationsphasen ausbleiben. Die strenge Regulierung der Finanzmärkte nach Krisen hat jedoch möglicherweise noch zwei weitere Gründe. Erstens muss die Politik Handlungsfähigkeit demonstrieren, wenn das Kind in den Brunnen gefallen ist. Das gilt insbesondere dann, wenn, wie später in der globalen Finanzkrise 2008, die Rettungsaktionen für den Steuerzahler teuer werden.

Zweitens tendieren Finanzmärkte zu unkontrollierten Übertreibungen, wenn die Geldpolitik zu locker ist. Darauf hat der Ökonom Ronald McKinnon hingewiesen, mit dem ich an der US-amerikanischen Universität Stanford zusammengearbeitet habe. Viele von uns würden in der Spielbank wohl auch viel risikoreicher agieren, wenn uns am Eingang jemand ein Bündel Geldscheine zustecken würde. Noch risikofreudiger wären wir wahrscheinlich, wenn uns jemand Ersatz für unsere Verluste versprechen würde. Wenn wie seit 2008 bis 2022 die Zentralbanken die Zinsen auf Dauer niedrig halten, dann können neue gefährliche Übertreibungen nur verhindert werden, wenn die Finanzaufseher die Finanzakteure streng an die Kandare nehmen.

So kündigte das zweite Kabinett unter Angela Merkel in der europäischen Finanzkrise mehr Regulierung an. Als am 13. Oktober 2008 der Deutsche Bundestag das sogenannte »Gesetz zur Umsetzung eines Maßnahmenpakets zur Stabilisierung des Finanzmarktes« beschloss, war dieses mit einem Volumen von Garantie- und Kreditermächtigungen von bis zu 500 Milliarden Euro nicht nur das bis dahin »teuerste Gesetz der Nachkriegsgeschichte«.[14] Es gab auch keine klare Ursachenanalyse. Stellen Sie sich einen Arzt vor, der Ihnen ohne eine sorgfältige Diagnose ein starkes Schmerzmittel verschreibt. »Es hat keinen Sinn, zurückzublicken und über verpasste Chancen zu sprechen ... Jetzt zählt nur noch der Blick nach vorne«, sagte die Kanzlerin[15] und versprach, die Banken fortan streng zu kontrollieren.

»Auflagen zur Begrenzung der Managergehälter und der Bonuszahlungen, Auflagen hinsichtlich der geschäftspolitischen Ausrichtung des Instituts, Auflagen hinsichtlich der Kreditvergabe, insbesondere an kleine und mittlere Unternehmen« werde es geben. »Die Bundesregierung und ich ganz persönlich werden sich auf internationaler Ebene weiterhin mit Nachdruck dafür einsetzen, dass nun die Lehren aus den jüngsten Ereignissen gezogen werden«, sagte die Kanzlerin. Ein mit Eile verabschiedetes Finanzmarktstabilisierungsgesetz würde »der erste Baustein einer neuen Finanzverfassung«, »um derartige entfesselte Entwicklungen in der Zukunft zu vermeiden«.[16]

Eine neue internationale Finanzarchitektur gibt es zwar bis heute nicht, doch es folgte die angekündigte strengere Regulierung der Banken in Deutschland und Europa. Bereits ab dem Jahr 2009 stellten die Behörden höhere Anforderungen an das Risikomanagement und die Berichtspflichten der Banken. Basierend auf den Empfehlungen des Baseler Ausschusses für Bankenaufsicht traten neue Regelwerke zur Erweiterung der Mindesteigenkapitalquote in Kraft. Das Mindesteigenkapital ist das Kapital, das die Banken auf jeden Fall halten müssen, um im Notfall Forderungen bedienen zu können. Je höher das Eigenkapital, desto geringer ist das Risiko, dass in Krisen Einleger ihre Ersparnisse verlieren oder der Staat wie im Fall der europäischen Finanzkrise mit Hilfen einspringen muss.

Mit dem sogenannten »Basel III«, das 2010 in einer Endfassung veröffentlich wurde, weisen die Banken die Höhe des Eigenkapitals nicht mehr einfach in der Bilanz aus, sondern müssen es in Abhängigkeit der Risiken einzelner Vermögensklassen aufwendig berechnen. Dafür macht der Basler Ausschuss Vorgaben für die Einschätzung des Risikos einzelner Vermögensklassen. Unternehmenskredite haben ein höheres Risiko als Immobilienkredite, weil Letztere durch die Immobilien besichert sind. Bei Staatsanleihen entschied der Ausschuss, dass das Ausfallrisiko von Staatsanleihen null ist, obwohl einige Euroländer in der europäischen Schuldenkrise bereits kurz vor dem Bankrott standen. Das nützt den Staaten bei der Schuldenaufnahme.

Die Europäische Union setzte die neuen Vorgaben des Basler Ausschusses für Bankenaufsicht im Jahr 2013 mit einer neuen Eigenkapitalverordnung und neuen Eigenkapitalrichtlinie für die Banken um. Entsprechend ist die risikogewichtete Kernkapitalquote deutscher Banken seit dem Jahr 2008 deutlich angestiegen, wie Abbildung 8.2 zeigt.

Große, sogenannte systemrelevante Banken müssen mehr Eigenkapital halten als kleine und mittlere Banken, weil das Risiko von Ansteckungseffekten auf andere Banken größer ist. Wenn beispielsweise die Deutsche Bank ins Wanken geraten würde, könnte das ganze Finanzsystem Deutschlands gefährdet sein. Das gilt für die Sparkasse Muldental nicht, auch wenn unter anderem aufgrund der hohen Regulierungskosten immer mehr kleinere Banken fusionieren.

Abbildung 8.2: Risikogewichtete Kernkapitalquoten deutscher Banken

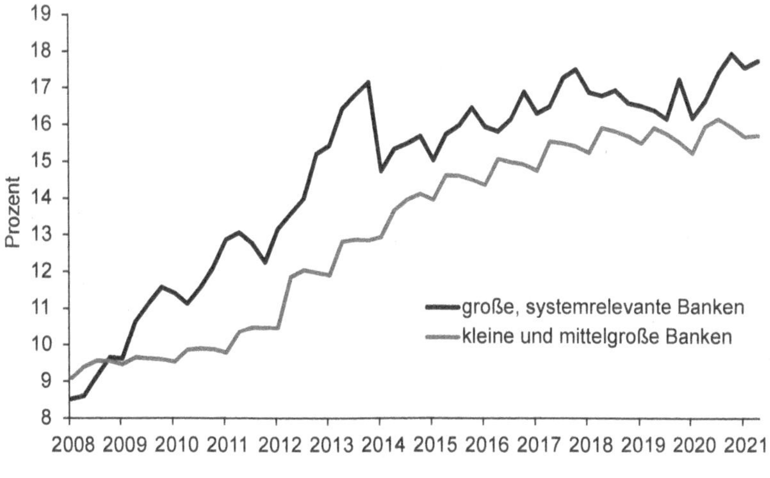

Quelle: Deutsche Bundesbank.

Dabei versteht es sich von selbst, dass die Verordnungen und Richtlinien zur Finanzmarktaufsicht komplex sind, auch weil die Finanzgeschäfte oft schwer durchschaubar sind. Oder könnten Sie spontan sagen, was Futures, Optionen und Derivate sind? Zudem müssen Regulierungen vielen unterschiedlichen Eventualitäten Rechnung tragen. Entsprechend groß ist der Aufwand bei den Gesetzgebungsverfahren. Die Banken haben Mühe, die Regulierungen umzusetzen. Die Finanzmarktaufsichtsbehörden – das sind in Deutschland die Europäische Zentralbank, die Bundesanstalt für Finanzdienstleistungsaufsicht (Bafin) und die Deutsche Bundesbank – brauchen große Abteilungen, die über die Einhaltung der Vorschriften wachen.

Dafür ist hoch qualifiziertes Personal notwendig, was die Kosten für die Banken und den Staat nach oben treibt. Die Europäische Kommission hat entsprechend auf einen deutlichen Kostenanstieg im Finanzsektor aufgrund der wachsenden Regulierungen hingewiesen. Hinzu kommen umfangreiche Berichtspflichten im Rahmen der in Kapitel 7 beschriebenen Taxonomie der EU und der grünen Geldpolitik der Europäischen Zentralbank. Und schon verlangt Basel IV von den Banken erhebliche zusätzliche Investitionen in Technologie, Risikomodellierung und neue Mitarbeiter. Der Regulierung des hochkomplexen, vom billigen Geld der Zentralbanken aufgeblasenen Finanzsektors scheinen keine Grenzen gesetzt.

Verbraucherschutz, Klimaschutz und Lieferkettengesetze

Regulierungen sind gesetzliche oder bürokratische Eingriffe in den Wirtschaftsprozess. Um ein Ziel zu erreichen, setzt der Staat keine finanziellen Anreize für ein bestimmtes Verhalten, zum Beispiel durch Subventionen für die Installation von Solarpanels, sondern er verbietet ein Verhalten oder ordnet es an. In Zeiten knapper Kassen hat die Grünenvorsitzende Ricarda Lang für mehr Regulierung plädiert, weil der Staat so politische Ziele mit geringen Kosten im Vergleich zu teuren Subventionen erreichen kann. »Wer sparen will, braucht hartes Ordnungsrecht«, hat sie am 25. August 2022 auf der Nachrichtenplattform X wissen lassen.

Die Regulierungen betreffen alle Lebensbereiche. In Sachsen müssen die Hauseigentümer in allen Schlafzimmern und Durchgangszimmern Feuermelder installieren. Autos müssen regelmäßig zum TÜV. In Leipzig dürfen Bootsfahrer an bestimmten Orten zu bestimmten Zeiten den Eisvogel nicht stören. Der Brandschutz, über den Tübingens Oberbürgermeister Boris Palmer viel Ärgerliches zu erzählen hat, macht Fluchtwege zur Vorschrift. Das Haltbarkeitsdatum bei Lebensmitteln soll uns vor verdorbenen Mägen schützen. Die Pizza Napoletana darf maximal vier Zentimeter dünn sein und einen Durchmesser von höchstens 35 Zentimetern haben. Und besonders spannend ist es im Speisewagen der Deutschen Bahn, wo die Mitarbeiter aus den unterschiedlichsten Gründen einmal dies und ein andermal das »nicht dürfen«.

Der Schutz von Mensch, Tier und Umwelt ist löblich! Allerdings kann das Ziel von Regulierung auch ein anderes sein. Der US-amerikanische Ökonom George Stigler hat in seiner Theorie der Regulierung argumentiert, dass der Staat mit seiner Macht, zu verbieten oder zu zwingen, einer Vielzahl von Wirtschaftszweigen selektiv helfen bzw. schaden kann.[17] Es ist zwar unbestritten, dass Bauvorschriften unsere Wohnungen sicherer machen. Trotzdem würden weniger Vorschriften wohl auch ausreichen. Unbestritten ist hingegen, dass die Bauvorschriften ein Konjunkturprogramm für Technische Überwachungsvereine, Gutachter, Energieberater oder die Anbieter von Dämmmaterialien sind.

Regulierungen lassen sich leichter politisch durchsetzen, wenn sie dem Schutz von etwas dienen. Noch besser ist es, wenn Denkfabriken, die in den letzten Jahren wie Pilze aus dem Boden geschossen sind, mit Studien die Notwendigkeit öffentlichkeitswirksam bekräftigen. Welcher Politiker will sich dann noch widersetzen? Doch im Windschatten der Regulierungen können wirtschaftliche Interessen Einzug in die Gesetzgebung finden. Eine Helmpflicht für Fahrräder würde die Helmindustrie fördern. Eine strenger TÜV unterstützt Autobauer und Autowerkstätten. Druck, die Ersparnisse in grüne Finanzanlagen umzuschichten, freut die Verkäufer der neuen grünen Finanzprodukte. Während Gesetzgebungsverfahren grundsätzlich langsam und träge sind, kann es schneller gehen, wenn in einer Krise die Hütte brennt. Dann schließt der Staat unter Umständen über Nacht den Einzelhandel und die Gaststätten, was dem Onlinehandel nützt.

Öffentliche Institutionen wie die Finanzmarktaufsicht Bafin, das Umweltbundesamt oder das Potsdam-Institut für Klimafolgenforschung profitieren, wenn es mehr Regulierungen gibt. Denn es braucht dann mehr Mitarbeiter und Mitarbeiterinnen, um Regulierungen zu schaffen, einzuführen, zu überwachen, zu rechtfertigen und anzupassen. Nach der Theorie der Bürokratie von William Niskanen hängen das Gehalt und das Ansehen von leitenden Beamten von der Anzahl der Mitarbeiter und dem Budget der Behörde ab.[18] Der Chef eines großen Finanzamts verdient mehr als der Chef eines kleinen Finanzamts. Oft besetzen Politiker die Leitungspositionen von großen Behörden mit ehemaligen Politikern. So zu Beispiel im Fall von Andrea Nahles, die Vorstandsvorsitzende der Bundesagentur für Arbeit geworden ist.

Behörden können deshalb dazu tendieren, mehr Kompetenzen an sich zu ziehen. Als die Europäische Zentralbank im Jahr 1999 ihre Arbeit aufnahm, war sie nur für die Preisstabilität im Euroraum zuständig. Ich habe als Student in der Vorlesung einmal gehört, das könne mit einer einfachen Regel auch der Hausmeister der Zentralbank allein machen. Die EZB kam im Jahr 1999 mit knapp 800 Mitarbeitern aus. Infolge der europäischen Finanzkrise erhielt sie zusätzlich die Aufgabe, mit dem sogenannten Einheitlichen Aufsichtsmechanismus die großen Banken im Euroraum direkt zu überwachen. Zusätzlich zu der deutschen Bafin in Bonn und Frankfurt am Main, versteht sich.

Christine Lagarde forciert nun auch noch die Rolle der obersten europäischen Währungsbehörde bei der Umwelt- und Klimapolitik. Die Europäische Zentralbank macht neuerdings Klimastresstests mit Banken und richtet den Bestand der von ihr gehaltenen Unternehmensanleihen an der Nachhaltigkeit der Unternehmen aus. Schließlich ist es aus der Sicht der Europäischen Zentralbank nicht ausgeschlossen, dass der Klimawandel einen Einfluss auf die Inflation hat. Nach Direktoriumsmitglied Isabel Schnabel gibt es eine Klimainflation, eine grüne Inflation und eine fossile Inflation.[19] Also hat die Europäische Zentralbank ein Zentrum für Klimawandel geschaffen, das die Klimaagenda der Europäischen Zentralbank lenken und gestalten soll. Der Rekrutierungsprozess läuft![20]

Abbildung 8.3: Anzahl der Mitarbeiter der Europäischen Zentralbank

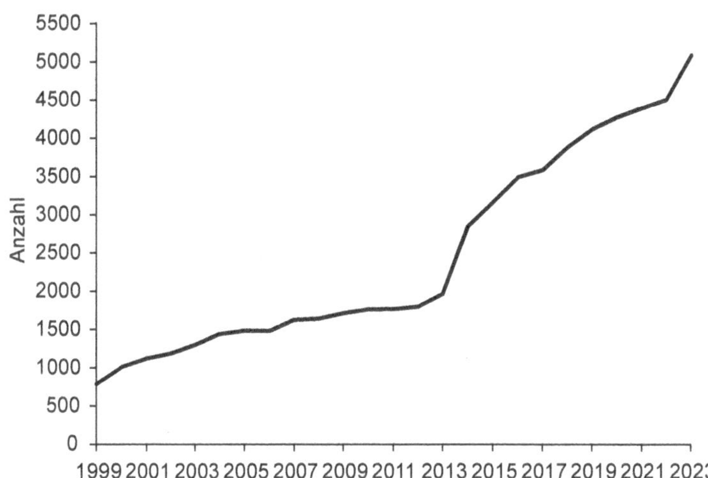

Quelle: Europäische Zentralbank.

So ist die Anzahl der Mitarbeiter der Europäischen Zentralbank auf 4509 im Jahr 2022 angewachsen, wie Abbildung 8.3 zeigt. Für deren Arbeitsplätze sind nun statt einem Wolkenkratzer zwei nötig. Zu dem angemieteten Eurotower in der Frankfurter Kaiserstraße, wo ich noch als Mitarbeiter ständig mit dem Aufzug auf und ab gefahren bin, gesellte sich ein kostspieliger, ressourcenfressender Neubau im Frankfurter Ostend, der höher als der Kölner Dom ist. Wie beim Kölner Dom über mehrere Jahrhunderte hinweg wuchsen innerhalb weniger Jahre die Kosten des Turms von ursprünglich geplanten 850 Millionen Euro auf 1,2 Milliarden Euro in den Himmel. Der Personalaufwand für die Gehälter der Mitarbeiter in beiden Gebäuden ist von 52 Millionen Euro im Jahr 1999 auf 487 Millionen Euro im Jahr 2022 angeschwollen, was einem Durchschnitt von über 100 000 Euro pro Mitarbeiter entspricht. Das Spannende im Vergleich zu allen anderen Behörden ist, dass die Europäische Zentralbank alle notwendigen Geldmittel sich einfach selbst bewilligen und drucken kann.

Auch die Europäische Kommission, die einst viele wegen ihres geringen Einflusses nicht richtig ernst nahmen, hat durch die Regulierung an Bedeutung gewonnen. Zwar haben die Mitgliedsländer der Europäischen Union nur wenige Politikbereiche wie die Handels- und Agrarpolitik auf die Ebene der Europäischen Union verlagert. Über die Finanzierung der Union entscheiden immer noch die Nationalstaaten, weil es der Union immer noch an größeren eigenen Einnahmequellen fehlt. Doch mit der Regulierung scheint der Einfluss der Europäischen Kommission deutlich gewachsen zu sein.

Zahlreiche Richtlinien und Verordnungen haben ihren Weg aus Brüssel in die nationalen Parlamente gefunden. Die Europäische Union kümmert sich nicht nur um die Krümmung von portugiesischen Gurken, Nagelfluh-Sitzbänke in den schönen Allgäuer Voralpen oder die Herkunft der Zutaten in Nürnberger Lebkuchen,[21] sondern seit 2019 auch um die Klimaneutralität des Kontinents. Diese Herkulesaufgabe ist dabei nur eine von sechs selbst gesteckten Prioritäten. Die Europäische Kommission hat es sich unter anderem auch zum Ziel gesetzt, Europa stärker und digitaler zu machen sowie die Wirtschaft in den Dienst der Menschen zu stellen.[22]

Aus der Sicht von Interessengruppen könnte es deshalb reizvoll sein, in mehr Einfluss auf die Europäische Kommission zu investieren. Denn in Deutschland gibt es auf Bundesebene seit 2015 eine Bürokratiebremse. Nach dem Prinzip *»one in, one out«*, muss für jede neue Regulierung eine alte weichen.[23] Für neue Regulierungen aus Brüssel gilt die Bremse allerdings nicht. Für eine Interessengruppe ist der Vorteil ohnehin größer, wenn eine Nutzungspflicht wie bei Feuermeldern nicht nur für Deutschland, sondern gleich für alle 27 Mitgliedsländer gilt. Man sagt auch, dass der Widerstand der Öffentlichkeit gegen politische Entscheidungen in Brüssel geringer ist. Während die Regierung in Berlin unter der genauen Beobachtung der deutschen Presse stehe, gelte das für die Europäische Kommission hingegen nicht. Sind unter der Mitwirkung der nationalen Regierungen die Regeln erst einmal in Brüssel gemacht, widersetzen sich die nationalen Parlamente meist nicht.

So wächst mit jeder neuen Regulierung die Bedeutung der Europäischen Union. Krisen können ein willkommener Anlass sein, neue

Kompetenzen und damit Finanzmittel an sich zu ziehen. Dabei scheint es inzwischen eine Konkurrenz zwischen den Nationalstaaten und der Europäischen Union zu geben, sodass vieles doppelt reguliert wird. So haben in der Coronakrise nicht nur die einzelnen Mitgliedsstaaten Impfstoff beschafft, sondern auch die Kommissionspräsidentin hat »per SMS« riesige Bestellungen rausgeschickt.[24] Im Sommer 2023 hat die Europäische Kommission wegen neuer Krisen eine zusätzliche Zahlungsaufforderung an die Mitgliedsstaaten verschickt.[25] Nach dem Gründungsdirektor des Flossbach von Storch Research Institutes Thomas Mayer verfolgt die Europäische Kommission eine Art bürokratischen Sozialismus. Sie erringe immer mehr Macht dadurch, dass sie für die Ordnung der Wirtschaft notwendige allgemeine Regeln in spezifische Regulierungen zur Steuerung der Wirtschaft ummünze, insbesondere in der Klimapolitik.[26]

Der Einfluss der Europäischen Union auf unser Leben hat sich so in den letzten Jahren deutlich ausgeweitet. Die Europäische Union hat nicht nur konventionelle Glühbirnen, Plastikstrohhalme und Plastikbesteck verboten. Das Europäische Parlament hat beschlossen, dass ab dem Jahr 2035 Neuwagen mit Verbrennermotoren verboten sein sollen.[27] Die Europäische Union zahlt große Subventionen an die Landwirte, wobei sie die Hilfen an Bedingungen zum Umwelt-, Klima-, Landschafts- und Tierschutz knüpft. Landwirte sollen 20 Prozent ihrer Flächen für die Renaturierung zur Verfügung stellen.[28] Eine neue geplante EU-Regelung für Pflanzenschutz sieht vor, dass in geschützten Gebieten Pflanzenschutzmittel verboten sind. Das komme einem Verbot des Weinanbaus auf mehr als 30 Prozent der deutschen Weinanbauflächen gleich, klagt der deutsche Weinanbauverband.[29] Und das könnte noch weiter gehen. Mit der in Kapitel 7 vorgestellten Taxonomie könnte die Europäische Kommission bald die gesamte Wirtschaftsstruktur von 27 Ländern planen.

Und da ist noch das Lieferkettengesetz, genauer gesagt das »Gesetz über die unternehmerischen Sorgfaltspflichten in Lieferketten«, das in der deutschen Version am 1. Januar 2023 trotz eines Brandbriefs der Unternehmen in Kraft getreten ist. Es soll laut dem Bundesministerium für Arbeit und Soziales sicherstellen, dass die globalen Lieferketten deutscher Unternehmen die Menschenrechte respektieren. Dazu gehören der Schutz vor Kinderarbeit, das Recht auf faire Löhne und der Schutz der Umwelt.[30] Unternehmen mit über 3000 Mitarbeitern sollen ein Risikomanagement einrichten, regelmäßige Risikoanalysen durchführen, Grundsatzerklärungen abgeben, Präventionsmaßnahmen verankern, Abhilfemaßnahmen ergreifen, Beschwerdeverfahren einrichten sowie – ! – das Lieferkettenmanagement dokumentieren und Bericht erstatten.

Die *WirtschaftsWoche* titelte »Bürokratie pur«. Auch deshalb, weil es keine Klarheit gebe, was konkret zu tun sei.[31] Sicher sei hingegen, dass das Bundesamt für Wirtschaft und Ausfuhrkontrolle, kurz Bafa, das das Lieferkettengesetz mit 50 zusätzlichen Stellen am Standort Borna in Sachsen kontrollieren soll, mit seinem Fragenbogen mit allein 427 Antwortpositionen weit über die gesetzgeberischen Anforderungen hinausgehe. Ein Unternehmensvertreter kommentierte, dass diese Bürokratie keinen Bezug zur unternehmerischen Praxis habe. Nur für klagefreudige NGOs, Anwaltskanzleien und Beratungsfirmen sei das Gesetz »Weihnachten und Ostern zugleich«.

Während die Unternehmen über das deutsche Lieferkettengesetz stöhnen, naht schon ein eigenes Lieferkettengesetz der Europäischen Union, das für alle Unternehmen in der Europäischen Union »Sorgfaltspflichten umsetzen« will. Die Richtlinie sieht vor, »dass Unternehmen des Anwendungsbereichs künftig Risiken entlang der gesamten Wertschöpfungskette ermitteln, Präventions- und Abhilfemaßnahmen ergreifen und darüber berichten. Unternehmen müssen dabei in angemessener Weise sowohl die vorgelagerte (z. B. Rohstoffabbau) als auch die nachgelagerte Kette (Verwendung, Verwertung, Entsorgung) im Blick haben.«[32] Doch vielleicht zieht hier die FDP nun den Stecker.

Wollen Sie noch mehr zu dem Thema lesen? Seit Oktober 2023 ist der sogenannte Klimazoll der Europäischen Union angelaufen. Der Zoll soll ab 2026 erhoben werden. Er soll einen Ausgleich dafür schaffen, dass die Europäische Union den Ausstoß von CO_2 besteuert, viele andere Länder, aus denen die EU importiert, hingegen weniger oder gar nicht. Der Klimazoll gilt zunächst für Zement, Eisen/Stahl, Aluminium, Dünger, Wasserstoff, Elektrizität und chemische Produkte, wobei sich die Höhe aus der Differenz der CO_2-Bepreisung in der EU abzüglich der CO_2-Bepreisung im Ursprungsland der Importe ergibt. Dieses »Meilenstein-Werkzeug« solle Produkten mit hohem CO_2-Gehalt von außerhalb der Europäischen Union, wenn sie in die Europäische Union importiert werden, einen »gerechten« CO_2-Preis geben, so die Europäische Kommission.[33]

Die betroffenen Unternehmen müssen schon ab Oktober 2023 die bei der Herstellung ausgestoßenen Treibhausgase importierter Produkte erfassen. Das gelte für direkte Emissionen und indirekte Emissionen wie den für die Produktion verwendeten Strom.[34] Die Verordnung der Europäischen Kommission für diese Erfassung hat mit Anhängen über 100 Seiten. Der Leitfaden für die Importeure und jener für die Produzenten aus Drittländern sind zusammen über 360 Seiten dick. Während die Europäische Kommission in der »Regulierungsfolgeabschätzung« zu überschaubaren Kosten kommt, sprach der Geschäftsführer des Verbandes der Chemischen Industrie in Deutschland von »bürokratischem Wahnsinn«, dessen klimapolitischer Erfolg mehr als zweifelhaft sei. »Nachweispflicht bis zur letzten Schraube: Klimazoll macht Unternehmen fassungslos« titelte der *Focus*.[35]

Der Regulierung scheint also insbesondere auf der Ebene der Europäischen Union begünstigt durch den Klimaschutz wenig Grenzen gesetzt, auch wenn im Jahr 2023 in Deutschland eine Diskussion um die Nachteile einer wuchernden Bürokratie eingesetzt hat. Bundeskanzler Olaf Scholz hat die gängelnde Bürokratie beklagt, auch wenn er diese uns allen zugeschrieben hat: »Wir haben es mit einer hinderlichen Bürokratie zu tun, die, wie schon gesagt, von uns allen gemeinsam über viele Jahrzehnte mit viel Liebe zum Detail geschaffen worden ist und die uns nun hemmt«, sagte er in einem Interview, in dem er sich gleichzeitig Sorgen über einen wachsenden Arbeitskräftemangel macht.[36]

Regulierung, Europäische Zentralbank und Staatsnachfrage überhitzen die Arbeitsmärkte

Doch ist der Arbeitskräftemangel in Deutschland nicht nur der Alterung der Gesellschaft zuzuschreiben, sondern auch der wuchernden Regulierung. Immer mehr Menschen in unserem Land müssen sich mit komplizierten Regeln und staatlichen Vorgaben befassen. Erst muss die Politik über neue Regulierungen entscheiden, was kontroverse Diskussionen in den Medien nach sich zieht. Um der Kritik zu begegnen, müssen wissenschaftliche Studien die Notwendigkeit und Sinnhaftigkeit von Regulierungen belegen. Das setzt potenzielle Verlierer der Regulierungen unter Druck, mit neuen Studien das Gegenteil zu beweisen. Dann gießen Juristen die Regulierung in einen Gesetzestext, der nach Einflussnahme unterschiedlicher Interessengruppen nach vielen Beratungen und Änderungen beschlossen wird.

Im Anschluss setzt die öffentliche Verwaltung die Regulierungen um und kommuniziert diese. Gibt es Klagen gegen die Rechtmäßigkeit, ziehen sich die Verfahren bei überforderten Gerichten meist über mehrere Instanzen und Jahre hin. Inzwischen setzen Unternehmen, Banken, öffentliche Institutionen und Haushalte die Regulierungen um. In manchen Fällen werden Regulierungen einfach ignoriert. Ich könnte den einen oder anderen Fall nennen. Ist die Regulierung komplex, dann müssen Berater hinzugezogen werden. Schließlich kontrolliert die öffentliche Verwaltung, ob alles seine Richtigkeit hat. Damit dies möglich ist, müssen Banken und Unternehmen alles sorgfältig dokumentieren, natürlich ohne Verletzung des Datenschutzes.

Über den Datenschutz wacht in großen Unternehmen und Behörden ein Datenschutzbeauftragter. Seit der Datenschutz-Grundverordnung (DSGVO) der Europäischen Union müssen seit dem Jahr 2018 alle Unternehmen, Banken und öffentlichen Institutionen den gesamten Datenverarbeitungs- und Speicherungsprozess personenbezogener Daten dokumentieren. Die Betreiber von Internetseiten müssen die DSGVO mit Hilfe von Informatikern implementieren. Seither stellen sich beim Surfen lästige Fenster mit viel Kleingedrucktem in den Weg, für deren Lektüre man meist keine Zeit und Lust hat. Und wer weiß am Ende, ob alles den Vorstellungen der Gesetzgeber entspricht?

So floriert das Geschäft der Berater. Abbildung 8.4 zeigt das dicke Umsatzplus bei den Beratungsfirmen, die seit Jahren eigentlich immer auf der Suche nach neuen Mitarbeitern sind, während andere Branchen wie die regulierungsgeplagten Banken Personal abbauen. In der zunehmend komplexen Regulierungswelt sind nicht nur Unternehmen und Banken auf Berater angewiesen, sondern auch der Staat selbst, wie die Berateraffäre im Bundesverteidigungsministerium unter Ursula von der Leyen verdeutlicht hat. Berater glänzen bekannterweise mit stolzen Tagessätzen, die manchmal auch Regulierungen zu verdanken sind.

Abbildung 8.4: Umsatz der Beratungsfirmen

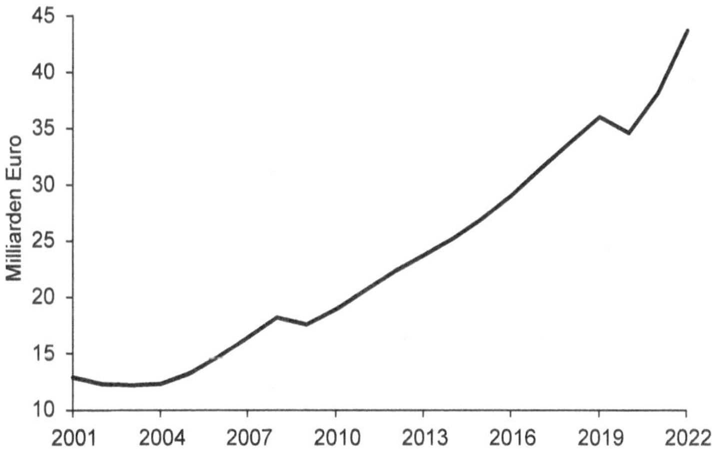

Quelle: Bundesverband Deutscher Unternehmensberatungen.

Dass lange Zeit wenige Unternehmen und Banken über die kontinuierlich wachsenden Regulierungslasten öffentlich geklagt haben, könnte daran liegen, dass der Staat sie auf einer anderen Seite entlastet hat. Die Europäische Zentralbank hat über eine lange Zeit hinweg die Finanzierungskosten der Unternehmen abgesenkt. Auch wenn die niedrigen Zinsen die Zinsmargen der Banken drückten, bescherten diese den deutschen Banken seit 2010 einen Boom bei den Immobilienkrediten. Die höheren Kosten durch die Umweltregulierungen am Bau haben niedrige Hypothekenzinsen und Förderprogramme der Kreditanstalt für Wiederaufbau ausgeglichen. Der deutsche Staat konnte die wachsenden Personalkosten dank sprudelnder Steuereinnahmen finanzieren.

Abbildung 8.5: Arbeitslose, offene Stellen und Unterbeschäftigung in Deutschland

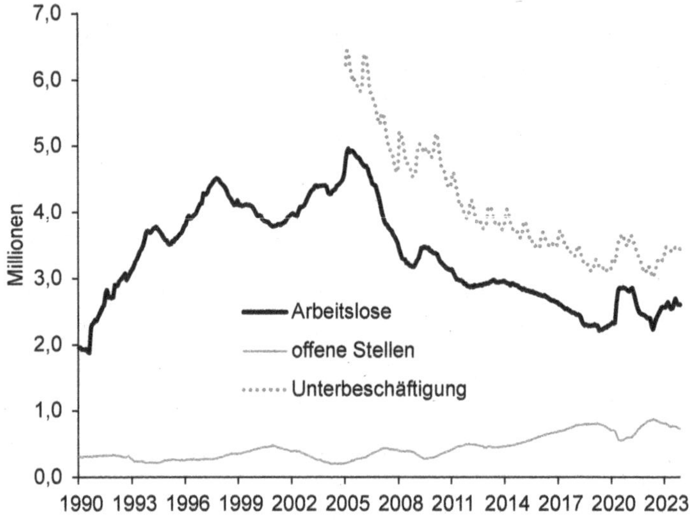

Quelle: Deutsche Bundesbank

Seit dem Jahr 2005 ist nicht nur die Anzahl der Arbeitslosen von 4,9 Millionen auf zuletzt 2,64 Millionen im Dezember 2023 gesunken. Auch die Anzahl der offiziell gemeldeten offenen Stellen hat in diesem Zeitraum von 220 000 auf 713 000 zugenommen, wie Abbildung 8.5 zeigt. Die Bundesagentur für Arbeit weist auch die sogenannte Unterbeschäftigung aus. Die umfasst neben der Arbeitslosigkeit auch Arbeitsmarktpolitik und kurzfristige Arbeitsunfähigkeit. Sie lag im Dezember 2023 bei 3,48 Millionen Personen. Die Kurzarbeiter werden nochmals extra erfasst. Hinzu kommt eine beeindruckende Zunahme der Erwerbstätigkeit. Lag die Anzahl der Erwerbstätigen Anfang des Jahres 2005 noch bei 39,3 Millionen, ist sie 2023 auf rund 46 Millionen angestiegen, was Abbildung 8.6 zu entnehmen ist. Kanzler Scholz konnte auf dem Deutschen Unternehmertag Nordrhein-Westfahlen im August 2023 stolz auf den dynamischen deutschen Arbeitsmarkt verweisen.[37]

Abbildung 8.6: Anzahl der Erwerbstätigen in Deutschland

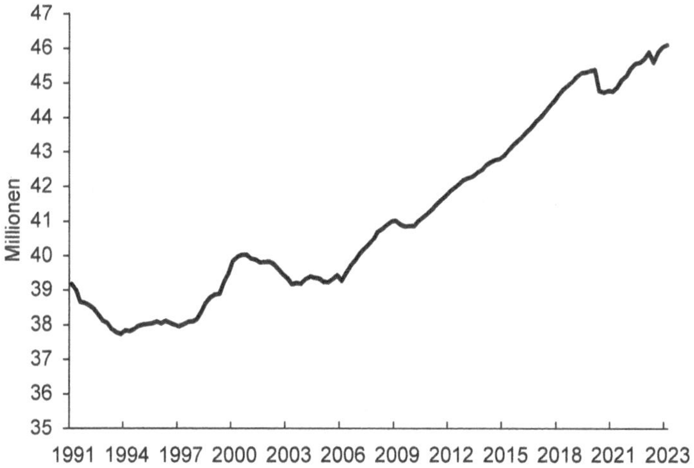

Quelle: Eurostat.

Mehr als zwei Millionen der über fünf Millionen Beschäftigungsverhältnisse, die seit 2010 entstanden sind, sind im öffentlichen Sektor entstanden. Das sind nicht nur Beamte, sondern auch Angestellte im öffentlichen Dienst, insbesondere in den Bereichen Erziehung, Gesundheit und Sozialwesen. Weitere zusätzliche 1,2 Millionen Erwerbstätige finden sich in der Statistik bei »sonstige Dienstleistungen«. Das sind nicht etwa die Angestellten in Restaurants, Hotels oder Gaststätten. Das sind Steuerberater, Wirtschaftsprüfer, Unternehmensberater sowie Menschen, die wissenschaftliche, technische, physikalische und chemische Untersuchungen machen, also »regulierungsnahe« Berufsgruppen. Würde das Steuersystem radikal auf einen Steuersatz ohne Ausnahmen vereinfacht, dann würden beispielsweise keine Steuerberater mehr gebraucht. Gäbe es keine Klimapolitik, gäbe es auch keine teuren Energieberater mehr.

Berücksichtigt man darüber hinaus, dass seit dem Jahr 2010 die niedrigen Zinsen und die Anleihekäufe der Europäischen Zentralbank die Konjunktur in Deutschland und damit auch die Staatsausgaben angeheizt haben, dann dürfte – neben den Reformen der Regierung von Gerhard Schröder – der Staat im Zusammenspiel mit der Europäischen Zentralbank auch dank des »Regulierungswahns« der wesentliche Faktor für den Boom auf dem deutschen Arbeitsmarkt gewesen sein.

Regulierung, überhitzte Arbeitsmärkte und Inflation

Niedrigzinsen und immer weiter wachsende Staatseingriffe in den Wirtschaftsprozess führen zu einer anderen Sichtweise auf die Inflation, die viele auf den ersten Blick gerne dem Coronavirus und dem Ukrainekrieg zuschreiben. Die Preise von Gütern und Dienstleistungen steigen auch dann, wenn durch immer mehr Regulierungen die Kosten von Unternehmen und Banken steigen. Nur qualifizierte Mitarbeiter und Mitarbeiterinnen können mit den komplizierten Regulierungen umgehen. Qualifizierte Arbeit ist in Deutschland teuer. Während über lange Zeit hinweg sinkende Finanzierungskosten bei den Unternehmen einen Ausgleich für die zusätzlichen Kosten der Regulierung geschaffen haben, ist das seit 2022 nicht mehr der Fall.

Der wachsende Personalaufwand beim Staat trifft die Bürgerinnen und Bürger zwar nicht direkt, weil öffentliche Güter wie Schulbildung oder Straßennutzung ja »umsonst« sind. Doch wenn immer mehr Personal in Ministerien, Wirtschaftsförderungen, Klima- und Umweltforschungsinstituten, Hochschulen, Bauaufsichtsbehörden, Bundesämtern, Landesämtern, Zukunftszentren, Finanzaufsichtsbehörden, Sozialberatungsstellen, Hinweisgeberstellern und öffentlich finanzierten Think-Tanks etc. gebraucht wird, dann müssen entweder die Steuereinnahmen steigen oder es kommt zu Inflation, wenn die Europäische Zentralbank mit dem Kauf von Staatsanleihen bei der Finanzierung von Staatsausgaben hilft.

So nützlich die Tätigkeiten im öffentlichen Sektor auch sind, so stehen die Beamten und Angestellten – die gerne auch einmal auf halben Stellen arbeiten – dem privaten Sektor als Arbeitskräfte nicht zur Verfügung. Ganz zu schweigen davon, dass beim Staat die sogenannte Work-Life-Balance oft gut ist. Beispielsweise wirbt das Bundesministerium für Arbeit und Soziales damit, dass »die Möglichkeiten der Zeit- und Ortsflexibilität deutlich erhöht worden« sind.[38] Da viele Menschen für den Staat arbeiten, verwundert es nicht, dass in einem angespannten Arbeitsmarkt Bewerber bei privaten Arbeitgebern immer öfter ähnliche Ansprüche stellen.

Insbesondere steht die Arbeitsmoral der jungen Generation – Neudeutsch: der Generation Z – in der Kritik. Diese kenne ein stressiges Arbeitsleben nicht und gehe aufgrund der omnipräsenten Versprechen angenehmer Arbeitsbedingungen davon aus, dass diese ein normaler Bestandteil unseres außergewöhnlichen Wohlstandes seien. In der *TAZ* beklagte eine Personalmanagerin, dass sie in nahezu allen Bewerbungsgesprächen vor allem Forderungen gehört habe: »keine Vollzeit, Homeoffice als Regel, flexible Arbeitszeiten. Einer wollte nie montags arbeiten, ein anderer mittwochs nur bis 14 Uhr, dann war Yoga. Eine Bewerberin wollte sich spontan entscheiden können, ob sie am nächsten Tag arbeitet oder nicht«.[39]

Der Staat hat das Angebot auf dem Arbeitsmarkt nicht nur dadurch verknappt, dass er höhere Ansprüche an die Work-Life-Balance befördert hat, sondern auch dadurch, dass er die soziale Sicherung immer weiter ausgeweitet hat. Im Jahr 2021 waren trotz eines deutlichen Rückgangs seit 2015 in Deutschland immer noch 6,6 Millionen Menschen von Leistungen der sozialen Mindestsicherung abhängig.[40] Das waren insbesondere die Empfänger von Arbeitslosengeld II (heute Bürgergeld), von Sozialhilfe für nicht Arbeitsfähige, die Grundsicherung im Alter und bei Erwerbsminderung sowie von Regelleistungen nach dem Asylbewerbergesetz. Die Rente mit 63 (»abschlagsfrei in die Rente«) aus dem Jahr 2014 hat das Angebot von älteren Arbeitnehmern verknappt.

Da der Staat mehr Studienplätze geschaffen hat, ist die Anzahl der Studierenden von 2,2 Millionen im Jahr 2010 trotz dauerhaft geringer

Geburtenzahlen auf aktuell knapp drei Millionen gewachsen, was in Abbildung 8.7 zu sehen ist. Seit 2022 gibt es BAföG als finanzielle Unterstützung für Studierende übrigens bis zu einem Alter von 45 (statt bisher 35) Jahren. Wenn die Geburtenzahlen sinken und immer mehr junge Menschen kostenlos studieren, ist es dann überraschend, wenn Handwerk, Industrie und Einzelhandel keine Lehrlinge mehr finden? Die Anzahl der Auszubildenden ist von 1,6 Millionen im Jahr 2008 auf 1,2 Millionen im Jahr 2022 zurückgegangen.

Abbildung 8.7: Anzahl der Studierenden und Auszubildenden

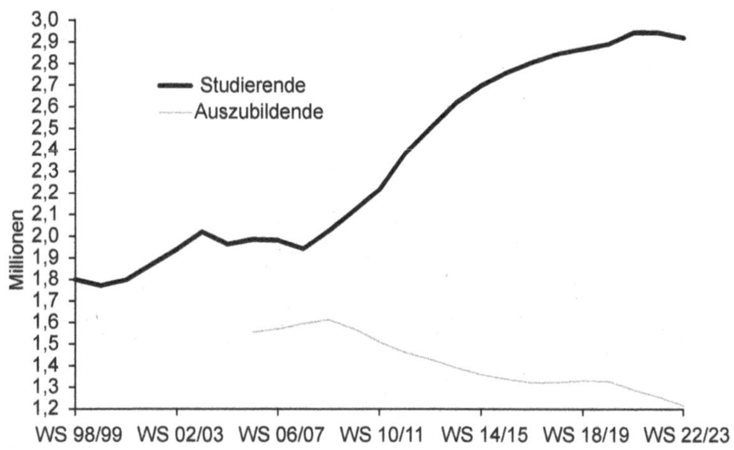

Quelle: Statistisches Bundesamt. Studierende jeweils zu Beginn des Wintersemesters (WS).

Die Verhandlungsmacht der Gewerkschaften war lange Zeit gering, weil die Unternehmen bei zu hohen Lohnforderungen mit Produktionsverlagerungen nach China drohen konnten. Zudem hielten Importe aus China die offiziell gemessene Inflation gering, an der sich die Lohnverhandlungen orientierten. Doch schließlich hat die Regierung mit Hilfe der Europäischen Zentralbank die Verhandlungsmacht der Gewerkschaften gestärkt, indem sie am Arbeitsmarkt die Nachfrage erhöht und das Angebot verknappt hat. Die Arbeitnehmer haben auch allen Grund, höhere Löhne zu fordern, weil zwischen 1999 und 2011 die um den Preisanstieg bereinigten Löhne im Durchschnitt nicht gestiegen sind. Abbildung 8.8 zeigt das für die um Preissteigerungen bereinigten Löhne nach Steuern und Abgaben (Nettolöhne). Zwar sind die realen Löhne seit dem Jahr 2011 angestiegen, doch die Klagen über Kaufkraftverluste hielten an. Lag das vielleicht daran, dass das Statistische Bundesamt nicht die gesamten Kaufkraftverluste erfasst hat, wie in Kapitel 3 diskutiert?

Im Jahr 2021 hat der plötzliche Anstieg der Inflation die Gewerkschaften überrascht, weil prominente Vertreter der Europäischen Zentralbank wie Christine Lagarde und Isabel Schnabel die Inflationsrisiken lange Zeit nicht gesehen haben. Nachdem auch die offiziell gemessenen Inflationsraten angestiegen waren, argumentierten beide noch lange Zeit, dass die Inflation nur vorübergehend sein würde. So ist bei den Lohnforderungen ein Nachholbedarf entstanden und sogenannte »Lohn-Preis-Spiralen« drohen.

Abbildung 8.8: Preisbereinigte Nettolöhne in Deutschland pro Monat

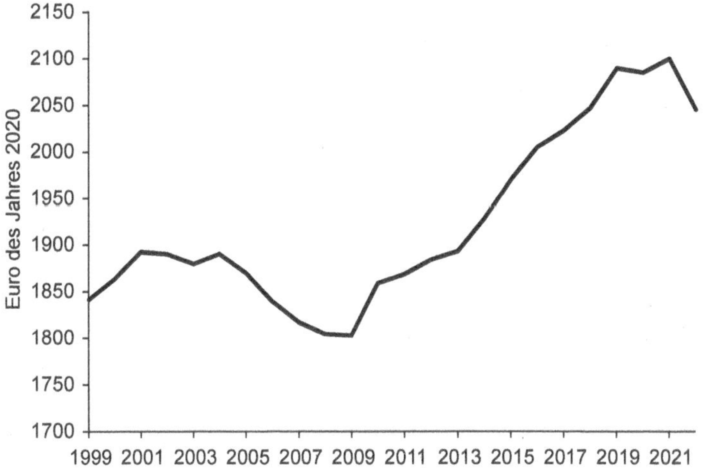

Quelle: Statistisches Bundesamt. Je Arbeitnehmer. Nettolöhne = Bruttolöhne abzüglich Steuern und Abgaben.

Der Begriff geht auf die 1970er Jahre zurück und müsste eigentlich »Preis-Lohn-Spirale« heißen. Damals stieg ausgehend von den USA weltweit die Inflation, weil die USA hohe Staatsausgaben für Krieg und Sozialleistungen mit Hilfe der Zentralbank Fed finanzierten. Die Gewerkschaften forderten aufgrund der starken Preissteigerungen deutlich höhere Löhne, um die Kaufkraft der Arbeitnehmer zu erhalten. Die höheren Lohnzahlungen zwangen die Unternehmen wiederum, die Preise zu erhöhen usw. In Deutschland gab es die berühmte Kluncker-Runde, in der der Vorsitzende der Gewerkschaft Öffentliche Dienste, Transport und Verkehr, Heinz Kluncker, 1974 eine Lohnerhöhung von 11 Prozent erzwang. Der Lohnabschluss im öffentlichen Dienst strahlte auf andere Gewerkschaften aus und trieb die Kosten der Unternehmen nach oben.

Nun gibt es allerorts wieder hohe Lohnforderungen. Im März 2023 forderten Verdi & Co. 10,5 Prozent.[41] Die IG-Metall wollte im November 2023 in ihren Verhandlungen 8,5 Prozent mehr mit einer sozialen Komponente für untere Einkommen sowie eine Verkürzung der Arbeit von 35 auf 32 Stunden in der Woche, mit Lohnausgleich.[42] Die Gewerkschaft der Lokführer beschloss im November 2023 einen Streik und stellte Forderungen, die der Personalchef der Deutschen Bahn gegenüber der Deutschen Presse-Agentur als »unerfüllbar« bezeichnet hat. Die Personalkosten der Deutschen Bahn würden dadurch um 50 Prozent steigen.[43]

Trotzdem bleiben jüngst die durchschnittlichen Lohnerhöhungen hinter den offiziell gemessenen Inflationsraten zurück, wie Abbildung 8.8 zeigt. Das dürfte auch daran liegen, dass die wuchernde Regulierung die Produktivität der Unternehmen senkt und diese die höheren Kosten in Form höherer Preise an die Konsumenten weitergeben müssen. Bürokratie und überhitzte Arbeitsmärkte sind ein deutlicher Wohlstandsverlust!

KAPITEL 9

Zentralisierung statt Freiheit: Die Europäische Union bewegt sich in die falsche Richtung

Die historischen Wurzeln des Wohlstands in Europa

Europa ist ein einzigartiger Kontinent. Es ist vielfältig, geprägt durch unterschiedliche Sprachen und Kulturen. Lange Zeit haben konkurrierende Adelshäuser die Geschichte Europas gelenkt. Diese heirateten untereinander und führten Kriege. Die Entdeckung Amerikas durch Christoph Columbus im Jahr 1492 und die Besiedlung Australiens durch Großbritannien ab dem 18. Jahrhundert legten den Grundstein für europäisch geprägte Staaten weit weg vom alten Kontinent. Forscher der Universität Groningen haben gezeigt, dass der Wohlstand in Westeuropa, Nordamerika und Ozeanien in den letzten zwei Jahrhunderten sehr viel stärker gewachsen ist als in anderen Weltregionen, wie Abbildung 9.1 zeigt.

Abbildung 9.1: Pro-Kopf-Einkommen in unterschiedlichen Teilen der Welt

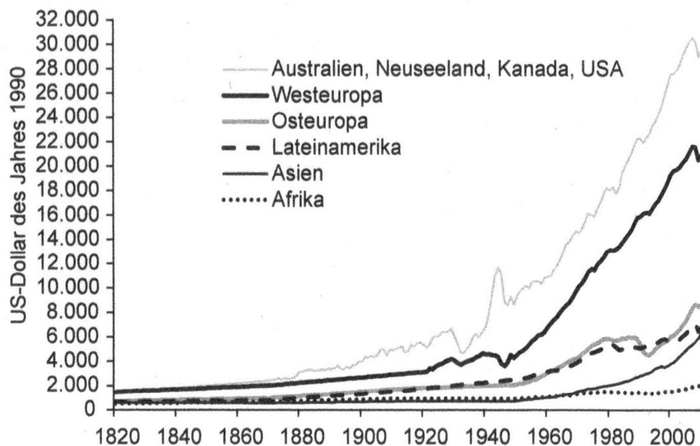

Quelle: Maddison Project, Universität Groningen.

Die Gründe sind vielfältig. Einige liberale Denker haben den Wohlstand in Europa im Vergleich zu den großen Staatsgebilden in Asien auf die Topografie zurückgeführt. Baron de Montesquieu (1689-1755) meinte, dass in Asien weite Ebenen große despotische Reiche wie China und Indien begünstigt hätten.[1] In Europa hätten hingegen riesige Staatengebilde nie lange Zeit Bestand gehabt, weil große Flüsse und Gebirge mittelgroßen Staaten das Überleben gesichert hätten. Da die Grenzen zum nächsten Staatengebilde oft nah lagen, standen die Herrscher zueinander im Wettbewerb. Nicht nur um die prächtigsten Paläste und die schönsten Kunstschätze. Wer diese mit einem Heer sichern wollte, der brauchte auch ausreichend Menschen in seinem Land. Um die Bewohner an sich zu binden, seien die europäischen Herrscher geneigter gewesen, Freiheiten zu gewähren.

Auch der Franzose Alexis de Tocqueville (1805-1859) sah die mittelgroßen Nationen in Europa als Wiege der politischen Freiheit, weil eine kleine Bevölkerung die Macht des Herrschers beschränke.[2] Der Kaiser von China war ohne Zweifel viel mächtiger als Fürst Leopold III. Friedrich Franz, Fürst und Herzog von Anhalt-Dessau, der Schöpfer eines grandiosen Gartenreichs. Fürst Franz konnte im Gegensatz zum chinesischen Kaiser auch nicht die Ressourcen von ganz Europa verschwenden.

Nach dem Schotten David Hume (1711-1776) kann der Wettbewerb zwischen Staaten Fortschritt und Wohlstand bewirken. Im antiken Griechenland habe die Konkurrenz zwischen unabhängigen Stadtstaaten wie Athen und Sparta eine herausragende Blüte der Kultur hervorgebracht.[3] Auch militärisch behielten die Griechen gegenüber dem mächtigen Persien die Oberhand. Der Soziologe Erich Weede leitet aus dem Wettbewerb der Staaten die Entstehung von Eigentumsrechten in Europa ab. Die Menschen hätten verglichen, welches Staatsoberhaupt die größten Freiheiten gibt, sodass die Herrscher schließlich Eigentum ermöglichten.

Das Privateigentum beschleunigt den technischen Fortschritt, wie der Wirtschaftsnobelpreisträger Friedrich August von Hayek herausgearbeitet hat. Denn ein Unternehmer ist stets auf der Suche nach höherem Gewinn, der mit neuen Produktionsverfahren steigt. Henry Ford hat Anfang des 20. Jahrhunderts mit der Fließbandfertigung die Produktionskosten seiner Autos revolutioniert. Auch mit attraktiven neuen Produkten, zum Beispiel einer Kutsche ohne Pferd (Benz Patent-Motorwagen Nummer 1), einem tragbaren Musikgerät (Sony Walkman) oder einem internetfähigen Telefon mit Touchscreen (das iPhone von Apple) ließ sich gut Kasse machen. Den größten Schub bei den Innovationen brachte die Industrielle Revolution in Europa, die die Produktivität und den Wohlstand immens erhöht hat.

Da die Konkurrenz sowohl erfolgreiche neue Produktionsverfahren als auch erfolgreiche Produkte kopiert, gehen gewinnbringende Vorteile früher oder später wieder verloren. War die »Bionade« einst ein bahnbrechendes hippes und biologisches Erfrischungsgetränk, folgten zahlreiche andere Süßgetränke, die ein ähnliches Lebensgefühl vermittelten. Viele empfinden das Kopieren zwar als regelwidrig, wie die Diskussion um den Wettbewerb mit China zeigt. Doch nach Hayek führt die Diffusion des Wissens, wie er es nennt, dazu, dass ein Unternehmer immer wieder nach neuen Innovationen streben muss. Nicht ohne Grund waren nach 40 Jahren deutscher Teilung die Autos im wettbewerbsorientierten Westen technisch sehr viel ausgereifter als im planwirtschaftlichen Osten. Am Ende profitiert von Privateigentum und Wettbewerb der Konsument, weil die Produkte besser und die Preise billiger werden.

Zwei Sichtweisen des europäischen Integrationsprozesses

Vor dem Zweiten Weltkrieg hatten in Folge der Weltwirtschaftskrise viele Länder hohe Importzölle aufgebaut, um Arbeitsplätze zu schützen. Immer mehr Länder hatten ihre Währungen abgewertet, um den Export auf Kosten der Handelspartner anzuheizen. Die daraus wachsende wirtschaftliche Instabilität verstärkte die politische Instabilität. Der Prozess mündete in den Zweiten Weltkrieg, der Europa verwüstete. In die liberale Weltordnung, die die USA nach dem Zweiten Weltkrieg schufen, bettete sich der europäische Integrationsprozess ein, mit dem Frankreich und Deutschland unterschiedliche Ziele und Interessen verfolgten.

Frankreich war besorgt, dass von dem wirtschaftlich erstarkenden Deutschland ein neuer Krieg ausgehen könnte. Deshalb wollte es Deutschland wirtschaftlich und politisch in Europa einbinden. Das geschah in Form der Europäischen Gemeinschaft für Kohle und Stahl (1952) sowie der Europäischen Atomgemeinschaft Euroatom (1957), die für die Kriegsführung wichtige Wirtschaftssektoren unter eine gemeinsame Kontrolle stellten. Deutschland wollte seinerseits aus der politischen Isolation entkommen und für seine florierenden Unternehmen Märkte erschließen. Die Europäische Wirtschaftsgemeinschaft EWG (1957) sah einen gemeinsamen Markt vor, in dem sich Güter, Dienstleistungen, Arbeit und Kapital frei bewegen sollten. Alle drei Gemeinschaften erhielten mit den Europäischen Gemeinschaften ein gemeinsames Dach. Es standen sich allerdings zwei unterschiedliche Wachstumsmodelle gegenüber.

In Deutschland war die Deutsche Bundesbank unabhängig und allein der Preisstabilität verpflichtet, wie ich in Kapitel 1 erklärt habe. Die niedrige Inflation begünstigte das Sparen der Haushalte, was die Finanzierung von Investitionen erleichterte. Hohe Investitionen erhöhten die Produktivität der deutschen Industrieunternehmen, die nach mehr Exporten strebten. Weil die Deutsche Bundesbank unabhängig war, war der Spielraum für schuldenfinanzierte Konjunkturprogramme begrenzt. Das Wachstum in Deutschland wurde von den Investitionen getrieben. Einige wirtschaftlich eng mit Deutschland verflochtene Nachbarländer wie Österreich und die Niederlande banden ihre Wechselkurse eng an die Deutsche Mark und folgten so dem deutschen Zentralbank- und Wachstumsmodell.

Hingegen orientierten sich Frankeich, Italien und das Vereinigte Königreich an John Maynard Keynes. Mehr Staatsausgaben und Konsum sollten Wachstum schaffen. Da die Steuereinnahmen für die ambitionierten staatlichen Ausgabenpläne nicht ausreichten, kauften die Zentralbanken, die der Weisung der Finanzministerien unterstanden, Staatsanleihen. Das führte zu hohen Inflationsraten, die die Investitionen bremsten. Nach dem Zusammenbruch des Bretton-Woods-Systems in den frühen 1970er Jahren beförderten die südlichen Nachbarländer Deutschlands ihre Exporte, indem sie ihre Währungen gegenüber der Deutschen Mark abwerteten.

Der europäische Integrationsprozess vereinte beide Wachstumsmodelle. »In Vielfalt geeint« heißt heute das Motto der Europäischen Union. Bessere Produkte und niedrigere Preise waren ein erklärtes Ziel des Integrationsprozesses, der in den 1950er Jahren einsetzte. Das stark zentralisierte Frankreich brachte gemeinsame Institutionen wie die Europäische Kommission, das Europäische Parlament und später die Europäische Zentralbank voran. Dahinter stand der Gedanke, dass die Entscheidungen für das vereinte Europa gemeinsam in Brüssel und Straßburg getroffen werden sollten, bestenfalls im Sinne Frankreichs. Die letzte Konsequenz wäre in diesem Sinne ein europäischer Superstaat nach dem Vorbild der USA, mit einer gemeinsamen Regierung, einer gemeinsamen Währung, einer gemeinsamen Finanz- und Sozialpolitik sowie einer gemeinsamen Armee, den bis heute wohl kein Mitgliedsland wirklich will. Die gemeinsame Agrar- sowie Regionalpolitik der Europäischen Gemeinschaft bildeten die ersten Grundbausteine für eine Umverteilung aus dem wirtschaftlich starken Norden in den wirtschaftlich schwächeren Süden.

Deutschland brachte das wirtschaftsliberale Gedankengut in den neuen Club mit. Inspiriert von den Grundsätzen des Allgemeinen Zoll- und Handelsabkommens GATT und dem Internationalen Währungsfonds wollte Ludwig Erhard den Handel liberalisieren, Diskriminierungen abbauen und Wettbewerbsverzerrungen reduzieren. Später forcierte Großbritannien unter Margret Thatcher die freie Bewegung von Gütern, Dienstleistungen, Arbeit und Kapital in Europa, den sogenannten Binnenmarkt. Im Vertrag über die Europäische Union verweist seit 1992 das Subsidiaritätsprinzip auf eine größtmögliche Selbstbestimmung und Eigenverantwortung im gemeinsamen Europa. Die Europäische Union darf danach nur tätig werden, wenn die angestrebten Ziele nicht ebenso gut auf nationaler oder lokaler Ebene erreicht werden können. Das gilt beispielsweise für die Handelspolitik. Es ergibt keinen Sinn, wenn jedes Land oder sogar jede Kommune in Europa gegenüber allen Ländern der Welt eigene Zölle bestimmt.

Über die Zeit hinweg kamen beide Zielsetzungen voran. Es entstanden viele gemeinsame Institutionen einschließlich des Europäischen Parlamentes (1952), der Europäischen Zentralbank (1998) und einer europäischen Verfassung (2004), die jedoch nicht in Kraft getreten ist. Seit dem Vertrag von Maastricht (1992) gibt es die Europäische Union, deren Kompetenzen die Mitgliedsstaaten in mehreren Reformverträgen, wie dem Vertrag von Lissabon, weiter ausbauten. Die Einheitliche Europäische Akte (1986) vollendete bis 1992 den gemeinsamen Markt, der auch die Grundlage für die Abschaffung der Grenzkontrollen legte. In meiner Jugend gab es bei der Fahrt von Bayern ins nahe Österreich noch lange Warteschlangen. Fortan war die Bahn frei!

Die Integration der Märkte im gemeinsamen Europa erhöhte den Wettbewerb zwischen den Unternehmen, die deshalb effizienter wirtschaften mussten. Das erzeugte Produktivitätsgewinne, erhöhte die Einkommen und senkte die Preise. Abbildung 9.2 zeigt, wie – um Preissteigerungen bereinigt – die Pro-Kopf-Einkommen in Frankreich,

Deutschland und Italien bis zum Ausbruch der europäischen Finanz- und Schuldenkrise im Jahr 2008 in allen drei Ländern seit den 1960er Jahren gemeinsam angestiegen sind. Mit den Wohlstandsgewinnen konnte man auch die neuen gemeinsamen Institutionen finanzieren. Auch wenn sich die breite Bevölkerung der Gründe der Wohlstandsgewinne nicht bewusst war, herrschte Zufriedenheit. Die Akzeptanz für das gemeinsame Europa und die etablierten politischen Parteien, die den europäischen Integrationsprozess voranbrachten, war hoch.

Abbildung 9.2: Pro-Kopf-Einkommen pro Jahr in Deutschland, Frankreich und Italien

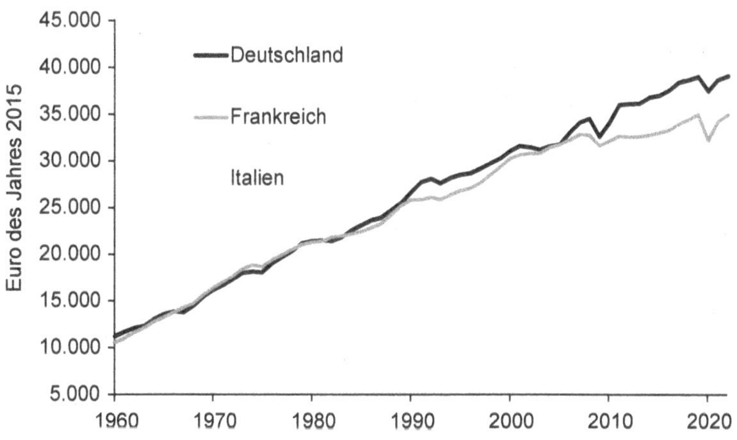

Quelle: Internationaler Währungsfonds.

Dass das gemeinsame Europa lange Zeit keine gemeinsame Währung hatte, bremste die Wohlstandsgewinne nicht. Die südeuropäischen Länder werteten seit den 1970er Jahren ihre Währungen immer wieder gegenüber der Deutschen Mark ab. Das zeigt Abbildung 9.3 für den französischen Franc (in Kapitel 1 habe ich das schon für die italienische Lira gezeigt). Man musste immer mehr französische Franc für 1 Deutsche Mark bezahlen, was die französischen Güter für die Deutschen billiger machte. Da die Deutsche Bundesbank hingegen der Preisstabilität verpflichtet war, bot sie den deutschen Exportunternehmen keine Unterstützung durch die Abwertung der Deutschen Mark an. Das mögen zwar manche als ungerecht empfunden haben. Doch die schädlichen Abwertungswettläufe, die es vor dem Zweiten Weltkrieg gegeben hatte, blieben so im gemeinsamen Europa aus.

Abbildung 9.3: Wechselkurs des französischen Francs gegenüber der Deutschen Mark

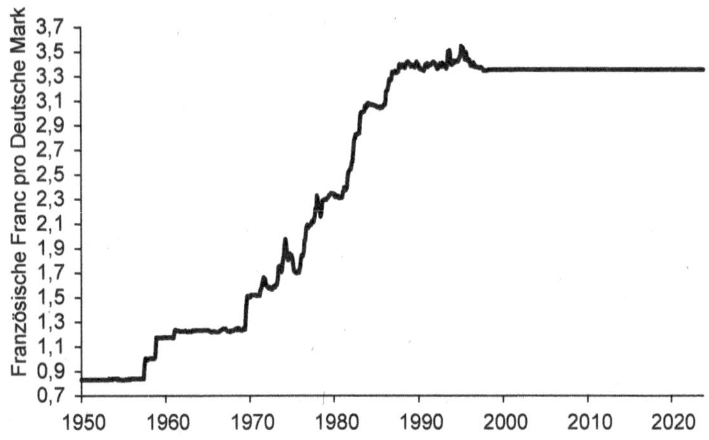

Quelle: Internationaler Währungsfonds.

Den deutschen Unternehmen blieb deshalb nichts anderes übrig, als ihre internationale Wettbewerbsfähigkeit dadurch aufrechtzuerhalten, dass sie die Produktion noch effizienter machten. Sie produzierten gute Qualität, damit ihnen wechselkursbedingte Preiserhöhungen im Ausland so schnell nichts anhaben konnten. Ein italienischer Millionär kaufte schließlich einen Porsche nicht wegen des günstigen Preises, sondern wegen der Attraktivität des Wagens. So glänzten französische und italienische Autos mit dem Preis, deutsche Autos mit der Qualität. Die harte Deutsche Mark hatte sich zur Produktivitätspeitsche gemausert, die die deutsche Wirtschaft zu immer neuen Höchstleistungen trieb. Deutschland entwickelte sich seit den 1950er Jahren zum Wachstumsmotor von Europa.

Die Deutsche Bundesbank hat mit der stabilen Währung maßgeblich zu den deutlichen Wohlstandsgewinnen in Deutschland und Westeuropa beigetragen. Abbildung 9.4 zeigt die hohen Produktivitätsgewinne in Deutschland in den 1980er und 1990er Jahren. Dass Deutschland einen Teil dieser Produktivitätsgewinne über die gemeinsame Agrar- und Regionalpolitik im Rahmen der Europäischen Gemeinschaft bzw. der Europäischen Union in den Süden Europas abgab, tat nicht weh. Es verblieb noch ausreichend finanzieller Spielraum, um im eigenen Land das Lohnniveau zu erhöhen und den Sozialstaat auszubauen. Die Transfers in den Süden erhöhten zudem die ausländische Nachfrage nach deutschen Gütern und Dienstleistungen. Es profitieren alle in Europa von dem Wettbewerb der Unternehmen und Währungen. Doch zur Jahrtausendwende sackten die Produktivitätsgewinne ab, weil der Euro den Wettbewerb zwischen den europäischen Währungen ausschaltete.

Abbildung 9.4: Produktivitätsgewinne in (West-)Deutschland

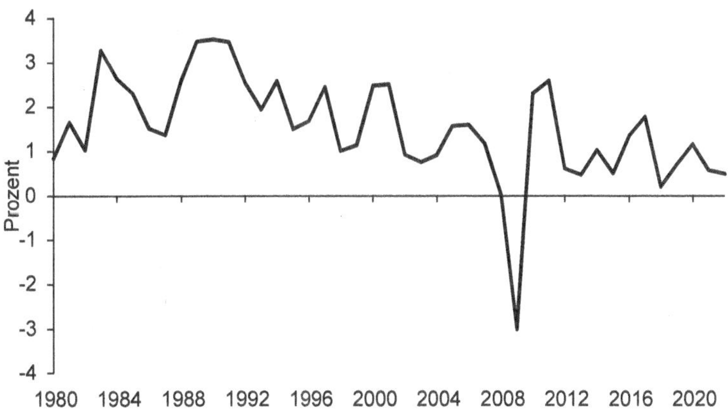

Quelle: OECD. Arbeitsproduktivität pro Arbeitsstunde. Bis 1990 Westdeutschland, danach Gesamtdeutschland.

Der Euro und Subventionen hemmen Produktivitätsgewinne

Die goldene Gans wurde leider geschlachtet. Der Euro erlöste aus vier Gründen die deutsche Industrie von der Produktivitätspeitsche, ließ dadurch aber auch die wohlstandbringenden Produktivitätsgewinne schrumpfen. Denn ohne Peitsche läuft ein Pferd langsamer und die Kutsche samt Insassen kommt nicht mehr so schnell voran. Erstens wurden die Wechselkurse zwischen den Mitgliedsländern der Europäischen Union unwiderruflich fixiert. Die südeuropäischen Länder konnten ihre Wettbewerbsposition gegenüber Deutschland nicht mehr einfach dadurch erhöhen, dass sie ihre Währungen abwerteten. Das war wohl ein Grund für die deutsche Industrie gewesen, den Euro zu unterstützen. Im Jahr 1999 beseitigte die Euroeinführung mit einem Schlag für über 40 Prozent der deutschen Exporte den Aufwertungsdruck auf die Währung.

Zweitens verfolgte die Europäische Zentralbank spätestens seit dem Ausbruch der europäischen Finanz- und Schuldenkrise im Jahr 2008 eine lockere Geldpolitik, sodass der Euro gegenüber dem Dollar seither im Trend abgewertet hat. Werfen Sie einen Blick auf Abbildung 9.5. Diese zeigt, dass der Euro seit 2008 stark gegenüber dem Dollar an Wert verloren hat. Während der Euro zwischen 2002 und 2008 noch in der Tradition der Deutschen Mark aufgewertet hatte, ging es seit 2008 abwärts. Das hat große Gewinne in die Kassen der deutschen Exportunternehmen gespült, ohne dass sie sich dafür besonders anstrengen mussten. Sie fanden sich bezüglich des Handels mit Ländern außerhalb des Euroraums zunehmend in der traditionellen Rolle der südeuropäischen Unternehmen wieder.

Abbildung 9.5: Wechselkurs des Euro gegenüber dem Dollar

Quelle: Europäische Zentralbank.

Drittens konnten die deutschen Exportunternehmen seit der Finanz- und Schuldenkrise immer mehr auf staatliche Hilfen hoffen, wie in Kapitel 6 diskutiert. Die Europäische Zentralbank senkte ihre Finanzierungskosten, kaufte Anleihen der großen Unternehmen und vergab an die Banken langfristige Kredite, die insbesondere in den südlichen Euroländern die Nachfrage nach deutschen Gütern stabilisierten. Die Staatsanleihekäufe der Europäischen Zentralbank verschafften der deutschen Regierung zusätzliche Ausgabenspielräume, die diese unter anderem für Hilfen für große Unternehmen nutzen konnten, beispielsweise für Kurzarbeitergeld in der Coronakrise.

Obwohl die europäischen Verträge Subventionen verbieten, damit der Wettbewerb im Binnenmarkt nicht verzerrt wird, fanden sich immer neue Begründungen für Ausnahmen. Die Finanzkrise, die Coronakrise, die Klimakrise sowie der Hinweis auf einen wachsenden Wettbewerb mit den USA und China waren bzw. sind willkommene Begründungen. Die deutsche Autoindustrie profitierte in der europäischen Finanz- und Schuldenkrise von der Abwrackprämie, in der Coronakrise von großzügigem Kurzarbeitergeld und in der Klimakrise unter anderem von hohen Kaufprämien für Elektroautos. Der

Stahlriese Thyssen-Krupp erhält Milliarden für die Produktion grünen Stahls. Für den Hersteller von Windkraftanlagen Siemens Energy hat die Bundesregierung eine Bürgschaft in Höhe von 7,5 Milliarden Euro übernommen.

Mit der 2014 eingeführten »Allgemeine Gruppenfreistellungsverordnung« hat die Europäische Union mit dem Ziel des Bürokratieabbaus bestimmte Kategorien staatlicher Beihilfen von der Bewilligungspflicht durch die Europäische Kommission befreit, wenn die Vorteile die möglichen Wettbewerbsverzerrungen überwiegen. Dafür müssen die Länder eine Reihe von Kriterien erfüllen. Ob dies der Fall ist, muss die Europäische Kommission prüfen.[4] Darüber hinaus hat Deutschland darauf gepocht, die Beihilferegeln der Europäischen Union weiter zu lockern und den Mitgliedsstaaten mehr Spielraum bei der Subventionierung ihrer Industrien zu geben.

Das hat während der Coronakrise und der durch den russischen Krieg gegen die Ukraine ausgelösten Energiekrise zu Kritik aus anderen Ländern geführt, die eine geringere Finanzkraft als Deutschland haben bzw. aufgrund einer bereits deutlich höheren Verschuldung nicht mehr so viel Schulden wie Deutschland machen können. »Wenn es zu einer Spirale des ›Wer gibt mehr‹ kommt, wird die Tschechische Republik nicht gewinnen«, warnte der tschechische Europaabgeordnete Luděk Niedermayer. »Unser Interesse ist es, die Regeln für staatliche Beihilfen zu verschärfen und nicht zu lockern«, fügte er hinzu. Eine Lockerung der Subventionsregeln könne leicht zu Wettbewerbs- und Wachstumsverzerrungen oder zu einem »schädlichen Subventionswettlauf führen, der wenigen nützt und vielen schadet«, merkte ein Sprecher des niederländischen Wirtschaftsministeriums an.[5]

Ein Sprecher des Bundeswirtschaftsministeriums hat erwidert, dass man sich »ausdrücklich nicht für eine Aufgabe der EU-internen Wettbewerbskontrolle« einsetze und die Lockerung der Wettbewerbsregeln der »EU in ihrer Gesamtheit« zugutekäme.[6] Währenddessen macht Deutschland überdurchschnittlich oft von den Ausnahmen für Subventionen Gebrauch. Infolge der Sanktionen gegen Russland hat die Europäische Kommission mit einem sogenannten befristeten Krisenrahmen[7] den Mitgliedsstaaten die Möglichkeit eingeräumt, die Unternehmen angesichts der steigenden Energiepreise zu unterstützen.

Deutschland hat mehr als die Hälfte aller genehmigten staatlichen Beihilfen angemeldet, gefolgt von Frankreich mit 24 Prozent und Italien mit 7 Prozent, wie die EU-Wettbewerbskommissarin Margrethe Vestager aufgezeigt hat.[8] Es scheint, dass der deutsche Wirtschafts- und Klimaminister Robert Habeck eine wichtige Rolle dabei spielt, die Wettbewerbsregeln der Europäischen Union zugunsten der deutschen Industrie aufzuweichen. Eine Begründung ist neuerdings die Bedrohung durch das US-amerikanische Subventionsprogramm *Inflation Reduction Act*. Frisches Geld sollte aus dem Klima- und Transformationsfonds kommen, der mit Resten von Coronarettungsgeldern befüllt war, doch hat das Bundesverfassungsgericht das verhindert. Der Abbau der Wettbewerbsverzerrungen innerhalb des vereinten Europas war ursprünglich eine wichtige Errungenschaft gewesen, die zu höheren Produktivitätsgewinnen und mehr Wachstum geführt hat.

Viertens ist der Euro als Fehlkonstruktion gestartet, weil der Euroraum keine gemeinsame Finanz- und Sozialpolitik hat. Als sich die ersten elf Mitgliedsländer der Europäischen Union 1999 zur Europäischen Währungsunion zusammenfanden, war bereits klar, dass diese mit großer Wahrscheinlichkeit unterschiedlichen Konjunkturzyklen folgen würden. Die Befürworter des Euros hatten jedoch argumentiert, dass mit der gemeinsamen Währung die Mitgliedsländer noch mehr Handel miteinander treiben würden und sich die Konjunkturzyklen deshalb angleichen würden. Das ist jedoch nicht eingetreten. Stattdessen haben schon bald nach der Einführung des Euros die unkoordinierten Finanzpolitiken die unterschiedlichen Konjunkturentwicklungen noch verstärkt, wie ich in Kapitel 2 gezeigt habe. Die politischen Entscheidungsträger in den Euroländern scheinen sich nicht bewusst gewesen zu sein, dass sie selbst zu den Ungleichgewichten beigetragen haben. Die europäische Finanz- und Schuldenkrise scheint sie völlig überrascht zu haben.

Dass die europäische Finanz- und Schuldenkrise den Euro an den Rand des Abgrunds gebracht hat, ist bekannt. Auch dass die Europäische Zentralbank den Euro nur mit einer Flut billigen Geldes retten konnte. Dass darunter die Stabilität des Euro gelitten hat, lässt sich zwar nicht unbedingt am Harmonisierten Verbraucherpreisindex von Eurostat ablesen, aber am inflationierten Bilanzvolumen des Eurosystems, das Sie in Abbildung 2.5 in Kapitel 2 wiederfinden. Die starke Ausweitung der Bilanz der Europäischen Zentralbank hat bis vor Kurzem äußerst günstige Finanzierungsbedingungen garantiert, die nicht nur die potenziellen Produktivitätsgewinne im südlichen Euroraum, sondern auch in den nördlichen Euroländern ausgebremst haben.

Die Ausgleichsmechanismen für Ungleichgewichte sind schwach

Die Krisentherapie der Europäischen Zentralbank hat zwar ein Auseinanderbrechen des Euroraums verhindert, konnte aber die Gründe für die unterschiedlichen Konjunkturentwicklungen nicht beseitigen. Die unterschiedlichen Sichtweisen auf die Geld-, Finanz- und Wirtschaftspolitik sind immer noch unverändert vorhanden. Viele Italiener und Franzosen sind überzeugt, dass Mario Draghi und Christine Lagarde mit ihren immensen Ankäufen von Staatsanleihen ihr Bestes für Italien und Frankreich gegeben haben. Die Südländer wollen die Schuldenregeln in der Europäischen Union am liebsten gleich ganz abschaffen. Hingegen trauern viele Deutsche immer noch der stabilen Deutschen Mark nach. Zuletzt hat Finanzminister Christian Lindner die südlichen Euroländer zu mehr Ausgabendisziplin aufgerufen. Auch Kanzler Olaf Scholz hat bekräftigt, dass er noch mehr Schulden nicht für sinnvoll hält.[9]

Da die starken Divergenzen innerhalb des Euroraums fortbestehen, stellt sich die Frage, wie die Europäische Union auf Dauer reagieren soll. Die Währungsunion würde auf einem stabileren Fundament stehen, wenn die Finanzpolitik und die Sozialpolitik auf die Ebene der Europäischen Union verlagert werden würden. So könnten unterschiedliche Konjunkturen automatisch ausgeglichen werden. Wäre

Spanien im Boom, dann würde es mehr Steuern nach Brüssel zahlen und weniger Gelder aus der gemeinsamen europäischen Arbeitslosenversicherung in Anspruch nehmen. Wäre Deutschland gleichzeitig in der Krise, dann würde es weniger Steuern nach Brüssel bezahlen, aber mehr Gelder aus der gemeinsamen Arbeitslosenversicherung erhalten, was die Konjunktur stabilisieren würde. Einige Jahre später wäre die Situation vielleicht andersherum.

Doch ich habe in den letzten Jahren keine Politikerin und keinen Politiker in Deutschland oder einem anderen EU-Land gehört, der dies ernsthaft gefordert hätte. Vielleicht schrecken im Norden die hohen Schulden der südlichen Länder ab, die man dann unweigerlich vergemeinschaften müsste. Der Vergleich der Schuldenstände in Abbildung 9.6 zeigt vor allem eine hohe Verschuldung im südlichen Euroraum. Kein Politiker will wohl gegenüber seinen Bürgern und Bürgerinnen – zumindest offen – das Begleichen der Schulden anderer Länder verantworten. Die osteuropäischen Staaten, die sich mit Inflation und Reformen schmerzhaft entschuldet haben und ärmer als der Süden sind, wollen nicht für die Schulden anderer Länder aufkommen. Wohl deshalb scheint die Europäische Union einen Flickenteppich von Instrumenten entwickelt zu haben, die die wirtschaftlichen Unterschiede und Krisenrisiken ausgleichen sollen.

Seit Langem besteht die europäische Regionalpolitik, die gemäß dem Vertrag über die Arbeitsweise der Europäischen Union den wirtschaftlichen, sozialen und räumlichen Zusammenhalt in der Europäischen Union stärken soll. Zu diesem Zweck stehen der *Europäische Fonds für regionale Entwicklung*, der *Europäische Sozialfonds Plus*, der *Kohäsionsfonds*, der *Fonds für einen gerechten Übergang*, der *Europäische Meeres- und Fischereifonds* sowie der *Europäische Landwirtschaftsfonds für die Entwicklung des ländlichen Raumes* zur Verfügung. Die verschiedenen Töpfe sollen gleich mehrere Fliegen mit einer Klappe schlagen. Sie sollen nicht nur die Lebensverhältnisse angleichen, sondern auch Europa gleichzeitig schlauer, grüner, CO_2-emissionsärmer, krisenfester, sozialer und bürgernäher machen! Die Europäische Union hat 179 Milliarden Euro in den letzten 30 Jahren im Rahmen der Kohäsionspolitik investiert. Für den Zeitraum von 2021 bis 2027 plant sie Ausgaben für die Kohäsion in Höhe von 378 Milliarden Euro, wodurch 1,3 Millionen Arbeitsplätze entstehen sollen.[10]

Abbildung 9.6: Staatsschulden der Eurostaaten als Anteil am Bruttoinlandsprodukt 2023

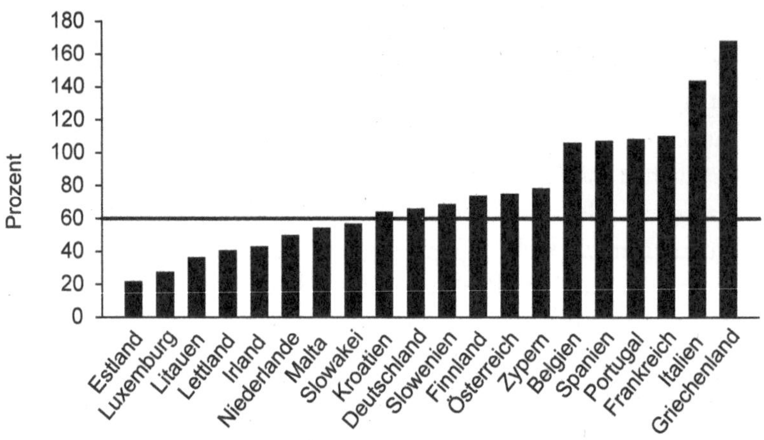

Quelle: Internationaler Währungsfonds.

Der Kohäsions- und Strukturfonds »leistet einen wichtigen Beitrag zu einheitlicheren Wettbewerbsbedingungen in unserer Union und ist eines der wichtigsten EU-Förderinstrumente. Großartige Brücken, effiziente und moderne Eisenbahnen und U-Bahnen, Flughäfen sowie Abfall- und Abwasserbehandlungen, die aus diesem Fonds gefördert wurden, haben das Leben von Millionen Menschen in Europa verbessert und ganze Länder modernisiert«, hat die Kommissarin für Kohäsion und Reformen Elisa Ferreira gesagt.[11] Nach vielen Jahren Strukturpolitik sind überall in Europa kleine blaue Schilder mit gelben Sternen, die stolz auf die Unterstützung der Europäischen Union verweisen, ein vertrauter Anblick.

Ob der lang erwartete City-Tunnel in Leipzig, die längste Brücke der Europäischen Union in Portugal oder ein superlanger Tunnel in

Bulgarien. Überall sind die europäischen Gelder präsent. Doch haben die vielen Milliarden Euro leider nicht ausgereicht, um die sehr unterschiedlichen Lebensverhältnisse in der EU anzugleichen. Die Ungleichgewichte scheinen vielmehr gewachsen zu sein. Nach dem offiziellen Bericht der Europäischen Union lag 2020 das Einkommensniveau von Wolfsburg bei 573 Prozent des EU-Durchschnitts, während Silistra und Sliwen in Bulgarien bei 14 Prozent liegen. Deshalb ist es natürlich naheliegend, dass die Kommissionspräsidentin Ursula von der Leyen noch mehr Geld fordert.

Wenn es in der Europäischen Währungsunion kriselt, sind keine Rücklagen vorhanden und die hektische Suche nach Lösungen setzt ein. In der europäischen Finanz- und Schuldenkrise haben die politischen Entscheidungsträger in Brüssel und Europas Hauptstädten sowie in Washington innerhalb kürzester Zeit zahlreiche Rettungsmechanismen gestrickt, über die man schnell den Überblick verlieren konnte. Zuerst sagten ab 2010 viele Euroländer und der Internationale Währungsfonds ein Rettungspaket für Griechenland in Höhe von 110 Milliarden Euro zu. Dann flossen über unterschiedliche Kanäle einschließlich der Europäischen Finanzstabilisierungsfazilität EFSF mit einem Gesamtvolumen von 440 Milliarden Euro und dem Europäischen Finanzstabilisierungsmechanismus EFSM mit einem Gesamtvolumen von 60 Milliarden Euro 85 Milliarden Euro nach Irland und 76,9 Milliarden Euro nach Portugal. Griechenland erhielt ab 2012 weitere Auszahlungen in Höhe von 130,9 Milliarden Euro aus dem EFSF und 11,8 Milliarden Euro vom Internationalen Währungsfonds. Der 2012 geschaffene Europäische Stabilitätsmechanismus ESM zahlte 61,9 Milliarden Euro an Griechenland, 41,3 Milliarden Euro an spanische Banken und 6,3 Milliarden Euro an Zypern.[12]

All das scheint aber nicht ausgereicht zu haben, um die Europäische Währungsunion zusammenzuhalten, sodass die Europäische Zentralbank nach dem Motto »What ever it takes« bzw. »Koste es, was es wolle« zu Hilfe eilen musste. Die Vielfältigkeit der Rettungsprogramme und der Abkürzungen beeindruckt: Securities Markets Programme (SMP), Outright Monetary Transactions (OMT), Covered Bond Purchase

Programme 1, 2 & 3 (CBPP1, 2 & 3), Agreement on Net Financial Assets (ANFA), Asset-Backed Securities Purchase Programme (ABSPP), Corporate Sector Purchase Programme (CSPP), Public Sector Purchase Programme (PSPP), Emergency Liquidity Assistance (ELA), Longer-term Refinancing Operations (LTROs), Pandemic Emergency Purchase Program (PEPP) und Targeted Longer-term Refinancing Operations I, II & III (TLTROs I, II & III).

Haben Sie von diesen Programmen schon gehört? Und haben Sie noch den Überblick? Manche dieser Programme zielten auf einzelne Krisenländer, manche auf alle Euroländer. Bei manchen achtete die Europäische Zentralbank darauf, dass sie alle Länder gleichbehandelte, bei anderen bevorzugte sie die Krisenländer. Einige wurden über Nacht mit heißer Nadel gestrickt. Ein anderes war geheim und hat seine Öffentlichkeit nur der Forschungsarbeit eines Berliner Doktoranden zu verdanken. Eines wurde nicht aktiviert, ein anderes über Jahre hinweg beim Bundesverfassungsgericht und dem Europäischen Gerichtshof verhandelt. Manche existieren nicht mehr, andere bestehen fort.

Schließlich gibt es noch die berühmten Target2-Salden, die Hans-Werner Sinn als Gefahr für unser Geld und für unsere Kinder bezeichnet hat und die bereits in Kapitel 4 erläutert wurden. Die Frage, ob die Target2-Salden wie von Sinn angenommen ein Kreditmechanismus und damit ein Risiko für die Steuerzahler sind, ist zwar nicht abschließend geklärt. Unbestritten dürfte hingegen sein, dass die Target2-Salden einen Graben innerhalb der Währungsunion überdecken. Das Volumen der Target2-Forderungen in Höhe von immer noch über 1600 Milliarden Euro Ende 2023 kann man als großes Stützungsprogramm für die südlichen Euroländer sehen, wobei die Deutsche Bundesbank der wichtigste Gläubiger ist.

In der Coronakrise hat das Pandemie-Notfallankaufprogramm der Europäischen Zentralbank im Umfang von rund 1700 Milliarden Euro die sehr umfangreichen Konjunktur-, Hilfs- und Rettungsprogramme der einzelnen Euroländer erst möglich gemacht. Andernfalls wäre die Wahrscheinlichkeit einer neuen Schuldenkrise in der Europäischen Währungsunion wohl hoch gewesen. Da schon vor dem Coronavirus ein Abschwung im Euroraum zu erwarten war, ist im Nachhinein nicht mehr zu klären, welcher Anteil der staatlichen Hilfsgelder den Hygienemaßnahmen zuzuschreiben ist und wie viele Milliarden ein Stützungsprogramm für die Europäische Währungsunion waren.

Die Europäische Zentralbank hat zwar seit dem Anstieg der Verbraucherpreisinflation seit Mitte 2021 die Leitzinsen erhöht und auch die Kreditvergabe an die Banken im Euroraum deutlich reduziert, um die Inflation zu bekämpfen. Doch die höheren Zinsen haben das Risiko einer neuen Schuldenkrise in Europa wieder erhöht, sodass die Europäische Zentralbank beim Abbau der Staatsanleihen in ihrer Bilanz zögerlich ist. Der Bestand an Anleihen, die die Europäische Zentralbank im Rahmen des Pandemie-Notfallankaufprogramms (PEPP) erworben hat, soll noch konstant bleiben. Die im Rahmen des Public Sector Purchase Programme (PSPP) erworbenen Anleihen werden bisher nur sehr langsam abgebaut. Denn die Zinsen auf die Staatsanleihen der hoch verschuldeten Staaten im südlichen Euroraum könnten stark steigen, wenn die Europäische Zentralbank die Anleihen dieser Länder nicht mehr hält.

Das dürfte auch der Grund sein, warum die Europäische Zentralbank in ihrem beträchtlichen Bestand an Staatsanleihen langsam Umschichtungen vornimmt. Wenn im Bestand des Pandemie-Notfallankaufprogramms beispielsweise deutsche oder französische Staatsanleihen auslaufen, dann werden diese nicht zwingend nachgekauft, obwohl der Gesamtbestand derzeit noch bis Mitte 2024 konstant bleiben soll. Stattdessen stockt die Europäische Zentralbank die Bestände an italienischen und spanischen Staatsanleihen auf, wie Abbildung 9.7 zeigt. Schließlich hat die Europäische Zentralbank, wohl für den Fall einer plötzlich drohenden neuen Schuldenkrise im südlichen Euroraum, das sogenannte Transmissionsschutzinstrument geschaffen.[13] Mit diesem kann sie unter bestimmten, weich formulierten Bedingungen ausschließlich Anleihen überschuldeter Eurostaaten erwerben. Das Transmissionsschutzinstrument, das nach offiziellen Angaben die Funktionsweise der Geldpolitik sicherstellen soll, scheint also eher ein »Italien-Schutzinstrument« bzw. ein »Spanien-Schutzinstrument« als ein Schutz für die Preisstabilität zu sein.

Abbildung 9.7: Veränderung des Bestands an öffentlichen Anleihen im Pandemie-Notfallankaufprogramm der Europäischen Zentralbank

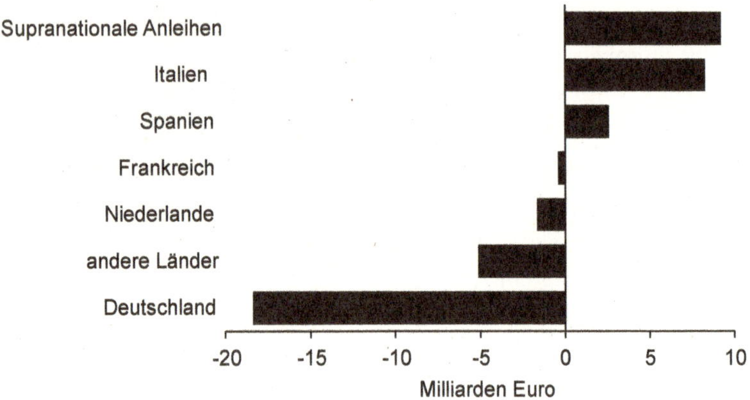

Quelle: Europäische Zentralbank. Von Juni/Juli 2022 bis Oktober/November 2023.

Das zeigt, dass der Graben in der Eurozone groß ist – und damit auch die Risiken für den Euro. Da alle Marktwirtschaften Konjunkturzyklen folgen, kommt die nächste Krise bestimmt. Wird dann der fragile Euroraum standhalten? Wohl damit sich diese Frage erst gar nicht stellt, bemüht sich die Europäische Union, einen stärkeren Ausgleichsmechanismus für die wirtschaftlichen Unterschiede innerhalb der Europäischen Währungsunion zu schaffen. Sie hat nicht nur in der Coronakrise wirtschaftlich fragilen Ländern wie Italien und Spanien finanziell unter die Arme gegriffen. Der damals beschlossene sogenannte Aufbauplan »NextGenerationEU« wirkt vor allem in die Zukunft. Er hat einen Umfang von 807 Milliarden Euro und stellt über die Jahre 2022 bis 2026 umfangreiche Finanzhilfen zur Verfügung. Auch dieser Plan soll einmal mehr die Europäische Union grüner, digitaler, gesünder, stärker und gleicher machen.[14]

Abbildung 9.8: Ausgabenstruktur des Corona-Aufbauplans »NextGenerationEU«

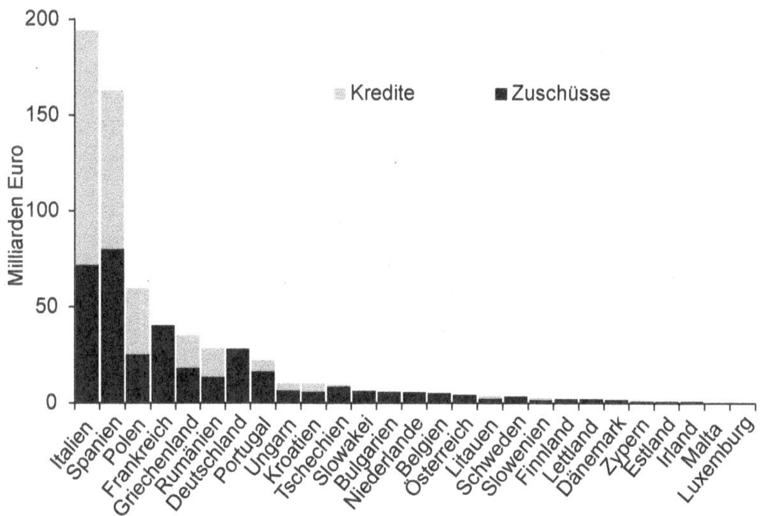

Quelle: Europäische Kommission.

Die Hilfen werden sowohl als direkte finanzielle Zuwendungen als auch als Kredite ausgezahlt, wobei vor allem die hoch verschuldeten südlichen Euroländer großzügig bedacht werden. Abbildung 9.8 zeigt, dass für Italien 194 Milliarden Euro vorgesehen sind, für Spanien 163 Milliarden. Dann folgen Frankreich, Polen und Griechenland. Für einen stabileren Euroraum kann man wohl darüber hinwegsehen, dass der Aufbauplan mit eigenen Schulden der Europäischen Union finanziert wird, obwohl das nach den europäischen Verträgen eigentlich verboten ist. Werden sich die dafür ausgegebenen Anleihen der Europäischen Union früher oder später in der Bilanz der Europäischen Zentralbank wiederfinden? Eine Suche auf der Internetseite der Europäischen Zentralbank weist bereits darauf hin.[15] Oder verstecken sich die Anleihen der Europäischen Union etwa in Abbildung 9.7 schon unter der Position »supranationale Institutionen«?

Europäischer Superstaat oder Binnenmarkt?

So drängt sich der Eindruck auf, dass das Aufbauprogramm eine Art Blaupause für einen Finanzausgleich innerhalb der Europäische Union ist, der nach dem Modell des deutschen Länderfinanzausgleichs auf Dauer große Summen aus dem wirtschaftlich noch vergleichsweise starken Norden in den schwächelnden Süden umverteilen wird. Das könnte zwar die Europäische Währungsunion und damit die Europäische Union auf Dauer stabilisieren. Doch es stellt sich die Frage nach der Finanzierung.

Aufgrund des weitgehenden Einstimmigkeitsprinzips in der Europäischen Union in wichtigen Fragen wie der Finanzpolitik ist es unwahrscheinlich, dass die Europäische Union bald eine eigene Finanzpolitik haben wird und nennenswerte eigene Steuern erheben kann. Da die Staatskassen in allen Ländern wenig Spielraum haben, sind auch deutlich höhere Beitragszahlungen der Nationalstaaten unwahrscheinlich. Weil der Euro die Produktivitätsgewinne in Deutschland ausgebremst hat und die Klimapolitik kostspielig ist, ist auch in Deutschland der Spielraum für höhere Zahlungen zunehmend begrenzt. Deshalb ist das aktuelle Finanzierungsmodell des Aufbauplans »NextGenerationEU« das wahrscheinlichste Modell. Die Europäische Union gibt Anleihen aus, die früher oder später ihren Weg in die Bilanz der Europäischen Zentralbank finden.

Zwar geht das Bilanzvolumen des Eurosystems derzeit zurück, wie Abbildung 2.5 zeigt. Doch könnte es in der nächsten Krise schon wieder nach oben schnellen. Denn die vergangenen Krisen wurden dazu genutzt, die europäischen Verträge umzuinterpretieren, Schuldengrenzen außer Kraft zu setzen und die Kompetenzen der Europäischen Union auszuweiten. Mit mehr Umverteilung von Nord nach Süd wäre die inhärente Instabilität der Europäischen Währungsunion aber nicht auf Dauer beseitigt, weil eine weiterhin lockere Geldpolitik negative Wachstums- und Verteilungseffekte hat, die schon seit Längerem eine politische Polarisierung in Europa begünstigen.

Die politischen Entscheidungsträger Europas haben den Bürgerinnen und Bürgern zur Rettung des Euros große Opfer abverlangt, ohne dass das Problem langfristig gelöst wurde. Die Europäische Union und die Europäische Zentralbank mussten immer neue Ressourcen mobilisieren, um den Euro zusammenzuhalten. Da für die Mittelschicht die Lasten in Form real negativ verzinster Ersparnisse und sinkender Reallöhne gewachsen sind, fühlen sich immer mehr Menschen als Verlierer. Am linken und am rechten Rand des politischen Spektrums sind neue Parteien entstanden, die die gegebene politische und wirtschaftliche Ordnung infrage stellen.

Misst man den Anteil extrem linker und rechter Parteien bei den nationalen Parlamentswahlen, dann hat dieser im Durchschnitt aller EU-Länder im Trend immer weiter zugenommen. Große Konjunkturprogramme konnten den Trend kurzfristig bremsen, neue Krisen haben ihn wieder verstärkt. Am rechten Rand ist mehr Nationalismus angesagt, der zumindest durch die Blume mit Forderungen nach einem Austritt aus dem Euro oder sogar aus der Europäischen Union verbunden ist. Am linken Rand gibt es immer neue Forderungen nach mehr Umverteilung, die am besten »die Reichen« finanzieren sollen. In der politischen Praxis hat bisher die Finanzierung zusätzlicher Ausgaben über die Europäische Zentralbank dominiert, wohl weil dann keine wichtige Wählergruppe direkt negativ betroffen ist.

Die europäischen Institutionen wie die Europäische Kommission und die Europäische Zentralbank haben an Glaubwürdigkeit eingebüßt, weil das Ziel der Angleichung der Lebensverhältnisse in Europa in weite Ferne gerückt ist. Es stellt sich die Frage, ob sie wichtige Prinzipien der europäischen Verträge wie das Verbot der Staatsfinanzierung durch die Europäische Zentralbank, die Nichtbeistands-Klausel für überschuldete Staaten, die Schuldengrenzen für die Nationalstaaten und das Verschuldungsverbot der Europäischen Union nicht ernst genug genommen haben.

Und setzen sich die gemeinsamen Institutionen nicht auch schleichend über das Subsidiaritätsprinzip hinweg, indem sie insbesondere durch immer mehr Regulierung mehr Kompetenzen an sich ziehen? Der Versuch, über das Ausrufen sozial-, umwelt- und klimapolitischer Ziele den Rückhalt in der Bevölkerung zu sichern, scheint an Schlagkraft zu verlieren, weil der Wohlstand schwindet. Bei einer sinkenden Kaufkraft bringt die Bevölkerung Forderungen nach immer größeren Budgets für Europa mehr Misstrauen entgegen.

Mit dem Brexit hat das schon immer europaskeptische Großbritannien ein Exempel statuiert. Die britische Premierministerin Margret Thatcher hatte einst gesagt, dass sie den staatlichen Handlungsspielraum in Großbritannien nicht erfolgreich eingedämmt habe, nur um diese auf europäischer Ebene mit einem europäischen Superstaat wieder einzuführen. Auch wenn die Gründe für den Brexit vielfältig sind, dürfte sich darin auch das britische Misstrauen hinsichtlich einer Zentralisierung von Macht in Brüssel und Frankfurt widerspiegeln.

Der hochprofitable Londoner Finanzsektor dürfte die immer weiter fortschreitenden Finanzmarktregulierungspläne der Europäischen Union als eine Bedrohung gesehen haben. Durch den Austritt aus der Europäischen Union hat sich das Vereinigte Königreich trotz aller Nachteile politische Handlungsspielräume verschafft, die für das Land passende Lösungen leichter machen. Deutschland verfügt nicht über viel Handlungsspielraum, weil darüber auf der Ebene der Europäischen Union entschieden werden müsste und die Europäische Union aufgrund der vielen unterschiedlichen Interessen oft handlungsunfähig ist.

Mit dem umfangreichen Ankauf von Staatsanleihen im Zuge der Euro- und der Coronakrise sowie der Schuldenfinanzierung der Europäischen Union in der Letzteren haben die Europäische Zentralbank und die Europäische Kommission die Grundlagen für die Finanzierung eines europäischen Superstaats gelegt. Die Europäische Kommission könnte sich auch ohne eigene Steuern finanzieren, wenn die Europäische Zentralbank auf Dauer ihre Anleihen kaufen würde.[16] Mit der Taxonomie könnte die Europäische Kommission bald die wirtschaftliche Entwicklung in der Europäischen Union nach ihren Zielen lenken, ohne dass sie dafür kostspielige Anreize setzen muss.

Das bedeutet aber auch, dass die gemeinsamen europäischen Institutionen immer mehr Kompetenzen und Finanzmittel für sich und ihre Pläne beanspruchen werden. Ein zentral gelenkter europäischer Superstaat widerspricht dabei der Idee des Wettbewerbs zwischen den europäischen Ländern, der die Grundlage des Wohlstands auf dem alten Kontinent ist. Friedrich August von Hayek hat einst betont, dass große, zentralisierte Staatengebilde nicht in der Lage seien, den unterschiedlichen Gebräuchen und Bedürfnissen der verschiedenen Regionen gerecht zu werden. Er forderte, den Einfluss von Staaten zu begrenzen, um dem Missbrauch von Macht vorzubeugen.[17]

Nach Margret Thatcher ist es ein Problem des Sozialismus, dass den staatlichen Lenkern am Ende das Geld der anderen ausgehe. Das spricht gegen einen europäischen Superstaat, der immer mehr Geld braucht, um von ihm ausgerufene Probleme zu lösen. Nachhaltig ist hingegen der Binnenmarkt der Europäischen Union, der ohne große Kosten Wohlstand geschaffen hat, indem er die Macht von Unternehmen und Politik begrenzt hat. Deshalb braucht es, um den Wohlstand zu sichern, eine Rückbesinnung auf das Subsidiaritätsprinzip, das mehr finanzielle Mittel und Verantwortung bei Europas Regionen belässt. Freiheit statt Zentralisierung ist die Lösung – auch wenn sich die Europäische Union derzeit noch in die andere Richtung bewegt.

KAPITEL 10

Warum Ostdeutschland besonders stark von der Krise betroffen ist

Die Last des planwirtschaftlichen Erbes

Die Deutsche Demokratische Republik (DDR) hatte 1961 die Mauer gebaut, um dem Wegzug der Bevölkerung ein Ende zu setzen. Ende der 1980er Jahre hatte die »Republikflucht« wieder über Ungarn und die Tschechoslowakei durch den zunehmend löchrigen Eisernen Vorhang an Fahrt gewonnen. Immer mehr von denen, die blieben, gingen auf die Straße. Die Menschen hatten genug von Mangel, Bevormundung und Repressionen. Als am 9. November 1989 durch eine friedliche Revolution die Mauer fiel, offenbarte sich ein desolater Zustand der ostdeutschen Volkswirtschaft. Der Kapitalstock war völlig veraltet, die Infrastruktur verfallen und der Entwicklungsgrad der Produkte zurückgeblieben.

Die große Unzufriedenheit der Menschen in der DDR lag im Wirtschaftssystem begründet. Die seit 1922 existierende kommunistische Sowjetunion führte in Ostdeutschland nicht nur die Preiskontrollen und die Warenbewirtschaftung der NS-Zeit fort. In der im Oktober 1949 gegründeten DDR lösten Volkseigene Betriebe (VEB), Landwirtschaftliche Produktionsgenossenschaften (LPG), Handelsorganisationen (HO) und Produktionsgenossenschaften des Handwerks (PGH) auch die privaten Unternehmen ab. An die Stelle der Vertragsfreiheit trat eine Zentralverwaltungswirtschaft, in der der Staat die Produktion und die Verteilung der Güter mit Ein- und Fünfjahresplänen steuerte.

Die Preise konnten nicht frei schwanken, sondern der Staat setzte diese fest. Auf dem Flohmarkt finden sich heute immer noch Verpackungen mit dem Kürzel EVP. Das war der Einzelhandelsverkaufspreis, den die Unternehmen auf der Grundlage ihrer Kosten kalkulierten und den der Staat auch gerne aus politischen Gründen nach unten setzte. Insbesondere lebensnotwenige Güter wie Lebensmittel und Energie waren billig. Die Leiter der Betriebe waren nicht für Verluste verantwortlich. Sie durften keine Mitarbeiter entlassen, weil Arbeitslosigkeit nicht den politischen Zielen des Sozialismus entsprach. Der ungarische Ökonom János Kornai sprach später von »weichen Budgetrestriktionen«: Die Banken finanzierten die ostdeutschen Unternehmen auch dann weiter, wenn sie Verluste machten.[1] In der westdeutschen Marktwirtschaft wären sie bankrottgegangen, was einer harten Budgetrestriktion entspricht.

Weil der Staat die Betriebe zu großen Kombinaten und Produktionsgenossenschaften zusammengefasst hatte und alle Betriebe dem Volk gehörten, gab es keinen Wettbewerb. Da an die Stelle der Gewinnerzielung die Planerfüllung getreten war, gab es keinen Anreiz, neue Betriebe zu gründen. Die meisten Waren waren knapp, sodass die Unternehmen nicht um die Kunden buhlen mussten. Der Staat organisierte den internationalen Handel, der sich auf die planwirtschaftlichen Partnerstaaten im Rat für gegenseitige Wirtschaftshilfe (Comecon) konzentrierte.

Preisstabilität gab es nur auf den ersten Blick. Da die Staatsbank der DDR immer mehr Geld drucken musste, um die vielen defizitären Betriebe über Wasser zu halten, geriet viel Geld in den Umlauf, für das es wenige Güter und Dienstleistungen gab. Vor den Läden bildeten sich deshalb oft Warteschlangen. Für Wohnungen und Kraftfahrzeuge waren die Wartezeiten viele Jahre lang. Die Inflation war also versteckt.

Hätte der Staat die Preise freigegeben, dann wären sie schnell nach oben geschossen.

Eine Mahnung zur Konstanz in der Wirtschaftspolitik gab es nicht, weil durch die staatlichen Pläne die Volkswirtschaft auf dem Papier immer im Gleichgewicht war. Wenn der Staat richtig plante, dann standen zumindest theoretisch den Betrieben für ihre Produktionsziele ausreichend Arbeiter, Rohstoffe und Vorprodukte zur Verfügung. Die Nachfrage der Konsumenten konnte immer vollständig befriedigt werden. Trotzdem gab es auch in den Planwirtschaften Konjunkturen. Erst stießen neue ehrgeizige Pläne zahlreiche Investitionsprojekte an. Später mussten viele davon abgebrochen werden, wenn sich herausstellte, dass die Arbeitskräfte, die Baumaterialen oder die Vorprodukte nicht ausreichten.

Dass der Maschinenbestand und die Wohnungen immer maroder wurden, lag daran, dass die Unternehmen und die staatlichen Halter der Wohnungen keine Gewinne machten. So gab es auch wenig Geld für Investitionen und Sanierungen. Da die Konsumenten unabhängig von der angebotenen Qualität Schlange standen, gab es auch keinen Druck, neue Produkte zu entwickeln oder die Wohnungen in einem guten Zustand zu halten. Wenn Unternehmen auch bei Verlusten Kredite erhielten, dann mussten sie auch nicht die Produktion effizienter machen. Während der Staat viele Ressourcen für ehrgeizige Projekte wie Raumfahrt und Olympiasiege einsetzte, standen viele Projekte an anderer Stelle still, weil es nicht genügend Arbeitskräfte und Materialien gab.

Im Gegensatz zum Westen mussten in der DDR die meisten Frauen arbeiten, um die staatlichen Ziele erfüllen zu können. Die Produktion war ineffizient und die Produkte von schlechter Qualität, weil die Arbeiter und Arbeiterinnen aufgrund der schlechteren Organisation des Produktionsprozesses weniger produktiv waren. Den sozialistischen Ambitionen ging Stück für Stück die Luft aus. Meine Mutter verschickte an Weihnachten nach einem Einkauf bei Aldi »Westpakete« nach Karl-Marx-Stadt. Der Rentner Paul mit seiner Frau Puppi aus dem Juri-Gagarin-Ring freuten sich königlich über Prinzen-Rolle, Bananen und Milka-Schokolade. Sie schickten Räuchermännchen und holzgerahmte Lebensweisheiten aus dem Erzgebirge zurück, die gerechnet zu heutigen Preisen wohl einen höheren Wert als die Lebensmittel von Aldi hatten. Ich habe beim MDR folgenden DDR-Witz gelesen: »Der Staatsbürgerkundelehrer fragt: ›Was gab es vor dem Sozialismus?‹ Fritzchen: ›Mein Vater sagt: alles!‹«

Dem aufmerksamen Leser ist vielleicht nicht entgangen, wie gegensätzlich Markt- und Planwirtschaft organisiert waren. Von Walter Euckens konstituierenden Prinzipien einer Marktwirtschaft war in Ostdeutschland kein einziges erfüllt. Zwar galt in den 1950er Jahren der wirtschaftliche Wettlauf zwischen Ost und West als offen. Doch der österreichische Ökonom Ludwig von Mises hatte schon 1922 vorausgesagt, dass eine Planwirtschaft nicht funktionieren könne, weil es keine Marktpreise für die Produktionsfaktoren gebe und diese deshalb auch nicht effizient eingesetzt werden könnten.[2] Friedrich August von Hayek prognostizierte in den 1940er Jahren in seinem Buch *Der Weg zur Knechtschaft*, dass der Verlust der wirtschaftlichen Freiheit immer auch mit dem Verlust der persönlichen Freiheit verbunden sein werde.[3] Sowohl von Hayek als auch von Mises behielten recht, auch wenn der wirtschaftliche Zusammenbruch der sozialistischen Planwirtschaften lange auf sich warten ließ.

Transformation des Wirtschaftssystems und der unvollkommene Aufholprozess

Mit dem Fall der Mauer kollabierten die Volkseigenen Betriebe der DDR, da diese nun schutzlos der hochproduktiven westdeutschen und internationalen Konkurrenz ausgesetzt waren. Die Ostdeutschen hatten sich Jahrzehnte nach den Produkten gesehnt, die ihnen das Westfernsehen schmackhaft gemacht hatte. Nachdem die Deutsche Bundesbank Anfang Juli 1990 die Ostmark in Westmark getauscht hatte, verschob sich von einem Tag auf den anderen die Nachfrage von Ost- zu Westprodukten. Den mit Arbeitern und Arbeiterinnen überfrachteten ostdeutschen Unternehmen brachen über Nacht die Kunden weg.

Es gab damals keine Erfahrungen, wie eine Planwirtschaft in eine Marktwirtschaft überführt werden konnte. Ich hörte seinerzeit als Student in Tübingen die Vorlesung »Transformation von Wirtschaftssystemen«. Die einen argumentierten, dass die Transformation schrittweise über viele Jahre hinweg geschehen sollte, um den Menschen zu abrupte Veränderungen zu ersparen. Die anderen waren der Meinung, dass alles schnell gesehen müsse, weil sich alle konstituierenden Prinzipien einer marktwirtschaftlichen Ordnung gegenseitig bedingen. Deutschland verfolgte das zweite Prinzip: die Schocktherapie.

Die deutsch-deutsche Währungsunion vom 1. Juli 1990 stellte die **Preisstabilität** sicher, indem die Deutsche Bundesbank die Ost- in die Westmark umtauschte. Der Kurs von 1:1 für Beträge bis zu 6000 Ostmark (nach Alter gestaffelt) war zwar für die ostdeutschen Sparer sehr günstig, doch ließ das auf die kurze Frist die Inflation steigen. Doch auf Dauer übernahm die Deutsche Bundesbank die Verantwortung für eine stabilitätsorientierte Geldpolitik im gesamten Deutschland. Die Ostdeutschen hatten lange auf die Westmark gewartet. Laute Forderungen auf der Straße sollen die Entscheidung zur deutsch-deutschen Währungsunion beschleunigt haben. Mitarbeiter der Deutschen Bundesbank brachten in Rekordzeit rund 440 Millionen Scheine und 102 Millionen Münzen in den Osten Deutschlands. Der westdeutschen Währung folgten die westdeutschen Güter und Dienstleistungen, sodass mit einem Schlag der Einzelhandelsverkaufspreis ausgedient hatte. **Die Preise waren frei!**

Die westdeutsche Regierung hatte die Währungsunion von einer Wirtschaftsunion abhängig gemacht, mit der Ostdeutschland die freiheitliche Wirtschafts- und Rechtsordnung des Westens übernahm. Mit einem Schlag galten in Ostdeutschland die **Vertragsfreiheit** und das **Haftungsprinzip.** Der **ostdeutsche Markt war offen** für Konkurrenz aus der ganzen Welt, was die unproduktiven ostdeutschen Unternehmen einem harten Wettbewerb aussetzte.

Die größte Herausforderung für den Transformationsprozess blieb das **Privateigentum** als ein zentrales konstituierendes Prinzip einer marktwirtschaftlichen Ordnung, da die Betriebe dem Staat gehörten.

Die 1990 gegründete »Anstalt zur treuhänderischen Verwaltung des Volkseigentums« – kurz: Treuhand – erhielt die Aufgabe, die Betriebe zu privatisieren. Die Treuhand übernahm 7894 Volkseigene Betriebe und Genossenschaften, sodass zu Beginn des Privatisierungsprozesses 40 Prozent der Arbeitskräfte in Ostdeutschland für sie arbeiteten. Die Treuhand schätzte 1990, dass nur 2 Prozent der Betriebe rentabel waren. Für 21 Prozent von ihnen sah sie von Beginn an keine Überlebenschance.[4]

Es war das Ziel der Treuhand, schnell zu privatisieren. Denn wer hätte die zahlreichen hoch defizitären ostdeutschen Betriebe lange finanziell über Wasser halten sollen? Die Entscheidung, die Löhne 1:1 umzustellen, bedeutete eine riesige zusätzliche Last für die Unternehmen – und auch für die Treuhand. Da die Treuhand kein verlässliches Wissen über die ostdeutsche Wirtschaft hatte, machte sie viele Fehler und es gab viele Ungerechtigkeiten. Entgegen einem ursprünglich erwarteten Gewinn aus den Privatisierungen in Höhe von 600 Milliarden Deutschen Mark entstand ein Defizit von 230 Milliarden Deutschen Mark, das die Staatsverschuldung des wiedervereinigten Deutschlands nach oben trieb.

Viele Unternehmen brachen zusammen, moderne Maschinen machten viele Arbeitsplätze obsolet. Im Oktober 1990 waren bereits eine halbe Million Beschäftigte arbeitslos gemeldet und 1,7 Millionen von Kurzarbeit betroffen.[5] Von 1990 noch rund 4,1 Millionen Arbeitsplätzen in den von der Treuhandanstalt verwalteten Betrieben bestanden Ende 1994 noch rund 1,5 Millionen in den nun privatisierten Unternehmen.[6] So stieg die Arbeitslosigkeit in Ostdeutschland stark an, wie Abbildung 10.1 zeigt. 1998 hatte die Arbeitslosenquote mit 17,8 Prozent einen vorläufigen Höhepunkt erreicht, während sie im Westen bei 9,2 Prozent lag.

Als Kanzler Helmut Kohl 1990 den Menschen im Osten blühende Landschaften versprach, ignorierte er den in Ostdeutschland notwendigen einschneidenden Strukturwandel. Die Abwicklung der Volkseigenen Betriebe und Genossenschaften war nur mit großen sozialen Verwerfungen möglich, die aber dank der Marktwirtschaft ein gut entwickeltes Sozialsystem abmilderte. Bei der Sanierung der maroden Infrastruktur und der unzähligen maroden Wohnungen vollbrachte die Marktwirtschaft Großes. Es entstand ein vorbildliches Straßennetz, verfallende historische Stadtkerne blühten auf und den Menschen boten sich gute Wohnungen zu guten Preisen. Wenn Sie wollen, können Sie auf YouTube unter dem Titel »Ist Leipzig noch zu retten?« auf den desolaten Zustand der stolzen Stadt zurückblicken.

Abbildung 10.1: Arbeitslosenquote in Ost- und Westdeutschland

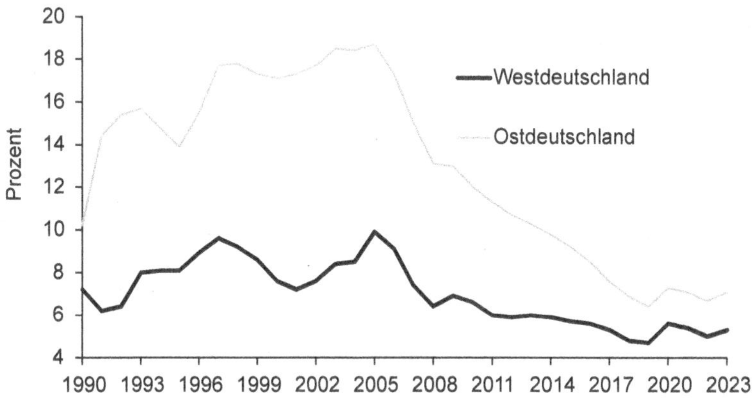

Quelle: Bundesagentur für Arbeit. Ostdeutschland ohne Berlin. 2023 Prognose.

Die Transformation des planwirtschaftlichen Wirtschaftssystems bot das Potenzial für hohe Produktivitätsgewinne. Das Produktivitätsniveau der ostdeutschen Wirtschaft hatte zur Zeit der Wiedervereinigung bei nur 40 Prozent der westdeutschen Wirtschaft gelegen. Der Aufholprozess war zuerst schnell und verlangsamte sich dann stark, wie Abbildung 10.2 zeigt. Während die Landwirte in Ostdeutschland aufgrund der großen zusammenhängenden Flächen sogar eine höhere Produktivität als im Westen erreichten, gilt dies für die Industrie nicht. Die Wirtschaftsleistung berechnet auf der Grundlage des Bruttoinlandsprodukts pro Kopf lag 2022 im Osten mit 34 623 Euro pro Jahr noch deutlich unter dem Westen (einschließlich Berlin) mit 47 992 Euro.

Abbildung 10.2: Produktivitätsniveau von Ostdeutschland relativ zu Westdeutschland

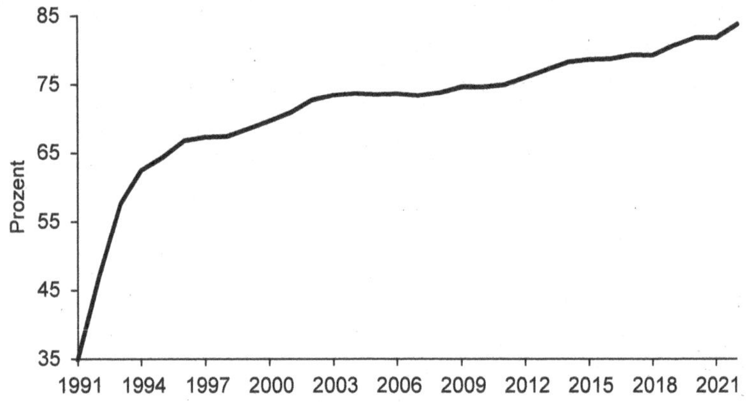

Quelle: Statistisches Bundesamt. Berechnet auf der Grundlage der Wertschöpfung je Erwerbstätigem.

Obwohl der Abstand über die Zeit hinweg kleiner geworden ist, verdiente der durchschnittliche Westdeutsche (einschließlich Berlin) vor Steuern und Abgaben im Jahr 2022 40 759 Euro, während der durchschnittliche Ostdeutsche nur 34 841 Euro mit nach Hause nahm. Das kann man Abbildung 10.3 entnehmen. Im Dezember 2023 stellte die Bundesregierung auf Anfrage der Linken im Bundestag fest, dass Vollzeit-Arbeitnehmer in den neuen Ländern im Durchschnitt mit 3157 Euro brutto pro Monat fast 600 Euro weniger als ihre westdeutschen Kollegen verdienen.[7] Bei dem jährlich erscheinenden Ranking der Landkreise nach verfügbaren Einkommen pro Haushalt sind die Rollen klar verteilt. An der Spitze stehen Landkreise aus dem Westen, die den Spitzenverdienern ein schönes Ambiente bieten: Starnberg, Hochtaunuskreis, Baden-Baden, München, Miesbach und der Bodenseekreis. Am Ende tummeln sich ostdeutsche Landkreise wie der Kyffhäuserkreis, Halle (Saale), Vorpommern-Greifswald und sogar Leipzig.

Zwar gesellten sich mit der Zeit am Ende des Rankings auch Landkreise aus Nordrhein-Westfalen hinzu. Und die geringere Belastung mit Steuern und Sozialabgaben gleicht das niedrigere Lohnniveau in Ostdeutschland etwas aus. Aufgrund der starken Abwanderung aus dem Osten, die bis 2017 anhielt, sind auch immer noch Wohnungen leichter verfügbar und die Mieten sind im Durchschnitt geringer. Doch das durchschnittliche verfügbare Haushaltseinkommen in meiner heutigen Heimatstadt Leipzig ist mit 20 051 Euro im Jahr und damit 1670 Euro pro Monat eben doch gering. In meinem Geburtsort in Oberbayern (Starnberg) waren es hingegen 36 686 Euro, also 1387 Euro pro Monat mehr.

Abbildung 10.3: Durchschnittliche Bruttolöhne pro Jahr in Ost- und Westdeutschland je Arbeitnehmer

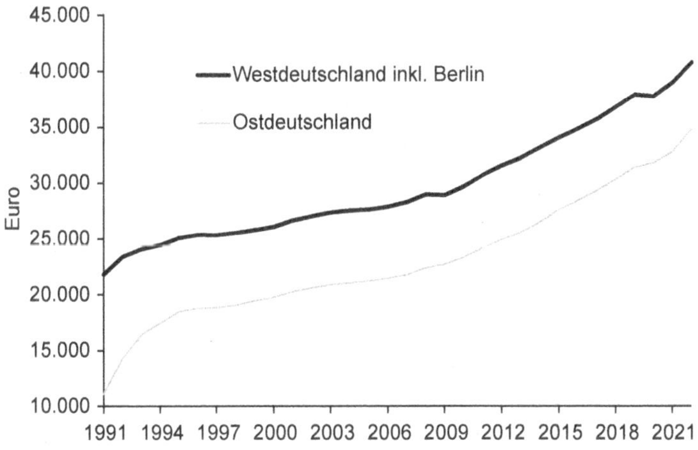

Quelle: Statistische Ämter des Bundes und der Länder.

Noch frappierender ist der Unterschied bei den Vermögen, die im Westen rund doppelt so groß wie im Osten sind. In der DDR war das Volkseigentum das staatlich propagierte Ziel. Der ostdeutsche Staat duldete Privatvermögen nur in sehr begrenztem Ausmaß, beispielsweise den Besitz von Eigenheimen in kleinen Dörfern und Einlagen auf Bankkonten. Aktien konnten die Ostdeutschen hingegen nicht erwerben und die verfallenden Immobilien waren 1990 oft wertlos. Zur Währungsunion im Jahr 1990 soll es in der DDR keine hundert Konten gegeben haben, auf denen mehr als eine Million DDR-Mark lagen.[8] Die Währungsreform im Jahr 1990 halbierte alle Ostmark-Spareinlagen über 6000 Mark gerechnet in Westmark.

Im Westen sollen es hingegen etwa hundert Konten gewesen sein, auf denen mehr als eine Milliarde Deutsche Mark gebucht waren. Nach dem Zweiten Weltkrieg hatte die Marktwirtschaft die Vermögensbildung begünstigt. Die hohe Wirtschaftskraft und die geringe Inflation hatten es seit der Wirtschafts- und Währungsreform des Jahres 1948 erlaubt, in Form von Spareinlagen, Unternehmensanteilen, Immobilienbesitz und Lebensversicherungen Vermögen zu bilden.

Die Ostdeutschen konnten nach 1990 kaum aufholen, da die geringeren Einkommen die Möglichkeit einschränkten, Rücklagen zu bilden. Während ein Großteil der westdeutschen Immobilien auch in westdeutschem Besitz sind, haben die Westdeutschen im Verlauf des Wiedervereinigungsbooms auch einen großen Teil der ostdeutschen Immobilien erworben, angelockt von großzügigen Steuerabschreibungen. Die Ostdeutschen blieben beim Immobilienbesitz zurückhaltend. Auch beim Aktienbesitz sind sie heute noch zögerlich. Nach Schätzungen des Deutschen Instituts für Wirtschaftsforschung hatte der durchschnittliche Westdeutsche 2017 ein Vermögen von 121 000 Euro, während es für den durchschnittlichen Ostdeutschen nur 55 000 Euro waren.[9] Die Deutsche Bundesbank beziffert auf der Grundlage ihrer Vermögensbefragung aus dem Jahr 2021 das durchschnittliche Vermögen eines ostdeutschen Haushalts auf 170 400 Euro, das eines westdeutschen Haushaltes auf 392 000 Euro.[10]

Die großen Unterschiede bei Einkommen und Vermögen sind nicht ohne Folgen für die ostdeutschen Länder geblieben. Es gab einen Grund abzuwandern, weil es im Westen höhere Löhne gab. Laut dem Statistischen Bundesamt beträgt seit 1991 der Wanderungssaldo von

Ost nach West 1,2 Millionen Menschen. Abbildung 10.4 zeigt die Bevölkerungsentwicklung in Ost und West. Die linke Achse bezieht sich auf Westdeutschland und Berlin. Weil im Westen einschließlich Berlin mehr Menschen zuwanderten als abwanderten ist trotz niedriger Geburtenraten die Bevölkerung von 65,3 Millionen im Jahr 1991 auf 71,5 Millionen im Jahr 2022 gewachsen. Die rechte Achse bezieht sich auf die neuen Länder, wo die Bevölkerung hingegen von 14,6 Millionen 1991 auf 12,6 Millionen im Jahr 2022 geschrumpft ist. Insbesondere auf dem Land stehen viele Häuser und Wohnungen leer. Wer wissen will, wie sich das anfühlt, dem empfehle ich eine kleine Tour durch die Dörfer in Sachsen-Anhalt.

Abbildung 10.4: Bevölkerungsentwicklung in West- und Ostdeutschland

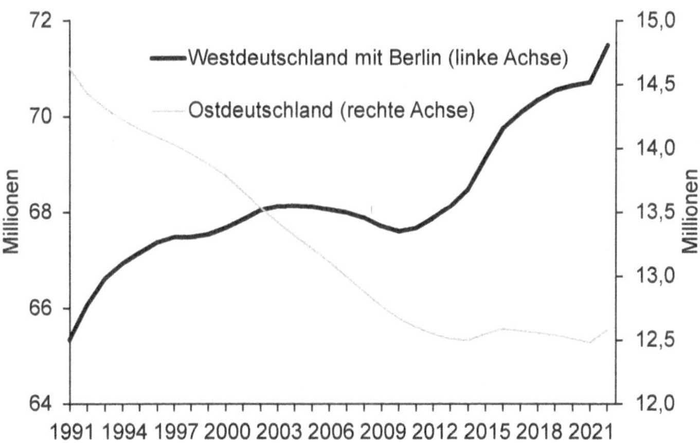

Quelle: Statistisches Bundesamt.

Aufgrund der geringeren Wirtschaftskraft ist im Osten auch das Steueraufkommen geringer. Die Anzahl der Steuerzahler hat abgenommen, die Menschen verdienen im Durchschnitt weniger und die Bevölkerung altert aufgrund der Abwanderung junger Menschen schneller. Trotzdem müssen die Städte und Gemeinden den Betrieb und Erhalt von Rathäusern, Straßen, Klärwerken, Jugendämtern, Nahverkehrsnetzen und Kulturgütern finanzieren. Das Schlüsselwort, das man immer wieder hört, ist »Fördergelder«. Aus eigener Kraft können viele kleine Städte den Erhalt der städtebaulichen Substanz nur noch schwer finanzieren. Im Herbst 2023 war der Landkreis Görlitz zahlungsunfähig und das Land Sachsen musste mit Millionenhilfen stützen.

Abbildung 10.5: Geber und Empfänger im Rahmen des Länderfinanzausgleichs im Jahr 2022

Geberländer (-)	Millionen €	€ pro Kopf
Bayern	9864,59	739,97
Hessen	3250,49	510,17
Hamburg	814,33	434,27
Baden-Württemberg	4472,91	398,08
Rheinland-Pfalz	107,06	25,79
Empfängerländer (+)	**Millionen €**	**€ pro Kopf**
Nordrhein-Westfalen	1240,54	68,62
Schleswig-Holstein	298,76	101,41
Niedersachsen	1789,18	220,48
Brandenburg	1451,54	565,74
Saarland	577,26	583,55
Sachsen	3303,67	809,72
Mecklenburg-Vorpommern	1447,23	889,26
Thüringen	1918,96	904,16
Sachsen-Anhalt	1985,65	908,26
Berlin	3608,69	968,61
Bremen	887,91	1305,57

Quelle: Bundesministerium der Finanzen.

So ist nicht nur seit der Wiedervereinigung viel Geld in den Osten geflossen, um die maroden Unternehmen, Wohnungen und Infrastruktureinrichtungen zu sanieren. Das waren circa 250 Milliarden Euro,[11] die man als unumgängliche Folgekosten eines halben Jahrhunderts Sozialismus betrachten muss. Bezieht man weitere Kosten wie die Sozialtransfers im Rahmen der gesetzlichen Renten- und Arbeitslosenversicherung mit ein, dann steigen die Schätzungen der Kosten der deutschen Einheit deutlich. Eine Schätzung des ifo Instituts kommt auf 1600 Milliarden Euro.[12] Die neuen Bundesländer erhielten im Rahmen des sogenannten Solidarpakts I von 1995 bis 2004 161 Milliarden Euro. Nachdem das Ziel, die neuen Bundesländer bis zum Jahr 2004 auf einen vergleichbaren Stand mit den alten Bundesländern zu bringen, nicht erreicht worden war, stellte der Bund mit dem Solidarpakt II den neuen Bundesländern nochmals 157 Milliarden Euro für den Zeitraum zwischen 2005 und 2019 zur Verfügung.[13]

Seit 2020 gibt es zwar keine Sonderzuweisungen mehr, doch die neuen Länder blieben auf der Empfängerseite des Länderfinanzausgleichs, der die Einkommensunterschiede innerhalb von Deutschland ausgleichen soll. Zwar stehen gerechnet pro Kopf an der Spitze der Empfängerländer die Stadtstaaten Bremen und Berlin. Doch dann folgen die neuen Länder. Sachsen-Anhalt hat aus dem Länderfinanzausgleich im Jahr 2022 knapp 2 Milliarden Euro erhalten, was rund 900 Euro pro Einwohner pro Jahr entspricht. Das ist nicht wenig. Doch erscheinen die rund 10 Milliarden Euro, die im Jahr 2022 im Rahmen des Länderfinanzausgleichs in die ostdeutschen Länder geflossen sind, als gering, wenn man den aktuellen wirtschaftspolitischen Diskussionen um Subventionen folgt. Hatte nicht Familienministerin Lisa Paus ursprünglich 12 Milliarden Euro für eine Kindergrundsicherung gefordert?[14] Allein für das Intel-Werk in Magdeburg sollen nun 10 Milliarden Euro fließen.

Verteilungseffekte der Hartz-Reformen und der Geldpolitik zulasten des Ostens

Dass der Osten nach wie vor auf Zuweisungen aus dem Westen angewiesen ist, liegt nicht nur daran, dass er bis 1990 unter einer Planwirtschaft gelitten hat. Immerhin brachte die Währungs-, Wirtschafts- und Sozialunion sowohl eine marktwirtschaftliche Ordnung als auch eine gute Infrastruktur. Nachdem die Regierung Kohl die Vorrausetzungen für ein neues Wirtschaftswunder geschaffen hatte, holten die neuen Bundesländer zunächst auch kräftig auf. Doch ab der Jahrtausendwende verlangsamte sich dieser Prozess und kam zeitweise sogar zum Stillstand, wie Abbildung 10.2 zeigt.

Das liegt auch daran, dass die Wirtschaftsstruktur der ostdeutschen Länder durch kleine und mittlere Unternehmen geprägt ist. In Leipzig, Dresden und Potsdam sind die Dienstleistungssektoren stark. Einer der wichtigsten Wirtschaftszweige in Mecklenburg-Vorpommern ist der Tourismus. Im Jahr 2023 hatte kein DAX-Unternehmen seinen Sitz in einem neuen Bundesland. Die Zentralen von Siemens, Audi, VW, BASF, Bayer, Telekom, Fresenius und Co. sind allesamt im Westen. Die großen Industrieunternehmen, die im Aktienindex DAX gelistet sind und ihre Zentralen im Westen haben, produzieren für den Welt- und nicht den Binnenmarkt.

Die Exporte nehmen deshalb in Westdeutschland nicht nur einen deutlich größeren Anteil an der Wirtschaftsleistung ein, wie Abbildung 10.5. für den Güterhandel zeigt. Sie sind als Anteil an der Wirtschaftsleistung im vereinigten Deutschland über die Zeit hinweg auch immer weiter angestiegen. Das liegt insbesondere daran, dass, wie in Kapitel 4 erklärt, seit der zweiten Hälfte der 1990er Jahre die deutsche Binnenkonjunktur zunächst wegen Ausgabenzurückhaltung und insbesondere der Hartz-Reformen schwach war, während immer mehr Kapitalexporte den Export beflügelt haben. Damit haben vor allem die Regionen von den Kapitalexporten profitiert, in denen exportstarke Unternehmen sitzen, also überwiegend Regionen im Westen Deutschlands. Das schließt zwar nicht aus, dass zum Beispiel auch Standorte von Automobilproduzenten im Osten von dem Exportboom profitieren konnten. Doch die Steuern auf die Gewinne sind überwiegend im Westen angefallen, wo sich die Zentralen befinden.

Abbildung 10.6: Exporte als Anteil vom Bruttoinlandsprodukt in Ost und West

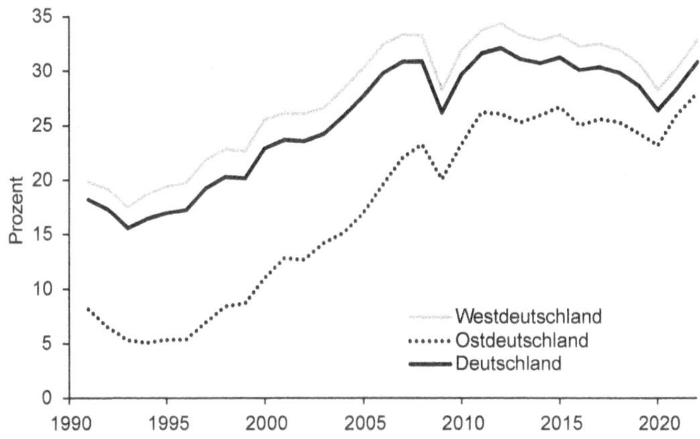

Quelle: Statistisches Bundesamt. Nur Güterhandel (Spezialhandel).

Auch die gut bezahlten Jobs bei den Automobilproduzenten sind überwiegend in Stuttgart, München und Wolfsburg zu finden, und eben meist nicht in Leipzig, Zwickau und Eisenach, wo man auf günstige Arbeitskräfte setzt. Wenn die Löhne in der Exportindustrie stärker als im Durchschnitt gestiegen sind, dürfte davon überproportional der Dienstleistungssektor im Westen profitiert haben. Denn wer ein größeres Budget zur Verfügung hat, geht gerne einmal mehr zum Wirt um die Ecke oder besucht den Blumenhändler in der Stadt. Die Stagnation der durchschnittlichen Löhne in Deutschland seit der zweiten Hälfte der 1990er Jahre dürfte den Osten stärker getroffen haben, da dort der Tourismus stark ist. Wenn die Löhne steigen, reist man gerne am Wochenende ins prächtige Dresden, ins stolze Binz oder in das historisch einmalige Quedlinburg. Stagniert hingegen die Kaufkraft oder fällt diese, dann bleiben in den attraktiven Ausflugszielen des Ostens die Gäste aus.

Auch die Erhöhung der Mehrwertsteuer von 16 Prozent auf 19 Prozent durch die große Koalition zum Jahresanfang 2007 dürfte den Konsum in Deutschland nochmals deutlich gedämpft haben. Finanzminister Peer Steinbrück verteidigte damals die größte Steuererhöhung in der Geschichte der Bundesrepublik Deutschland mit dem Argument, dass die Maastricht-Kriterien sonst nicht einzuhalten seien.[15] Doch hat man damals die Kosten der Haushaltskonsolidierung nicht den Unternehmen, sondern den Konsumenten aufgebürdet, nachdem die Unternehmen bereits auf Kosten der Arbeitnehmer von der Schaffung eines Niedriglohnsektors profitiert hatten. Viele Beschäftigungsverhältnisse im Niedriglohnsektor sind im Osten entstanden, sodass dort die Arbeitslosigkeit, aber auch die Auszahlungen der Sozialkassen zurückgegangen sind.

Ich glaube, den schleichenden Verlust von Kaufkraft in Leipzig über die Jahre hinweg beobachtet zu haben. Von drei Feinkostabteilungen in der Leipziger Innenstadt ist – trotz schnell wachsender Bevölkerung – im Grunde nur noch eine übrig, und die schränkt das Angebot immer weiter ein. Blumenläden verschwinden, hochwertige Waren weichen Billigprodukten und der Leerstand wächst. Statt italienischen Restaurants machen sich Dönerbuden und Billigasiaten breit. Individuelle Einzelhandelsgeschäfte weichen gesichtslosen Ketten, die Waren aus China importieren. Während in Leipzigs Innenstadt noch viele Menschen unterwegs sind, sieht es in den kleineren Städten in Sachsen einsam aus. Leisnig, ein Städtchen Richtung Dresden, hat zwar einen wunderschönen – wohl mit Fördermitteln sanierten – Marktplatz, aber die meisten Schaufenster sind leer. In Weißenfels, Zeitz, Altenburg, Güstrow und Wurzen sieht es nicht viel anders aus.

Die europäische Finanz- und Schuldenkrise hätte dazu beitragen können, dass fortan mehr Kapital in Deutschland verblieben wäre und für mehr Investitionen und Konsum im Inland zur Verfügung gestanden hätte. Doch haben die anhaltend niedrigen Zinsen die Kapitalabflüsse aus Deutschland weiter befördert. Die daraus resultierende Abwertung des Euros hat den Exportunternehmen genützt, aber auch die Kaufkraft geschwächt.

Durch den Ankauf von Unternehmensanleihen hat die Europäische Zentralbank den großen Exportunternehmen sehr günstige Finanzierungsbedingungen verschafft, während die Banken die Spareinlagen der Mittelschicht nicht mehr verzinst haben. Über die Target2-Salden hat die Deutsche Bundesbank fortan anstelle der privaten Banken viel

Kapital ins Ausland transportiert. Die südlichen Euroländer sind so dauerhaft in Konkurrenz zu Ostdeutschland um dringend benötigte Hilfen getreten. Inzwischen nagt die Inflation, die aus der ultralockeren Geld- und Finanzpolitik der Coronazeit erwachsen ist, insbesondere an der Kaufkraft der Ostdeutschen, da sie geringere Einkommen haben. Die jüngsten riesigen Subventionsspritzen scheinen sich zwar mehr auf den Osten gerichtet zu haben, doch diese hat die Entscheidung des Bundesverfassungsgerichts zur Schuldenbremse in Gefahr gebracht. Die neuen Chipfabriken in Magdeburg und Dresden helfen punktuell, lösen aber das grundsätzliche Problem nicht.

Beschäftigungseffekte diskriminieren den Osten

Abbildung 10.7 zeigt die Entwicklung der Beschäftigung in Ost- und Westdeutschland sowie in Berlin seit 1991. Die Anzahl der Erwerbstätigen in Westdeutschland lag 2022 mit 37,4 Millionen auf einem historisch hohen Niveau, das in zwei Schüben erreicht wurde. Der erste starke Anstieg erfolgte in den 1990er Jahren und dürfte auch darauf zurückzuführen sein, dass in dieser Zeit viele Ostdeutsche nach Westdeutschland gewandert sind, weil es dort bessere Perspektiven auf dem Arbeitsmarkt gab. Hinzu kam eine beträchtliche Anzahl von Pendlern von Ost nach West. Ab 2011 stieg die Beschäftigung in den alten Bundesländern infolge der europäischen Finanz- und Schuldenkrise nochmals stark an. Das dürfte auch darauf zurückzuführen sein, dass die Eurorettungspolitik insbesondere die großen Unternehmen begünstigt hat, deren Zentralen im Westen liegen.

In Ostdeutschland ging zu Beginn der 1990er Jahre die Erwerbstätigkeit im Zuge der Transformation des Wirtschaftssystems stark zurück. Zwar hatte es in der DDR offiziell keine Arbeitslosigkeit gegeben, weil der Staat unwirtschaftliche Unternehmen über Wasser hielt. Doch als mit der Wiedervereinigung die Treuhand privatisierte, sank die Zahl der Erwerbstätigen rapide ab, von knapp 7 Millionen im Jahr 1991 auf 5,8 Millionen 1994. Ohne Kurzarbeit und die zahlreichen Arbeitsbeschaffungsmaßnahmen wäre der Rückgang der Erwerbstätigkeit in der Statistik wohl noch deutlich stärker ausgefallen. Die Politik hat der Abwanderungsbewegung entgegenwirkt, indem sie Westunternehmen zu Ansiedlungen im Osten bewegt hat. Das gilt beispielsweise für die Automobilproduktion in Leipzig, Zwickau, Eisenach und Dresden. Zwar stabilisierte sich die Beschäftigung in der Folge. Doch der westdeutsche Boom bei der Erwerbstätigkeit seit dem Jahr 2011 ist in den ostdeutschen Ländern ausgeblieben.

Abbildung 10.7: Entwicklung der Beschäftigung in Ost und West

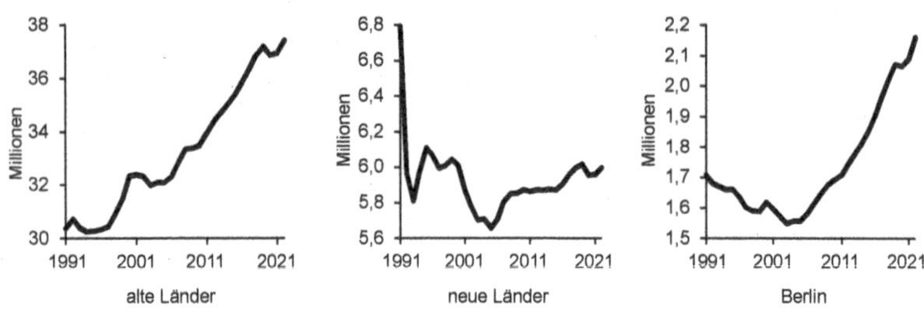

Quelle: Statistisches Bundesamt.

In Berlin hat die Anzahl der Erwerbstätigen in den 1990er Jahren bis zum Jahr 2006 im Trend abgenommen, ist aber seit dem Jahr 2006 ähnlich wie in den westdeutschen Ländern sprunghaft angestiegen. Wie in Kapitel 8 gezeigt, ist ein großer Teil der über fünf Millionen zusätzlichen Beschäftigungsverhältnisse seit 2010 im öffentlichen Sektor bzw. in regulierungsnahen Berufen entstanden. Es scheint, dass davon Berlin besonders profitiert hat. Die Beschäftigung in Ministerien, Denkfabriken, Forschungsinstituten und Lobbyorganisationen dürfte in dieser Zeit besonders stark gewachsen sein. Von einem ähnlichen Effekt dürften wohl alle Landeshauptstädte profitiert haben, doch im Besonderen Berlin.

Einer Studie des Bundesinstituts für Bau-, Stadt- und Raumforschung aus dem Jahr 2022 zufolge waren im Jahr 2020 die meisten Beschäftigten von Bundeseinrichtungen in Nordrhein-Westfalen (26 Prozent), Berlin (17 Prozent) und Bayern (11 Prozent) tätig und nur 12 Prozent in den neuen Ländern. Mit Blick auf die geografische Verteilung deutscher Bundeseinrichtungen fällt die geringe Präsenz in peripheren Lagen auf. Reumütig kündigt der Leiter des Instituts gleich im Vorwort der Studie an, dass eine neue Behörde mit 60 Mitarbeitern in Cottbus angesiedelt würde. Die Anzahl der Beschäftigten in der Lausitz solle auf 90 anwachsen.[16]

Ob die neuen Mitarbeiter in Zeiten des Homeoffice in Cottbus wohnen oder von Berlin aus pendeln werden, wird sich zeigen. Sicher ist, dass die Behördenansiedlungspolitik der Bundesregierung bisher zugunsten von Westdeutschland und Berlin sowie zugunsten der großen Städte gewirkt hat. Geht man davon aus, dass Bundesbehörden auch private Ansiedlungen, beispielsweise von Lobbyorganisationen und Beratungsgesellschaften, nach sich ziehen, dann könnten die regionalen Effekte des Ausbaus des öffentlichen Sektors noch stärker sein. Zudem liegt die Vermutung nahe, dass die Entwicklung auf Landesebene einem ähnlichen Muster folgt. Es sind mehr Landesbeschäftigte in der Landeshauptstadt und anderen großen Städten tätig als in kleinen Städten und Dörfern.

Bund und Länder haben lange Zeit mithilfe der sprudelnden Steuermittel in den Städten viele neue Stellen geschaffen, die aus der Sicht der urbanen Wähler und Wählerinnen die Welt jeden Tag ein Stück besser machen: Umwelt- und Klimaforschungszentren, Beauftragte für gendergerechte Sprache, Zentren für Wissensökonomie und Wissenstransfer, Antidiskriminierungsstellen, Transformations- und Zukunftszentren, Professuren für Gender Studies, Forschungsinstitute für gesellschaftlichen Zusammenhalt, Lebensberatungsstellen, Studiengänge für Hebammenkunde sowie wachsende Ministerien, die für alles »vom Grashalm bis zum Schnitzel«[17] zuständig sind. Es versteht sich von selbst, dass alle diese Einrichtungen auch modernen Standards hinsichtlich der Work-Life-Balance genügen.

An dieser Stelle ist der Begriff der sogenannten Schwarmstädte, der in dieser Zeit aufgetaucht ist, noch einmal zu überdenken. Hinter dem Begriff Schwarmstadt steht die Idee, dass die Bevölkerung wächst, weil viele Menschen in besonders attraktiven Städten leben wollen. Typische Schwarmstädte in der Berichterstattung sind München, Frankfurt, Leipzig, Heidelberg und Berlin, wo das Dienstleistungs- und Kulturangebot ausgezeichnet ist. Es gibt dort reichlich Theater, Konzerte, Fitnessstudios, Bioläden, Clubs und Szenekneipen.

Vielleicht haben die Länder aber gerade bei den jungen Menschen bei der Wanderung in die Städte auch ein wenig nachgeholfen, indem sie immer mehr kostenlose Studienplätze an den Hochschulen geschaffen haben. Diese wirken wie ein Magnet auf junge Menschen, weil sie eine bessere Startposition ins Leben versprechen. Mit den jungen Menschen kommen dann auch die Dienstleistungen, die sich diese wünschen, beispielsweise Kneipen, Fitnessstudios und Bioläden. Und wer will schon zurück nach Hoyerswerda, nachdem er einige Jahre im hippen Leipzig Wirtschaftswissenschaften, Informatik oder Slavistik studiert hat?

In vielen Teilen Deutschlands, auch in Nordhessen, in der Eifel und in Nordfranken, aber eben insbesondere in Ostdeutschland, mit der Ausnahme einiger weniger Städte wie Erfurt, Potsdam, Dresden und Leipzig, schrumpft die Bevölkerung. Im Osten haben die großen Städte auch gerne auf Kosten der angrenzenden Landkreise durch Eingemeindungen die Bevölkerung stabilisiert. Abbildung 10.8 zeigt die Bevölkerungsentwicklung in jeweils einer Stadt oder einem Landkreis aus jeweils einem ostdeutschen Bundesland im Vergleich zu den Landeshauptstädten: die Mecklenburgische Seenplatte in Mecklenburg-Vorpommern, Cottbus in Brandenburg, der Burgenlandkreis in Sachsen-Anhalt, Gera in Thüringen und der Landkreis Görlitz in Sachsen. Der Befund ist klar. Abseits der Verwaltungszentren schwindet die Bevölkerung, was diese Landkreise auch für Neuzuziehende unattraktiv macht.

Dies deutet drauf hin, dass die sehr lockere Geld- und Finanzpolitik seit 2010 nicht nur Verteilungseffekte innerhalb der Gesellschaft hatte, beispielsweise zwischen großen und kleinen Unternehmen, niedrigen und hohen Einkommensgruppen oder zwischen Jung und Alt. Sie ist auch mit regionalen Verteilungseffekten einhergegangen. Die Regionen, wo große, exportorientierte Unternehmen und öffentliche Institutionen angesiedelt sind, haben profitiert, weil zusätzliche Beschäftigungsverhältnisse entstanden sind und die Mitarbeiter im Schnitt höhere Gehälter erhalten. Dem Rest des Landes bleiben niedrige Reallohnsteigerungen, hohe Steuer- und Abgabenlasten sowie die Abwanderung junger Menschen. Wo die Bevölkerung abwandert, machen die Gaststätten, die Läden und die Kultur dicht.

Abbildung 10.8: Einwohner in ostdeutschen Landeshauptstädten und Landkreisen

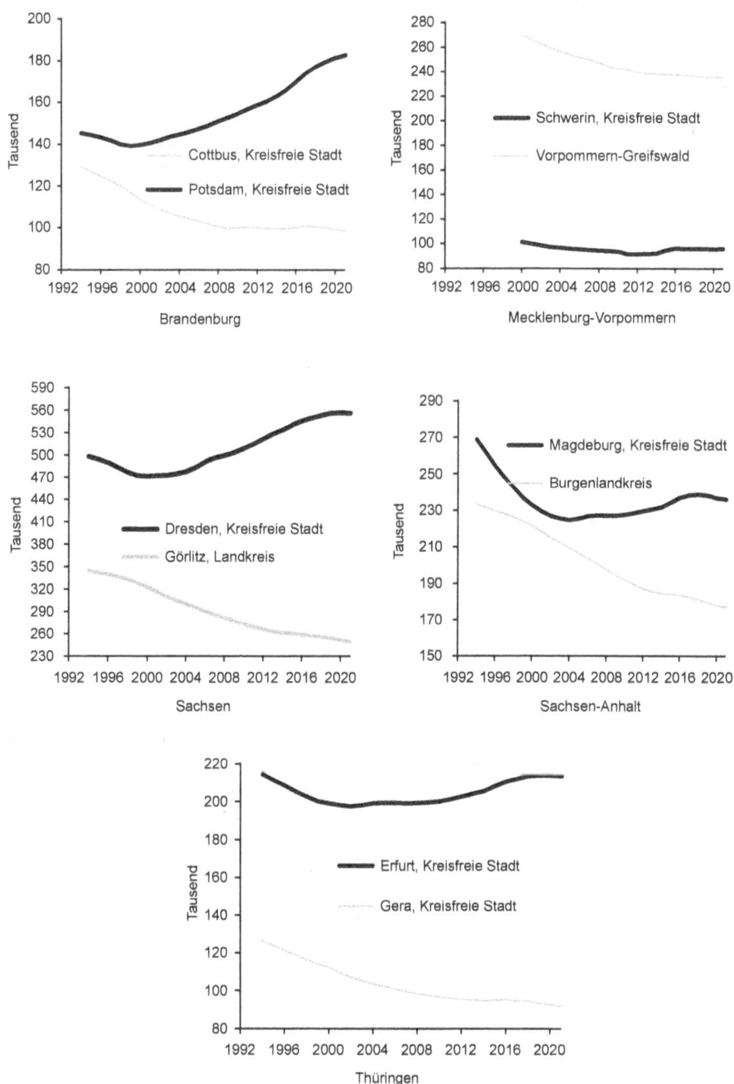

Quelle: Statistisches Bundesamt.

Die Schattenseiten der staatlich beförderten Konzentration der Bevölkerung in den Städten zeigen sich auf dem Wohnungsmarkt, wo große geografische Ungleichgewichte entstanden sind. In den großen und mittleren Städten ist aufgrund der Zuwanderung die Nachfrage schneller als das Angebot gestiegen. In Berlin, wo der Wohnungsmarkt für Zugezogene lange Zeit himmlisch war, bilden sich seit Jahren unglaubliche Warteschlangen bei Wohnungsbesichtigungen. Die ehemals im Vergleich zu anderen Hauptstädten beeindruckend geringen Mieten haben deutlich angezogen. Unter steigenden Mieten leiden insbesondere die jungen Menschen, die neu zuziehen und deshalb nur bedingt von den immer strikteren Mietpreisbremsen profitieren können. Da die wachsende Regulierung die Baukosten nach oben treibt, werden trotz der langen Warteschlangen nicht ausreichend neue Wohnungen geschaffen, während abseits der Zentren Wohnraum leer steht.

Eine wachsende politische Instabilität

Es ist bekannt, dass in Ostdeutschland die Zustimmung für die Parteien am linken und am rechten Rand des politischen Spektrums deutlicher stärker ist als im Westen Deutschlands. In Sachsen und Thüringen ist die Alternative für Deutschland (AfD) in Umfragen inzwischen die stärkste Partei. Für Sachsen hat der Politikwissenschaftler Hendrik Träger darauf hingewiesen, dass das Land nach einer der nächsten Wahlen unregierbar sein könnte, da die Zustimmung für FDP, SPD und Bündnis90/Die Grünen nahe der 5-Prozent-Hürde liegt. Kämen alle diese Parteien nicht in den Landtag, sondern nur CDU, Die Linke und die AfD, dann sei keine Regierungsbildung mehr möglich. Denn die CDU habe eine Kooperation mit Die Linke und der AfD ausgeschlossen.[18]

Eine repräsentative Umfrage des Else-Frenkel-Brunswik-Instituts der Universität Leipzig vom Juni 2023 hat festgestellt, dass weniger als die Hälfte der Ostdeutschen mit ihrem Alltagsleben in der Demokratie zufrieden sind. Die große Mehrheit der Befragten gab an, sie hätten keinen politischen Einfluss. »Ein Viertel fühlt sich als Verlierer der Wende, nicht mal die Hälfte möchte sich als Gewinner bezeichnen. Rückblickend ist die Zufriedenheit unter den Befragten mit ihrem Leben in der DDR hoch«, fasst Professor Oliver Decker das Ergebnis der Befragung zusammen. Statt pluralistischer Interessenvielfalt wünschten sich viele die »scheinbare Sicherheit einer autoritären Staatlichkeit«.[19] Könnte die Unzufriedenheit auch an den ungleichen Vermögen und Einkommen in Deutschland liegen, weil bei wachsenden Abstiegsängsten das Wohlstandspolster im Osten einfach kleiner ist?

Da in Ostdeutschland Ersparnisse mehr als Einlagen bei den Banken als in Aktien und Immobilien angelegt sind, haben die Menschen im Osten auch weniger von den dank der Europäischen Zentralbank stark gestiegenen Aktien- und Immobilienpreisen profitiert. Stattdessen sind die Mieten gestiegen. Den einst aufgrund von Leerstand komfortablen Wohnungsmarkt gibt es in den großen Städten nicht mehr. Obwohl sich die Arbeitslosenquote im Osten schließlich der Arbeitslosenquote im Westen auf niedrigem Niveau angenähert hat, ist das jüngste westliche Beschäftigungswunder im Osten ausgeblieben. Die Regionen abseits der großen Städte leiden unter der Abwanderung der jungen Menschen und der damit verbundenen Trostlosigkeit. »Abseits der Ballungsräume stehen schon heute mehr als eine Million Wohnungen leer«, titelte die *WirtschaftsWoche*.[20]

Die starke Dominanz von umwelt-, klima-, und asylpolitischen Zielen in der öffentlichen Diskussion könnte bei vielen Menschen in Ostdeutschland das Gefühl erzeugt haben, dass Politik und Medien die Sorgen und Probleme der Menschen nicht ausreichend ernst nehmen. Die Glaubwürdigkeit der Politik könnte abnehmen, wenn – wie einst in der DDR – ehrgeizige politische Ziele mit einem hohen finanziellen Aufwand angestoßen werden, deren Verfolgung aber schließlich abgebrochen werden muss, weil die Ressourcen nicht ausreichen. Ich habe auf der Kommunikationsplattform X den Spruch »Ein Volk, das Mauern zu Fall brachte, steht heute gespalten und ratlos vor einer defekten Ampel« gelesen.

Friedrich August von Hayek hat in seinem viel beachteten Werk *Der Weg zur Knechtschaft* sehr früh prognostiziert, dass die planwirtschaftlichen Wirtschaftssysteme scheitern werden. Das könnte auch, aus ähnlichen Gründen, für die geplante grüne Transformation unserer Volkswirtschaft gelten. Es mag sein, dass gerade der eine oder andere Ostdeutsche deshalb diese geplante erneute Transformation mit Besorgnis sieht. Erfüllen sich die darin gesetzten Hoffnungen nicht, dann verbleiben nur immense Wohlstandverluste, die Menschen ohne großes Vermögenspolster stärker treffen.

KAPITEL 11

Die ratlose Ampel: Ambitionierte Ziele und plötzliche Grenzen

Die ambitionierten Ziele der Ampel

Nachdem die Union im September 2021 die Bundestagswahl klar verloren hatte, fanden sich SPD, Bündnis90/Die Grünen und FDP zu einer Ampelkoalition zusammen. Der 141-seitige Koalitionsvertrag aus dem Jahr 2021, der den Titel »Mehr Fortschritt wagen: Bündnis für Freiheit, Gerechtigkeit und Nachhaltigkeit« trägt, war ehrgeizig. In der Präambel verpflichteten sich die drei Parteien, »dem Wohle aller Bürgerinnen und Bürger zu dienen«. Weiter heißt es dort: »Die Welt ist am Beginn eines Jahrzehnts im Umbruch, deshalb können wir nicht im Stillstand verharren. Die Klimakrise gefährdet unsere Lebensgrundlagen und bedroht Freiheit, Wohlstand und Sicherheit. Deutschland und Europa müssen angesichts eines verschärften globalen Wettbewerbs ihre ökonomische Stärke neu begründen.«

Dazu sollte staatliches Handeln schneller und effektiver gemacht sowie die Digitalisierung vorangebracht werden. Es gehe darum, das Leben der Bürgerinnen und Bürger leichter zu machen. Die Infrastruktur müsse modernisiert werden. Die Wirtschaft solle in der Verwaltung einen Verbündeten haben. Mehr als 30 Jahre nach der Deutschen Einheit wolle die Koalition die Einheit sozial und wirtschaftlich vollenden. Die Lebensverhältnisse in Stadt und auf dem Land sollten nicht gleich, aber gleichwertig sein. Zu guten Lebensverhältnissen gehörten bezahlbares Wohnen und nachhaltige Mobilitätsangebote. Die Klimaschutzziele von Paris hätten oberste Priorität, da Klimaschutz Freiheit, Gerechtigkeit und nachhaltigen Wohlstand sichere. Es gelte, die soziale Marktwirtschaft als eine sozial-ökologische Marktwirtschaft neu zu begründen. Der Wohlstand könne in der Globalisierung nur gesichert werden, wenn Deutschland weiterhin wirtschaftlich und technologisch in der Weltspitze spiele.

Die Koalition gewährleiste die öffentlichen Investitionen insbesondere in Klimaschutz, Digitalisierung, Bildung und Forschung im Rahmen der bestehenden Schuldenregel des Grundgesetzes. Sie setze Anreize für private Investitionen und schaffe Raum für unternehmerisches Wagnis, um Wachstum zu generieren. Die nötigen Fachkräfte wolle sie durch bessere Bildungschancen, gezielte Weiterbildung, die Erhöhung der Erwerbsbeteiligung sowie durch eine Modernisierung des Einwanderungsrechts gewinnen. Jede und jeder solle das eigene Leben frei und selbstbestimmt gestalten können. Da die Chancen nicht für alle gleich seien, müssten die Grundlagen für soziale Aufstiegschancen schon in Kita und Schule gelegt werden.

Um die Familien zu stärken und mehr Kinder aus der Armut zu holen, solle eine Kindergrundsicherung eingeführt werden. Leistung solle anerkannt und Arbeit solle gerecht bezahlt werden. Das Rentenniveau solle stabil gehalten werden und die gesetzliche Rentenversicherung um eine teilweise Kapitaldeckung erweitert werden. Ein neues Bürgergeld solle die Grundsicherung ablösen, damit die Würde des Einzelnen geachtet werde. Der Rechtsstaat solle verteidigt und die Bürgerinnen und Bürger geschützt werden. Die Regierung wolle die Verfahren zu Flucht und Migration ordnen.

Warum die Inflation das Umfeld verändert hat

Der Koalitionsvertrag ließ wenig Zweifel, dass die Ampel in den vier folgenden Jahren Wirtschaft und Gesellschaft von Grund auf umbauen wollte. Doch nachdem sie die Ärmel hochgekrempelt hatte, geriet der Prozess schnell ins Stocken. Während Kanzlerin Angela Merkel mit verschiedenen Regierungen den Ausbau des Sozialstaates, die Energiewende und die Bekämpfung des Klimawandels zwar nicht immer geradlinig, aber weitgehend reibungslos vorangetrieben hatte, kam es bei der Ampel zu Turbulenzen.

Im Zentrum der Diskussion um den Klimaschutz stand zunächst die zweite Novelle des 2020 beschlossenen Gebäudeenergiegesetzes als zentralem Baustein der sogenannten Wärmewende, die die Bundesregierung im April 2022 beschloss. Die Energie- und Klimapolitik hatte den deutschen Haushalten und Unternehmen bereits im internationalen Vergleich hohe Strom- und Energiepreise beschert. Die Benzinpreise waren wegen einer steigenden CO_2-Steuer und des Ukrainekriegs nochmals deutlich nach oben gegangen. Nun sollte ab dem 1. Januar 2024 jede neu eingebaute Heizung zu mindestens 65 Prozent mit erneuerbaren Energien betrieben werden. Ab dem Jahr 2045 sollten Öl- und Gasheizungen ganz verboten sein.

Es entfaltete sich eine Diskussion um die Kosten von Wärmepumpen, die der Wirtschafts- und Klimaminister Robert Habeck auf ca. 20000 Euro beziffert hatte. Die *Bild*-Zeitung fragte, ob er sich nicht deutlich verrechnet habe. Die Kosten für Besitzer von Wohnungen und Häusern könnten doppelt so hoch ausfallen, wie im Gesetzentwurf angenommen.[1] Der Eigentümerverband Haus & Grund sprach von einer »Milchmädchenrechnung«. Der Zeitplan für den Austausch aller fossilen Heizungsanlagen sei unrealistisch.[2] Die Vermieter wollten die Kosten der Sanierung auf die Mieter umwälzen. In einer Zeit, in der die Mieten in den Städten ohnehin schon stark gestiegen waren, warnte der Deutsche Mieterbund jedoch vor einer finanziellen Überforderung. Der Gesetzgebungsprozess müsse unbedingt sozialverträglich gestaltet werden.[3] Die Wirtschaftsweise Veronika Grimm kritisierte das Gesetz als sehr kompliziert. Die Klimaschutzziele im Wärmesektor könnten damit nicht erreicht werden.[4]

Schließlich beschloss der Deutsche Bundestag im September 2023 einen verwässerten Entwurf, der aber keine Ruhe brachte. Robert Habeck gestand in einer Rede ein, dass in den am schlechtesten sanierten Gebäuden die Kosten einschließlich energetischer Sanierung bei 200 000 Euro liegen könnten.[5] Im November 2023 titelte die *Bild*-Zeitung mit Verweis auf den FDP-Vizevorsitzenden Wolfgang Kubicki: »Heizgesetz muss weg oder Habeck muss weg«.[6] Insbesondere nach dem Urteil des Bundesverfassungsgerichts zur Schuldenbremse im November 2023 wuchs die Besorgnis, dass die klimapolitischen Ziele nicht finanzierbar sein könnten. Das Handelsblatt Research Institute kam zu dem Ergebnis, dass 1,1 Billionen Euro notwendig wären, um das gesetzlich verankerte Ziel der Klimaneutralität bis 2045 zu erreichen. Die Summe könnte der Staat allein nicht tragen.[7]

Auch der weitere Ausbau des Sozialstaates ging nicht mehr reibungslos voran. Der Deutsche Bundestag beschloss zwar im Dezember 2022 das Bürgergeld, mit dem die SPD endlich den ihr verhassten Begriff »Hartz IV« hinter sich lassen konnte. Fortan sollte es eine »Kooperation auf Augenhöhe« zwischen Arbeitssuchenden und Jobcenter-Mitarbeitern geben. Das Gesetz von Bundesarbeitsminister Hubertus Heil (SPD) hob nicht nur die Grundsicherung deutlich an, um die Inflation auszugleichen, sondern milderte auch die Sanktionen bei Nichtaufnahme von Arbeitsangeboten ab. Das löste jedoch eine Diskussion um Leistungsanreize aus.

Der CDU-Vorsitzende Friedrich Merz kritisierte das Bürgergeld als einen Schritt in die Richtung eines bedingungslosen Grundeinkommens.[8] Dem entgegnete Britta Haßelmann (Bündnis 90/Die Grünen), dass Merz »Sozialneid ohne Ende« schüre. Man könne nicht erwarten, dass jemand, der im Privatjet zu Partys fliege, die Situation einer Alleinerziehenden mit wenig Geld nachvollziehen könne. Hingegen kritisierte der Hauptgeschäftsführer der Vereinigung der Bayerischen Wirtschaft Bertram Brossardt, dass es sich möglicherweise nicht mehr lohne zu arbeiten.[9]

Derweil plante Familienministerin Lisa Paus eine Kindergrundsicherung in Höhe von 12 Milliarden Euro.[10] Dass Finanzminister Christian Lindner diese auf 2,4 Milliarden stutzte, empörte viele.[11] Dem gegenüber stand die Aufregung, dass die Familienministerin für die Verteilung der Mittel 5355 Vollzeitstellen plante, was mindestens 400 Millionen Euro Verwaltungskosten pro Jahr entsprach.[12] Im Netz machte sich die Ansicht breit, dass die Kindergrundsicherung ein Arbeitsbeschaffungsprogramm für Unterstützer der grünen Partei sei. Die Präsidentin des CDU-Wirtschaftsrats, Astrid Hamker, sagte: »Die wahren Ursachen der Finanzprobleme dieser Bundesregierung heißen Bürgergeldeinführung, Bürgergelderhöhung und Einführung der Kindergrundsicherung.«[13]

Auch bei der Asylpolitik zeichnete sich eine Umkehr ab. Im August 2015 hatte die Kanzlerin Angela Merkel in der Bundespressekonferenz mit dem Ausspruch »Wir schaffen das« signalisiert, dass die Aufnahme großer Zahlen an Flüchtlingen für Deutschland wirtschaftlich und gesellschaftlich tragbar sei. Noch im Dezember 2018 bilanzierte der Präsident der Bundesvereinigung der Deutschen Arbeitgeberverbände, Ingo Kramer, dass Angela Merkel mit diesem Satz recht behalten hätte. Die Flüchtlinge seien eine Stütze der Wirtschaft. Überraschend viele hätten schnell einen Arbeits- oder Ausbildungsplatz erhalten.[14]

Es ist jedoch nicht ausgeschlossen, dass mit der Prägung des Begriffs »Willkommenskultur« und den im Vergleich zu anderen Ländern großzügigen Sozialleistungen die politischen Entscheidungsträger eine Sogwirkung erzeugt haben. Viele europäische Länder scheinen Flüchtlinge von ihren Grenzen nach Deutschland »durchgereicht« zu haben. Bundeskanzler Olaf Scholz sagte im Dezember 2022 – als der Wohnungsbau schon stockte – in einem Bürgerdialog, dass er trotz niedriger Geburtenraten mit einem Anstieg der Einwohnerzahl von Deutschland auf 90 Millionen rechne.[15] Mit der Erleichterung der Zuwanderung von Fachkräften wolle die Bundesregierung dafür sorgen, »dass wir den Laden hier am Laufen halten«. Die Einwanderung sei nötig, um den Wohlstand zu sichern. Der Bevölkerungszuwachs halte die Rentenbeiträge stabil.[16]

Schließlich kam infolge des Ukrainekriegs aus vielen Kommunen Druck, die sich von dem starken Zustrom von Flüchtlingen überfordert fühlten. Im April 2023 lehnte Bundesinnenministerin Nancy Faeser noch Forderungen der Kommunen nach mehr Geld vom Bund und nach einer Begrenzung des Zuzugs ab.[17] Im September 2023 ließen die sächsischen Gemeinden und Landkreise in einem »Weckruf-Schreiben« an Land und Bund wissen, dass sie bei der Unterbringung und Integration von Asylsuchenden an ihre Grenzen stießen. Leipzigs Oberbürgermeister Burkhard Jung (SPD), zugleich Vizepräsident des Städtetages, sagte, er sei wenig optimistisch, dass die Bundesregierung und Ministerpräsidenten die »Dramatik« erkannt hätten. Das Thema europaweit gleich hoher Sozialleistungen für Geflüchtete gehöre auf den Tisch.[18]

Im April 2023 forderte der CDU-Vizevorsitzende Carsten Linnemann eine Verschärfung der europäischen Asylpolitik. Ohne positiven Asylbescheid solle keiner mehr in die Europäische Union einreisen dürfen.[19] Bundesverkehrsminister Volker Wissing brachte eine Bezahlkarte für Asylbewerber ins Spiel, um »eine Einreise in die Sozialsysteme« und Rücküberweisungen in die Heimatländer zu verhindern.[20] Der langjährige Finanzminister Wolfgang Schäuble gab in *Der Zeit* zu verstehen, dass sich Deutschland die Asylpolitik nicht mehr leisten könne. Die Sozialleistungen für Asylbewerber müssten abgesenkt werden.[21]

Derweil beklagte sich die italienische Ministerpräsidentin Giorgia Meloni bei Bundeskanzler Olaf Scholz darüber, dass die Bundesregierung mit Hilfen für Nichtregierungsorganisationen Migranten zur illegalen Einreise nach Italien motivieren würde. Die Seenotrettungsorganisationen seien ein »Pull-Faktor« für Migranten bei der Überfahrt des Mittelmeers von Nordafrika.[22] Berlins Oberbürgermeister Kai Wegner überführte das Wort »Kipppunkt« aus der Klima- in die Flüchtlingsdiskussion.[23] Schließlich stimmte Bundeskanzler Olaf Scholz zu, dass die Zahl der Flüchtlinge momentan zu hoch sei, und kündigte unter anderem Grenzkontrollen an den deutschen und EU-Außengrenzen an. Abgelehnte Asylbewerber müssten Deutschland wieder verlassen.[24]

Was hat den Gegenwind bewirkt? Man kann argumentieren, dass das Pendel irgendwann immer zurückschwingt. So wie auf einen Aufschwung in der Marktwirtschaft immer ein Abschwung folgt, so ändern sich auch die Sichtweisen. Wird immer weiter umverteilt, dann werden die Grenzen sichtbarer und es folgt ein Umdenken. Doch dass der Transformationszug der Ampel so abrupt angehalten wurde, dürfte insbesondere daran liegen, dass aufgrund der gestiegenen Inflation die Europäische Zentralbank keine Staatsanleihen mehr kauft und den Zins angehoben hat. So sind die zusätzlichen finanziellen Mittel für den umfangreichen wirtschafts-, sozial- und gesellschaftspolitischen Wunschzettel der Ampel plötzlich versiegt.

Der Vorsitzende der Ludwig-Erhard-Stiftung Roland Koch hat daran erinnert, dass zusätzliche Staatsausgaben durch höhere Belastungen für die Bürger und Bürgerinnen finanziert werden müssen. Die Regierung könne zur Linderung bzw. Lösung von Problemen vom Wähler nicht immer neue Geldbeträge einfordern. Geld sei nicht immer da![25] Darauf habe Christian Lindner in seiner Eisbergrede im Deutschen Bundestag hingewiesen. »Hinter der Horizontlinie – für uns noch nicht sichtbar – kommt ein Eisberg, um nicht zu sagen ein Eisbergfeld«, so der Finanzminister. »Ich sage ganz klar: keine strukturellen Mehrausgaben ohne Gegenfinanzierung. Für jeden zusätzlichen Euro, der ausgegeben werden soll, empfehle ich Ihnen, an anderer Stelle einen Einsparvorschlag zu machen. Unser Land insgesamt hat kein Einnahmeproblem, sondern ein Ausgabeproblem«, war nun im Bundestag zu hören.[26]

Abbildung 11.1: Verzinsung neu emittierter zehnjähriger Staatsanleihen

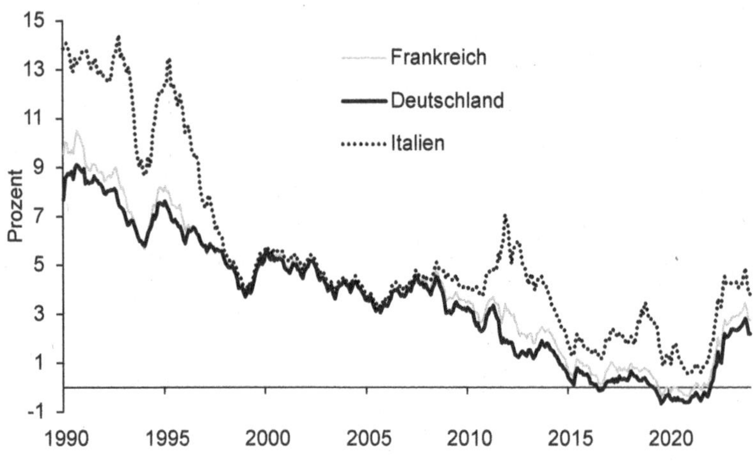

Quelle: Eurostat.

Finanzminister Christian Lindner hat verstanden, dass der Spielraum für weitere Staatsverschuldung eingeschränkt ist, wenn die Europäische Zentralbank nicht wieder in großem Umfang Staatsanleihen kauft. Dann greift die Disziplinierungsfunktion der Finanzmärkte. Viele Jahre musste der Bund dank Europäischer Zentralbank für neue Kredite kaum Zinsen bezahlen und bekam zeitweilig sogar noch Geld, wenn er Schulden machte. Mit dem Ende der ultralockeren Geldpolitik sind die Finanzierungskosten für die Staatsverschuldung gewachsen. Abbildung 11.1 zeigt, dass dieser Anstieg für Deutschland im Vergleich zum deutlich höher verschuldeten Italien noch moderat ist. Trotzdem sind die Zinszahlungen des Bundes von 3,9 Milliarden Euro im Jahr 2021 auf 40 Milliarden Euro im Jahr 2023 angestiegen, wie Abbildung 11.2 zeigt. Es rächt sich, dass es das Bundesfinanzministerium unter Olaf Scholz versäumt hat, in der Niedrigzinsphase die Verschuldung hin zu langfristigen Staatsanleihen umzuschichten, wie das andere Länder, zum Beispiel Italien, gemacht haben.[27]

Zwar ist die Verschuldung Deutschlands im europäischen Vergleich mit einer Quote von rund 66 Prozent des Bruttoinlandsprodukts im Jahr 2023 noch vergleichsweise gering. In Italien liegt sie bei über 140 Prozent. Deutschland könnte deshalb die Staatsverschuldung weiter erhöhen, wie beispielsweise die SPD-Vorsitzende Saskia Esken und grüne Spitzenpolitiker immer wieder fordern. Doch dem steht die Schuldenbremse entgegen, die der Bundestag im Jahr 2009 im Grundgesetz verankert hat. Diese besagt, dass eine von der Konjunktur unabhängige staatliche Neuverschuldung für die Bundesländer verboten ist. Für den Bund ist die jährliche Neuverschuldung auf maximal 0,35 Prozent des Bruttoinlandsprodukts beschränkt. Zwar darf im Abschwung das Defizit größer sein. Das muss aber im Aufschwung durch ein geringeres Defizit oder sogar einen Haushaltsüberschuss ausgeglichen werden. Ausnahmen für Naturkatastrophen oder unerwartet starke Wirtschaftskrisen, also Notlagen, sind möglich.

Abbildung 11.2: Zinszahlungen des Bundes

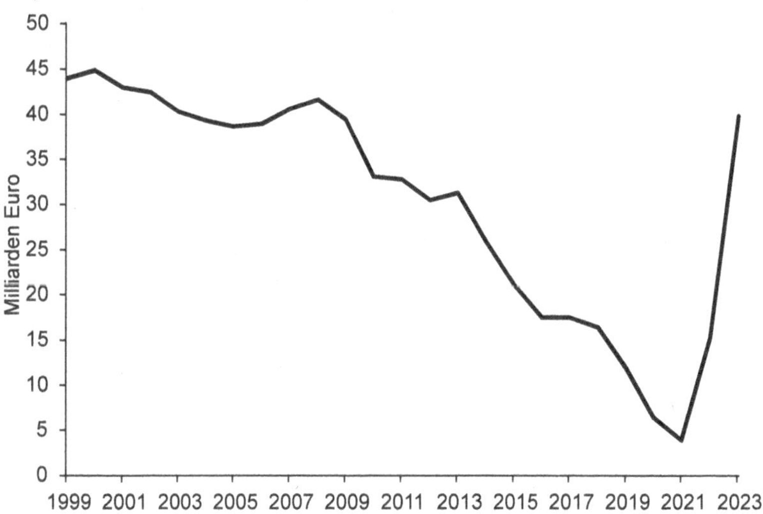

Quelle: Internationaler Währungsfonds und Bundesministerium für Finanzen.

Zunächst hat die Ampel die Schuldenbremse dadurch umgangen, dass sie alte Kreditermächtigungen umgewidmet hat. In Folge der Coronakrise hatten die Regierungen die Schuldenbremse in den Jahren 2020, 2021 und 2022 wegen der besonderen Notsituation ausgesetzt. Der Bundestag hat sehr umfangreiche Kreditermächtigungen beschlossen, die die Regierungen am Ende nicht voll genutzt haben. Die Ampel schichtete die verbleibenden Kreditmöglichkeiten in einen Klima- und Transformationsfonds um, mit dem sie Teile des Koalitionsvertrags finanzieren wollte, ohne in Konflikt mit der Schuldenbremse zu geraten. Doch urteilte am 15. November 2023 das Bundesverfassungsgericht, dass das entsprechende zweite Nachtragshaushaltsgesetz von 2021 nichtig ist, weil es gegen Haushaltsrecht verstößt.[28]

Die Mittel aus dem Klima- und Transformationsfonds in Höhe von 60 Milliarden Euro standen damit nicht mehr zur Verfügung. Auch der Wirtschaftsstabilisierungsfonds, den die Bundesregierung 2020 in der Coronakrise mit einem Gesamtvolumen von ursprünglich 600 Milliarden Euro eingerichtet hatte, war betroffen. Im November 2022 wurde der Fonds ermächtigt, 200 Milliarden Euro auf dem Kapitalmarkt aufzunehmen, um die von der Bundesregierung geplanten Maßnahmen zur Abfederung der Folgen der Energiekrise in den Jahren 2022 bis 2024 zu finanzieren.[29] Unter anderem hat sie daraus die Strom- und Gaspreisbremsen finanziert und Unternehmenshilfen gewährt. Das große Schuldenmachen für die Klima- und Sozialpolitik erhielt vom Bundesverfassungsgericht einen mächtigen Schuss vor den Bug. Das Defizit liegt jenseits der deutschen Schuldengrenze, wie Abbildung 11.3 zeigt.

Wirtschafts- und Klimaminister Robert Habeck beschuldigte daraufhin das Bundesverfassungsgericht, Deutschland in eine Rezession zu stoßen. Bundesfinanzminister Christian Lindner musste Sparkonzepte erarbeiten. Die Schuldenbremse stellte den gesamten Koalitionsvertrag infrage, sodass Politiker der Grünen und der SPD schnell Überlegungen anstellten, wie sie mit dem Ukrainekrieg oder anderen Notsituationen wie Überschwemmungen die Fortsetzung des Schuldenmachens begründen könnten.[30] Die Regierung stellte schließlich den Haushalt des

Jahres 2023 auf verfassungsrechtliche Beine, indem sie unter Verweis auf die »fortwirkenden Folgen des russischen Angriffskrieges gegen die Ukraine auf die Energiemärkte im Jahr 2023 sowie auf die anhaltenden Folgen der Flutkatastrophe in Westdeutschland im Sommer 2021« eine Notlage erklärte.[31] Doch hat das die Finanzierungsprobleme auf Dauer nicht gelöst. Derweil verurteilte im November 2023 das Oberverwaltungsgericht Berlin-Brandenburg den Bund, beim Klimaschutz in den Bereichen Wärme und Verkehr Tempo zu machen, was neue Ausgabenlasten bedeutet.[32]

Abbildung 11.3: Öffentliche Defizite in Deutschland und Schuldengrenzen

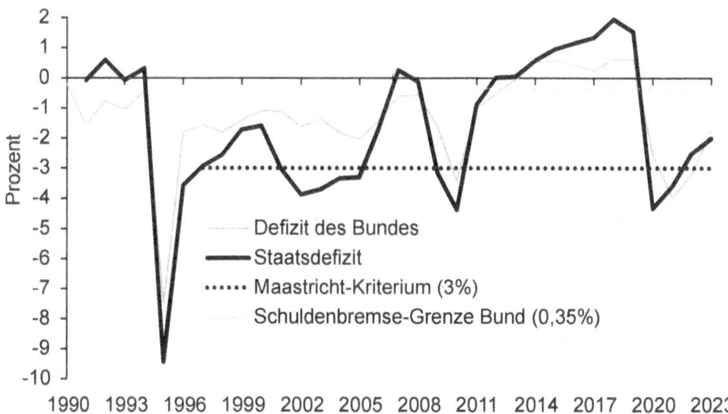

Quelle: Internationaler Währungsfonds, Eurostat, Bundesministerium der Finanzen. Staatsdefizit = addiertes Defizit von Bund, Ländern, Gemeinden und gesetzlichen Sozialversicherungen.

Die Lage ist schwierig

Die Lage der Ampel ist schwierig, weil die Regierungen unter Angela Merkel in guten Zeiten große Ausgabenverpflichtungen eingegangen sind. Das war damals möglich, weil die niedrigen Leitzinsen der Europäischen Zentralbank die Konjunktur, die Beschäftigung und die Steuereinnahmen beflügelt und die Zinsausgaben gedrückt haben. Seit 2022 erzeugt die Europäische Zentralbank keinen Rückenwind mehr, während der Ampel die von den vorangegangenen Regierungen verschleppten Investitionen in Infrastruktur und Verteidigung auf die Füße gefallen sind. Darüber hinaus hat sich die Ampel in ihrem Koalitionsvertrag kostspielige neue sozial-, umwelt- und klimapolitische Ziele gesetzt, deren Finanzierung spätestens nach der Entscheidung des Bundesverfassungsgerichts völlig ungeklärt ist.

Die stockende Finanzierung hat dazu geführt, dass die Kosten neuer Ausgabenpläne stärker den Weg in die öffentliche Diskussion gefunden haben. Die Steuer- und Abgabenlast in Deutschland ist bereits eine der höchsten der Welt. Die Energie- und Benzinkosten sind stark angestiegen. Das Heizungsgesetz bringt neue Lasten für die Bevölkerung, während mit einer noch ungebremsten Zuwanderung in die Sozialsysteme das Volkseinkommen über mehr Köpfe verteilt werden muss. Mit den schlechten wirtschaftlichen und persönlichen Perspektiven für junge Menschen blieben die Geburtenraten gering, sodass die Altersversorgung weiter in Schieflage gerät. Die großzügige Erhöhung des Bürgergelds und der überhitzte Arbeitsmarkt befeuern Forderungen nach kürzeren Arbeitszeiten und einer besseren Work-Life-Balance, obwohl eigentlich mehr gearbeitet werden müsste, um die Pläne der Ampel zu finanzieren.

Die Inflation und die restriktive Geldpolitik der Europäischen Zentralbank bremsen das Wachstum. Weil die Finanzierungskosten der Unternehmen steigen, investieren sie deutlich weniger. Der Konsum schwächelt, weil die Inflation die Kaufkraft unterhöhlt hat. Da sich weltweit die Konjunktur abgekühlt hat und die Lohnkosten steigen, stocken die Exporte. Das Bundesverfassungsgericht hat den Staatsausgaben Grenzen gesetzt, während die Europäische Union weiter strenge Regulierungen vorantreibt. Seit Sommer 2023 machte die Meldung die Runde, dass Deutschland beim Wachstum international Schlusslicht ist.

Nachdem die vorangegangenen Regierungen in Krisen mit immer größeren Rettungspaketen fast alle Unternehmen gerettet haben und damit die Zahl der Insolvenzen in Deutschland auf einen historischen Tiefstand gebracht haben, hat jetzt bei steigenden Zinsen das große »Reinemachen« zu einem ungünstigen Zeitpunkt eingesetzt. Viele bisher von billigem Geld am Leben gehaltene »Zombie-Unternehmen« müssen sich an höhere Zins- und Lohnkosten anpassen oder sie bleiben auf der Strecke. So ist die Anzahl der Insolvenzen gestiegen: Peek & Cloppenburg, Real, der Felgenhersteller BBS, Weck, Zeller Keramik, Tupperware, die Signa-Holding des österreichischen Immobilienkönigs René Benko und die KaDeWe-Gruppe; die Liste wird länger.

Die gesamtwirtschaftliche Abkühlung trifft auf eine Gesellschaft, die aufgrund der Verteilungseffekte der langjährigen ultralockeren Geldpolitik der Europäischen Zentralbank wirtschaftlich gespalten ist. Reiche Menschen, die einen größeren Anteil ihres Vermögens in Aktien- und Immobilien halten, haben ein Wohlstandspolster. Die Mittelschicht, die ihre Vermögen weitgehend in Bankeinlagen hält, hat verloren, weil die Zinsen lange nominal bei null lagen und real negativ waren.

Bei den Einkommen ist die Entwicklung der Ungleichheit nicht eindeutig. Der französische Ökonom Thomas Piketty hat beklagt, dass die Einkommensungleichheit stark gestiegen ist.[33] Abbildung 11.4 zeigt den Gini-Koeffizienten als ein Maß für Einkommensungleichheit. Er ist null, wenn alle das gleiche Einkommen haben, und er ist eins, wenn nur eine Person alles bekommt. Der Koeffizient zeigt für Deutschland einen deutlichen Anstieg der Ungleichheit an, wenn man die Berechnungen der Weltbank zu Rate zieht. Das ist denkbar. Denn aufgrund der Zombifizierung der Unternehmen sind Produktivitätsgewinne zurückgegangen, was die Löhne breiter Bevölkerungsschichten unter Druck gebracht hat. Hingegen sprudelten lange Zeit die Boni von Managern von Großunternehmen und Bauunternehmern dank der stark steigenden Aktien- und Immobilienpreise. Der Gini-Koeffizient des Statistischen Bundesamtes gibt hingegen keinen Hinweis auf eine gewachsene Einkommensungleichheit in Deutschland.

Abbildung 11.4: Gini-Koeffizient für Einkommen in Deutschland

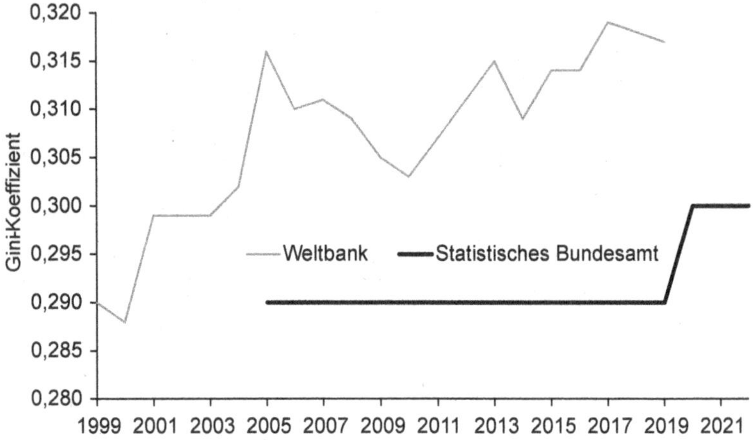

Gini-Koeffizient
0,320
0,315
0,310
0,305
0,300
0,295
0,290
0,285
0,280
Weltbank
Statistisches Bundesamt
1999 2001 2003 2005 2007 2009 2011 2013 2015 2017 2019 2021

Quelle: Weltbank und Statistisches Bundesamt.

So verwies auch die Bundesregierung im 2021 veröffentlichten Armuts- und Reichtumsbericht darauf,[34] dass die Einkommensschere in Deutschland weit weniger auseinandergelaufen sei als in anderen Ländern und seit vielen Jahren stabil sei. Allerdings könnte die Messung der Einkommensungleichheit in Deutschland verzerrt sein, worauf Dorothea Siems in Der *Welt* hingewiesen hat.[35] Die für den Gini-Koeffizienten notwendigen Daten seien lange Zeit erhoben worden, indem das Statistische Bundesamt zwar repräsentativ ausgewählte Haushalte befragt habe, die Teilnahme aber freiwillig gewesen sei. Spitzenmanager mit hohen Einkommen könnten sich der Befragung entzogen haben. Als im Jahr 2020 die Beteiligung an der Befragung Pflicht geworden ist, sprang das Maß für die Einkommensungleichheit deutlich nach oben. Zieht man in Betracht, dass möglicherweise viele reiche Menschen wie Thomas Gottschalk oder Heidi Klum gerne im Ausland leben, dann könnten auch die revidierten Zahlen immer noch nicht das gesamte Ausmaß einer gewachsenen Einkommensungleichheit in den letzten 20 Jahren wiedergeben. Wie auch immer. Das gesellschaftliche Klima ist gespannt, was Reformen schwierig macht. Ausgabenkürzungen erzeugen nicht nur bei den Bauern Unzufriedenheit.

Achtung Immobilienmarkt!

Und es liegt auf dem Immobilienmarkt ein weiteres Problem bereit, das der US-amerikanische Präsident Joe Biden mit Blick auf China als tickende Zeitbombe bezeichnet hat. In der Vergangenheit haben geplatzte Immobilienblasen nicht nur tiefe Krisen nach sich gezogen, sondern die Krisentherapien haben auch neue Blasen und Krisen bewirkt. Mitte der 1980er Jahre hatte die Bank von Japan mit zu starken Zinssenkungen eine Aktien- und Immobilienmarktblase losgetreten, wie aus Kapitel 5 bekannt ist. Als die Bank von Japan die Zinsen langsam erhöhte, um die Inflation zu bremsen, platzte die Blase.

Der schnelle Verfall der Immobilien- und Aktienpreise verursachte nicht nur den Bankrott vieler japanischer Immobilienfinanzierungsgesellschaften. Auch einige Banken gerieten in Schieflage und waren gezwungen, ihr Kreditvolumen zu reduzieren, weil der Bestand an faulen Krediten nach oben schnellte. Um die Banken und die Wirtschaft zu stabilisieren, senkte die Bank von Japan die Zinsen wieder schrittweise auf null. Die Konjunktur erholte sich, da die japanischen Banken die billigen Kredite nach Südostasien transportierten und dort einen neuen Boom anheizten, der mit neuen Spekulationen auf den Aktien- und Immobilienmärkten einherging. In Abbildung 11.5 finden Sie oben rechts eine Abbildung der Immobilienpreise in Malaysia, die in dieser Zeit stark anstiegen. Die Weltbank sprach von einem neuen Wirtschaftswunder in Südostasien.

Im Mai 1997 platzten jedoch die Blasen in Thailand, Malaysia, Südkorea, den Philippinen und Indonesien, sodass die Asienkrise die Welt erschütterte. Ich habe 1998 als Doktorand an der Universität Tokio verfolgt, wie sich im Verlauf der Asienkrise eine neue Bankenkrise in Japan entfaltete, weil die ohnehin schon geschwächten japanischen Banken nun große Kreditausfälle in Südostasien verkraften mussten. Finanzgiganten wie Yamaichi-Wertpapiere und die Hokkaido Takushoku Bank kippten einfach um. Ich habe damals in einem Beitrag für die *Frankfurter Allgemeine Zeitung* auf der Grundlage von japanischen Zeitungsberichten rekonstruiert, wie die geldpolitischen

Rettungsaktionen der Bank von Japan in den 1990er Jahren über den Umweg von Südostasien den Nährboden für die japanische Finanzkrise im Jahr 1998 gelegt haben. Japan hat sich seither nicht mehr wirtschaftlich erholt und einen langen Pfad des ökonomischen Abstiegs beschritten.

Man konnte in den darauffolgenden Jahren immer wieder beobachten, dass Zinssenkungen von Zentralbanken, die zur Lösung von Immobilien- und Finanzkrisen beitragen sollten, irgendwo auf der Welt neue Spekulations- oder Immobilienblasen ausgelöst haben. Die Zinssenkungen, die das Weltfinanzsystem in der Asienkrise und der japanischen Finanzkrise stabilisierten, bildeten ab 1999 den Nährboden für die sogenannten Dotcom-Blasen, von denen bereits in Kapitel 8 die Rede war. Ab Mitte der 1990er Jahre hatte die Verbreitung von Internet, Mobiltelefonen und in der Hand tragbaren Computern zu einer Aufbruchstimmung bei digitaler Technologie geführt. Ab 1999 stiegen plötzlich beflügelt von gesunkenen Zinsen der Zentralbanken die Aktienpreise von Unternehmen in diesem neuen Wirtschaftsbereich.

Die Medien verbreiteten Euphorie, was viele unerfahrene Anleger in riskante Anlagen lockte. Ein ehemaliger Kommilitone aus Tübingen hatte ein Dotcom-Unternehmen gegründet und flog plötzlich mit seinem Privatjet in die USA, um dort Unternehmen zu kaufen. Die Hörsäle an der Universität Tübingen waren leerer, weil die vielen Dotcom-Unternehmen die Studierenden ohne Abschluss abwarben. Schließlich zeichnete sich ab, dass die hoch bewerteten Unternehmen die Gewinnerwartungen nicht erfüllen konnten. Ihr Börsenwert war nicht durch materielle Gegenwerte wie Maschinen oder Immobilien gedeckt, sondern durch oft fingierte Zahlen bezüglich der geistigen Leistung ihrer Mitarbeiter. Im März 2000 begannen die Kurse zu fallen und der Markt brach zusammen. Die Hörsäle füllten sich wieder.

Die US-amerikanische Zentralbank Fed und auch die Europäische Zentralbank senkten die Zinsen stark, um die Finanzmärkte und die Wirtschaft zu stabilisieren. Das begünstigte ab 2003 neue Übertreibungen im US-amerikanischen Immobilienmarkt und auf den Immobilienmärkten Südeuropas und Irlands, wie sie den beiden mittleren Graphen in Abbildung 11.5 für die USA und Spanien entnehmen können. Die Abfolge von Zinssenkungen, Übertreibungen und Krisen sowie erneuten Zinssenkungen, erneuten Übertreibungen und erneuten Krisen, die ich als wandernde Blasen[36] bezeichnet habe, wird so auch in Sahra Wagenknechts Buch *Wahnsinn mit Methode. Finanzcrash und Weltwirtschaft* beschrieben.[37]

Spätestens mit der US-Hypothekenmarktkrise müsste ab 2008 eigentlich klar gewesen sein, dass die Therapien der Zentralbanken von heute den Nährboden für neue riskante Übertreibungen und damit für neue Krisen gebildet haben. Durch die immer größere Geldschwemme schafften die Zentralbanken die Probleme nicht aus der Welt, sondern verschafften nur Verschnaufpausen, mit dem Risiko, dass die Probleme später noch größer wurden. Neue Übertreibungen wollte niemand stoppen, weil es doch gerade wieder gut lief. Die Zentralbanken fühlten sich bei Übertreibungen auf den Aktien- und Immobilienmärkten nicht zu Zinserhöhungen veranlasst, weil die offiziell gemessene Verbraucherpreisinflation niedrig und damit die selbst gesteckten Inflationsziele erfüllt blieben.

Seit der Jahrtausendwende hat sich eine immense Immobilienblase in China aufgebaut, die mit den geldpolitischen Rettungsaktionen in der globalen Finanzkrise ab 2008 und den umfangreichen Ankäufen von Wertpapieren durch die Zentralbanken in der Coronakrise nochmals stark an Fahrt gewonnen hat. Die immer größere globale Geldschwemme ließ auch die Immobilienpreise in Japan, Südostasien, den USA und Südeuropa wieder ansteigen, wie Abbildung 11.5 zeigt. Ab dem Jahr 2010 wurde schließlich auch Deutschland erfasst, wo vor allem in den großen Städten die Immobilienpreise steil nach oben zeigten.

Abbildung 11.5: Immobilienpreisindizes für verschiedene Länder

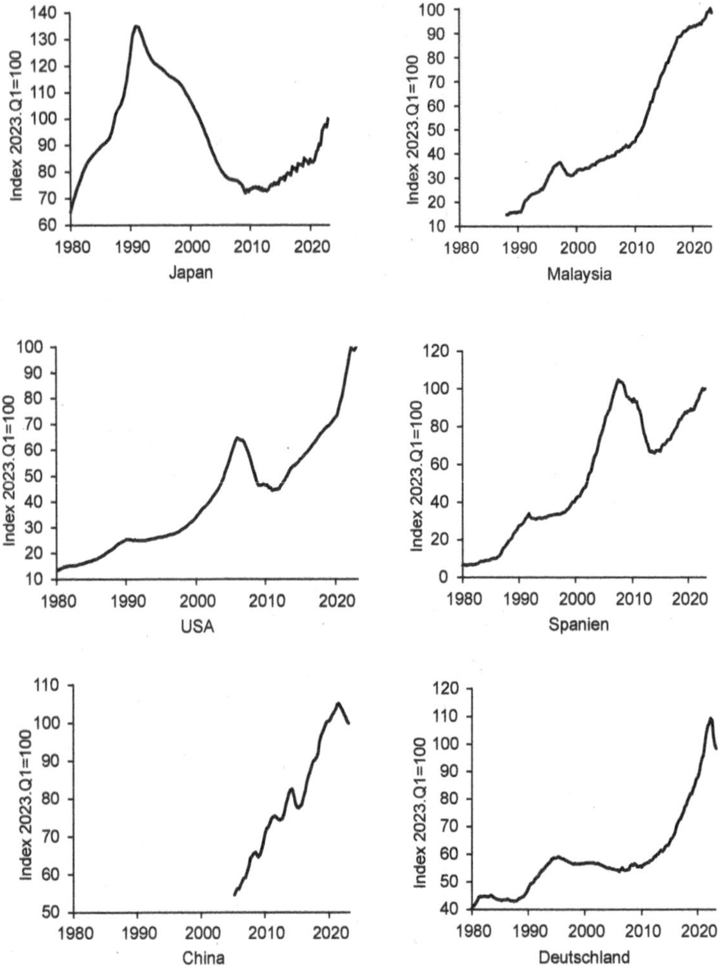

Quelle: Bank für Internationalen Zahlungsausgleich.

In China, das lange Zeit gerade für Deutschland eine Wachstumslokomotive war, zeichnet sich spätestens seit 2023 mit dem Wanken der Immobilienriesen Evergrande und Country Garden das Ende des Immobilienbooms ab. Der Immobiliensektor war über viele Jahre hinweg ein wichtiger Faktor für die hohen Wachstumsraten Chinas gewesen. Er war eine wichtige Einkommensquelle für die chinesischen Kommunen und ein lukratives Geschäft für Banken. Doch es ist ein riesiger Leerstand entstanden, in den – so hört man – die gesamte Bevölkerung von Deutschland, Frankreich, dem Vereinigten Königreich und Italien einziehen könnte. Dieser Leerstand trifft auf eine aufgrund der langjährigen Ein-Kind-Politik schnell schrumpfende Bevölkerung. Damit ist nicht ausgeschlossen, dass China dem langjährigen Abstieg Japans folgt und als Wachstumslokomotive für Deutschland ausfällt.

Auch Deutschland hat seit Ausbruch der europäischen Finanz- und Schuldenkrise – genährt von der ultralockeren Geldpolitik der Europäischen Zentralbank – steil steigende Immobilienpreise erlebt. Der starke Preisanstieg hat einen Bauboom ausgelöst, der über mehr als zehn Jahre hinweg das Wachstum in Deutschland hochgehalten hat. Doch inzwischen ist Ernüchterung eingekehrt. Die Zinserhöhungen der Europäischen Zentralbank haben die Hypothekenzinsen stark nach oben getrieben, weshalb sich die Käufer zurückhalten. Das Heizungsgesetz und andere Umweltregulierungen erhöhen die Baukosten, dämpfen die Bautätigkeit und reduzieren den Wert von Bestandsimmobilien. Deutschland könnte eine ähnliche Immobilienkrise wie in Japan und China bevorstehen, auch wenn der Bedarf an Immobilien größer ist.

Während der Fokus der vergangenen Immobilienkrisen meist bei Wohnimmobilien lag, könnte er dieses Mal bei Geschäftsimmobilien liegen, wo die Krise durch eine aufgrund von Inflation sinkende Kaufkraft verstärkt werden könnte. Der Bankrott des schillernden österreichischen Milliardärs René Benko könnte der Vorbote größerer Verwerfungen sein. Die *Neue Zürcher Zeitung* schreibt über Benko, dass sein Geschäftsmodell zu einem großen Teil auf der lockeren Geldpolitik der Europäischen Zentralbank fußte. Die niedrigen Zinsen hätten es ermöglicht, die von seinem Firmenkonglomerat gehaltenen Immobilien aufzuwerten und immer höhere Schulden aufzunehmen. Seine aggressive Expansionsstrategie habe funktioniert, solange die Europäische Zentralbank die Zinsen niedrig gehalten habe. Dann sei es eng geworden. »Die Kreditkosten stiegen, die Immobilien mussten abgewertet werden, das Eigenkapital schwand.«[38]

Abbildung 11.6: Immobilienkredite deutscher Banken (Wohnimmobilien)

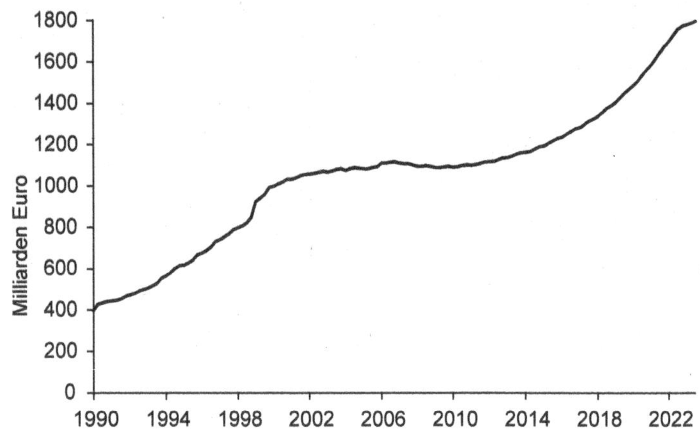

Quelle: Deutsche Bundesbank.

Geplatzte Immobilienblasen sind tückisch, weil sie – wie wir aus Japan wissen – nicht nur das Wachstum bremsen, wenn nicht mehr gebaut wird. Auch die Banken werden instabil, weil sie Wertberichtigungen auf ihre Sicherheiten machen müssen. Das zwingt sie, die Kreditvergabe einzuschränken. Die Haushalte konsumieren nicht mehr, wenn sie sich ärmer fühlen. Wie Abbildung 11.6 zeigt, ist das ausstehende Volumen an Immobilienkrediten nur bei Wohnimmobilien in Deutschland im vergangenen Immobilienboom von circa 1100 Milliarden auf 1800 Milliarden Euro angestiegen. Darin können Risiken stecken. Beispielsweise haben Landesbanken Kredite an Unternehmen von René Benko vergeben. Es könnte weitere Risiken bei Geschäftsimmobilien geben.

Die Gefahr der Japanisierung

In der Vergangenheit wurde das Bestehen von Blasen auf Immobilienmärkten erst dann nicht mehr angezweifelt, wenn die Preise steil nach unten zeigten. Vorher gibt es viele, die profitieren. Die Bauunternehmen verdienen prächtig dank steigender Preise, die Banken freuen sich über ein gutes Kreditgeschäft, die Regierungen haben mehr Steuereinnahmen und die Menschen, die schon Immobilien besitzen, sehen sich ohne viel Zutun reicher werden. Manche meinen sogar, dass sich die Finanzmarktaufsichtsbehörden mit Warnungen zurückhalten. Denn zeigen sie mögliche Risiken an, dann sind sie der Kritik ausgesetzt, dass man Blasen nicht erkennen könne. Platzt eine Blase, dann erhalten die Behörden mehr Macht und Finanzmittel, weil die Finanzmärkte in der Zukunft strenger beaufsichtigt werden sollen.

Das könnte erklären, warum in der Vergangenheit die Immobilien- und Finanzkrisen so »plötzlich« gekommen sind, übrigens auch für die meisten Professoren des Fachs Volkswirtschaftslehre. Als die englische Queen in der Finanzkrise 2008 fragte »It's awful! Why did nobody see it coming?«, war eine Antwort, dass durch die Fixierung der Volkswirtschaftslehre auf mathematisch-formale Modelle die nötige Gesamtsicht auf die Welt verloren gegangen sei.[39] Das führt zu dem Problem, dass die Einsicht, dass zu billiges Geld der Zentralbanken auf den Finanzmärkten zu folgenschweren Übertreibungen führen kann, nicht bei den politischen Entscheidungsträgern angekommen ist. Die Politiker sind immer wieder scheinbar ahnungslos auf die Krisen zugesteuert und haben sich nach Ausbruch als Krisenlöser profiliert.

Wo das langfristig hinführt, lässt sich in Japan gut beobachten, wo die erste große Spekulationswelle bereits in den 1980er Jahren stattgefunden hat und wo die Bank von Japan und die japanische Regierung die Krise mit immer mehr billigem Geld und schuldenfinanzierten Staatsausgaben therapiert haben. So verharren die Zinsen seit der Jahrtausendwende bei null, die Bilanz der Bank von Japan ist durch beispielslose Ankäufe von Staatsanleihen heillos aufgeblasen und die Staatsverschuldung als Anteil vom Bruttoinlandsprodukt ist von rund

70 Prozent beim Platzen der Blase 1990 auf heute über 260 Prozent angewachsen. Die Staatsverschuldung ist so hoch, dass die Bank von Japan seit 2022 den Zinsenerhöhungen von der US-amerikanischen Zentralbank Fed und der Europäischen Zentralbank nicht mehr gefolgt ist, wohl weil die Gefahr eines Staatsbankrotts hoch ist.

Die zusätzlichen Staatsausgaben in Japan dienten bei schwachem Konsum und stagnierenden Investitionen dazu, die Staatsnachfrage hochzuhalten. Inflation gab es trotz der immensen Geldschwemme auch deshalb nicht, weil die Regierung mithilfe der steigenden Staatsverschuldung die Preise vieler Güter subventionieren konnte. Die niedrige Inflation rechtfertigte wiederum eine anhaltend lockere Geldpolitik. Anhänger von Keynes in den USA und Europa haben diese Wirtschaftspolitik als Erfolg betrachtet. Sie haben gefordert, dass auch die Europäische Zentralbank so viel Geld wie möglich schaffen solle, um alle notwendigen Ausgaben des Staates zu finanzieren. Das könnte in der derzeitigen Lage auch für die Ampel verlockend sein.

Abbildung 11.7: Preisbereinigtes Lohnniveau in Japan

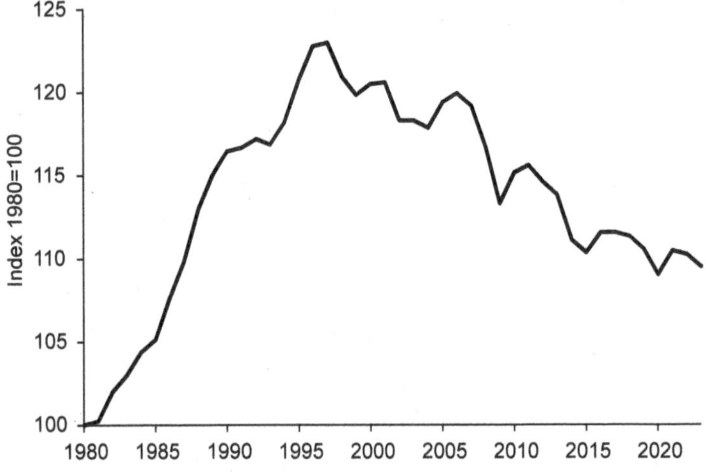

Quelle: Japan, Ministerium für Gesundheit, Arbeit und Soziales.

Ein genauer Blick auf Japan zeigt jedoch die unerwünschten Folgen der lang anhaltenden zentralbankfinanzierten Staatsausgaben. Die japanischen Unternehmen sind wegen anhaltend niedriger Zinsen und staatlich garantierter Hilfskredite immer träger geworden, sodass die Produktivitätsgewinne stark gefallen sind. Daher ist der Spielraum für Lohnerhöhungen immer kleiner geworden und seit der japanischen Finanzkrise im Jahr 1998 fallen preisbereinigt die durchschnittlichen Löhne, wie Abbildung 11.7 zeigt. Um den Wohlstand zu halten, müssen bei einer geringen Einwanderung immer mehr Frauen und Rentner in den Arbeitsprozess einsteigen, wobei ihre Tätigkeiten meist schlecht bezahlt sind.

Japan war vor 30 Jahren unter den Industrieländern noch das Land mit einer der gerechtesten Verteilung der Einkommen und Vermögen. Doch inzwischen ist die Einkommens- und Vermögensungleichheit stark anstiegen, weil die Folgen von 30 Jahren Stagnation vor allem zulasten der Mittelschicht gegangen sind. Die Halter von Aktien und Immobilien in den wirtschaftlichen Zentren haben wie in anderen Industrieländern von der Geldschwemme der Bank von Japan profitiert. Hingegen wurden die beträchtlichen Bankeinlagen der Mittelschicht nicht mehr verzinst.

Während die großen Exportunternehmen von der von der Bank von Japan vorangetriebenen Abwertung des Yen und niedrigen Finanzierungskosten profitiert haben, haben die kleinen Dienstleistungsunternehmen unter der sinkenden Kaufkraft gelitten. Da die großen Unternehmen und auch die Investmentbanken ihre Zentralen in Tokio haben sowie die Regierung und Interessensverbände dort angesiedelt sind, sind in Japans pulsierender Hauptstadt noch relativ wenig Auswirkungen der drei verlorenen Dekaden zu sehen. Ganz anders sieht es abseits der wirtschaftlichen Zentren aus, wo die Banken ihre Filialen schließen, den kleinen Dienstleistungsbetrieben die Kunden fehlen und die jungen Menschen nach Tokio abwandern.

Japan zeigt auch, dass die anhaltende Stagnation insbesondere auf Kosten durchschnittlich bis gering qualifizierter junger Menschen gegangen ist. Zwar gibt es in Japan immer noch wenig Arbeitslosigkeit.

Doch das Lohniveau ist preisbereinigt gefallen, während die Immobilienpreise und Mieten in Tokio, wo es Arbeit gibt, wieder gestiegen sind. Vielen jungen Japanern fehlt deshalb das Einkommen, das notwendig wäre, um eine eigene Wohnung zu mieten und eine Familie zu gründen. Sie bleiben bei den Eltern wohnen und werden von der Gesellschaft als »Parasitensingles« gebrandmarkt. Ich habe junge Japaner gefragt, warum sie so viel Geld in den Kneipen und Restaurants lassen. Die Antwort war meist, dass andere Dinge wie eine eigene Wohnung und eine Familie unerreichbar sind.

Für die jungen Menschen, die noch heiraten, ist das Leben in Tokio so teuer, dass meist beide Partner arbeiten müssen. Die Zeiten, als der Vater die ganze Familie ernähren konnte, sind vorüber. Das macht die Kinderbetreuung schwieriger, gerade dann, wenn wie in Tokio die Pendelzeiten sehr lang sind. So sind die Geburten pro Frau mit 1,31 (2022) noch niedriger als in Deutschland (1,46), was das Rentensystem ins Ungleichgewicht bringt. Das zwingt die Regierung, die Ersparnisse, die früher Investitionen finanziert haben, in die Alterssicherung umzuleiten. Das dämpft wiederum das Wachstum sowie die wirtschaftlichen und persönlichen Perspektiven der jungen Generation.

Ob Deutschland und Europa diesem Szenario weiter folgen werden, ist noch ungewiss. Es wird maßgeblich davon abhängen, wie die Europäische Zentralbank auf die eingetrübten Wachstumsperspektiven in Deutschland und dem Euroland reagieren wird. Es deutet sich jedoch an, dass die im Koalitionsvertrag der Ampel verankerten Projekte in Konflikt mit dem Wohlstand geraten sind. Viele Versprechen können nicht erfüllt werden. Das Leben der Bürgerinnen und Bürger ist nicht leichter geworden, staatliches Handeln nicht effizienter. Und es sieht auch nicht so aus, als ob der Klimaschutz Freiheit, Gerechtigkeit und Wohlstand bringt.

KAPITEL 12

Wo ist der neue Ludwig Erhard? Wie wir ein neues Wirtschaftswunder schaffen können

Wegsehen, Schönrechnen und Schrumpfen sind nicht die Lösung

In der Regierungserklärung im März 2018 hatte die damalige Kanzlerin Angela Merkel noch versprochen, die Soziale Marktwirtschaft zu verteidigen: »Zunächst einmal muss die Politik wie vor 70 Jahren während der Anfänge der sozialen Marktwirtschaft Leitplanken setzen, den rechtlichen Rahmen schaffen, im Wettbewerbsrecht, im Steuerrecht und bei der Frage der Sicherung des Eigentums, eine der Kernfragen der sozialen Marktwirtschaft.«[1] Doch schon damals hat Angela Merkel die Sicherung der Geldwertstabilität nicht als Ziel ihrer Regierungspolitik genannt, während sich die Europäische Zentralbank von der Geldwertstabilität als dem Rückgrat der Marktwirtschaft abwandte.

Der inzwischen verstorbene ehemalige Bundesfinanzminister Wolfgang Schäuble hatte bereits 2017 gesagt, dass die ultralockere Geldpolitik der Europäischen Zentralbank zu politischer Selbstzufriedenheit, unangemessener Risikobereitschaft, fehlgeleiteten Kapitalströmen und Preisblasen ermuntere: »Wenn nicht rechtzeitig umgesteuert wird, steigt eher das Risiko einer weiteren Krise, anstatt es zu reduzieren.«[2] Diese Krise ist nun eingetreten. Die Inflation und die darauffolgenden Zinserhöhungen haben nicht nur den finanziellen Spielraum der Ampelkoalition stark eingeschränkt. Sie haben auch verdeutlicht, dass wirtschaftspolitische Fehlentscheidungen mit hohen Kosten für die Bevölkerung verbunden sind.

Im September 2023 hat sich der Kanzler Olaf Scholz in einem Interview gegen den Eindruck gestemmt, dass die nicht mehr zu verleugnende Wachstumsschwäche Deutschlands von der deutschen Politik zu verantworten sei.[3] Er führte die Wirtschaftskrise auf das schwache Wachstum in China, die hohe Inflation, einen von Russland verschuldeten Energiepreisanstieg, die Unterbrechung der Lieferketten durch die Coronapandemie und den plötzlichen Anstieg des Zinsniveaus, der die Bauwirtschaft treffe, zurück. Die überbordende Bürokratie hätten wir alle gemeinsam geschaffen. Der Kanzler verwies auf ein geplantes »Wachstumschancengesetz«, das unter anderem »Transformationsprämien« und Forschungssubventionen für Unternehmen vorsah.[4] Solche Schönheitsreparaturen täuschen bestenfalls darüber hinweg, dass die marktwirtschaftliche Ordnung grundsätzlich gestört ist. »Die SPD hat kein Interesse an einem Realitätscheck« war in der *Frankfurter Allgemeinen Zeitung* zu lesen.[5]

Wirtschafts- und Klimaminister Robert Habeck denkt darüber nach, das Wachstum schönzurechnen, indem er zusätzlich zum Bruttoinlandsprodukt neue Maßgrößen für den Wohlstand formuliert.[6] Im Jahreswirtschaftsbericht des Bundesministeriums für Wirtschaft und Klimaschutz finden sich 34 neue Wohlstandsindikatoren.[7] Dazu zählen die Anzahl der Windkraftanlagen, ausländischer Beschäftigter, von Schulabgängern, Frauen in Führungspositionen, Existenzgründungen von Frauen sowie der Anteil der Kinder in Ganztagsbetreuungen. Auch die Nähe zu öffentlichen Einrichtungen wie Schulen, Supermärkten und Krankenhäusern, die Menge an Treibhausgasemissionen, der Anteil der erneuerbaren Energien am Energieverbrauch sowie der Nitratgehalt im Grundwasser sollen Auskunft über unseren Wohlstand geben.

Neu wäre, dass der Wohlstand größer wäre, wenn sich mehr Windräder drehen, auch wenn der Strom zeitweise gar nicht gebraucht wird. Auch wenn Kinder den ganzen Tag in der Kita und nicht bei Papa oder Mama sind, wäre der Wohlstand größer. Wäre es dann dem Wohlstand förderlich, wenn die Menschen vom Land in überfüllte Städte abwandern, weil dort Krankenhäuser und Supermärkte näher sind? Dem Klima und dem Wohlstand ginge es besser, wenn die Menge an Treibhausgasemissionen in Deutschland zurückgeht, obwohl gleichzeitig in China die CO_2-intensive Produktion zunimmt? Das Märchen vom reichen Land, wie es der einflussreiche Autor Daniel Stelter genannt hat, würde einfach nur noch größer werden.[8]

Derweil wünschen sich insbesondere viele Studierende *Degrowth*, also ein Schrumpfen der Wirtschaftsleistung, um weniger CO_2-Emissionen und den Schutz der Artenvielfalt zu erreichen. Ohne Zweifel wäre weniger und insbesondere ein bewussterer Konsum in Deutschland kein Schaden. Doch wenn der Wohlstand schwindet, erzeugt das Verlierer, was das Land politisch instabiler macht. Westdeutschland war nach dem Zweiten Weltkrieg so stabil, weil die Wirtschaft wuchs und deshalb die meisten Menschen wirtschaftlich zufrieden waren. Es ging aufwärts und Leistung lohnte sich. Die Jugend hatte eine Aufstiegsperspektive. Meine Mutter arbeitete im Biergarten, um sich ein Baugrundstück zu finanzieren. Viele junge Familien aus der wachsenden Mittelschicht bauten damals auf großen Grundstücken Häuser. Für die jungen Menschen ist heute die eigene Immobilie unerreichbar geworden. Schrumpft die Wirtschaft, dann sehen viele Menschen trotz Leistung ihre verfügbaren Einkommen sinken. Das erhöht die Wahrscheinlichkeit, dass sie sich politisch extremen Parteien zuwenden.

Man kann zwar die Wohlstandsverluste einer nichtmarktwirtschaftlichen Politik verzögern, indem man die Lasten der Sozial-, Umwelt- und Klimapolitik auf mehr Schultern verteilt. Insbesondere linke Parteien fordern immer wieder eine stärkere Beteiligung von Frauen am Erwerbsleben. Nun sollen auch mehr Rentner arbeiten. Trotzdem schränkt ein hohes Maß an Umverteilung das ein, was es zu verteilen gibt. Die wachstums-, wohlstands- und umweltfeindlichen sozialistischen Planwirtschaften konnten nur so lange überleben, weil die Machthaber Protest durch das Verbot freier Wahlen und Repressionen gegen Andersdenkende unterdrückten. Ein freiheitlich demokratisches System kann hingegen nur fortbestehen, wenn es ausreichend wirtschaftliche und persönliche Perspektiven gibt.

Leistung muss sich wieder lohnen

Auch nachdem im Verlauf des Jahres 2023 die Pläne des deutschen Staates an finanzielle Grenzen gestoßen sind, hielten die Forderungen von Politikern nach weiteren Ausgaben und höheren Steuern an. Arbeitsminister Hubertus Heil verteidigte die Erhöhung des Bürgergelds um 12 Prozent zum 1. Januar 2024 mit dem Argument, dass man sich gerade in Krisenzeiten auf den Sozialstaat verlassen können müsse.[9] Die Grünen-Vorsitzende Ricarda Lang warf dem CDU-Vorsitzenden Friedrich Merz vor, sich schützend vor die Reichen zu stellen und Spardebatten auf dem Rücken der Verletzlichen in unserer Gesellschaft zu führen.[10] Der Klima-Ökonom Ottmar Edenhofer forderte nach dem Scheitern der bisherigen Klimapolitik eine Klima-Zentralbank, um die Ausgaben für das Vergraben von CO_2 in der Erde zu finanzieren.[11]

Damit setzt sich ein langer Trend der Erhöhung der staatlichen Ausgabenverpflichtungen und der Absenkung der Leistungsanreize fort. Unter Ludwig Erhard sollte die Soziale Marktwirtschaft nur denen unter die Arme greifen, die wirklich bedürftig waren, beispielsweise schwer behinderten Menschen oder alleinerziehenden Müttern und Vätern, deren Kinder noch klein waren. Doch inzwischen bedient der deutsche Wohlfahrtsstaat fast alle Teile der Gesellschaft, sodass trotz historisch hoher Pro-Kopf-Einkommen immense Ausgaben des Bundes auf die soziale Sicherung entfallen, immerhin rund 1200 Milliarden Euro.

Im Zuge des Europäischen Integrationsprozesses hat Deutschland die Verantwortung für die Angleichung der Lebensverhältnisse in ärmeren Ländern Europas übernommen, beispielsweise im Rahmen der europäischen Regional- und Agrarpolitik. Deutschland war 2022 mit 16,7 Milliarden Euro bei Weitem der größte Nettozahler in der Europäischen Union, vor Frankreich mit 7,3 Milliarden Euro.[12] Mit dem 807 Milliarden Euro schweren schuldenfinanzierten Fonds »NextGenerationEU« hat die Europäische Union die Grundlage für einen Umverteilungsmechanismus nach dem Muster des deutschen Länderfinanzausgleichs geschaffen. Über eine großzügige Auslegung des Asylrechts haben die deutschen Regierungen und Gerichte zudem vielen Menschen außerhalb der Europäischen Union Zugang zu dem deutschen Sozialsystem gegeben.

Mit der Klimapolitik hat die deutsche Politik schließlich nicht nur ein neues politisches Ziel geschaffen, dessen Dimension nochmals deutlich größer ist als die soziale Sicherung. Es soll nicht nur auf nationaler Ebene der CO_2-Ausstoß gesenkt werden, sondern auch ärmere Länder sollen dafür bezahlt werden, dem deutschen Modell des Umwelt- und Klimaschutzes zu folgen. »Deutschland ist einer der wichtigsten Klimafinanzierer«, sagte der Staatssekretär im Bundesministerium für wirtschaftliche Zusammenarbeit und Entwicklung Jochen Flasbarth: Mit zuletzt knapp 10 Milliarden Euro Klimafinanzierung pro Jahr habe Deutschland »mehr als seinen fairen Anteil an der Erfüllung des 100-Milliarden-Dollar-Versprechens [zur Unterstützung der ärmsten Staaten bei Klimaschutz und -anpassung] geleistet«.[13]

So wurden nicht nur – wie in Kapitel 4 gezeigt – viele Kredite ins Ausland vergeben, die nicht mehr zurückgezahlt wurden bzw. werden. Auch die unentgeltlichen Transfers ins Ausland wie Entwicklungshilfe, Überweisungen an die Europäische Union und andere internationale Organisationen sowie Überweisungen von Flüchtlingen an ihre Familien in den Heimatländern bedeuten einen Verlust von Kaufkraft im Inland. Abbildung 12.1 zeigt, dass die regelmäßigen grenzüberschreitenden Nettozahlungen über den Zeitverlauf hinweg immer weiter gewachsen sind. Unter der Ampelregierung haben sie nochmals einen starken Schub erhalten. Im Jahr 2022 lag dieses Nettosekundäreinkommen bei 70 Milliarden Euro im Minus. Die deutsche Politik scheint den Solidaritätsgedanken der Sozialen Marktwirtschaft auf die ganze Welt ausgeweitet zu haben.

Abbildung 12.1: Nettosekundäreinkommen Deutschlands

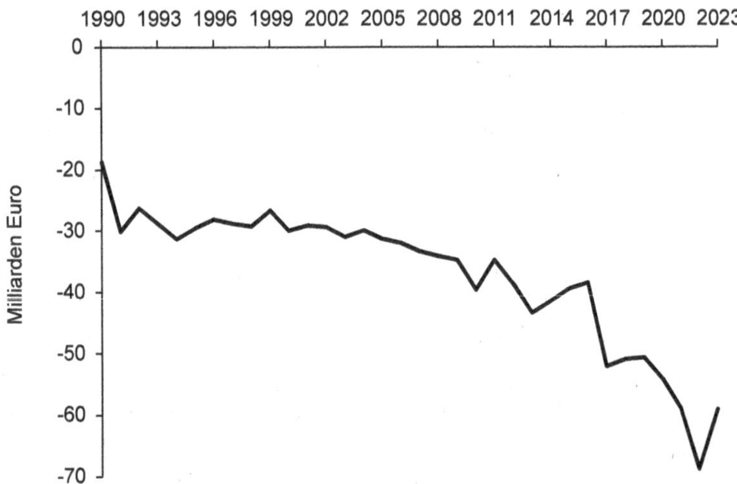

Quelle: Deutsche Bundesbank. Das Nettosekundäreinkommen in der Leistungsbilanz erfasst regelmäßige grenzüberschreitende Zahlungen bzw. Zuflüsse, denen keine direkten Leistungen des Auslands bzw. des Inlands gegenüberstehen. 2023 Schätzung.

Es ist aus zwei Gründen nicht ausgeschlossen, dass die Leistungsfähigkeit bzw. der Leistungswille der deutschen Bevölkerung für diese immer höher gesteckten Ziele nicht mehr ausreichen. Zum einen könnte für viele Menschen ein selbst definiertes Minimum bei ihrer Lebensqualität erreicht sein, das sie nicht unterschreiten wollen. Der Anteil des privaten Konsums am Volkseinkommen ist von gut 56 Prozent im Jahr 1990 auf 51 Prozent 2022 zurückgegangen, was Abbildung 12.2 zeigt. Fünf Prozentpunkte des Bruttoinlandsprodukts entsprechend mehr als 200 Milliarden Euro pro Jahr. Zwar ist es bei einem hohen Wohlstandsniveau möglich, viele Ressourcen für Umverteilung zu mobilisieren. Doch Deutschlands fette Jahre sind vorbei. Je höher die Belastung durch Steuern- und Sozialabgaben, durch Inflation und die damit einhergehende Entwertung der Ersparnisse, desto mehr sinkt auch die Bereitschaft zu arbeiten.

Abbildung 12.2: Privater Konsum als Anteil am Bruttoinlandsprodukt

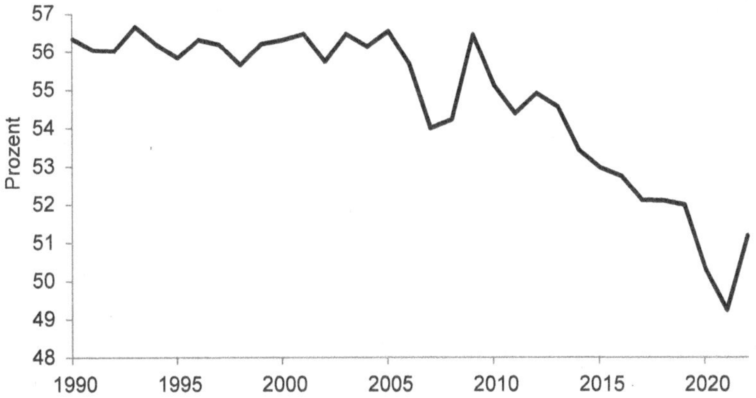

Quelle: Statistisches Bundesamt.

Zum anderen erhöht aus der Sicht der Ausländer eine großzügige soziale Sicherung den Anreiz, durch Zuwanderung oder neuerdings die Ankündigung von klimafreundlichen Maßnahmen an dem Wohlstand der Deutschen zu partizipieren. Gleichzeitig führt aber eine der weltweit höchsten Belastungen mit Steuern und Sozialabgaben dazu, dass Deutschland für ausländische Fachkräfte relativ unattraktiv ist. Asylsuchende integrieren sich nur langsam in den Arbeitsmarkt. Der »Jobturbo« von Arbeitsminister Hubertus Heil, der Asylsuchende schneller ins Erwerbsleben bringen soll, könnte aufgrund falscher Anreize ins Leere laufen.

Deshalb muss sich Leistung wieder lohnen. Um das zu erreichen, muss erstens – wie schon bei den Reformen von Gerhard Schröder – die Anzahl derer sinken, die den Sozialstaat in Anspruch nehmen. Christian Conrad, Professor an der Hochschule für Wirtschaft und Technik in Saarbrücken, hat argumentiert, dass der deutsche Wohlfahrtsstaat nicht mehr bezahlbar sei. Wenn das Geld knapp wird, müsse es umso effizienter eingesetzt werden. Die staatliche Hilfe bei sozialer Sicherung und Asyl müsse sich auf diejenigen beschränken, die existenziell auf Hilfe angewiesen sind. Die Frage der Zumutbarkeit müsse vor dem Hintergrund der Bezahlbarkeit diskutiert werden.[14] Das spricht dafür, die Erhöhung des Bürgergelds einzuschränken und den Druck zur Aufnahme von Arbeit wieder zu erhöhen.

Die Rente mit 63 muss abgeschafft werden, um deren negativen Einfluss auf den Bundeshaushalt und auf den Arbeitsmarkt zu beenden, fordert die Mittelstands- und Wirtschaftsunion.[15] Mit den anhaltend niedrigen Geburtenraten und einer weiter steigenden Lebenserwartung darf ein höheres Renteneintrittsalter als 67 für die nicht mehr ausgeschlossen sein, die dann noch arbeiten können. Nachdem die Krankheitstage pro Arbeitnehmer auf ein historisch hohes Niveau gestiegen sind, könnte die Lohnfortzahlung im Krankheitsfall eingeschränkt werden. Schließlich müsste der Staat das Verhältnis von Studierenden zu Auszubildenden reduzieren. Nicht für alle Tätigkeiten ist ein Hochschulstudium nötig. Auch andere Qualifikationen sind gefragt. Auszubildende treten früher in das Berufsleben ein und tragen damit früher zur Finanzierung der Kollektivgüter in unserer Gesellschaft bei.

Zweitens muss Arbeit wieder produktiver werden. Durch Deregulierung und Bürokratieabbau könnten bei den Banken, den Unternehmen und beim Staat unproduktive Tätigkeiten reduziert werden. Arbeitskräfte könnten zurück in den produktiven Sektor der Wirtschaft, insbesondere in die Industrie, wandern. Das würde helfen, scheinbar maßlose Lohnforderungen der Gewerkschaften einzugrenzen. Die Unternehmen könnten Arbeitskräfte von der Verwaltung zurück in die Entwicklung und Produktion bringen. Die große Anzahl von Eintritten in den Ruhestand, die in der Generation der Babyboomer ansteht, bietet eine gute Möglichkeit, die Struktur des Arbeitsmarkts reibungslos zu korrigieren.

Bürokratieabbau würde insbesondere dadurch erreicht, dass die Europäische Union die Taxonomie, das Lieferkettengesetz und den Klimazoll abschafft. Ein Klimaschutz, der sich auf eine CO_2-Steuer konzentriert, wäre nicht nur mit deutlich weniger Bürokratie verbunden, sondern auch technologieoffen, was das Risiko von Fehlentscheidungen reduzieren würde. Ohne Subventionen des Staates würden sich die Technologien durchsetzen, die am meisten CO_2 einsparen. An die Stelle von kostspieligen neuen Heizungen könnten auch Einsparungen im Verbrauch treten. Weniger heizen und fahren sind eine wichtige Option, CO_2 einzusparen. Eine Erhöhung der CO_2-Steuer müsste jedoch mit einer Senkung der Mehrwertsteuer im gleichen Umfang verbunden sein, um die Gesamtsteuerbelastung nicht weiter zu erhöhen. Die Rückzahlung von CO_2-Steuern über ein Klimageld bedeutet mehr Bürokratie und weckt viele Begehrlichkeiten bei den politischen Entscheidungsträgern.

Drittens müsste es wieder klare Signale geben, dass sich Leistung wieder lohnt. In einer repräsentativen »Alarm«-Umfrage der *Bild*-Zeitung waren 52 Prozent der Deutschen der Meinung, dass sich Arbeit nicht mehr lohnt.[16] Der Bund der Steuerzahler schätzt den Anteil von Steuern und Abgaben am Bruttoeinkommen eines durchschnittlichen Arbeitnehmers einschließlich indirekter Steuern auf 53 Prozent. Er sieht die Steuer- und Abgabenlast durch die Decke gehen,[17] was angesichts der weitgehenden Transformationspläne der Ampelkoalition nicht überraschend ist.

Um Leistung wieder zu belohnen, müssen die Steuern und Sozialabgaben sinken, was entsprechende Ausgabenkürzungen bei den Sozialausgaben und der Klimapolitik notwendig macht. Sozialausgaben sind die größte Ausgabenposition im Bundeshaushalt. Die Klimapolitik ist die Ausgabenposition mit dem höchsten Anstiegspotenzial. Steuersenkungen könnten insbesondere über eine Erhöhung des Kinderfreibetrags erfolgen, um Familien zu entlasten. Wie ich in Kapitel 7 gezeigt habe, ist die Klimapolitik zur wichtigsten Rechtfertigung für Subventionen vor allem für große Unternehmen geworden. Ohne Subventionen müssten diese wieder aktiver nach Innovationen und Effizienzgewinnen streben.

Es ist bekannt, dass Zuzügler in den Kanton Zug in der Schweiz ihre Steuerschuld mit den Steuerbehörden persönlich verhandeln können. Auf einer Internetseite mit dem Untertitel »Steuergünstig im Ausland gründen« kann man erfahren, wie man durch Abwanderung aus Deutschland Steuern sparen kann. Eine geringere Steuerbelastung würde reiche Menschen, ihr Vermögen und ihre Steuerzahlungen wieder öfter in Deutschland halten, anstatt sie mit der Forderung nach einer Reichensteuer aus dem Land zu treiben. Höhere Steuern bringen auch nichts, wenn die zusätzlichen Einnahmen verkonsumiert oder verschwendet werden.

Die Senkung der Beiträge zur gesetzlichen Rentenversicherung ist bei einer alternden Bevölkerung nur möglich, wenn die Menschen selbst Rücklagen für das Alter bilden. Eine Aktienrente wäre ein Schritt in diese Richtung. Eine stabile private Alterssicherung setzt voraus, dass die Geldpolitik auf Dauer stabilitätsorientiert ist. Nur dann haben Spareinlagen inflationsbereinigt positive Erträge. Kursschwankungen auf den Aktienmärkten würden reduziert, was die Unsicherheit für private Anleger senken würde. Die Kapitalabflüsse aus Deutschland würden durch höhere Zinsen abgemildert, was die Währungs- und Ausfallrisiken für die deutschen Sparer reduzieren würde. Mit einem höheren Zinsniveau würden sich die Immobilienpreise normalisieren, sodass Immobilien als Form der Alterssicherung wieder attraktiver würden. Für junge Familien würde Wohnraum wieder erschwinglicher, was positiv für die Geburtenrate sein könnte.

An den Schulen müsste das Leistungsprinzip wieder an Bedeutung gewinnen. Die Ergebnisse der Pisa-Tests, die in Abbildung 12.3 gezeigt sind, haben einen deutlichen Leistungsabfall bei den Schülern seit dem Jahr 2012 bei Naturwissenschaften, Mathematik und Lesen offengelegt. Trotz eines gesunkenen Leistungsdrucks ist der Anteil der Studienberechtigten unter den jungen Erwachsenen von 22,2 Prozent im Jahr 1980 auf 48,4 Prozent 2021 angestiegen. Der Notendurchschnitt bei Abiturprüfungen hat sich von 2,53 im Jahr 2006 auf 2,28 im Jahr 2022 verbessert. Die schlechten Pisa-Ergebnisse dürften einerseits an Eltern liegen, die – wie man von Lehrern hört – weniger Leistungsdruck und Hausaufgaben verlangen.

Andererseits fällt insbesondere seit den Coronamaßnahmen an den öffentlichen Schulen viel Unterricht aus. Dies liegt zum einen an vielen

Krankmeldungen und anders begründeten Abwesenheiten von Lehrern, die ich aus meiner Schulzeit so nicht kenne. Kurzfristiger »Unterrichtsausfall-Alarm« ist inzwischen der Regelfall. An Sachsens Schulen gibt es inzwischen »Hausarbeitstage«, an denen sich die Schüler zu Hause selbst den Stoff beibringen sollen. Der ausgefallene Unterricht scheint bei Privatschulen deutlich geringer sein. Zum andern ist es aufgrund des vom Staat überhitzten Arbeitsmarkts für die Schulen schwer, offene Stellen zu besetzen. Der Anspruch an kleine Klassengrößen verschärft die Lehrerknappheit. Als ich im Gymnasium über dem Isartal war, waren wir mehr als 40 Schüler in einer Klasse. Das Leistungsniveau war hoch.

Abbildung 12.3: Deutschlands Ergebnisse beim Pisa-Test

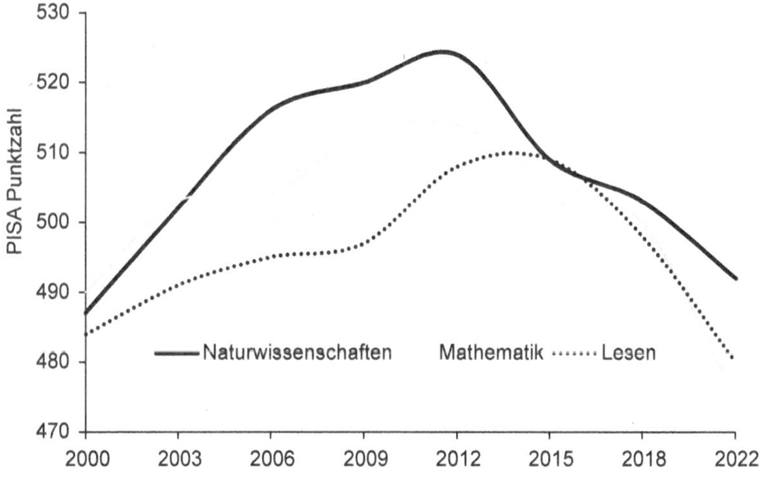

Quelle: OECD.

Wenn das Leistungsprinzip an den Schulen wieder stärker gelebt werden soll, dann muss es bei den Eltern mehr Akzeptanz finden. Die Medien könnten dazu beitragen, indem sie nicht nur über die Notwendigkeit sozialer Sicherung und Klimarettung berichten, sondern auch mehr den Beitrag von Leistungsträgern für unsere Gesellschaft würdigen. Mit besseren Schulleistungen könnte das Leistungsniveau an den Universitäten steigen. Anspruchsvollere Lehrinhalte an den Hochschulen könnten dadurch erreicht werden, dass wieder kleinere Anteile der Jahrgänge an die Universitäten gehen.

Im Fach Volkswirtschaftslehre gab es nach dem Zweiten Weltkrieg viele Lehrstühle, die ordnungspolitisches Denken mit einem engen Bezug zu aktuellen wirtschaftspolitischen Entwicklungen vermittelt haben. Neben John Maynard Keynes und Karl Marx waren auch Walter Eucken und Friedrich August von Hayek in der Lehre vertreten. Es ging darum, die oft komplexen volkswirtschaftlichen Entwicklungen und Interessensbeziehungen zu durchdringen. Die ordnungspolitischen Lehrstühle wurden jedoch weitgehend durch theoretisch ausgerichtete Lehrstühle ersetzt, bei denen mathematische Modellierung im Vordergrund steht. Auch wenn volkswirtschaftliche Theorie wichtig ist, stellt sich die Frage, ob man in Zukunft auf die Vermittlung von Ordnungspolitik und angewandten Lehrinhalten verzichten will.

Der Euro muss stabil sein oder sich teilen

Eine stabile Währung ist das Rückgrat einer leistungsfähigen Volkswirtschaft. Die Deutsche Mark war lange Zeit eine Produktivitätspeitsche, die den Wohlstand in ganz Europa befördert hat. Die großzügige Bemessung des deutschen Wohlfahrtsstaates basiert auf der hohen Produktivität der deutschen Wirtschaft. Die hohen Kosten der Umwelt- und Klimapolitik können ohne soziale Verwerfungen nur geschultert werden, wenn die Wirtschaft ausreichend produktiv ist. Aus dieser Sicht muss der Euro auf Dauer stabilisiert werden, um den Wohlstand und den sozialen Frieden zu sichern.

Ich habe in Kapitel 2 gezeigt, dass bald nach der Einführung des Euros die Ausrichtung der Europäischen Zentralbank nach dem Muster der Deutschen Bundesbank schrittweise unterhöhlt wurde. Die europäische Finanz- und Schuldenkrise hat der Europäischen Zentralbank die Möglichkeit eröffnet, in großem Umfang Staatsanleihen zu kaufen. Das hat zwar zunächst den Eurostaaten große zusätzliche Ausgabenspielräume eröffnet, die wirtschaftliche Lage stabilisiert und das Vertrauen in die Regierungen und in die europäischen Institutionen gestärkt. Mittelfristig hat aber Inflation in verschiedenen Formen zu wirtschaftlicher, gesellschaftlicher und politischer Instabilität geführt, die durch den Ausstieg aus der ultralockeren Geldpolitik zunächst weiter erhöht wird. »Wasch mich und mach mich nicht nass« gibt es nicht.

Um Deutschland und Europa zu stabilisieren, muss es zunächst die Einsicht geben, dass der Euro inhärent instabil ist, weil er einen Konstruktionsfehler hat. Die Hoffnung, dass mit dem Euro die Mitgliedsländer noch mehr Handel miteinander treiben würden und sich die Konjunkturzyklen deshalb angleichen würden, hat sich nicht erfüllt. Mit der Anzahl der Euroländer ist das Wohlstandsgefälle im Euroraum stark gewachsen. Das Bruttoinlandsprodukt pro Kopf im Jahr 2023 reichte von knapp 19 558 Euro in Kroatien bis über 121 819 Euro in Luxemburg. Während Estland 2023 um 2,3 Prozent schrumpfte, wuchs 2023 Malta um 3,8 Prozent. Die Staatsverschuldung als Anteil am Bruttoinlandsprodukt liegt in Estland bei etwas über 20 Prozent und in Griechenland bei fast 170 Prozent.

Wären die Arbeitskräfte in Europa mobiler, dann würden sie in Krisen von einem Krisenland in boomende Regionen wandern. Wären die Löhne flexibel, dann könnten die Löhne in Krisenländern fallen, um wieder wettbewerbsfähig zu werden. Doch flexible Arbeitsmärkte gibt es im Euroraum nur im Baltikum. Stattdessen rufen Länder in Krisen nach der Hilfe der Europäischen Zentralbank und der Europäischen Kommission. Man hat sich daran gewöhnt, dass die Europäische Zentralbank Staatsanleihen kauft. Die Europäische Union hat das Prinzip durchbrochen, dass sie sich nicht verschulden darf. Die durchschnittliche Staatsverschuldung im Euroraum liegt bei rund 90 Prozent der Wirtschaftsleistung. Als Gegenmittel gegen einen möglichen Zusammenbruch des Euros hat die Europäische Zentralbank den bevorzugten Ankauf von Staatsanleihen von Krisenländern beschlossen. Das deutet langfristig auf eine weitere Ausweitung der Bilanzsumme des Eurosystems hin, um den Euro zusammenzuhalten. Das deutet wiederum auf eine dauerhaft höhere Inflation hin. Schon erwartet man, dass die Europäische Zentralbank die Zinsen bald wieder senken wird.

Sollte allein Deutschland in den kommenden Jahren seine öffentlichen Haushalte konsolidieren, wird das für die Stabilisierung des Euros nicht ausreichen. Denn dann würden die von Deutschland eingesparten Euros wieder in die weniger stabilitätsorientierten Länder fließen und dort ausgegeben. Die jüngere Vergangenheit hat gezeigt, dass die Rückzahlung von Krediten ungewiss ist. Eine stabilitätsorientierte Finanzpolitik, wie sie derzeit für Deutschland Finanzminister Christian Lindner fordert, könnte die Stabilität des Euros nur sichern, wenn auch alle anderen Euroländer sparen und die Europäische Zentralbank die Zinsen hoch hält. Die Europäische Union hat jedoch die europäischen Schuldenregeln weiter aufgeweicht. Hoch verschuldete EU-Staaten sollen mehr Zeit bekommen, ihre Defizite abzubauen, und zusätzliche Spielräume für Investitionen bekommen.[18]

Das führt zu drei unterschiedlichen Zukunftsszenarien für den Euro. Szenario 1: Um die Inflation auf Dauer zu bekämpfen, müsste sich die Europäische Zentralbank wieder klar den geldpolitischen Prinzipien der Deutschen Bundesbank zuwenden, wie sie in den europäischen Verträgen verankert sind. Dazu müsste sie von ihrer grünen Geldpolitik Abstand nehmen sowie die Wertpapiere von Staaten und Unternehmen in ihrer Bilanz schrittweise abbauen. Das würde alle Staaten und Unternehmen zwingen, ihre Ausgaben und Schulden zu konsolidieren, um produktiver zu werden. Das würde die Kaufkraft im Euroraum wieder stärken.

Um die Produktivität erhöhen zu können, würden die Unternehmen mehr Freiräume einfordern. Würde die Europäische Union deregulieren, dann könnten die Unternehmen und Banken die Personalkosten senken. Das würde helfen, den überhitzten Arbeitsmarkt abzukühlen und damit den Lohndruck zu reduzieren. Die Umschichtung von Arbeitskräften von unproduktiven zu produktiven Bereichen würde Produktivitätsgewinne bewirken, die die Kaufkraft der Haushalte und damit die Steuereinnahmen der Staaten stärken würden. Der Euro käme unter Aufwertungsdruck, was die Kaufkraft der Bürger und Bürgerinnen des

Euroraums im Ausland erhöhen würde. Der Euro würde als internationale Währung attraktiver, was den Regierungen des Euroraums auf Kosten der USA zusätzliche Einnahmen bescheren würde. Ein harter Euro würde zu einem stabileren globalen Finanzsystem beitragen.

Szenario 2: Wenn Deutschland und die meisten anderen Eurostaaten hingegen nicht zu einer Konsolidierung der Staatsfinanzen in der Lage sind, dann würde die Staatsverschuldung im Euroraum weiter ansteigen. Würde die Europäische Zentralbank weiter eine straffe Geldpolitik verfolgen, dann würde ein neue Staatsschuldenkrise wahrscheinlicher werden. Beispielsweise könnten die Risikoprämien auf italienische Staatsanleihen eines Tages steil ansteigen, wie dies bereits 2012 der Fall war. Das hätte Ansteckungseffekte auf andere Eurostaaten. Die Europäische Zentralbank müsste wieder in großem Umfang italienische Staatsanleihen und die Staatsanleihen anderer betroffener Länder kaufen, um den Euro wie schon im Jahr 2012 zu retten.

Dann würden die derzeitigen Sparmaßnahmen bei den Eurostaaten wieder nachlassen. Neue kostspielige Unterstützungs- und Rettungsaktionen für den Finanzsektor, die soziale Sicherung, die Unternehmen und das Klima würden diskutiert. Die Taxonomie und andere große Regulierungswerke könnten noch ausgeweitet werden. Der Euro würde gerettet, aber die Inflation würde ansteigen. Der Euro würde abwerten und die Europäische Union würde sich schrittweise Japan angleichen. Das Wachstum würde auf Dauer gelähmt, die Kaufkraft würde auf Dauer sinken und die politische Instabilität würde weiter zunehmen. Der Preis könnte eine politische Radikalisierung Europas einschließlich der Einschränkung persönlicher Freiheiten sein.

Szenario 3: Sollte Deutschland diesem Pfad nicht folgen wollen, dann könnte es über einen Austritt aus dem Euro nachdenken. Ein plötzlicher Austritt würde schwer berechenbare Schockwellen durch die globalen Finanzmärkte schicken. Diese würden die Europäische Union einschließlich des wohlstandsfördernden europäischen Binnenmarkts gefährden. Deshalb wäre für Deutschland ein gradueller Ausstieg über eine Parallelwährung denkbar, wie es Thomas Mayer, Gründungsdirektor des Flossbach von Storch Research Institutes, vorgeschlagen hat.[19]

Eine stabile Währung ist mit einem werthaltigen Vermögenswert hinterlegt. Bei einer Neuen Deutschen Mark könnte das die Infrastruktur von Deutschland sein. Beispielsweise könnte eine Bürgergesellschaft Deutschland gegründet werden, in die Bund und Länder die Deutsche Bahn, die Autobahnen und die Immobilien, die im öffentlichen Besitz sind, einbringen. Im zweiten Schritt könnte die Bürgergesellschaft Deutschland Anteile an der Infrastruktur an die Bürgerinnen und Bürger verkaufen. Das könnten zeitlich unbegrenzte Anleihen in großer Stückelung mit einer Festverzinsung von beispielsweise 2 Prozent sein, die den Namen Bürger-Papiere tragen. Zudem könnte die Bürgergesellschaft unverzinsliche Anleihen in kleiner Stückelung von ein bis fünfhundert Euro ausgeben, die den Namen Bürger-Euro bekommen könnten.

Nach deren Ausgabe würde der Kurs der Bürger-Papiere und der Bürger-Euros in Euro vom Markt bestimmt. Bürger-Euros könnten bis zu einem Gesamtvolumen von 1,2 Billionen Euro ausgegeben werden. Das entspricht dem Trend des Wachstums der Geldmenge M1 (das ist der Bargeldumlauf plus die Sichteinlagen bei den Banken) seit Anfang der 1990er Jahre unter der Deutschen Bundesbank, wie Abbildung 12.4 zu entnehmen ist. Das Nettoanlagevermögen des deutschen Staats betrug 2022 schätzungsweise 1,7 Billionen Euro. Selbst wenn nur ein Teil davon in die Bürgergesellschaft eingebracht würde, hätte die Gesellschaft eine gute Ausstattung mit Eigenkapital.

Durch die Ausgabe von Bürger-Papieren und Bürger-Euros erhielte die Bürgergesellschaft Kapital in Euro, das sie zum Ausbau und zum Erwerb von Infrastruktur oder Immobilien verwenden könnte. Beispielsweise würde die Bahn durch Investitionen in das Schienennetz und Bahnhöfe attraktiver werden und mehr Fahrgäste haben. Alle Bürger-Papiere und Bürger-Euros wären mit den eingebrachten bzw. den neuen Projekten voll gedeckt. Wenn die Erträge aus Maut, Mieten und Pacht über die Zinsen der Bürger-Papiere hinausgehen würden, könnte die Bürgergesellschaft diese an die Bürger ausschütten. Das würde die Akzeptanz der Bürgergesellschaft erhöhen.

Abbildung 12.4: Deutschland: Entwicklung Geldmenge M1 und Fortschreibung des Trends von 1990 bis 1999

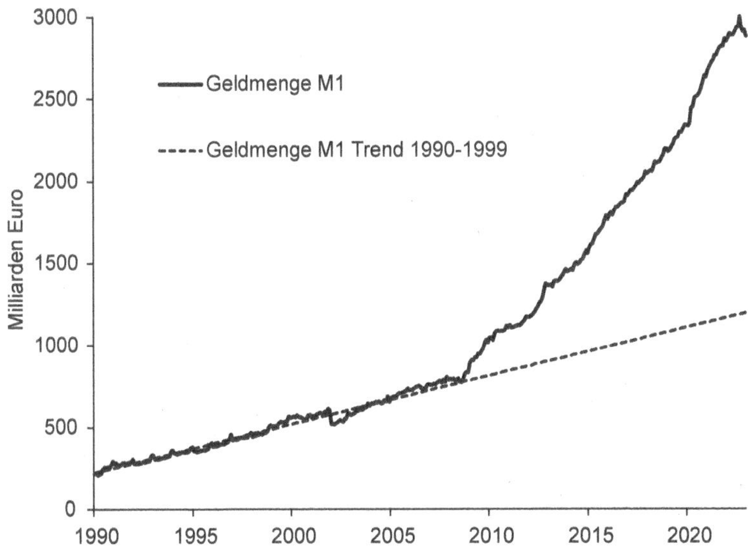

Quelle: Deutsche Bundesbank.

Der Bürger-Euro könnte in Papier oder elektronisch zirkulieren. Bei weiterhin hoher Inflation im Euroraum würde der Bürger-Euro zunächst zur Wertaufbewahrung genutzt, da der Bürger-Euro gegenüber dem Euro an Wert gewinnen würde. Es könnten sich Spareinlagen in Bürger-Euro bilden, die die Banken als Kredite weiterreichen könnten. Die Nachfrage nach Euro-Krediten würden sinken, sodass in Deutschland die Euro-Geldmenge schrumpfen würde, während die Bürger-Euro-Geldmenge wachsen würde. Wenn immer mehr Bürgerinnen und Bürger den Bürger-Euro halten, würde auch dessen Bedeutung bei Transaktionen steigen. Er geriete in Konkurrenz zum Euro als Zahlungsmittel.

Wenn der Bürger-Euro über einen längeren Zeitraum hinweg schrittweise gegenüber dem Euro aufwerten würde, dann wären die Preissteigerungen in Bürger-Euros geringer als in Euro. Die Kaufkraft der Einkommen in Bürger-Euros würde gerechnet in Euro steigen, was wie in den Zeiten der Deutschen Mark die Kaufkraft im Ausland stärken würde. Konstante Aufwertungserwartungen des Bürger-Euros würden einen Anreiz geben, Euros in Bürger-Euros zu tauschen. Andere Länder mit einer Präferenz für eine starke Währung im Norden oder Osten Europas könnten ähnliche Bürgergesellschaften gründen und die Wachstumsrate ihrer Bürger-Euros an Deutschland angleichen.

Eines Tages könnte Deutschland, wenn dies von der Mehrheit der Bürgerinnen und Bürger gewünscht ist, die Bürgergesellschaft Deutschland in eine Neue Deutsche Bundesbank überführen. Danach sollte die Geldmenge nach einer festen Regel wachsen, beispielsweise um 2 Prozent pro Jahr, um eine erneut zu expansive Geldpolitik der neuen Zentralbank zu vermeiden. Die kleineren Nachbarländer Deutschlands könnten dies ebenso tun und wieder ihre Währungen an die Neue Deutsche Mark binden. Das würde mit großer Wahrscheinlichkeit auch zahlreiche osteuropäische Länder einschließen. So würde eine Art Nordost-Euro-Block entstehen. Der alte Euro könnte in Verhandlungen mit den Nordost-Euro-Ländern in einen Süd-Euro überführt werden, der mehr oder weniger frei gegenüber dem Nordost-Euro schwanken würde. Der Währungswettbewerb, der über lange Jahre hinweg für Europa fruchtbar war, wäre wiederhergestellt. Gleichzeitig wäre noch für große Teile der Europäischen Union innerhalb von zwei Euro-Währungsblöcken die Wechselkursstabilität gewährleistet.

Reformen sind möglich

Der britische Wirtschaftshistoriker Adam Tooze hat vorgeschlagen, dem mit den trüben Wohlstandsaussichten verbundenen Höhenflug der AfD in Deutschland ein öffentliches Ausgabenprogramm entgegenzusetzen. Ein schuldenfinanziertes Wohnungsbauprogramm und Investitionen in öffentliche Dienstleistungen könnten die politische Lage in Deutschland wieder zugunsten der etablierten Parteien wenden.[20] Doch Japan hat bewiesen, dass keynesianische Konjunkturprogramme zwar Probleme kurzfristig zudecken, diese aber nicht langfristig lösen können. Wer also ein wirtschaftlich und politisch stabiles Deutschland will, muss reformieren. Dafür braucht es und gibt es Vorbilder.

Die Reformen unter Ludwig Erhard, die ich in Kapitel 1 beschrieben habe, könnten ein Vorbild sein. Wer mehr darüber wissen will, dem empfehle ich Ludwig Erhards Buch *Wohlstand für alle*. Kritiker könnten entgegenhalten, dass die damaligen Reformen nur möglich waren, weil sie die Besatzungsmächte ohne parlamentarische Gesetzgebungsverfahren durchsetzen konnten. Doch andererseits zeigt sich heute, dass zentralbankfinanzierte Staatsausgaben nicht nachhaltig sind. In der Bevölkerung wächst die Einsicht, dass es einer wirtschaftspolitischen Wende bedarf. Im besten Falle wären das marktwirtschaftliche Reformen statt immer mehr planwirtschaftliche Strukturen, wie sie auch die neue Partei von Sahra Wagenknecht anstrebt.

Der Weg zurück zur Marktwirtschaft ist schwer, weil er deutliche Ausgabenkürzungen des Staates nötig macht. Politische Lieblingsprojekte müssten ad acta gelegt werden. Viele wie der Präsident des Deutschen Instituts für Wirtschaftsforschung Marcel Fratzscher warnen gerne vor Ausgabenkürzungen und setzen auf noch mehr Schulden.[21] Doch dann droht Deutschland das Schicksal von Argentinien, das einmal eines der reichsten Länder der Welt war. Das Land ist wirtschaftlich immer weiter abgestiegen, weil wechselnde politische Führungen auf zu hohe Staatsausgaben, Inflation, Vetternwirtschaft, lähmende Regulierungen, Handelsschranken und Kapitalverkehrskontrollen gesetzt haben. Wer das nicht will, kann sich Reformen nicht verweigern.

Politiker und Ökonomen, die marktwirtschaftliche Reformen anmahnen, sind jedoch unbeliebt. Sie bleiben von unsachlicher Kritik, Meinungsmache und Ausgrenzung nicht verschont. Dennoch gibt es Beispiele für erfolgreiche Reformen. Als ich das Konzept dieses Buches entwickelt habe, hat man mir geraten, den Namen von Margret Thatcher, die von 1979 bis 1990 Premierministerin des Vereinigten Königreichs war, nicht zu nennen. Dann sei die Wahrscheinlichkeit gering, dass ich einen Verlag finden würde, hieß es. Doch Margret Thatcher hat das umgekehrt, was ihr Mentor Keith Joseph als »Sperrklinkeneffekt« bezeichnete: Wenn der Staat mit einer verfehlten Wirtschaftspolitik negative Effekte wie Arbeitslosigkeit, Inflation oder Krisen bewirkt, dann wird er für sein Versagen mit immer noch mehr Macht belohnt.

Abbildung 12.5: Bruttoinlandsprodukt pro Kopf im Vereinigten Königreich im Vergleich (pro Jahr)

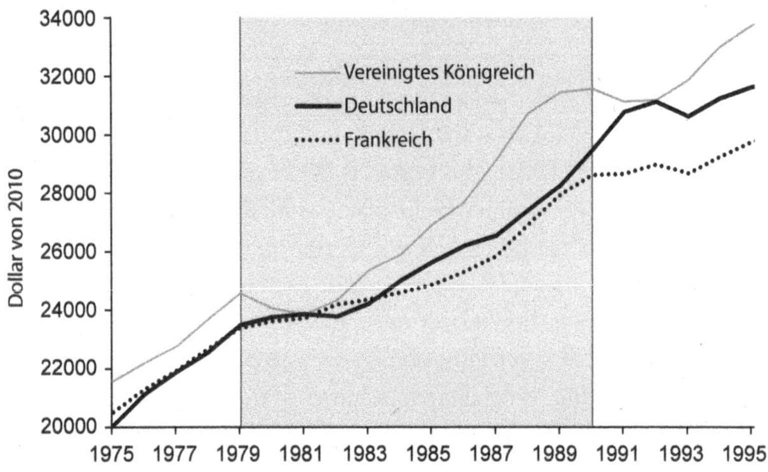

Quelle: Weltbank.

Margret Thatcher begründete ihre Reformen mit dem Argument, dass es keine Alternative dazu gebe. Sie kürzte die Subventionen für die Industrie und privatisierte die hochdefizitären Staatsunternehmen. Das ermöglichte es, die Bank von England unabhängig zu machen und der Geldwertstabilität zu verpflichten. So fiel die Inflation von 18 Prozent im Jahr 1980 auf 3,4 Prozent 1986. Die Eiserne Lady beschnitt den Einfluss der Gewerkschaften und förderte das Unternehmertum, indem sie den Spitzensteuersatz von 83 Prozent (1979) auf 40 Prozent (1988) reduzierte. Der Anteil des Staates am Bruttoinlandsprodukt ging in ihrer Amtszeit von 43 Prozent auf 35 Prozent zurück.

Die Regierung unter Margret Thatcher verkaufte öffentliche Wohnungen an die Bürger und Bürgerinnen und ermutigte zum Aktienbesitz, um leistungsorientiertes Denken zu fördern. Sie verbesserte die Lebensbedingungen in Europa, indem sie durch ihre Europapolitik mit dem europäischen Binnenmarkt den Wettbewerb stärkte. Der Erfolg gab ihr recht. Ab Beginn der 1980er Jahre entwickelte sich das Pro-Kopf-Einkommen im Vereinigten Königreich deutlich besser als in Deutschland und in Frankreich, wie in Abbildung 12.5 zu sehen ist (die Amtszeit von Margret Thatcher ist in der Abbildung grau markiert).

Wo ist der neue Ludwig Erhard und was soll er tun?

Gerhard Schröder hat gezeigt, dass auch in Deutschland Reformen möglich sind, auch wenn sie ihn sein Amt gekostet haben. Zeit für mehr Mut wäre es! Nach einer Umfrage von Forsa trauten im Dezember 2023 60 Prozent der Bevölkerung jedoch keiner politischen Partei zu, dass sie die derzeit wichtigsten Probleme lösen kann.[22] Das Gefühl, im politischen Raum gar nicht gehört zu werden, treibe viele Wähler in die Ohnmacht, in die Wahlabstinenz, in die Protestwahl, in die Suche nach Gegenöffentlichkeiten, so der Wahlforscher Karl-Rudolf Korte.[23]

Die großen deutschen Unternehmen haben gegenüber der internationalen Konkurrenz deutlich an Schlagkraft verloren. Der deutschen Aktienindex DAX ist weit hinter dem US-amerikanischen Dow Jones zurückgeblieben. Die Industrieproduktion stagniert seit 2007 und fällt seit 2018, wie Abbildung 12.6 zeigt. Deutschland wird in den Rankings zur internationalen Wettbewerbsfähigkeit nach unten durchgereicht. Die Unternehmen haben angefangen abzuwandern oder denken immer öfter darüber nach.

Die Kompetenz des Wirtschafts- und Klimaministers Robert Habeck, der im Jahr 2022 noch als Politiker des Jahres gekürt worden war und den der ehemalige Siemens-Vorstandsvorsitzende Joe Kaeser noch für die Tragweite seines Wirkens gelobt hat,[24] steht spätestens seit einer Aussage zu möglichen Insolvenzen von Bäckern in der Kritik.[25] Im November 2023 schien er sich mit Vertretern von Großunternehmen gegenseitig die Bälle zuzuspielen, um für diese grüne Subventionen zu sichern. Doch das ist keine Marktwirtschaft. Die basiert auf freiem Wettbewerb ohne staatliche Hilfen für besonders politisch einflussreiche Unternehmen.

Abbildung 12.6: Industrieproduktion in Deutschland

Quelle: OECD.

Meine Friseurin sagte zu mir, dass sie den Verdacht habe, dass der Wirtschaftsminister inkompetent sei. Sie wolle am liebsten den Koffer packen und davonlaufen. In der Tat scheinen immer mehr junge Menschen ans Auswandern zu denken.[26] Eine Studie der Otto-Brenner-Stiftung hat gezeigt, dass die Jugend krisenmüde und mit dem Anpassungsdruck der vergangenen Jahre überfordert ist. Sie vertraue nicht mehr darauf, dass Politiker die Herausforderungen für das Land bewältigen können.[27] Bereits seit dem Jahr 2005 ist der Wanderungssaldo bei den deutschen Staatsbürgern negativ, wie Abbildung 12.7 zeigt. Insgesamt sind seither netto rund eine Million überwiegend gut qualifizierte Menschen abgewandert. Das deutet darauf hin, dass trotz eines gemeinsamen globalen Trends der Schmerz in Deutschland besonders stark ist.

Grundlegende Reformen sind doppelt schwer. Zum einen treffen diese grundsätzlich auf Widerstand, weil sie die Privilegien von bisher begünstigten Gruppen brechen. Das dürften in Deutschland insbesondere Menschen sein, die im öffentlichen Sektor und bei den Großunternehmen beschäftigt sind. Zum anderen wird der politische Entscheidungsspielraum von Deutschland durch die Europäische Union eingeengt. Selbst wenn die deutsche Regierung Regulierungen abbauen wollte, schränken europäische Bürokratiemonster wie die Taxonomie und das Lieferkettengesetz die Entscheidungen der Unternehmen immer noch stark ein. *Die Welt* sprach von einem europäischen Bürokratie-Godzilla![28] Obwohl der Euro zu einer großen Bürde für die Bürgerinnen und Bürger geworden ist, gilt er aus politischer Sicht als unumkehrbar. Mario Draghi hat das Bundesverdienstkreuz erhalten, obwohl er für umfangreiche Staatsanleihekäufe der Europäischen Zentralbank verantwortlich ist.[29] Es scheint, als ob der schleichende Weg in die Planwirtschaft der politisch einfachere ist.

Abbildung 12.7: Wanderungssaldo deutscher Staatsangehöriger

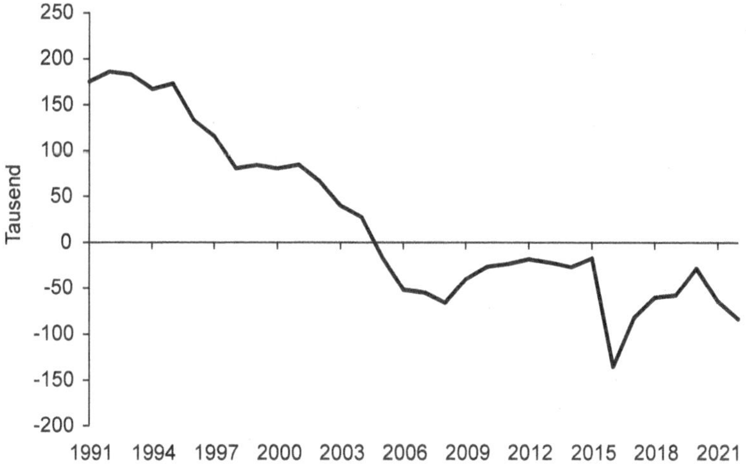

Quelle: Statistisches Bundesamt. Mit Spätaussiedlern.

Nach Ludwig Erhard gilt, dass eine freiheitliche Wirtschaftsordnung auf die Dauer nur dann bestehen kann, wenn und solange auch im sozialen Leben ein Höchstmaß an Freiheit, an privater Initiative und Selbstvorsorge gewährleistet ist.[30] Das große Potenzial der Menschen in Deutschland sollte genutzt werden, indem der Staat den Menschen und Unternehmen wieder mehr Freiheiten gewährt. Die Bevölkerung in Deutschland ist immer noch gut ausgebildet und hat sich über viele Jahre hinweg in einem marktwirtschaftlichen System bewährt. Die Jugend wäre leistungsbereiter, wenn es sich lohnen würde. Das Produktivitätspotenzial der deutschen Wirtschaft ist hoch genug, dass sich das Problem einer alternden Gesellschaft – auch mithilfe künstlicher Intelligenz – lösen ließe. Mit mehr binnenwirtschaftlichem Wachstum würde sich ganz von allein die wirtschaftliche Abhängigkeit von China und den USA reduzieren.

Was zu tun ist, ist klar! Walter Eucken hat einst die Blaupause für ein Wirtschaftswunder geschaffen. Das ist auch heute der Plan für den Erhalt des Wohlstands, auch wenn der Weg dorthin nicht einfach ist. Konkret bedeutet das: Zuerst braucht es eine **stabile Währung** in Deutschland und Europa. Das kann der Euro sein, wenn die Europäische Zentralbank die Zinsen auf Dauer hoch hält und ihren Bestand an Staats- und Unternehmensanleihen konsequent abbaut. Alle Eurostaaten müssten die in den europäischen Verträgen ursprünglich verankerten Stabilitätskriterien beachten. Wenn nicht, dann braucht es eine stabile Neue Deutsche Mark oder einen stabilen Nordost-Euro, die den Wohlstand in Europa sichern könnten. Eine stabile Währung setzt solide Staatsfinanzen ohne Schattenhaushalte voraus, was umfangreiche Ausgabenkürzungen und bescheidenere politische Zukunftspläne notwendig macht. Auch um das **Privateigentum** und die damit verbundene private Initiative wieder zu stärken, müssen die Steuern und Abgaben sinken, statt immer weiter zu steigen.

Um eine **freie Preisbildung** zu gewährleisten, muss die Regierung die wuchernden Subventionen streichen, was in **offenen Märkten** den Wettbewerb zwischen den Unternehmen wiederherstellen würde. Dann würden alle Unternehmen und Manager nach dem **Haftungs-**

prinzip wieder für ihre Entscheidungen verantwortlich sein. Die **Vertragsfreiheit** muss dadurch wieder gestärkt werden, dass die Taxonomie der Europäischen Union abgeschafft wird. Sie entspricht einer grünen Planwirtschaft, die die selbst gesteckten Ziele nicht erreichen kann. Eine CO_2-Steuer reicht für den Klimaschutz aus, sie muss aber durch eine entsprechende Senkung der Mehrwertsteuer aufkommensneutral sein. Alles in allem kann nur der Dreiklang aus stabilitätsorientierter Geldpolitik, Kürzungen der Staatsausgaben und umfassender Deregulierung den europäischen Binnenmarkt als Herzstück des europäischen Wohlstands sichern. Der Staat würde dann weniger in den Wirtschaftsprozess intervenieren, sodass die **Konstanz der Wirtschaftspolitik** gesichert wäre.

Ludwig Erhard hat bewiesen, dass es funktioniert. Doch welcher Politiker ist heute gewillt und in der Lage, die Widerstände gegen Veränderungen zu überwinden? Nach Karl-Rudolf Korte sind die Deutschen sicherheitsorientiert und risikoscheu. Sie wählten mehrheitlich politisch moderat und stabil mittig, oft mittelmäßig. Sie stärkten das Bekannte und wählten eher aufregungsresistente Amtsinhaber als Populisten.[31] Das würde bedeuten, dass tragfähige Reformen nur aus der Mitte des politischen Spektrums kommen können.

Der Druck zu Reformen würde in Europa steigen, wenn die US-amerikanische Zentralbank Fed den Zins auf längere Zeit hochhalten würde. Dann müsste auch die Europäische Zentralbank die Geldpolitik weiter straff halten, um einen Gesichtsverlust durch einen immer weiter abwertenden Euro zu verhindern. Auch wenn derzeit wieder Zinssenkungen im Gespräch sind, sprechen zwei Gründe für eine dauerhafte geldpolitische Wende in den USA. Erstens kommen dauerhaft niedrige Zinsen planwirtschaftlichen Strukturen gleich, die in den USA keine gesellschaftliche Akzeptanz hätten. Zweitens gibt es seit der Finanzkrise 2008 den Bitcoin, der bei einer anhaltend lockeren Geldpolitik in den USA den lukrativen Weltwährungsstatus des Dollars unterwandern könnte.

So könnte der Schlüssel zur Rückkehr zu mehr Marktwirtschaft beim Bitcoin liegen. Umfassende Reformen in den USA, die sich derzeit noch nicht abzeichnen, könnten Reformen in Europa den Weg ebnen. Es bleibt zu hoffen, dass sich die politische Mitte von der Selbstzufriedenheit der Merkel-Jahre endlich lösen und sich zum Wohle Deutschlands und Europas dem Einfluss einflussreicher Interessengruppen entziehen kann. Dann wäre der Weg zu einem neuen Wirtschaftswunder frei. Die Mittelschicht könnte wieder wachsen. Die Reformen unter Ludwig Erhard würden den Weg weisen.

Quellen

Kapitel 1: Wie Ludwig Erhard die Fundamente unseres Wohlstands geschaffen hat

1 Erhard 1957: *Wohlstand für Alle*, Econ Verlag, Düsseldorf, S. 22.
2 Erhard 1957: *Wohlstand für Alle*, Econ Verlag, Düsseldorf, S. 9.
3 Erhard 1957: *Wohlstand für Alle*, Econ Verlag, Düsseldorf, S. 135.
4 Erhard 1957: *Wohlstand für Alle*, Econ Verlag, Düsseldorf, S. 25.
5 Erhard 1957: *Wohlstand für Alle*, Econ Verlag, Düsseldorf, S. 39.
6 Erhard 1957: *Wohlstand für Alle*, Econ Verlag, Düsseldorf, S. 32.
7 Erhard 1957: *Wohlstand für Alle*, Econ Verlag, Düsseldorf, S. 24.
8 Zitiert nach Erhard 1957: *Wohlstand für Alle*, Econ Verlag, Düsseldorf, S. 104.
9 Erhard 1957: *Wohlstand für Alle*, Econ Verlag, Düsseldorf, S. 258.
10 Erhard 1957: *Wohlstand für Alle*, Econ Verlag, Düsseldorf, S. 248.
11 Erhard 1957: *Wohlstand für Alle*, Econ Verlag, Düsseldorf, S. 248.
12 Erhard 1957: *Wohlstand für Alle*, Econ Verlag, Düsseldorf, S. 249.

Kapitel 2: Wie die Politik die Europäische Zentralbank zum politischen Akteur machte

1 Wirtgen, Klaus 1998: »Weg ohne Wiederkehr«, in: *Der Spiegel* 10/1998, 1.3.1998, https://www.spiegel.de/politik/weg-ohne-wiederkehr-a-50dfb49e-0002-0001-0000-000007833746.
2 Bundesministerium der Finanzen 2022: Der Stabilitäts- und Wachstumspakt, 20.4.2022, https://www.bundesfinanzministerium.de/Web/DE/Themen/Europa/Stabilisierung-Euroraum/Stabilitaets-und-Wachstumspakt/stabilitaets-und-wachstumspakt.html.
3 Frankfurter Allgemeine Zeitung Online 2004: Griechenland erschwindelte Euro-Beitritt, 16.11.2004, https://www.faz.net/aktuell/wirtschaft/konjunktur/griechenland-erschwindelte-euro-beitritt-1189739.html.
4 The Economist Online 1999: »The sick man of the euro«, 3.6.1999, https://www.economist.com/special/1999/06/03/the-sick-man-of-the-euro
5 Röpke, Wilhelm 1964: »European Economic Integration and its Problems«, in: *Modern Age* 8, 3, S. 231–244.
6 Der Spiegel Online 2008: Merkel und Steinbrück im Wortlaut: »Die Spareinlagen sind sicher«, 5.10.2008, https://www.spiegel.de/wirtschaft/merkel-und-steinbrueck-im-wortlaut-die-spareinlagen-sind-sicher-a-582305.html.
7 Deutscher Bundestag 2010: »Scheitert der Euro, dann scheitert Europa«, 19.5.2010, https://www.bundestag.de/webarchiv/textarchiv/2010/29826227_kw20_de_stabilisierungsmechanismus-201760.
8 European Central Bank: Verbatim of the remarks made by Mario Draghi. Speech by Mario Draghi, President of the European Central Bank at the Global Investment Conference in London 26 July 2012, https://www.ecb.europa.eu/press/key/date/2012/html/sp120726.en.html.
9 Tooze, Adam 2018: Crashed – Wie Jahre Finanzkrise die Welt verändert haben, Siedler Verlag, München, S. 510.

10 ECB: Interview with Libération. Interview with Benoît Cœuré, Member of the Executive Board of the ECB, conducted by Jean Quatremer on 4 December, and published on 16 December 2019, https://www.ecb.europa.eu/press/inter/date/2019/html/ecb.in191216_1~bb222205e4.en.html.
11 Bundesministerium der Finanzen 2022: Europäische Finanzhilfen im Überblick: ESM, https://www.bundesfinanzministerium.de/Content/DE/Standardartikel/Themen/Europa/Stabilisierung-Euroraum/europaeische-finanzhilfen-esm.html.
12 ifo-Institut für Wirtschaftsforschung 2013: Verantwortung der Staaten und Notenbanken in der Eurokrise. Gutachten im Auftrag des Bundesverfassungsgerichts, Zweiter Senat. Verfassungsbeschwerden 2 BvR 1390/12, 2 BvR 1439/12 und 2 BvR 1824/12, Organstreitverfahren 2 BvE 6/12. 11.6.2013.
13 InfoCuria 2018: Judgment of the Court (Grand Chamber) of 11 December 2018, https://curia.europa.eu/juris/document/document.jsf?docid=208741&doclang=DE.
14 Bundesverfassungsgericht 2020: Leitsätze zum Urteil des Zweiten Senats vom 5. Mai 2020, https://www.bundesverfassungsgericht.de/SharedDocs/Entscheidungen/DE/2020/05/rs20200505_2bvr085915.html.
15 Deutscher Bundestag 2020: EZB hat Karlsruher Vorgaben zu Anleihekäufen erfüllt, https://www.bundestag.de/dokumente/textarchiv/2020/kw27-de-anleihekaeufe-703660.
16 Die Zeit Online 2013: Wir waren im Dauereinsatz, 19.12.2013, https://www.zeit.de/2013/52/interview-ubs-manager-axel-weber/komplettansicht.
17 Der Spiegel Online 2014: Diese perverse Angst!, 29.12.2013, https://www.spiegel.de/politik/diese-perverse-angst-a-83a3eafb-0002-0001-0000-000124188062?context=issue.
18 Süddeutsche Zeitung Online 2019: Merkel und Lagarde, Kartoffelsuppe und Entrecôte, 1.9.2019, https://www.sueddeutsche.de/wirtschaft/angela-merkel-christine-lagarde-1.4583509.
19 Die Welt Online 2023: Die Corona-Pandemie kostet den Bund bisher 440 Milliarden Euro, 22.4.2023, https://www.welt.de/wirtschaft/article244932734/Steuerausgaben-Die-Corona-Pandemie-kostet-den-Bund-bisher-440-Milliarden-Euro.html.
20 Bild Online 2021: Mächtigster Geldpolitikerin ist Inflation »eher zu niedrig«, 1.12.2021, https://www.bild.de/geld/wirtschaft/politik-inland/trotz-30-jahres-hochs-maechtigster-geldpolitikerin-ist-inflation-zu-niedrig-78394794.bild.html.

Kapitel 3: Der Euro wird doch zum Teuro: Wie die Inflation lange Zeit versteckt wurde

1 Bundesregierung; Deutsche Einheit: D-Mark wird Zahlungsmittel in der DDR, https://www.bundesregierung.de/breg-de/themen/deutsche-einheit/d-mark-wird-zahlungsmittel-353940
2 Bundesregierung: Deutsche Einheit: D-Mark wird Zahlungsmittel der DDR, https://www.bundesregierung.de/breg-de/themen/deutsche-einheit/d-mark-wird-zahlungsmittel-353940.
3 Focus 2001: Vorsicht Teuro!, 19, S. 234.
4 Kröger, Michael 2002: »Wie Boykott-Hans den Volksaufstand inszenierte«, in: *Der Spiegel* Online, 17.5.2002, https://www.spiegel.de/wirtschaft/teuro-debatte-wie-boykott-hans-den-volksaufstand-inszenierte-a-196658.html.
5 Der Tagesspiegel Online 2002: Anti-Teuro-Gipfel bei Künast geplatzt, 9.7.2002, https://www.tagesspiegel.de/wirtschaft/anti-teuro-gipfel-bei-kunast-geplatzt-908335.html.
6 Statistisches Bundesamt o.J.: Was beschreibt der Verbraucherpreisindex?, https://www.destatis.de/DE/Themen/Wirtschaft/Preise/Verbraucherpreisindex/Methoden/Erlaeuterungen/verbraucherpreisindex.html.

7 Rede von Isabel Schnabel, Mitglied des Direktoriums der EZB, Juristische Studiengesellschaft: Narrative über die Geldpolitik der EZB – Wirklichkeit oder Fiktion?, Karlsruhe 11.2.2020, https://www.ecb.europa.eu/press/key/date/2020/html/ecb.sp200211_1~b439a2f4a0.de.html.
8 Statistisches Bundesamt o.J.: Verbraucherpreisindizes: Qualitätsbereinigung in der amtlichen Preisstatistik, https://www.destatis.de/DE/Themen/Wirtschaft/Preise/Verbraucherpreisindex/Methoden/Erlaeuterungen/qualitaetsbereinigung.html.
9 Verbraucherzentrale Hamburg: Mogelpackung des Jahres Kandidat 3: »Mirácoli« von Mars, https://www.vzhh.de/themen/mogelpackungen/mogelpackung-des-jahres/kandidat-3-miracoli-von-mars.
10 Die Welt Online 2023: Bundesregierung will gegen »Mogelpackungen« im Supermarkt vorgehen, 16.9.2023, https://www.welt.de/politik/deutschland/article247511842/Verbraucherschutzministerin-Bundesregierung-will-gegen-Mogelpackungen-im-Supermarkt-vorgehen.html.
11 Focus Online 2022: Unsichtbare Inflation: Wie wir abkassiert werden, ohne es mitzubekommen, 5.8.2022, https://www.focus.de/finanzen/boerse/konjunktur/unsichtbare-inflation-wie-qualitaetsverluste-unbemerkt-die-preise-treiben_id_128142176.html.
12 Statistisches Bundesamt 2023: Hintergrundpapier zur Revision des Verbraucherpreisindex für Deutschland 2023, 22.2.2023, https://www.destatis.de/DE/Presse/Pressekonferenzen/2023/vpi/hintergrundpapier-vpi.pdf?__blob=publicationFile.
13 Regierungserklärung von Bundeskanzlerin Dr. Angela Merkel vor dem Deutschen Bundestag am 21. März 2018 in Berlin, https://www.bundesregierung.de/breg-de/service/bulletin/regierungserklaerung-von-bundeskanzlerin-dr-angela-merkel-862358.
14 Statista 2021: Die Ära Merkel – eine Wirtschafts-Bilanz, 1.9.2021, https://de.statista.com/infografik/25669/kennzahlen-zur-wirtschaftlichen-entwicklung-deutschlands-2005-bis-2020/.
15 Clemens Fuest 2019: »Die Ära Merkel war eine Zeit des Wohlstands und der Bequemlichkeit«, in: *Handelsblatt* 15.11.2019, https://www.handelsblatt.com/meinung/gastbeitraege/gastbeitrag-die-aera-merkel-war-eine-zeit-des-wohlstands-und-der-bequemlichkeit/25218088.html?ticket=ST-16218564-TjDIDT6nUeLEm2y5lfZu-ap4.
16 NTV 2021: EZB-Direktorin Schnabel bei ntv: Mehr als drei Prozent Inflation in Deutschland möglich, 11.5.2021, https://www.n-tv.de/mediathek/videos/wirtschaft/Mehr-als-drei-Prozent-Inflation-in-Deutschland-moeglich-article22546792.html.
17 Statistisches Bundesamt 2023: Hintergrundpapier zur Revision des Verbraucherpreisindex für Deutschland 2023, https://www.destatis.de/DE/Presse/Pressekonferenzen/2023/vpi/hintergrundpapier-vpi.pdf?__blob=publicationFile

Kapitel 4: »Stupid German Money«: Exportüberschüsse als Wohlstandsverlust

1 Die Welt Online 2023: »Es geht die Regierung nichts an, welchen Lebensstil die Bürger haben«, 22.9.2023, https://www.welt.de/politik/deutschland/plus247488904/Olaf-Scholz-Der-Kanzler-stemmt-sich-gegen-den-Eindruck-mit-Deutschland-ginge-es-bergab.html.
2 Sinn, Hans-Werner 2003: *Ist Deutschland noch zu retten.* Econ Verlag, Berlin.
3 Deutscher Bundestag: Stenografischer Bericht, 4. Sitzung, Plenarprotokoll 16/4, 30. November 2005, S. 78, https://dserver.bundestag.de/btp/16/16004.pdf.
4 Sinn, Hans-Werner 2012: *Die Target-Falle. Gefahren für unser Geld und unsere Kinder.* Hanser Verlag, München.
5 Hellwig, Martin 2018: »Target2-Falle oder Empörungsfalle?«, in: *Perspektiven der Wirtschaftspolitik* 19, S. 345–382.

6 Deutscher Bundestag 2019: Experten wollen Target2-System beibehalten, https://www.bundestag.de/dokumente/textarchiv/2019/kw23-pa-finanzen-644412.
7 Der Spiegel Online 2013: Merkel verteidigt Handelsüberschüsse, 21.11.2013, https://www.spiegel.de/wirtschaft/soziales/merkel-verteidigt-handelsueberschuesse-a-934944.html.
8 Tagesschau Online 2014: Deutschland weist EU-Rüge zurück, 5.3.2014, https://www.tagesschau.de/wirtschaft/exportueberschuss-ts-102.html.
9 TAZ Online 2015: EU kritisiert Handelsüberschuss: Brüssel warnt Deutschland, 26.11.2015, https://taz.de/EU-kritisiert-Handelsueberschuss/!5252079/.
10 Der Spiegel Online 2017: Trump in Brüssel: »Die Deutschen sind böse, sehr böse«, 25.5.2017, https://www.spiegel.de/politik/ausland/donald-trump-bei-der-eu-die-deutschen-sind-boese-sehr-boese-a-1149282.html.
11 Reuters Online 2017: Merkel weist Kritik an deutschem Exportüberschuss zurück, 22.5.2017, https://www.reuters.com/article/amp/idDEKBN18I16I/.
12 Institut für Weltwirtschaft 2019: Deutschland verdient weniger mit Auslandsanlagen als andere Länder, 4.7.2019, https://www.ifw-kiel.de/de/publikationen/aktuelles/deutschland-verdient-weniger-mit-auslandsanlagen-als-andere-laender/.
13 Institut für Weltwirtschaft 2019: Kapitalexport ist ein Milliardengrab, Dezember 2019, https://www.ifw-kiel.de/de/publikationen/kiel-focus/kapitalexport-ist-ein-milliardengrab/.
14 Bild Online 2010: Verkauft doch eure Inseln, ihr Pleite-Griechen … und die Akropolis gleich mit!, 27.10.2010, https://www.bild.de/politik/wirtschaft/griechenland-krise/regierung-athen-sparen-verkauft-inseln-pleite-akropolis-11692338.bild.html.
15 Welt am Sonntag Online 2007: »Stupid German Money« für Hollywood, 25.3.2007, https://www.welt.de/wams_print/article776804/Stupid-German-Money-fuer-Hollywood.html.
16 Süddeutsche Zeitung Online 2015: Dubiose Schiffsfonds – Mit vollen Segeln in die Pleite, 6.12.2015, https://www.sueddeutsche.de/wirtschaft/geldanlage-dubiose-schiffsfonds-mit-vollen-segeln-in-die-pleite-1.2767642.
17 Die Welt Online 2007: Knapp vorbei an einem nationalen Desaster, 2.8.2007, https://www.welt.de/wirtschaft/article1074417/Knapp-vorbei-an-einem-nationalen-Desaster.html
18 Hellwig, Martin 2018: Germany and the Financial Crisis 2007–2017, https://www.riksbank.se/globalassets/media/konferenser/2018/germany-and-financial-crises-2007-2017.pdf.
19 Süddeutsche Zeitung Online 2010: Hochzeit des Grauens, 17.5.2010, https://www.sueddeutsche.de/wirtschaft/daimler-und-chrysler-hochzeit-des-grauens-1.464777.
20 Manager Magazin Online 2000: Milliardengrab Rover für zehn Pfund an Phoenix verkauft, 9.5.2000, https://www.manager-magazin.de/finanzen/artikel/a-75867.html
21 Handelsblatt Online 2023: US-Sammelklage zugelassen – Schaden in Milliardenhöhe droht, 9.11.2023, https://www.handelsblatt.com/technik/it-internet/deutsche-telekom-us-sammelklage-zugelassen-schaden-in-milliardenhoehe-droht/29489766.html.

Kapitel 5: China als willkommener und riskanter Wirtschaftspartner

1 Bloomberg Online 2010: China to Exceed U.S. by 2020, Standard Chartered Says, 15.11.2010, https://www.bloomberg.com/news/articles/2010-11-15/china-may-surpass-u-s-by-2020-in-super-cycle-standard-chartered-says.
2 The Economist Online 2013: Catching the Eagle, 21.11.2013, https://www.economist.com/graphic-detail/2013/11/21/catching-the-eagle.
3 Business Insider 2015: China's GDP is expected to surpass the US in 11 years, 25.6.2015, https://www.businessinsider.com/chinas-gdp-is-expected-to-surpass-the-us-in-11-years-2015-6.

4 Forbes Online 2022: China And India Will Overtake U.S. Economically By 2075, Goldman Sachs Economists Say, 6.12.2022, https://www.forbes.com/sites/dereksaul/2022/12/06/china-and-india-will-overtake-us-economically-by-2075-goldman-sachs-economists-say/.
5 Statista 2023: Chinas Aufstieg zur Wirtschaftsmacht Nr. 1, 18.1.2023, https://de.statista.com/infografik/27680/anteil-am-kaufkraftbereinigten-globalen-bruttoinlandsprodukt/.
6 Tagesschau Online 2023: Rekordinvestition europäischer Autobauer, 3.5.2023, https://www.tagesschau.de/wirtschaft/unternehmen/autoindustrie-investitionen-europa-china-100.htm.
7 Bild Online 2023: Fahren wir nur noch hinterher, Herr Mercedes-Chef?, 30.4.2023, https://www.bild.de/geld/wirtschaft/politik/china-zuendet-den-e-auto-turbo-fahren-wir-nur-noch-hinterher-herr-mercedes-chef-83742130.bild.html.
8 iwd 2023: Deutsche Gewinne – Made in China, 21.6.2023, https://www.iwd.de/artikel/deutsche-gewinne-made-in-china-587767/.
9 Statista 2023: Anteil der in China verkauften Personenkraftwagen am Gesamtabsatz deutscher Automobilhersteller von 2011 bis 2022, 4.7.2023, https://de.statista.com/statistik/daten/studie/1084191/umfrage/absatz-deutscher-premium-modelle-in-china/.
10 Kennedy, Paul 1987: *The Rise and Fall of the Great Powers*, Random House, New York.
11 Spiegel Online 2016: Deutsche Bank zahlte 1,25 Millionen Dollar für Clinton-Reden, 17.6.2016, https://www.spiegel.de/spiegel/vorab/deutsche-bank-zahlte-1-25-millionen-dollar-fuer-clinton-reden-a-1098168.html.
12 Shambaugh, David 2016: *The China Reader. Rising Power*, Oxford University Press, Oxford.
13 Franke, Martin 2022: China gegen die USA – der Kampf der Systeme, Frankfurter Allgemeine Zeitung Online 27.12.2022, https://www.faz.net/aktuell/wirtschaft/schneller-schlau/china-gegen-die-usa-wer-ist-die-wahre-weltgroesste-supermacht-18555696.html.

Kapitel 6: Investitionsstau und wuchernde Sozialausgaben als Wachstumsbremsen

1 Deutschlandfunk Online 2023: Was die EU den Milliarden-Investitionen der USA entgegensetzen will, 7.2.2023, https://www.deutschlandfunk.de/inflation-reduction-act-anti-inflationsprogramm-inflationsbekaempfungsgesetz-100.html.
2 Der Spiegel Online 2023: Grünenchefin fordert Investitionen per Schattenhaushalt, 20.8.2023, https://www.spiegel.de/wirtschaft/soziales/ricarda-lang-gruenenchefin-fordert-investitionen-per-schattenhaushalt-a-eab89657-3573-41ba-a652-5f663cf981e4.
3 IGM Bayern 2020: IG Metall will Kaufkraft stärken, Beschäftigung sichern und Zukunft gestalten, 17.12.2020, https://bayern.igmetall.de/tarif-branchen/ig-metall-will-kaufkraft-staerken-beschaeftigung-sichern-u.
4 The Wall Street Journal Online 2012: Frankreich erhöht Mindestlohn und Reichensteuer, 26.6.2012, https://www.wsj.com/articles/SB1000142405270230478240457749161099143582 8.
5 The Washington Post Online 2020: In unprecedented move, Treasury orders Trump's name printed on stimulus checks, 14.4.2020, https://www.washingtonpost.com/politics/coming-to-your-1200-relief-check-donald-j-trumps-name/2020/04/14/071016c2-7e82-11ea-8013-1b6da0e4a2b7_story.html.
6 Tagesschau Online 2009: 3,5 Milliarden Abwrack-Euro mehr, 8.4.2009, https://www.tagesschau.de/wirtschaft/abwrackpraemie-ts-128.html.
7 European Central Bank 2020: How the ECB is helping firms and households, 9.4.2020, https://www.ecb.europa.eu/press/blog/date/2020/html/ecb.blog200409~3aa2815720.en.html.

8 Tagesspiegel Online 2019: Niedrige Zinsen: 20 deutsche Mythen zur EZB-Geldpolitik, 24.11.2019, https://www.tagesspiegel.de/wirtschaft/20-deutsche-mythen-zur-ezb-geldpolitik-6791425.html.
9 TAZ Online 2022: Leitzinserhöhung der EZB ist fatal, 20.7.2022, https://taz.de/Kampf-gegen-die-Inflation/!5865721/.
10 Zeit Online 2017: Schäuble macht EZB für Exportüberschüsse mitverantwortlich, 20.4.2017, https://www.zeit.de/wirtschaft/2017-04/handelspolitik-wolfgang-schaeuble-ezb-christine-lagarde-handelsueberschuss.
11 Rheinische Post 2011: Die 180-Grad-Drehung der CDU, 14.11.2011, https://rp-online.de/politik/deutschland/die-180-grad-drehung-der-cdu_aid-13118873.
12 Tagesschau Online 2023: Wie die Familienministerin rechnet, 1.9.2023, https://www.tagesschau.de/inland/innenpolitik/kindergrundsicherung-136.html.
13 Die Welt Online 2023: »Arbeit lohnt sich« – Heil verteidigt Erhöhung des Bürgergelds, 8.9.2023, https://www.welt.de/politik/deutschland/article247356450/Buergergeld-Arbeit-lohnt-sich-Heil-verteidigt-Erhoehung-der-Regelsaetze.html.
14 Tagesschau Online 2023: Habeck verspricht Milliarden für neue Heizungen, 9.3.2023, https://www.tagesschau.de/wirtschaft/habeck-heizung-101.html.
15 Der Spiegel Online 2002: Prodi unter Beschuss, 18.10.2002, https://www.spiegel.de/politik/deutschland/dummer-stabilitaetspakt-prodi-unter-beschuss-a-218727.html.
16 Siebert, Horst 2003: *Der Kobra-Effekt. Wie man Irrwege der Wirtschaftspolitik vermeidet.* Deutsche Verlagsanstalt, Stuttgart 2001.
17 BMF-Monatsbericht August 2022, https://www.bundesfinanzministerium.de/Monatsberichte/2022/08/Inhalte/Kapitel-3-Analysen/3-2-wirtschaftsstabilisierungsfonds.html.
18 Focus Online 2023: Jedes Jahr neue Rekorde. Um die Wirtschaft zu stabilisieren, gibt die Politik unsere Steuer-Milliarden aus, 20.10.2023, https://www.focus.de/finanzen/news/jedes-jahr-neue-rekorde-deutschland-leidet-unter-grassierender-subventionitis_id_225879188.html.
19 Institut für Weltwirtschaft 2023: Kieler Subventionsbericht 2023: Subventionen des Bundes in Zeiten von Ukrainekrieg und Energiekrise, https://www.ifw-kiel.de/de/publikationen/kieler-subventionsbericht-2023-subventionen-des-bundes-in-zeiten-von-ukrainekrieg-und-energiekrise-32038/.
20 Die Bundesregierung 2022: »Wir werden niemanden alleine lassen«, 7.9.2022, https://www.bundesregierung.de/breg-de/suche/kanzler-generaldebatte-2123606.
21 Focus Online 2023: »Toxischer Cocktail", 18.7.2023, https://www.focus.de/finanzen/news/toxischer-cocktail-toxischer-cocktail-bdi-chef-orakelt-dass-habecks-plaene-unsere-wirtschaft-ruinieren_id_198624191.html.
22 Die Welt Online 2023: Sprechchöre gegen Scholz, Jubel für Habeck – und ein Coup für die IG-Metall-Chefin, 24.10.2023, https://www.welt.de/wirtschaft/article248175940/Gewerkschaftstag-Sprechchoere-gegen-Scholz-Jubel-fuer-Habeck.html?cid=socialmedia.twitter.shared.web.
23 Wirtschaftswoche Online 2023: Siemens Energy: So steht es um die Gespräche mit der Bundesregierung, 27.10.2023, https://www.wiwo.de/unternehmen/industrie/staatshilfe-siemens-energy-so-steht-es-um-die-gespraeche-mit-der-bundesregierung/29470188.html.
24 Die Zeit Online 2024: Robert Habeck will neues Sondervermögen zur Entlastung von Firmen, 1.2.2024, https://www.zeit.de/wirtschaft/2024-02/habeck-robert-sondervermoegen-firmen-entlastung.
25 Focus Online 2023: Willkommen in der Schrott-Republik Deutschland! So renovieren wir unser Land, 18.8.2023, https://www.focus.de/finanzen/news/autobahnen-bruecken-

bahn-willkommen-in-der-schrott-republik-deutschland-wie-wir-unser-land-renovieren_id_201991650.html.
26 Institut der Deutschen Wirtschaft 2023: Infrastrukturmängel: Marode Straßen bremsen Unternehmen aus, 22.11.2022, https://www.iwkoeln.de/presse/pressemitteilungen/thomas-puls-edgar-schmitz-marode-infrastruktur-bremst-unternehmen-aus.html.
27 Die Welt Online 2023: Drogengeld statt Szene-Traum: Frankfurts harter Abstieg, 17.11.2023, https://www.welt.de/wirtschaft/plus248123548/Frankfurt-Drogenelend-statt-Szene-Traum-Der-harte-Abstieg-einer-Stadt.html.
28 Erhard, Ludwig 1957: *Wohlstand für Alle*, Econ Verlag, Düsseldorf, S. 246.
29 Zeit Online 2022: Zuwanderer aus EU-Staaten können Kindergeld früher erhalten, 1.8.2022, https://www.zeit.de/politik/deutschland/2022-08/eugh-kindergeld-eu-einwanderung-sozialhilfe.
30 Welt Online 2023: »Fließt kein Bargeld mehr, entfällt ein entscheidender Anreiz, zu uns zu kommen«, 23.10.2023, https://www.welt.de/politik/deutschland/plus248129726/Reiner-Haseloff-Fliesst-kein-Bargeld-mehr-entfaellt-ein-entscheidender-Anreiz-zu-uns-zu-kommen.html.
31 Welt Online 2023: Jusos wollen 60.000-Euro-Grunderbe für alle Volljährigen fordern, 7.11.2023, https://www.welt.de/politik/deutschland/article248318616/Jusos-wollen-60-000-Euro-Grunderbe-fuer-alle-Volljaehrigen-fordern.html.
32 Zeit Online 2021: Krisen konnte sie, Reformen eher nicht, 02.11.2021, https://www.zeit.de/politik/deutschland/2021-11/angela-merkel-bundeskanzlerin-amtszeit-ende-klimagipfel.
33 Deutscher Bundestag 2023: Arbeits- und Sozialetat wächst auf 171 Milliarden Euro, https://www.bundestag.de/presse/hib/kurzmeldungen-963438#:~:text=Der%20L%C3%B6wenanteil%20der%20Zuweisungen%20und,121%2C05%20Milliarden%20Euro

Kapitel 7: Die verfehlte Umwelt-, Energie- und Klimapolitik

1 Deutscher Bundestag 2012: Der Einstieg zum Ausstieg aus der Atomenergie, https://www.bundestag.de/webarchiv/textarchiv/2012/38640342_kw16_kalender_atomaustieg-208324
2 Tagesspiegel Online 2019: Zwischen 1995 und 2019: So oft änderte Angela Merkel ihre Klimapolitik, https://www.tagesspiegel.de/gesellschaft/so-oft-anderte-angela-merkel-ihre-klimapolitik-4102108.html, 19.9.2019.
3 Deutscher Bundestag 2011: Die Beschlüsse des Bundestages vom 30. Juni und 1. Juli, https://www.bundestag.de/webarchiv/textarchiv/2011/34915890_kw26_angenommen_abgelehnt-205788
4 Tagesschau Online 2013: Bundestagswahl 2013: Analysen Wählerwanderung, 2013, https://www.tagesschau.de/wahl/archiv/2013-09-22-BT-DE/analyse-wanderung.shtml.
5 Die Zeit Online 2016: Merkels neue Sympathisanten, 29.11.2016, https://www.zeit.de/politik/deutschland/2016-11/bundestagswahl-angela-merkel-cdu-fluechtlingspolitik/seite-2.
6 Statista 2024: Differenzkosten aus EEG-Vergütung und Erlöse für EEG-Strom in Deutschland in den Jahren 2000 bis 2020, https://de.statista.com/statistik/daten/studie/618705/umfrage/eeg-differenzkosten-in-deutschland/#:~:text=Die%20EEG%2DDifferenzkosten%20ergeben%20sich,rund%2028%2C4%20Milliarden%20Euro.
7 Web.de 2023: Wieso Deutschland mehr als 0,000028 Prozent zum weltweiten CO_2-Ausstoß beiträgt, 13.7.2023, https://web.de/magazine/wissen/klima/faktencheck-traegt-deutschland-weltweiten-co_2-ausstoss-38417616.
8 Wolff, Guntram 2023: Systemrivale China muss Druck des Westens spüren, Frankfurter Allgemeine Zeitung, 10.5.2023, https://www.faz.net/aktuell/politik/ausland/klimaschutz-china-muss-den-druck-des-westens-spueren-18866034.html.

9 Wall Street Journal Online 2019: World's Dumbest Energy Policy, 29.1.2019, https://www.wsj.com/articles/worlds-dumbest-energy-policy-11548807424.
10 Wetzel, Daniel 2023: Keimzelle für die Klima-Revolution – der erstaunliche Erfolg Deutschlands. Die Welt Online 1.12.2023, https://www.welt.de/wirtschaft/plus248825284/COP28-Mit-dem-Klimaclub-gelingt-dem-Kanzler-ein-erstaunlicher-Erfolg.html.
11 Europäische Kommission o.J.: Der europäische Grüne Deal. Erster klimaneutraler Kontinent werden, https://commission.europa.eu/strategy-and-policy/priorities-2019-2024/european-green-deal_de.
12 EU Taxonomie Info o.J.: EU Taxonomie Grundlagen: Weshalb wurde die EU Taxonomie beschlossen?, https://eu-taxonomy.info/de/info/eu-taxonomy-grundlagen.
13 Europäisches Parlament 2023: Taxonomie: Keine Einwände gegen Einstufung von Gas und Atomkraft als nachhaltig, 6.7.2022, https://www.europarl.europa.eu/news/de/press-room/20220701IPR34365/taxonomie-keine-einwande-gegen-einstufung-von-gas-und-atomkraft-als-nachhaltig.
14 Bundesministerium für Arbeit und Soziales o.J.: Corporate Sustainability Reporting Directive (CSRD). Die neue EU-Richtlinie zur Unternehmens-Nachhaltigkeitsberichterstattung im Überblick, https://www.csr-in-deutschland.de/DE/CSR-Allgemein/CSR-Politik/CSR-in-der-EU/Corporate-Sustainability-Reporting-Directive/corporate-sustainability-reporting-directive-art.html.
15 Europäische Kommission 2023: Fragen und Antworten zur Annahme europäischer Standards für die Nachhaltigkeitsberichterstattung, 31.7.2023, https://ec.europa.eu/commission/presscorner/detail/de/qanda_23_4043.
16 Zwirner, Christian/Boecker, Corinna 2023: Die EU-Standards zur Nachhaltigkeitsberichterstattung (ESRS) liegen vor, https://rsw.beck.de/zeitschriften/bc/news-beitraege/2023/08/03/die-eu-standards-zur-nachhaltigkeitsberichterstattung-(esrs)-liegen-vor.
17 Bundesministerium für Arbeit und Soziales o.J.: Corporate Sustainability Reporting Directive (CSRD). Die neue EU-Richtlinie zur Unternehmens-Nachhaltigkeitsberichterstattung im Überblick, https://www.csr-in-deutschland.de/DE/CSR-Allgemein/CSR-Politik/CSR-in-der-EU/Corporate-Sustainability-Reporting-Directive/corporate-sustainability-reporting-directive-art.html.
18 Financial Times 2023: Germany pushes to exempt SMEs from green reporting rules, 18.9.2023, https://www.ft.com/content/4c533c07-a5ae-402d-8c1d-80c2ea416970.
19 Sauga, Michael 2020: Der grüne Irrweg der Christine Lagarde. Der Spiegel Online 8.1.2020, https://www.spiegel.de/wirtschaft/ezb-der-gruene-irrweg-der-christine-lagarde-a-ae45e097-d33b-41ee-a0ac-a25b6f4d4ece.
20 The ECB Must Act Now on Climate Change. Open letter to Christine Lagarde, 27.11.2019, https://www.positivemoney.eu/wp-content/uploads/2019/11/Open-Letter-to-Christine-Lagarde-on-climate-change.pdf.
21 Europäische Zentralbank (o.J.): Unterstützung des grünen Wandels, https://www.ecb.europa.eu/ecb/climate/green_transition/html/index.de.html.
22 Europäische Zentralbank 2021: From market neutrality to market efficiency, 14.6.2021, https://www.ecb.europa.eu/press/key/date/2021/html/ecb.sp210614~162bd7c253.en.html.
23 Zeit Online 2021: Der Euro wird jetzt grün und locker, 16.7.2021, https://www.zeit.de/2021/29/christine-lagarde-europaeische-zentralbank-oekologie-nachhaltigkeit-inflation.
24 Europäische Zentralbank 2022: EZB unternimmt weitere Schritte, um Klimaschutz stärker in ihre geldpolitischen Geschäfte einzubeziehen, 4.7.2022, https://www.ecb.europa.eu/press/pr/date/2022/html/ecb.pr220704~4f48a72462.de.html.

25 Siehe »List of corporate bond securities held under the CSPP/PEPP« auf der Internetseite der Europäischen Zentralbank, https://www.ecb.europa.eu/mopo/pdf/CSPP_PEPP_corporate_bond_holdings_20231215.csv?ba755bcae1d83403ce46ea030ee8769a.

26 RWE o.J.: RWE wird bis 2040 klimaneutral. Für unsere Zwischenziele 2030 ist wissenschaftlich von der Science Based Targets Initiative bestätigt, dass sie im Einklang mit dem Pariser Klimaabkommen stehen, https://www.rwe.com/verantwortung-und-nachhaltigkeit/umweltschutz/klimaschutz/.

27 Europäische Zentralbank 2022: Detaillierter Fahrplan für klimabezogene Maßnahmen, https://www.ecb.europa.eu/press/pr/date/2021/html/ecb.pr210708_1_annex~f84ab35968.de.pdf.

28 Europäische Zentralbank 2022: Aufsichtlicher Stresstest der EZB: Banken müssen Klimarisiken stärker in den Fokus nehmen, 8.7.2022, https://www.bankingsupervision.europa.eu/press/pr/date/2022/html/ssm.pr220708~565c38d18a.de.html.

29 Bloomberg 2023: ECB warns banks of penalty ›escalation‹ if climate risks ignored, 6.12.2023, https://www.bloomberg.com/news/articles/2023-12-06/ecb-warns-banks-of-penalty-escalation-if-climate-risks-ignored.

30 Van't Klooster, Jens und van Tilburg, Rens 2020: Targeting a sustainable recovery with Green TLTROs, September 2020, http://www.positivemoney.eu/wp-content/uploads/2020/09/Green-TLTROs.pdf.

31 Schnabel, Isabel 2022: A New Age of Energy Inflation: Climateflation, Fossilflation and Greenflation, https://www.ecb.europa.eu/press/key/date/2022/html/ecb.sp220317_2~dbb3582f0a.en.html.

32 Weimann, Joachim 2023: Das folgenschwere Missverständnis der Habeckonomics, Die Welt Online 24.11.2023, https://www.welt.de/debatte/kommentare/plus248655642/Energiepreise-Das-folgenschwere-Missverstaendnis-in-den-Habeckonomics.html.

33 Bundesverfassungsgericht 2023: Zweites Nachtragshaushaltsgesetz 2021 ist nichtig, https://www.bundesverfassungsgericht.de/SharedDocs/Pressemitteilungen/DE/2023/bvg23-101.html.

34 Krapp, Catiana/ Stratmann, Klaus / Witsch, Kathrin 2024: Das Billionenprojekt – So teuer ist die Infrastruktur der Zukunft, Handelsblatt Online 8.1.2024, https://www.handelsblatt.com/unternehmen/energie/energiewende-das-billionenprojekt-so-teuer-ist-die-infrastruktur-der-zukunft/100002597.html?utm_source=sf&utm_medium=nl&utm_campaign=hb-morningbriefing&utm_content=08012024&key=0031t00000QAD1UAAX.

35 Die Welt Online 2023: »Strompreise in Deutschland werden substanziell sinken«, 18.9.2023, https://www.welt.de/politik/deutschland/article247546212/Habeck-im-Economist-Strompreise-in-Deutschland-werden-substanziell-sinken.html.

36 Gauto, Anna / Kort Katharina / Witsch, Kathrin 2024: Firmen kommen öfter wegen Klimaschäden vor Gericht, Handelsblatt Online 3.1.2024.

37 Die Welt Online 2023: »Das ist eigentlich die Tragik der Klimapolitik«, 30.11.2023, https://www.welt.de/wirtschaft/article248719922/Klima-Oekonom-Edenhofer-Ein-Irrglaube-dass-die-fossilen-Energien-dann-von-allein-verschwinden-wuerden.html.

38 Die Welt Online 2023: Billiger Strom dank Sonne? Dieses Papier widerlegt Habecks Versprechen, 16.11.2023, https://www.welt.de/wirtschaft/plus248478936/Energiewende-Billiger-Strom-dank-Sonne-und-Wind-Papier-widerlegt-Habecks-Versprechen.html.

39 Bundesministerium für Wirtschaft und Klimaschutz 2023: Ein Stromnetz für die Energiewende, 23.9.2023, https://www.bmwk.de/Redaktion/DE/Dossier/netze-und-netzausbau.html.

40 WirtschaftsWoche Online 2023: Den Grünen droht ihr Waterloo, 24.10.2023, https://www.wiwo.de/my/politik/deutschland/energiewende-den-gruenen-droht-ihr-waterloo/29461788.html.

41 Die Welt Online 2023: Grünen-Chefin Lang zeigt sich vor dem Parteitag selbstkritisch, 24.11.2023, https://www.welt.de/politik/deutschland/article248674502/Ricarda-Lang-Gruenen-Chefin-zeigt-sich-vor-Parteitag-selbstkritisch.html.

42 Poschart, Ulf 2023: „Die grüne Deutungshoheit ist passé", Die Welt Online 24.11.2023, https://www.welt.de/politik/deutschland/plus248681954/Andreas-Roedder-Die-gruene-Deutungshoheit-ist-passe.html.

Kapitel 8: Bürokratie und Arbeitskräftemangel als Standortnachteile

1 ZEW 2023: Deutschland ist der große Verlierer im Standortwettbewerb, 16.1.2023, https://www.zew.de/das-zew/aktuelles/deutschland-ist-der-grosse-verlierer-im-standortwettbewerb.

2 Statista 2023: IWF-Prognose: Deutschland ist Konjunktur-Schlusslicht, 10.10.2023, https://de.statista.com/infografik/23188/iwf-prognose-zur-veraenderung-des-realen-bip/.

3 Bild 2023: Hier sehen wir das deutsche Wachstum, 19.8.2023, https://www.bild.de/politik/inland/politik-inland/die-buerokratiekosten-steigen-die-wirtschaft-schrumpft-hier-sehen-wir-das-deutsc-85082142.bild.html.

4 Statistisches Bundesamt 2023: Verbändeabfrage zum Bürokratieabbau, April 2023, https://www.bmj.de/SharedDocs/Downloads/DE/Fachinformationen/Verbaendeabfrage_Buerokratieabbau_Ergebnisdokumentation_Einzelvorschlaege.pdf.

5 Versicherungswirtschaft Heute 2020: GDV: Regulierung kostet Deutschland rund 165 Mrd. Dollar, 17.1.2020, https://versicherungswirtschaft-heute.de/maerkte-und-vertrieb/2020-01-17/gdv-regulierung-kostet-deutschland-rund-165-mrd-dollar/.

6 beck-aktuell 2023: »Bürokratie-Burn-Out«: Buschmann kündigt substanzielle Entlastung an, 11.8.2023, https://rsw.beck.de/aktuell/daily/meldung/detail/buerokratie-burn-out-buschmann-kuendigt-substanzielle-entlastung-an.

7 Deutschlandfunk 2023: Justizminister Buschmann will weiter Bürokratieabbau vorantreiben, 7.9.2023, https://www.deutschlandfunk.de/justizminister-buschmann-will-weiter-buerokratieabbau-vorantreiben-100.html.

8 Geschichte-Wissen-Foren 2014: Grosse Sprüche – verheerende Folgen – Göring und Co., https://geschichte-wissen.de/foren/viewtopic.php?t=4887.

9 Spiegel 2023: Azubi-Schwund setzt sich fort, 22.8.2023, https://www.spiegel.de/wirtschaft/demografische-krise-azubi-schwund-setzt-sich-fort-a-54f4e57f-799e-49c6-80b0-e89a13a02ccf.

10 ifo-Institut 2023: Mangel an Fachkräften hat leicht zugenommen, 16.8.2023, https://www.ifo.de/fakten/2023-08-16/mangel-fachkraeften-hat-leicht-zugenommen.

11 Europäische Kommission 2023: Kommissionsbericht stellt fest, dass weiterhin ein Fach- und Arbeitskräftemangel besteht, und zeigt Wege zur Verbesserung der Situation auf, 6.7.2023, https://ec.europa.eu/social/main.jsp?langId=de&catId=89&furtherNews=yes&newsId=10619.

12 ZDF heute 2023: Bundesregierung sieht keinen Fachkräftemangel, 1.2.2023, https://www.zdf.de/nachrichten/politik/fachkraeftemangel-bundesregierung-stellen-arbeitslose-100.html.

13 Bundesministerium für Arbeit und Soziales 2023: Heil wirbt in Brasilien um Fachkräfte, 8.6.2023, https://www.bmas.de/DE/Service/Presse/Meldungen/2023/werben-um-fachkfraefte-in-brasilien.html.

14 Deutscher Bundestag 2008: Gesetz zur Umsetzung eines Maßnahmenpakets zur Stabilisierung des Finanzmarktes (Finanzmarktstabilisierungsgesetz – FMStG), https://dip.bundes-

tag.de/vorgang/gesetz-zur-umsetzung-eines-ma%C3%9Fnahmenpakets-zur-stabilisierung-des-finanzmarktes-finanzmarktstabilisierungsgesetz/16233
15 Deutscher Bundestag 2008: Stenografischer Bericht, 15.10.2008, https://dserver.bundestag.de/btp/16/16182.pdf.
16 Deutscher Bundestag 2008: Historische Debatten (16): Kontroverse um Bankenrettung, 15.10.2008, https://www.bundestag.de/dokumente/textarchiv/bankenrettung-205998.
17 Stigler, George 1971: The Theory of Economic Regulation. The Bell Journal of Economics and Management Science, 2, 1, S. 3–21.
18 Niskanen, William 1971: Bureaucracy and Representative Government, Chicago, Routledge.
19 Europäische Zentralbank 2022: A new age of energy inflation: climateflation, fossilflation and greenflation. Speech by Isabel Schnabel, Member of the Executive Board of the ECB, at a panel on «Monetary Policy and Climate Change" at The ECB and its Watchers XXII Conference, 17.3.2022, https://www.ecb.europa.eu/press/key/date/2022/html/ecb.sp220317_2~dbb3582f0a.en.html.
20 Europäische Zentralbank 2021: ECB sets up climate change centre, 25.1.2021, https://www.ecb.europa.eu/press/pr/date/2021/html/ecb.pr210125_1~3fc4ebb4c6.de.html.
21 Münchner Merkur Online 2023: Ärger um EU-Vorstoß zu Nürnberger Lebkuchen und Bratwürsten, 14.9.2023, https://www.merkur.de/wirtschaft/aerger-um-eu-vorstoss-zu-nuernberger-lebkuchen-und-bratwuersten-zr-92519947.html.
22 Europäische Kommission o.J.: Die Prioritäten der Europäischen Kommission 2019–2024, https://germany.representation.ec.europa.eu/strategie-und-prioritaten/die-prioritaten-der-europaischen-kommission-2019-2024_de.
23 Die Bundesregierung o.J.: Die Bürokratiebremse – One in, one out-Regel, https://www.bundesregierung.de/breg-de/aktuelles/die-buerokratiebremse-one-in-one-out-regel-1964512.
24 Frankfurter Allgemeine Zeitung Online 2023: Europäische Staatsanwaltschaft ermittelt zu Impfstoff-Käufen der EU, 14.10.2022, https://www.faz.net/aktuell/gesellschaft/gesundheit/coronavirus/staatsanwaltschaft-ermittelt-zu-impfstoff-kaeufen-der-eu-18388873.html.
25 Die Welt Online 2023: Brüssel fordert mehr Milliarden – doch ein Trio stellt sich quer, 29.10.2023, https://www.welt.de/wirtschaft/plus248256584/EU-Bruessel-fordert-mehr-Milliarden-doch-ein-Trio-stellt-sich-quer.html?source=puerto-reco-2_ABC-V32.7.C_already_read.
26 Cicero Online 2023: Die Europäische Union auf dem Weg in den bürokratischen Sozialismus, 3.3.2023, https://www.cicero.de/innenpolitik/europaische-union-auf-dem-weg-in-den-burokratischen-sozialismus-ezb.
27 Tagesschau Online 2023: EU-Parlament besiegelt Verbrenner-Aus, 14.2.2023, https://www.tagesschau.de/wirtschaft/energie/verbrenner-aus-eu-101.html.
28 Tagesschau Online 2023: EU-Naturschutzgesetz für mehr Moore und Wälder, 10.11.2023. https://www.tagesschau.de/ausland/eu-naturschutzgesetz-102.html
29 Deutscher Weinbauverband 2023: Stellungnahme des Deutschen Weinbauverbandes zu aktuellen politischen Themen 2023, 30.6.2023, https://deutscher-weinbauverband.de/stellungnahme-des-deutschen-weinbauverbandes-zu-aktuellen-politischen-themen-2023/.
30 Bundesministerium für Arbeit und Soziales 2021: Gesetz über die unternehmerischen Sorgfaltspflichten in Lieferketten, 22.7.2021, https://www.bmas.de/DE/Service/Gesetze-und-Gesetzesvorhaben/Gesetz-Unternehmerische-Sorgfaltspflichten-Lieferketten/gesetz-unternehmerische-sorgfaltspflichten-lieferketten.html.
31 WirtschaftsWoche 2022: »Das ist Bürokratie pur«, 28.12.2022, https://www.wiwo.de/politik/konjunktur/start-des-lieferkettengesetzes-das-ist-buerokratie-pur/28893270.html.

32 CSR o.J.: EU-Lieferkettengesetz, https://www.csr-in-deutschland.de/DE/Wirtschaft-Menschenrechte/Europa/Lieferketten-Gesetzesinitiative-in-der-EU/lieferketten-gesetzesinitiative-der-eu-art.html.
33 European Commission o.J.: Carbon Border Adjustment Mechanism, https://taxation-customs.ec.europa.eu/carbon-border-adjustment-mechanism_en?prefLang=de#:~:text=The%20EU%27s%20Carbon%20Border%20Adjustment,production%20in%20non%2DEU%20countries.
34 Neue Zürcher Zeitung Online 2023: Ab Oktober gilt es mit dem EU-Klimazoll ernst – viele Firmen sind schlecht vorbereitet, 20.9.2023, https://www.nzz.ch/wirtschaft/ab-oktober-gilt-es-mit-dem-eu-klimazoll-ernst-viele-firmen-sind-schlecht-vorbereitet-ld.1756682.
35 Focus Online 2023: Nachweispflicht bis zur letzten Schraube: Klimazoll macht Unternehmen fassungslos, 7.10.2023, https://www.focus.de/finanzen/analyse-von-hans-juergen-moritz-neuer-eu-klimazoll-macht-unternehmen-fassungslos_id_216975406.html.
36 Die Welt Online 2023: »Es geht die Regierung nichts an, welchen Lebensstil die Bürger haben«, 22.9.2023, https://www.welt.de/politik/deutschland/plus247488904/Olaf-Scholz-Der-Kanzler-stemmt-sich-gegen-den-Eindruck-mit-Deutschland-ginge-es-bergab.html.
37 Die Bundesregierung 2023: Rede von Bundeskanzler Scholz anlässlich des Unternehmertages NRW am 16. August 2023, https://www.bundesregierung.de/breg-de/suche/rede-von-bundeskanzler-scholz-anlaesslich-des-unternehmertages-nrw-am-16-august-2023-2214040.
38 Bundesministerium für Arbeit und Soziales 2023: Work-Life-Balance, https://www.bmas.de/DE/Ministerium/Arbeiten-und-Ausbildung-im-BMAS/Arbeiten-im-BMAS/work-life-balance.html.
39 TAZ Online 2022: Junge wollen nicht mehr arbeiten, 3.10.2022, https://taz.de/Die-These/!5883362/.
40 Statistische Bundesamt o.J.: Soziale Mindestsicherung, https://www.destatis.de/DE/Themen/Gesellschaft-Umwelt/Soziales/Mindestsicherung/_inhalt.html.
41 Der Spiegel Online (2023): Ökonom hält zweistellige Lohnforderungen für nachvollziehbar, 18.3.2023, https://www.spiegel.de/wirtschaft/soziales/inflation-oekonom-haelt-zweistellige-lohnforderungen-fuer-nachvollziehbar-a-7c1b7aad-553a-45da-9705-1261031af7db.
42 IG-Metall (2023): Tarifverhandlungen in der Stahlindustrie ab 13. November, https://www.igmetall.de/tarif/tarifrunden/eisen-und-stahl/tarifverhandlungen-in-der-stahlindustrie-starten.
43 Frankfurter Rundschau (2023): Neue Streiks bei der Bahn drohen. Das ist bisher bekannt, 2.11.2023, https://www.fr.de/wirtschaft/db-kurz-vor-weihnachten-welche-plaene-tage-zeiten-orte-bahnstreik-neue-streiks-deutsche-bahn-92648035.html.

Kapitel 9: Zentralisierung statt Freiheit: Die EU bewegt sich in die falsche Richtung

1 Montesquieu, Charles 1748/1989: *The Spirit of the Laws.* Cambridge University Press, Cambridge.
2 Tocqueville, Alexis de 1835/1945: *Democracy in America.* Alfred A. Knopf, New York.
3 Hume, David 1742/1985: »Of the Rise and Progress of the Arts and Sciences«, in: Miller, Eugene (Hg.), David Hume: *Essays, Moral, Political and Literary*, Liberty Fund, Indianapolis.
4 European Union 2014: Allgemeine Gruppenfreistellungsverordnung, https://eur-lex.europa.eu/DE/legal-content/summary/general-block-exemption-regulation.html.
5 Euractiv 2023: Deutschland wegen Subventionsplänen in der Kritik, 16.1.2023, https://www.euractiv.de/section/binnenmarkt-und-wettbewerb/news/deutschland-wegen-subventionsplaenen-in-der-kritik/.

6 Euractiv 2023: Deutschland wegen Subventionsplänen in der Kritik, 16.1.2023, https://www.euractiv.de/section/binnenmarkt-und-wettbewerb/news/deutschland-wegen-subventionsplaenen-in-der-kritik/.
7 Europäische Kommission 2023: Staatliche Beihilfen: Kommission nimmt Befristeten Krisenrahmen zur Stützung der Wirtschaft infolge der Invasion der Ukraine durch Russland an, 23.3.2022, https://ec.europa.eu/commission/presscorner/detail/de/statement_22_1949.
8 Euractiv 2023: EU-Kommissarin Vestager schlägt Änderung der Subventionsregeln vor, 16.1.2023, https://www.euractiv.de/section/binnenmarkt-und-wettbewerb/news/eu-kommissarin-vestager-schlaegt-aenderung-der-regeln-fuer-subventionen/.
9 Tagesschau Online 2023: Besser ohne Schuldenbremse, 10.8.2023, https://www.tagesschau.de/inland/innenpolitik/schuldenbremse-streit-100.html.
10 Europäische Kommission 2023: EU-Kohäsionspolitik: 2021-2027 dürften 1,3 Millionen neue Arbeitsplätze entstehen, 2.5.2023, https://ec.europa.eu/regional_policy/whats-new/newsroom/05-02-2023-eu-cohesion-policy-2021-2027-programmes-expected-to-create-1-3-million-jobs-in-the-eu_de.
11 Europäische Kommission 2023: 30 Jahre Kohäsionsfonds: 179 Milliarden Euro für wirtschaftlichen Zusammenhalt in EU, 3.4.2023, https://germany.representation.ec.europa.eu/news/30-jahre-kohasionsfonds-179-milliarden-euro-fur-wirtschaftlichen-zusammenhalt-eu-2023-04-03_de.
12 Tagesschau Online 2019: Der Geldfluss in die Krisenstaaten, 27.6.2019, https://www.tagesschau.de/wirtschaft/rettungspakete-ts-100.html.
13 Deutsche Bundesbank o.J.: Transmission Protection Instrument (TPI), https://www.bundesbank.de/de/aufgaben/geldpolitik/geldpolitische-wertpapierankaeufe/transmission-protection-instrument-tpi--896050.
14 Europäische Union o.J.: NextGenerationEU, https://next-generation-eu.europa.eu/index_de.
15 European Central Bank o.J.: Query eligible assets (daily data), https://www.ecb.europa.eu/paym/html/midEA.en.html.
16 Siehe auch: European Central Bank 2023: Implementation Aspects of the Public Sector Purchase Program (PSPP), https://www.ecb.europa.eu/mopo/implement/app/html/pspp.en.html.
17 Hayek, Friedrich A. von 1944: *The Road to Serfdom.* University of Chicago Press, *Chicago.*

Kapitel 10: Warum Ostdeutschland besonders stark von der Krise betroffen ist

1 Kornai, János 1986: »The Soft Budget Constraint«, in: *Kyklos* 39, 1, S. 3–30.
2 Von Mises Ludwig 1922: Die Gemeinwirtschaft. Gustav Fischer, Jena.
3 Von Hayek, Friedrich August 1945: Der Weg zur Knechtschaft. Eugen Rentsch, Erlenbach-Zürich.
4 Fischer, Wolfram/Hax, Herbert/Schneider, Hans Karl 1993: *Treuhandanstalt. Das Unmögliche wagen. Forschungsberichte.* Akademie Verlag, Berlin.
5 Deutschlandfunk 2010: Die letzten Schritte auf dem Weg zur Einheit, 3.10.2010, https://www.deutschlandfunk.de/die-letzten-schritte-auf-dem-weg-zur-einheit-100.html.
6 Bundeszentrale für politische Bildung 2020: Die Geburtsstunde der Treuhand, 16.6.2020, https://www.bpb.de/kurz-knapp/hintergrund-aktuell/201919/die-geburtsstunde-der-treuhand/.
7 Berliner Zeitung 2023: Lohn: Ostdeutsche verdienen im Schnitt fast 600 Euro weniger als Westdeutsche, 3.12.2023, https://www.berliner-zeitung.de/news/gehalt-ostdeutsche-verdienen-im-schnitt-fast-600-euro-weniger-als-westdeutsche-li.2164923.

8 MDR 2022: Der lange Weg vom Staats- zum Privateigentum, 13.7.2022, https://www.mdr.de/geschichte/zeitgeschichte-gegenwart/wirtschaft/vermoegen-grunderbe-ostdeutschland-immobilien-eigenheim-ungleichheit-eigentum-100.html.
9 Deutsches Institut für Wirtschaftsforschung 2019: Vermögensungleichheit in Deutschland bleibt trotz deutlich steigender Nettovermögen anhaltend hoch. DIW Wochenbericht 40/2019, 735–745, https://www.diw.de/de/diw_01.c.679909.de/publikationen/wochenberichte/2019_40_1/vermoegensungleichheit_in_deutschland_bleibt_trotz_deutlich_steigender_nettovermoegen_anhaltend_hoch.html.
10 Deutsche Bundesbank 2023: Vermögen und Finanzen privater Haushalte in Deutschland: Ergebnisse der Vermögensbefragung 2021, April 2023, https://www.bundesbank.de/resource/blob/908138/5fa52fcaa9ad19972391d3c8c1bb82ce/mL/2023-04-vermoegensbefragung-data.pdf.
11 Joachim Ragnitz 2004: »Transferleistungen für die neuen Länder – eine Begriffsbestimmung«, in: *Wirtschaft im Wandel* 9–10/2004, 288–289.
12 Wissenschaftliche Dienste Deutscher Bundestag 2018: Transferzahlungen an die ostdeutschen Bundesländer, https://www.bundestag.de/resource/blob/550094/8e17e37a176c-0f9c69150314bed6894d/WD-4-033-18-pdf-data.pdf.
13 Bundeszentrale für Politische Bildung o.J.: Solidarpakt, https://www.bpb.de/kurz-knapp/lexika/lexikon-der-wirtschaft/20546/solidarpakt/
14 Tagesschau 2023: Paus plant offenbar mit 3,5 Milliarden Euro, 18.8.2023, https://www.tagesschau.de/inland/innenpolitik/kindergrundsicherung-ampel-paus-102.html.
15 Spiegel 2006: Bundestag beschließt größte Steuererhöhung seit 1949, 19.5.2006, https://www.spiegel.de/politik/deutschland/koalition-bundestag-beschliesst-groesste-steuererhoehung-seit-1949-a-417118.html.
16 Bundesinstitut für Bau-, Stadt- und Raumforschung 2022: Ansiedlungen von Behörden in strukturschwachen Regionen, Bonn, https://www.bbsr.bund.de/BBSR/DE/veroeffentlichungen/bbsr-online/2022/bbsr-online-12-2022-dl.pdf.
17 Sächsisches Staatsministerium für Soziales und Gesellschaftlichen Zusammenhalt (o.J.): Aufgaben und Zuständigkeiten, https://www.sms.sachsen.de/aufgaben-und-zustaendigkeiten.html.
18 Die Welt Online 2023: »Dann gäbe es faktisch eine Unregierbarkeit«, 1.9.2023, https://www.welt.de/politik/deutschland/article247240632/Landtagswahlen-im-Osten-Dann-gaebe-es-faktisch-eine-Unregierbarkeit.html.
19 Universität Leipzig 2023: Befragung: Viele Ostdeutsche fühlen sich von politischer Teilhabe ausgeschlossen, Pressemitteilung 2023/115 vom 28.6.2023, https://www.uni-leipzig.de/newsdetail/artikel/befragung-viele-ostdeutsche-fuehlen-sich-von-politischer-teilhabe-ausgeschlossen-2023-06-28.
20 WirtschaftsWoche 2023: Deutschlands Wohnungsnot: »Abseits der Ballungsräume stehen schon heute mehr als eine Million Wohnungen leer«, 19.11.2023, https://www.wiwo.de/my/politik/deutschland/deutschlands-wohnungsnot-abseits-der-ballungsraeume-stehen-schon-heute-mehr-als-eine-million-wohnungen-leer/29509706.html.

Kapitel 11: Die ratlose Ampel: Ambitionierte Ziele und plötzliche Grenzen

1 Bild Online 2023: Hat sich Habeck beim Heiz-Hammer kräftig verrechnet?, 11.4.2023, https://www.bild.de/politik/inland/politik-inland/heizung-hat-sich-habeck-verkalkuliert-verband-kritisiert-milchmaedchen-rechnung-83505776.bild.html.

2 Merkur.de 2023: Habecks Heizungspläne: So teuer wird es für Mieter, 27.3.2023, https://www.merkur.de/wirtschaft/robert-habeck-plan-heizungsverbot-oel-gas-heizung-sanierung-miete-mieter-immobilien-aktuell-92159450.html.

3 Beck-Aktuell 2023: Mieterbund fürchtet wegen Heizungsgesetz Mieterhöhungen, 19.5.2023, https://rsw.beck.de/aktuell/daily/meldung/detail/mieterbund-fuerchtet-wegen-heizungsgesetz-mieterhoehungen.

4 Frankfurter Allgemeine Zeitung Online 2023: Wirtschaftsweise Grimm: Heizungsgesetz kein ambitionierter Wurf, 1.7.2023, https://www.faz.net/aktuell/wirtschaft/klima-nachhaltigkeit/heizungsgesetz-kein-ambitionierter-wurf-wirtschaftsweise-grimm-ist-enttaeuscht-19004139.html.

5 Fabrizius, Michael / Höfling, Michael 2023: »Dann reden wir von 200.000 Euro« – Habecks spätes Eingeständnis der Kosten der Wärmewende, 30.9.2023, https://www.welt.de/finanzen/immobilien/plus247714862/Heizungsgesetz-Dann-reden-wir-von-200-000-Euro-Habecks-spaetes-Eingestaendnis.html.

6 Bild Online 2023: Kubicki-Hammer zum Ampel-Chaos: Heizgesetz muss weg oder Habeck muss weg, 24.11.2023, https://www.bild.de/politik/inland/politik-inland/kubicki-hammer-zum-ampel-chaos-heiz-gesetz-muss-weg-oder-habeck-muss-weg-86208662.bild.html.

7 Krapp, Catiana / Stratmann, Klaus / Witsch, Kathrin 2024: So viel muss Deutschland für die Energiewende ausgeben. Handelsblatt 10.1.2024, https://www.handelsblatt.com/unternehmen/energie/erneuerbare-energie-so-viel-muss-deutschland-fuer-die-energiewende-ausgeben/100002597.html

8 Deutscher Bundestag 2022: Bundestag stimmt für Bürgergeld-Gesetz, 9.11.2022, https://www.bundestag.de/dokumente/textarchiv/2022/kw45-de-buergergeld-917430.

9 Vbw 2023: vbw sieht falsches Signal und verweist auf das Lohnabstandsgebot / Brossardt: »Keine Anreize für dauerhafte Alimentierung setzen«, 15.9.2023, https://www.vbw-bayern.de/vbw/PresseCenter/Pressemitteilung-zur-geplanten-Erh%C3%B6hung-des-B%C3%BCrgergelds.jsp.

10 Tagesschau Online 2023: Die Zwölf-Milliarden-Euro-Frage, 3.4.2023, https://www.tagesschau.de/inland/innenpolitik/kindergrundsicherung-117.html.

11 Die Welt Online 2023: SPD und Grüne widersprechen FDP-Generalsekretär – Kein Stopp von Sozialreformen, 1.9.2023, https://www.welt.de/politik/deutschland/article247206248/Sozialreformen-SPD-und-Gruene-widersprechen-FDP-Generalsekretaer-Kein-Stopp-von-Sozialreformen.html.

12 Die Welt Online 2023: Jetzt bricht Paus ein Kernargument für die milliardenschwere Kindergrundsicherung weg, 28.11.2023, https://www.welt.de/politik/deutschland/plus248747350/Kindergrundsicherung-Jetzt-bricht-Paus-ein-Kernargument-fuer-die-milliardenschwere-Kindergrundsicherung-weg.html.

13 Frankfurter Allgemeine Zeitung 2023: CDU-Wirtschaftsrat fordert Rücknahme von »Sozialgeschenken«, 29.11.2023, https://www.faz.net/aktuell/politik/inland/haushaltskrise-cdu-wirtschaftsrat-fordert-ruecknahme-von-sozialgeschenken-19347053.html.

14 Tagesschau Online 2023: Arbeitgeber bestätigen »Wir schaffen das«, 14.12.2018, https://www.tagesschau.de/wirtschaft/integration-139.html.

15 Ntv 2023: Scholz: Ein weiterer Anstieg der Bevölkerungszahl ist plausibel, 11.8.2023, https://www.n-tv.de/ticker/Scholz-Weiterer-Anstieg-der-Bevoelkerungszahl-ist-plausibel-article24319637.html.

16 Handelsblatt Online 2022: Scholz: Mehr ältere Arbeitnehmer sollten bis zum offiziellen Renteneintrittsalter arbeiten, 11.12.2022, https://www.handelsblatt.com/politik/deutschland/

rente-scholz-mehr-aeltere-arbeitnehmer-sollten-bis-zum-offiziellen-renteneintrittsalter-arbeiten/28860794.html.

17 Tagesschau Online 2023: Faeser bei mehr Unterstützung skeptisch, 6.4.2023, https://www.tagesschau.de/inland/faeser-unterstuetzung-fluechtlinge-101.html.

18 MDR Online 2023: Sächsische Kommunen mit Geflüchteten überfordert: Zusammenhalt in Gefahr, 25.9.2023, https://www.mdr.de/nachrichten/sachsen/fluechtlinge-kommunen-ueberfordert-migration-forderungen-100.html.

19 Die Welt Online 2023: CDU-Vize Linnemann fordert strengere EU-Asylpolitik, 8.4.2023, https://www.welt.de/politik/deutschland/article244707456/CDU-Vize-Linnemann-fordert-strengere-EU-Asylpolitik.html.

20 RND 2023: Prepaidkarten statt Geld: FDP fordert Umstellung auf Sachleistungen für Asylbewerber, 30.9.2023, https://www.rnd.de/politik/asylbewerber-fdp-fordert-umstellung-auf-sachleistungen-prepaidkarten-statt-geld-542T2T5PY5KSTLBM5KPJGH324Q.html.

21 Die Zeit Online 2023: »Wir können uns diese Asylpolitik nicht mehr leisten«, 1.10.2023, https://www.zeit.de/politik/deutschland/2023-09/migration-asylpolitik-wolfgang-schaeuble-interview.

22 Die Zeit Online 2023: Meloni beschwert sich bei Scholz über deutsche Hilfe für Seenotrettung, 25.9.2023, https://www.zeit.de/politik/2023-09/italien-deutschland-scholz-meloni-seenotrettung.

23 Ntv 2023: Kai Wegner im »ntv Frühstart«: »Wir sind an einem Kipppunkt angekommen«, 2.10.2023, https://www.n-tv.de/politik/Wir-sind-an-einem-Kipppunkt-angekommen-article24436399.html.

24 ZDF heute 2023: »Zahl der Flüchtlinge ist im Moment zu hoch«, 30.9.2023, https://www.zdf.de/nachrichten/politik/deutschland/scholz-massnahmenpaket-migration-deutschland-100.html.

25 Koch, Roland 2023: Die Eisberg-Rede, 29.9.2023, https://www.ludwig-erhard.de/die-eisberg-rede/.

26 Bundesministerium der Finanzen 2023: Einbringungsrede von Christian Lindner zum Bundeshaushalt 2024, 5.9.2023, https://www.bundesfinanzministerium.de/Content/DE/Standardartikel/Video-Textfassungen/2023/textfassung-2023-09-05-einbringung-bundeshaushalt-2024.html.

27 Bundesministerium der Finanzen 2022: Gutachten des Wissenschaftlichen Beirats beim Bundesministerium der Finanzen: Das Schuldenmanagement des Bundes, https://www.bundesfinanzministerium.de/Monatsberichte/2022/02/Inhalte/Kapitel-3-Analysen/3-4-gutachten-zum-schuldenmanagement.html.

28 Bundesverfassungsgericht 2023: Zweites Nachtragshaushaltsgesetz 2021 ist nichtig. Pressemitteilung Nr. 101/2023 vom 15. November 2023, https://www.bundesverfassungsgericht.de/SharedDocs/Pressemitteilungen/DE/2023/bvg23-101.html.

29 Bundesrepublik Deutschland Finanzagentur o.J: Wirtschaftsstabilisierungsfonds (WSF), https://www.deutsche-finanzagentur.de/wsf/wirtschaftsstabilisierungsfonds/wsf-auf-einen-blick

30 Die Welt Online 2023: Wie sich Grüne und SPD zur nächsten Notlage tricksen wollen, 29.11.2023, https://www.welt.de/wirtschaft/plus248769360/Bundeshaushalt-Wie-sich-Gruene-und-SPD-zur-naechsten-Notlage-tricksen-wollen.html.

31 Deutscher Bundestag 2023: Nachtragshaushalt 2023 vorgelegt, 29.11.2023, https://www.bundestag.de/presse/hib/kurzmeldungen-980300.

32 Tageschaus Online 2023: Berlin-Brandenburger Gericht verpflichtet Bund zu mehr Klimaschutz, 30.11.2023, https://www.rbb24.de/politik/beitrag/2023/11/oberverwaltungsgericht-ovg-berlin-brandenburg-ampel-klimaziele-sofortprogramm-tempolimit-bund-duh.html.
33 Piketty, Thomas 2016: *Das Kapital im 21. Jahrhundert.* C.H.Beck, München.
34 Die Bundesregierung 2021: Lebenslagen in Deutschland: Sechster Armuts- und Reichtumsbericht der Bundesregierung, https://www.armuts-und-reichtumsbericht.de/SharedDocs/Downloads/Berichte/sechster-armuts-reichtumsbericht.html.
35 Siems, Dorothea 2022: »Deutschland wäre ein anderes Land« – Das Rätsel um den gestiegenen Gini-Index. Die Welt Online, 17.1.2022, https://www.welt.de/wirtschaft/plus236222872/Gini-Index-Deutschland-ein-Unsozialstaat-Das-Gini-Raetsel.html.
36 Neuer Zürcher Zeitung 2007: Geldpolitik im Zeichen wandernder Blasen. Restriktive Politik der Zentralbanken langfristig unumgänglich, 15.8.2007, S. 13.
37 Wagenknecht, Sarah 2009: Wahnsinn mit Methode. Finanzcrash und Weltwirtschaft. Das neue Berlin, Berlin.
38 Neue Zürcher Zeitung Online 2023: René Benkos Signa-Holding ist pleite – die prominenten Geldgeber aus der Schweiz und Deutschland müssen sich an der Nase nehmen, 29.11.2023, https://www.nzz.ch/meinung/rene-benkos-signa-holding-ist-pleite-die-prominenten-geldgeber-aus-der-schweiz-und-deutschland-muessen-sich-an-der-nase-nehmen-ld.1768157.
39 Plickert, Philip 2016: *Die VWL auf Sinnsuche. Ein Buch für zweifelnde Studenten und kritische Professoren.* Frankfurter Allgemeine Buch, Frankfurt.

Kapitel 12: Wo ist der neue Ludwig Erhard? Wege zum neuen Wirtschaftswunder

1 Die Bunderegierung 2018: Regierungserklärung von Bundeskanzlerin Dr. Angela Merkel vor dem Deutschen Bundestag am 21. März 2018 in Berlin, https://www.bundesregierung.de/breg-de/service/bulletin/regierungserklaerung-von-bundeskanzlerin-dr-angela-merkel-862358.
2 Die Zeit Online 2017: Schäuble macht EZB für Exportüberschüsse mitverantwortlich, 20.4.2017, https://www.zeit.de/wirtschaft/2017-04/handelspolitik-wolfgang-schaeuble-ezb-christine-lagarde-handelsueberschuss.
3 Alexander, Robin / Rosenfeld, Dagmar 2023: »Es geht die Regierung nichts an, welchen Lebensstil die Bürger haben«, Die Welt Online, 22.9.2023, https://www.welt.de/politik/deutschland/plus247488904/Olaf-Scholz-Der-Kanzler-stemmt-sich-gegen-den-Eindruck-mit-Deutschland-ginge-es-bergab.html.
4 Bundesministerium der Finanzen 2023: Gesetz zur Stärkung von Wachstumschancen, Investitionen und Innovation sowie Steuervereinfachung und Steuerfairness (Wachstumschancengesetz), 16.10.2023, https://www.bundesfinanzministerium.de/Content/DE/Gesetzestexte/Gesetze_Gesetzesvorhaben/Abteilungen/Abteilung_IV/20_Legislaturperiode/2023-09-08-WtChancenG/0-Gesetz.html.
5 Schäfers, Manfred 2023: Die SPD hat kein Interesse an einem Realitätscheck, Frankfurter Allgemeine Zeitung Online, 8.12.2023, https://www.faz.net/aktuell/wirtschaft/spd-parteitag-in-berlin-kein-interesse-an-einem-realitaetscheck-19368283.html.
6 Die Bundesregierung 2023: Jahreswirtschaftsbericht 2023: Robust durch die Krise – Wohlstand erneuern, 25.1.2023, https://www.bundesregierung.de/breg-de/aktuelles/jahreswirtschaftsbericht-2023-2160264.
7 Bundesministerium für Wirtschaft und Klimaschutz 2023: Jahreswirtschaftsbericht 2023 der Bundesregierung, https://www.bmwk.de/Redaktion/DE/Publikationen/Wirtschaft/jahreswirtschaftsbericht-2023.pdf?__blob=publicationFile&v=3.

8 Stelter, Daniel 2018: *Das Märchen vom reichen Land. Wie die Politik uns ruiniert.* Finanzbuch Verlag, München.

9 Vorwärts 2023: Anhebung zum neuen Jahr: Wer ab 2024 wieviel Bürgergeld erhält, 29.8.2023, https://vorwaerts.de/soziale-politik/anhebung-zum-neuen-jahr-wer-ab-2024-wieviel-burgergeld-erhalt.

10 Die Welt Online 2023: »Merz stellt sich schützend vor die Reichsten«, sagt Lang, 6.12.2023, https://www.welt.de/politik/deutschland/article248889936/Buergergeld-Merz-stellt-sich-schuetzend-vor-die-Reichsten-sagt-Lang.html.

11 Frankfurter Allgemeine Zeitung Online 2023: »Ich bin für eine Klima-Zentralbank«, 4.12.2023, https://www.faz.net/aktuell/wirtschaft/oekonom-ottmar-edenhofer-ich-bin-fuer-eine-klima-zentralbank-19360345.html.

12 Statista 2023: Europäische Union: Operative Haushaltssalden der Mitgliedstaaten im EU-Haushalt im Jahr 2022, 1.11.2023, https://de.statista.com/statistik/daten/studie/38139/umfrage/nettozahler-und-nettoempfaengerlaender-in-der-eu.

13 Wetzel Daniel 2023: Zahlmeisters des Klimaschutzes – Deutschland finanziert weit mehr als es müsste. Die Welt Online, 8.12.2023, https://www.welt.de/wirtschaft/plus248952208/Deutschland-Ueberdurchschnittlich-hohe-Milliardenhilfen-fuer-Entwicklungslaender.html.

14 Focus Online 2023: »Der deutsche Wohlfahrtsstaat ist nicht mehr bezahlbar« – was jetzt passieren muss, 6.12.2023, https://www.focus.de/finanzen/steuern/oekonom-warnt-der-deutsche-wohlfahrtsstaat-ist-nicht-mehr-bezahlbar_id_256388456.html.

15 Mittelstands- und Wirtschaftsunion 2023: Warum die »Rente mit 63« abgeschafft werden muss, 18.9.2023, https://www.mit-bund.de/content/warum-die-rente-mit-63-abgeschafft-werden-muss.

16 Bild Online 2023: Mehrheit der Deutschen sagt: Arbeit lohnt sich nicht mehr, 5.9.2023, https://www.bild.de/politik/inland/politik-inland/alarm-umfrage-so-denken-die-deutschen-wirklich-ueber-das-buergergeld-85271156.bild.html.

17 Bund der Steuerzahler 2023: Steuer- und Abgabenlast geht durch die Decke, 28.3.2023, https://www.steuerzahler.de/aktuelles/detail/steuer-und-abgabenlast-geht-durch-die-decke.

18 Tagesschau Online 2023: EU-Länder einigen sich auf neue Schuldenregeln, 20.12.2023, https://www.tagesschau.de/ausland/europa/eu-einigung-schuldenregel-100.html

19 Mayer, Thomas 2021: »Liraisierung des Euro – und dann?«, Flossbach von Storch Research Institute, 22.10.2021, https://www.flossbachvonstorch-researchinstitute.com/de/kommentare/liraisierung-des-euro-und-dann/.

20 Tooze, Adam 2023: »Gemany Must Invest to Neutralize the Far-right Threat«, in: *Financial Times*, 1.10.2023, https://www.ft.com/content/ff6f9bbe-d50f-413d-8287-51f3fe070142.

21 Die Welt Online 2023: Ökonom Fratscher warnt vor Eskaltion der Lage, 8.12.2023, https://www.welt.de/wirtschaft/article248938378/Haushaltkrise-Oekonom-Fratzscher-warnt-vor-Eskalation-der-Lage.html.

22 Statista 2023: Welcher Partei trauen Sie am ehesten zu, die derzeit wichtigsten politischen Probleme zu lösen, 28.11.2023, https://de.statista.com/statistik/daten/studie/13080/umfrage/beurteilung-der-problemloesungskompetenz-der-parteien/.

23 Die Welt Online 2023: »Das Gefühl, dass die Bürger nicht mehr gehört werden«, 7.10.2023, https://www.welt.de/politik/deutschland/plus247848812/Karl-Rudolf-Korte-Das-Gefuehl-dass-die-Buerger-nicht-mehr-gehoert-werden.html.

24 Handelsblatt Online 2022: Robert Habeck – der Krisenmanager, 27.12.2022, https://www.handelsblatt.com/politik/deutschland/politiker-des-jahres-robert-habeck-der-krisenmanager/28872224.html.

25 Focus Online 2022: »Er verkennt den Ernst der Lage«, Zu, aber nicht insolvent? Bäcker toben wegen verwirrender Habeck-Aussage, 8.9.2022, https://www.focus.de/politik/deutschland/nach-habecks-insolvenz-wirrwarr-baeckerei-verband-hier-brennt-der-baum-wir-kriegen-haufenweise-anrufe-von-aufgebrachten-baeckern_id_142444281.html.
26 Neue Zürcher Zeitung Online 2023: Junge Deutsche romantisieren die Vergangenheit – und denken ans Auswandern, 9.11.2023, https://www.nzz.ch/international/rueckzug-ins-private-die-jungen-deutschen-blicken-duester-in-die-zukunft-ld.1764831.
27 Storcks, Simon / Faus, Rainer / Faus, Jana 2023: Auf der Suche nach Halt. Die Nachwendegeneration in Krisenzeiten, OBS-Arbeitspapier 62, https://www.otto-brenner-stiftung.de/die-nachwendegeneration-in-krisenzeiten/.
28 Die Welt Online 2023: Europas neuer »Bürokratie-Godzilla« lässt die deutsche Wirtschaft verzweifeln, 7.11.2023, https://www.welt.de/wirtschaft/plus247780374/CO_2-Bepreisung-Europas-Unternehmen-im-Kampf-gegen-Buerokratie-Monster-CBAM.html.
29 Deutschlandfunk Online 2020: Bundesverdienstkreuz für Draghi. Umstrittener Preisträger, 31.1.2020, https://www.deutschlandfunk.de/bundesverdienstkreuz-fuer-draghi-umstrittener-preistraeger-100.html.
30 Erhard, Ludwig 1957: *Wohlstand für Alle*. Econ Verlag, Düsseldorf, S. 246.
31 Die Welt Online 2023: »Das Gefühl, dass die Bürger nicht mehr gehört werden«, 7.10.2023, https://www.welt.de/politik/deutschland/plus247848812/Karl-Rudolf-Korte-Das-Gefuehl-dass-die-Buerger-nicht-mehr-gehoert-werden.html.

Stichwortverzeichnis

E

F

G

H

I

Z

Über den Autor

Prof. Dr. Gunther Schnabl ist Professor für Wirtschaftspolitik und Internationale Wirtschaftsbeziehungen an der Universität Leipzig. Er hat an den Universitäten Tübingen, Stanford, Tokio und Leuven promoviert und habilitiert. Forschungsaufenthalte führten ihn zur Deutschen Bundesbank, Europäischen Zentralbank, Bank von Japan und Federal Reserve Bank of New York. Als Wirtschaftsexperte ist er u. a. aus ARD, ZDF, *der Frankfurter Allgemeinen Zeitung*, *Süddeutsche Zeitung*, *ZEIT*, *WELT*, *Wirtschaftswoche* und *BILD* bekannt. Er ist Senior Advisor beim Flossbach von Storch Research Institute.

Danksagung

Ich habe mich über viele Jahre hinweg mit den wirtschaftspolitischen Entwicklungen in Deutschland, Europa und der Welt intensiv auseinandergesetzt. Ich bedanke mich bei allen Mitarbeitern und Kollegen, die mit mir die dargestellten Zusammenhänge erarbeitet haben: José Abad, Ansgar Belke, Paul De Grauwe, Pablo Duarte, Raphael Fischer, Stephan Freitag, Andreas Freytag, Juliane Gerstenberger, David Herok, Anke Hertwig, Andreas Hoffmann, Karl-Friedrich Israel, Sophia Latsos, Axel Löffler, Mathilde Maurel, Thomas Mayer, Ronald McKinnon, Sebastian Müller, Taiki Murai, Franziska Schobert, Tim Sepp, Nils Sonnenberg, Christina Spantig, Björn Urbansky, Holger Zemanek und Christina Ziegler. Für die intensive Hilfe beim Schreiben dieses Buches bedanke ich mich bei Katharina Borgs, Susanne Beinvogl, Tom Bugdalle, Daniel Bussenius, Agnieszka Gehringer, Kerstin Hoffmann, Thomas Mayer, Moritz Pfeifer, Christoph Poppe, Thomas Schmoll, Anja Schwarz, Tim Sepp sowie dem Team des Flossbach von Storch Research Institutes. Ich danke vielmals Wolfgang Scheffler und Steffen Schulz für die Unterstützung. Ein besonderer Dank geht an meine Familie, die das Projekt aufmerksam begleitet hat.

Die Inflation von 1923
Wie es zur größten deutschen Geldkatastrophe kam

Frank Stöcker

Das Inflationsgespenst ist zurück – und gerade in Deutschland trifft die Angst vor der Geldentwertung auf einen besonders fruchtbaren Boden. Der Grund dafür liegt in der deutschen Geschichte. Kein anderes westliches Land hat in seiner jüngeren Geschichte eine Hyperinflation solchen Ausmaßes erlebt wie Deutschland vor 100 Jahren. Obwohl die Zeitzeugen längst tot sind, werden in fast jeder Familie die Geschichten aus der Zeit, als das Kilo Rindfleisch 2,6 Billionen Mark kostete und die Großmutter den Ofen mit Millionenscheinen beheizte, bis heute weitererzählt.

Doch wie konnte es überhaupt zu jener gigantischen Geldentwertung vor 100 Jahren kommen? Welche Entscheidungen der Finanzpolitiker und Notenbanker haben dazu geführt? Warum konnte die Regierung die Inflationsspirale nicht stoppen? Und wie erlebten die Menschen diese Zeit im Alltag? Frank Stocker liefert Antworten auf diese Fragen. Er erzählt, wie das Land zunächst allmählich und dann immer schneller in den Strudel des Geldverfalls geriet, was ihn verursachte und was ihn beschleunigte, wie die Verantwortlichen um einen Ausweg rangen und ihn erst sehr spät fanden. Und er wirft einen Blick in die Zukunft: Kann so etwas tatsächlich noch einmal passieren? Und sind wir vielleicht schon auf dem Weg dorthin?

368 Seiten | Hardcover | 27,00 € (D) | ISBN 978-3-95972-564-4